I0818379

Elogios para *Libres e iguales* de Daniel Chandler

Un sólido e inspirador argumento a favor de la filosofía de John Rawls, que baja su teoría de la justicia de las torres de marfil de Harvard y la lleva a la gente de a pie. En un estilo claro y apasionado [Chandler] devuelve a Rawls al centro de la conversación, al que pertenece, recuperando su trabajo como agente potencial de un cambio radical y factible... intelectualmente riguroso y lleno de esperanza.

ZADIE SMITH

Un argumento atractivo y hermosamente escrito que explica que la filosofía política rawlsiana puede curar nuestras sociedades destruidas y lograr que seamos, de hecho, libres e iguales.

Profesor sir ANGUS DEATON, ganador del Premio Nobel de Economía y autor de *Deaths of Despair*

Es un libro fantástico. Más que nunca, necesitamos que los filósofos participen en el debate público sobre la desigualdad y la sostenibilidad. En *Libres e iguales*, Daniel Chandler nos ofrece la base moral para una ambiciosa agenda igualitaria, y una hoja de ruta para ponerla en práctica. ¡Hay que leerlo!

THOMAS PIKETTY

Un libro tremendo, oportuno, juicioso, autorizado y claro. El mundo caerá sobre él como obreros cansados sobre una bandeja de rosquillas.

STEPHEN FRY

Muchas de las respuestas a los dilemas de la democracia y la desigualdad se encuentran en la filosofía de John Rawls. Daniel Chandler insufla vida a esas respuestas con evidencias y soluciones contemporáneas. Lee *Libres e iguales* y ten esperanza ante el futuro.

MINOUCHE SHAFIK

Chandler tiene una excelente formación en los problemas filosóficos que son centrales para la elaboración de políticas prácticas, y dada la claridad y el alcance de lo que escribe, este libro satisfará una necesidad muy importante.

AMARTYA SEN, ganador del Premio Nobel de Economía

Inspirador... Una emotiva invocación al liberalismo igualitario basado en las ideas de John Rawls.

The Guardian

Somos muchos los que nos preguntamos vagamente por qué no podemos vivir en un mundo más amable. Daniel Chandler nos ha hecho un significativo favor al realizar un poderoso análisis que elucida las razones por las que el mundo actual no es amable y cómo podría llegar a serlo. Una obra inspiradora que devuelve la filosofía política al lugar que le corresponde: el de descubrir cómo mejorar las cosas.

ALAIN DE BOTTON

Un magnífico intento de aplicar los principios filosóficos fundamentales para la creación práctica de un mundo mejor. Ambicioso y bien documentado, ofrece un enfoque novedoso, coherente y basado en principios para el diseño de políticas.

Profesor lord RICHARD LAYARD

Un libro inteligente, inspirador y hermosamente luminoso con el potencial no solo de reinventar el liberalismo, sino de transformar nuestras sociedades para mejor.

JOHANN HARI

El provocador libro de Daniel Chandler contribuye a que las posibilidades humanas sean más creíbles de lo que han sido en nuestra era neoliberal. *Libres e iguales* funciona como una guía accesible de un sistema filosófico de primer orden y como una llamada a una nueva agenda para la justicia en nuestro tiempo.

SAMUEL MOYN, autor de
No bastan: los derechos humanos en un mundo desigual

Es un libro extraordinario, tanto para explicar a Rawls al lector medio como para aplicar los principios rawlsianos a los problemas contemporáneos de la justicia social y política... Es impresionante: claro, conciso, riguroso y accesible.

Profesor SAMUEL FREEMAN, autor de *Rawls* y editor
de *The Cambridge Companion to Rawls*

Un libro conmovedoramente esperanzado... Una demostración ejemplar de cómo llevar a cabo el debate público... Un tipo de intelectualismo público erudito que recuerda a Amartya Sen, y un bienvenido descanso respecto al moralismo irreflexivo que domina las páginas de opinión y las redes sociales.

WILLIAM DAVIES, *New Statesman*

Una visión estimulante de la sociedad que recurre a las ideas revolucionarias del pensador estadounidense John Rawls como punto de partida.

The Guardian, 2023 in Books

Damos la bienvenida a su ambición... Inmensamente erudito y reflexivo... Una visión sensatamente convencional de un estado reformado en la dirección de una mayor justicia y equidad, capaz de frenar los excesos del capitalismo y responder a las demandas de la diversidad.

The New Yorker

Lúcido y documentado.

PHILIPPE VAN PARIJIS

Poderosamente argumentado y escrito con lucidez.

Financial Times

Un enérgico argumento a favor de adoptar el marco político liberal diseñado por John Rawls... Chandler es un escritor lúcido y elegante, y su argumentación está impulsada por un sincero entusiasmo: la creencia de que el marco de Rawls para pensar las cuestiones políticas ofrece una salida humanista a las disputas más espinosas.

The New York Times Book Review

Si la democracia liberal quiere sobrevivir como forma de gobierno, es necesario repensarla por completo. Así lo argumenta Chandler en este apasionado homenaje al filósofo político John Rawls.

The New York Times

Una obra realmente vibrante que ofrece a los socialdemócratas un bien muy escaso en los últimos tiempos: la inspiración.

IAN DUNT, *Waterstones* (Book of the Year)

Libres e iguales

Daniel Chandler

Libres e iguales

Un manifiesto por una sociedad justa

Traducción de Antonio Francisco Rodríguez Esteban

PAIDÓS Estado y Sociedad

Obra editada en colaboración con Editorial Planeta – España

Título original: *Free and Equal*, de Daniel Chandler

Maquetación: Realización Planeta

Bajo el sello editorial PAIDÓS M.R.
Avenida Presidente Masaryk núm. 111,
Piso 2, Polanco V Sección, Miguel Hidalgo
C.P. 11560, Ciudad de México
www.planetadelibros.com.mx
www.paidos.com.mx

Primera edición impresa en España: enero de 2025
ISBN: 978-84-493-4322-3

Primera edición impresa en México: febrero de 2026
ISBN: 978-607-639-140-2

Impreso en los talleres de Impregráfica Digital, S.A. de C.V.
Avenida 11 463, Interior Bodega 2 Colonia San Nicolas Tolentino,
C.P. 09850 Iztapalapa, CDMX
Impreso en México – *Printed in Mexico*

SUMARIO

Para Martha y Charlie,
Coco, Eloise y Buddy,
Ira, Peggy y Dash

INTRODUCCIÓN

¿Cómo sería una sociedad justa?

La mayoría de nosotros —y por «nosotros» me refiero a los ciudadanos de las democracias ricas del mundo— estaríamos de acuerdo en que las sociedades en que vivimos distan mucho de ser justas. Aunque no coincidiríamos exactamente en lo que tienen de injusto, muchos señalaríamos una lista conocida de problemas: un sistema político dominado por los ricos; la profunda influencia que la clase, la raza y el género siguen teniendo en las oportunidades de la gente; la abrumadoramente desigual distribución del dinero, el poder y el prestigio social; y el rápido despliegue de la catástrofe climática y ecológica que amenaza los ecosistemas de los que dependemos nosotros y las generaciones futuras.

Estos problemas están en la raíz de un creciente sentimiento de descontento hacia la democracia liberal tal como la conocemos. En todo el mundo, la confianza en los políticos y la satisfacción con la democracia está en mínimos históricos, y la política es cada vez más volátil. Este descontento ha originado un populismo autoritario que supone la mayor amenaza a los valores de la democracia liberal desde la Segunda Guerra Mundial. Desde Donald Trump en Estados Unidos a Marine Le Pen en Francia, desde Jair Bolsonaro en Brasil a Narendra Modi en la India, los populistas de derechas han asumido un papel cada vez más prominente en la política nacional y parecen decididos a hacer retroceder las libertades básicas y socavar la integridad de los procesos democráticos. Como resultado de la brutal invasión de Ucrania por parte de Rusia en febrero de 2022, y con el auge de una China cada vez más autoritaria y enérgica, el futuro de la democracia liberal es profundamente incierto.

Es muy fácil denunciar el estado de la política y la sociedad actuales, y abundan los comentarios respecto a cómo y por qué hemos llegado hasta este punto. Lo que resulta más difícil de encontrar es una visión coherente de cómo tendría que ser una sociedad mejor y más justa. Nuestro debate público se divide entre una clase política consolidada que parece muy satisfecha con el *statu quo* y críticos más radicales que, tanto a la izquierda como a la derecha, parecen querer derrocarlo. En este libro, sostendré que la democracia liberal *merece* ser defendida, pero que no podemos mantener el *statu quo*, ni deberíamos desearlo. Por el contrario, necesitamos recuperar la sensación del potencial transformador de los ideales liberales y democráticos, y utilizarlos para articular una visión de una sociedad mejor por la que la gente se levantará y luchará.

Este tipo de visión está gravemente ausente. A partir de los años ochenta, y con el auge del «neoliberalismo» —una perspectiva caracterizada por una fe casi religiosa en los mercados y la preocupación dominante por el crecimiento económico—, nuestro discurso político se ha vuelto progresivamente más limitado y tecnocrático. Este periodo destaca por su notable falta de idealismo e imaginación, ya que las preguntas sobre nuestro valores e ideales en cuanto sociedad, y cómo podemos alcanzarlos, han sido relegadas a los márgenes. En palabras del filósofo Roberto Unger, hemos vivido bajo una «dictadura de la falta de alternativas»,[1] lo cual no representa un problema solo para quienes pensamos que nuestras sociedades necesitan una reforma fundamental, sino que este vacío moral e ideológico en el corazón de nuestra política ha propiciado el auge del populismo antiliberal y antidemocrático.[2]

Evidentemente, el debate no ha cesado por completo, pero se ha impuesto la sensación de que amplias estructuras de nuestras instituciones políticas y económicas han asumido un aire de inevitabilidad, y resulta cada vez más difícil pensar o hablar de grandes ideas que realmente transformen nuestras sociedades para mejor. En ausencia de una alternativa clara, los momentos de crisis —momentos que, históricamente, muy a menudo han sido poderosos catalizadores del progreso— llegan y desaparecen a toda velocidad. Casi quince años después de que la crisis financiera de 2008 evidenciara los excesos del fundamentalismo del mercado, llama la atención lo poco que han cambiado las cosas; y aunque la pandemia del covid ha arrojado luz sobre el coste en letalidad humana de la enquistada desigualdad social y los servicios públicos infrafinanciados, hablar de «reconstruir mejor» parece condenado a quedar en nada. El resultado es una paradójica sensación de parálisis: paradójica porque hay un verdadero apetito de cambio; y, para mejor o para peor, algún tipo de transformación parece inevitable.

Se han producido señales prometedoras de renovación intelectual. La creciente sensación de crisis en las democracias liberales del mundo ha creado un espacio para nuevas formas de pensar, y empezamos a vislumbrar un cambio tanto en los diagnósticos como en las soluciones, con un creciente interés en algunas reformas necesarias y fundamentales, desde asambleas ciudadanas a la renta básica universal. Sin embargo, falta un marco ético e ideológico subyacente y capaz de vincular ideas políticas a menudo diversas en un todo coherente. Esto será imposible a menos que nos remontemos a los primeros principios y reflexionemos sobre algunas cuestiones inevitablemente morales y filosóficas en relación con qué es justo y qué es equitativo, y qué significa vivir juntos como ciudadanos libres e iguales en una sociedad democrática. A la luz de los urgentes problemas que afrontamos —la pobreza y la desigualdad, la guerra, una crisis ecológica—, es tentador desestimar todo esto y considerarlo un mero ejercicio intelectual. Sin embargo, no es así en absoluto: se trata de un punto de partida esencial para desarrollar una política realmente transformadora. Después de todo, sin una idea nítida de adónde queremos ir, ¿cómo saber que nos encontramos en el camino correcto? ¿Y cómo hacer acopio de la energía necesaria para emprender el arduo trabajo político necesario para alcanzar ese objetivo? Está en juego algo más que las próximas elecciones; se trata de la oportunidad de configurar una filosofía pública para la era posliberal.

Al asumir este desafío, de inmediato nos enfrentamos a una aparente falta de referentes intelectuales. A la mayoría de la gente le costará nombrar a un pensador reciente y destacado que pueda rivalizar con Friedrich Hayek o Milton Friedman, los pioneros del neoliberalismo, cuyas ideas sostuvieron las políticas de Margaret Thatcher y Ronald Reagan en los ochenta y que continúan moldeando nuestras sociedades.[3] De hecho, se nos perdonará si pensamos que las últimas décadas han sido un periodo estéril para el pensamiento político y que tenemos que empezar de cero. No obstante, eso está muy lejos de la verdad. El optimista mensaje de este libro quiere poner de relieve que las ideas que necesitamos están ocultas a simple vista en la obra del mayor filósofo político del siglo XX, John Rawls.

Aunque muchas personas no han oído hablar de Rawls, sus ideas revolucionaron la filosofía política, y es quizá el único pensador de los últimos cien años cuyo lugar en el canon del pensamiento político occidental es universalmente aceptado, junto a Platón, Thomas Hobbes, Adam Smith y Karl Marx. Esta reputación se asienta, fundamentalmente, en su libro *Teoría de la justicia*, cuya publicación en 1971 marcó un punto de inflexión en la historia de las ideas políticas. Rawls propuso crear una visión de los mejores aspectos que podría desarrollar una sociedad democrática: en sus propias palabras, una «utopía realista».[4] Logró así lo que muchos creían imposible, o incluso una contradicción *in terminis*: dado que durante largo tiempo la política y la filosofía se han dividido entre la tradición liberal clásica, que valora las libertades individuales por encima de todo lo demás, y la tradición socialista, a menudo dispuesta a sacrificar esas libertades en nombre de la igualdad, Rawls articuló una filosofía comprometida a un tiempo con la libertad *y* con la igualdad en el nivel más profundo.[5] Sus ideas definen un liberalismo humano e igualitario, una alternativa muy necesaria al duro neoliberalismo que domina nuestro discurso político. En su obra encontramos un recurso intelectual, incomparable y sin embargo inexplorado, para responder a las crisis a las que hacemos frente en el presente.

Así pues, ¿quién fue Rawls y de dónde proceden sus ideas? Johan Rawls —«Jack» para los amigos— nació en una próspera familia de clase media en Baltimore, Maryland, el 21 de febrero de 1921, el segundo de cinco hijos. Su madre, Anna Abele Rawls, una mujer realizada y políticamente activa, fue una de las primeras presidentas de la recién fundada Liga de las Mujeres Votantes en Baltimore.[6] Su padre, William Lee Rawls, era un abogado muy respetado y de gran éxito. La temprana infancia de Rawls estuvo marcada por las trágicas muertes de sus hermanos menores, Bobby y Tommy, uno de los cuales falleció después de que él le contagiara la difteria, una experiencia que le confirió un profundo reconocimiento del papel del azar en la configuración de nuestras vidas.[7] A pesar de su cómoda educación, el Rawls adulto recordó que su sentido de la justicia nació como consecuencia de la lucha de su madre por los derechos de las mujeres y de la creciente conciencia de la pobreza y del racismo cuando trabó amistad con otros niños menos privilegiados, a veces con la desaprobación de sus padres.[8]

Rawls fue un buen estudiante, y en 1939 se matriculó en la Universidad de Princeton, donde cursó asignaturas como Química, Música, Matemáticas e incluso Historia del Arte antes de decidirse por la especialización en Filosofía. En Princeton, desarrolló un gran interés por la teología y la ética, con la idea de acceder a la Facultad de Teología y convertirse en sacerdote de la Iglesia episcopal. Sin embargo, estos planes se vieron interrumpidos por la Segunda Guerra Mundial. Tras graduarse en 1943, Rawls se enroló como soldado raso en infantería y recibió formación como comunicador de radio antes de ser enviado a Nueva Guinea, Filipinas y, por último Japón. El joven Rawls experimentó la violencia y la inhumanidad de la guerra de primera mano: su división se vio implicada en intensos combates (él recibió la Estrella de Bronce por su peligrosa incursión detrás de las líneas enemigas), y recorrió las ruinas de Hiroshima poco después de que esta ciudad fuera devastada por la bomba atómica estadounidense en agosto de 1945.

Las experiencias de Rawls como soldado y su creciente conciencia de las atrocidades del Holocausto provocaron en él una profunda crisis de fe, lo que le llevó a abandonar sus ambiciones y sus creencias cristianas. En 1946, volvió a Princeton como estudiante de Filosofía, motivado por una nueva serie de preguntas que dieron forma a la obra de su vida. Ante el derramamiento de sangre y la crueldad de la guerra, Rawls se preguntó si la vida humana en la Tierra era realmente redimible. Si Dios no puede ser la base de nuestra fe en la posibilidad de una sociedad justa, ¿cuál podrá ser esa base? ¿Qué es exactamente lo que la justicia requiere de nosotros? ¿Y es realista pensar que podemos alcanzar una sociedad justa?

Rawls consagró el resto de su vida a responder a estas preguntas. Dedicó veinte años a desarrollar sus ideas antes de publicar *Teoría de la justicia* a la edad de cincuenta años.[9] Para la historiadora Katrina Forrester, la recepción de este libro no tuvo precedentes, teniendo en cuenta que se trataba de «un volumen de filosofía densamente argumentada y de una extensión de 600 páginas».[10] No solo fue reseñado en publicaciones académicas, sino también en la prensa *mainstream*, como *The New York Times*, donde se lo describió como una «contribución inigualable a la teoría política» y fue considerado uno de los cinco libros más significativos del año.[11] La importancia histórica del libro fue reconocida de inmediato, y fue ampliamente alabado como una obra a la altura de las de John Stuart Mill o incluso Immanuel Kant.[12] Esta afirmación ha superado la prueba del tiempo: casi cuarenta años después, el filósofo G. A. Cohen escribió que «en la historia de la filosofía política occidental hay a lo sumo dos libros que pueden considerarse más grandes que *Teoría de la justicia*: la *República* de Platón y *Leviatán* de Hobbes».[13] Rawls pasó el resto de su vida defendiendo, refinando y, en algunos casos, corrigiendo el cuerpo de ideas que propuso en *Teoría de la justicia*, y entre otras cosas escribió otro libro relevante, *El liberalismo político*, publicado en 1993, una década antes de su muerte a los ochenta y un años.

Los homenajes póstumos lamentaron el fallecimiento no solo de un gigante intelectual, sino también de un querido marido y padre de cuatro hijos, una persona de un singular carácter moral. La imagen que emerge de los testimonios de los amigos, colegas y antiguos estudiantes de Rawls es la de un hombre silencioso y reservado que pasaba la mayor parte de su tiempo trabajando o con su familia y amigos más íntimos, un profesor abnegado y minucioso que alentaba a las filósofas en un campo dominado por los hombres; y, a pesar de sus logros, un individuo de una notable humildad. Al recordar la «legendaria» modestia y bondad de Rawls hacia sus estudiantes, el filósofo Michael Sandel evocó el momento en el que recibió una llamada durante sus primeros días como joven profesor adjunto en Harvard, a principios de los ochenta. «Al otro lado de la línea, una voz vacilante dijo: "Soy John Rawls, R-A-W-L-S". Era como si el propio Dios me hubiera invitado a almorzar y deletreara su nombre por si yo no sabía quién era».[14]

Es casi imposible exagerar la influencia de Rawls en el ámbito académico. Antes de este pensador, la filosofía política, al menos en la tradición angloamericana, estaba más preocupada por el análisis lingüístico de los conceptos que por cuestiones sustantivas sobre cómo organizar la sociedad, hasta el punto de que el respetado historiador del pensamiento político Peter Laslett declaró en 1956: «En todo caso, por el momento, la filosofía política está muerta».[15] Tras la publicación de *Teoría de la justicia*, nadie podría sostener tal afirmación. La obra de Rawls aportó un modelo de pensamiento político constructivo y sistemático que inspiró a una nueva generación, lo que condujo a una «avalancha de literatura filosófica sobre la justicia social, política y económica sin parangón en la historia del pensamiento».[16] Rawls dio forma a esta literatura de un modo profundo, influyendo decisivamente tanto en las preguntas planteadas como en las diversas respuestas posibles. Desde luego, como con cualquier gran pensador, sus ideas fueron ferozmente rebatidas, pero, tal como en 1974 señaló Robert Nozick, uno de los principales contemporáneos (y críticos) de Rawls: «Ahora, los filósofos políticos trabajan con la teoría de Rawls o tienen que explicar por qué no lo hacen». En gran medida, esto sigue siendo cierto hoy en día.[17]

Y, sin embargo, las ideas de Rawls han tenido escaso impacto en la política real. Más allá de los estudiantes de Filosofía, su trabajo se conoce poco; en palabras de Samuel Freeman, exalumno de Rawls y distinguido filósofo por méritos propios, la influencia de este pensador fuera del mundo académico ha sido «nula».[18] Aunque algunos pensadores de la «tercera vía» flirtearon con sus ideas en los ochenta, todo quedó en nada, y hay escasas evidencias de su idealismo o de su radicalismo económico en las políticas de Bill Clinton o Tony Blair en los noventa y los dos mil.[19] Desde entonces, Rawls ha sido ampliamente ignorado en el debate político dominante.[20] En realidad, es difícil pensar en algún otro pensador político respecto al que exista un abismo tan notable entre su influencia en el seno del mundo académico y aquella en la sociedad en su conjunto.

¿Cómo podemos explicar este hecho sorprendente? En primer lugar, está la personalidad de Rawls. A Rawls no le gustaba hablar en público, en parte debido al tartamudeo que desarrolló en la adolescencia después de la muerte de sus hermanos menores. A diferencia de lo que ocurría con algunos de sus contemporáneos más conocidos, a Rawls le interesaba poco desempeñar el papel de «intelectual público». Casi nunca concedía entrevistas; solía declinar los premios e invitaciones, y rara vez comentaba cuestiones políticas en público.[21]

La falta de influencia de Rawls en la política real también refleja la naturaleza abstracta de su trabajo. Era un filósofo de filósofos. Le interesaba plantear las cuestiones más profundas y fundamentales. ¿Qué es la justicia? ¿Cuál es la naturaleza de la legitimidad democrática? ¿Cómo podemos equilibrar las exigencias de libertad y de igualdad? Aunque su objetivo era desarrollar principios que nos ayudaran a determinar cómo organizar la sociedad, opinó relativamente poco sobre los aspectos prácticos de sus ideas, convencido de que esa tarea correspondía a los investigadores sociales.[22]

Por último, hay que tener presente el contexto político en sentido amplio en el que escribía Rawls. Una de las ironías de su legado consiste en que, cuando sus ideas empezaron a dominar la filosofía política, la política real se movía en la dirección opuesta, con el auge de Reagan y Thatcher. El liberalismo igualitario de Rawls parecía extrañamente al margen de su época. En el periodo posterior, su potencial como base para una nueva dirección política se ha visto en parte oscurecido por malinterpretaciones que han llevado a algunos a desdeñar sus ideas como poco menos que una defensa nostálgica del Estados Unidos de la posguerra.[23]

Desde otra perspectiva, sin embargo, la brecha entre la incomparable estatura de Rawls en el ámbito de la filosofía y la ausencia de impacto público puede no resultar tan extraña como parece. A menudo hacen falta una o dos generaciones para que los pensadores realmente grandes se filtren en la conciencia popular: aunque Adam Smith escribió en la segunda mitad del siglo XVIII, su escritura influyó realmente en la emergente política liberal clásica en el siglo XIX; y aunque Marx fue un autor influyente en el siglo XIX, sus ideas alcanzaron su mayor impacto en las revoluciones y sociedades comunistas del siglo XX.[24] Ahora, por primera vez desde la publicación de *Teoría de la justicia*, hace más de cincuenta años, existe una urgente necesidad y el deseo de un pensamiento político sistemático a una escala que solo puede proporcionar un filósofo como Rawls; y sus ideas son excepcionalmente adecuadas para los desafíos que afrontamos actualmente.

A pesar de toda la riqueza y complejidad de los escritos de Rawls, en el corazón de su teoría de la justicia hay una idea asombrosamente sencilla y poderosa: que la sociedad debe ser justa. Si queremos saber cómo sería, argumentó, debemos preguntarnos en qué tipo de mundo elegiríamos vivir si no supiéramos quienes vamos a ser: ricos o pobres, cristianos o musulmanes, gais o heterosexuales. Rawls propuso utilizar este experimento mental, al que dio el nombre de «posición original», para identificar un nítido conjunto de principios que podrían guiarnos a la hora de diseñar nuestras principales instituciones sociales y políticas. Si elegimos nuestros principios así, tras un «velo de ignorancia», serán justos, como cuando alguien divide una tarta de la forma más equitativa posible porque no sabe cuál será la porción que acabará por tocarle.

Rawls argumentó que seleccionaríamos dos principios fundamentales, preocupados por la libertad y la igualdad respectivamente, junto a otro principio de sostenibilidad y justicia «intergeneracional». En primer lugar, elegiríamos proteger nuestras libertades políticas y personales más destacadas, entre ellas la libertad de conciencia, de expresión y de asociación, así como los derechos de sufragio equitativo y la oportunidad de influir en el proceso político en un sentido amplio. A fin de cuentas, si no sabemos quiénes vamos a ser en sociedad, no nos arriesgaremos a ser perseguidos por nuestras creencias religiosas o nuestras preferencias sexuales, o a que se nos niegue el derecho al voto por nuestro género o color de piel.

El primer principio —el «principio de libertades básicas»— es lo que determina que la teoría de Rawls sea inequívocamente liberal, y aporta la base para diseñar una constitución y un sistema político democráticos. Su segundo principio, que incluye dos aspectos entrelazados, crea un marco para pensar en nuestras estructuras sociales y económicas, y es un principio que confiere a su teoría un aroma típicamente igualitario. Todos nosotros, argumenta, queremos vivir en una sociedad en la que cada cual tenga una oportunidad equitativa de triunfar en la vida, independientemente de su clase, raza o género. Esta noción —que Rawls denominó «igualdad equitativa de oportunidades»— no solo implica prevenir la discriminación, sino también intentar conceder a todos la misma oportunidad de desarrollar y aplicar sus talentos y habilidades. Al mismo tiempo, Rawls argumentó que solo permitiríamos las desigualdades cuando en última instancia nos beneficiaran a todos —por ejemplo, estimulando la innovación y el crecimiento—, y que organizaríamos nuestra economía para maximizar las oportunidades vitales de los menos favorecidos, a lo que denominó «principio de diferencia». Si quienes tienen menos pueden aceptar que la sociedad es justa, argumentó, entonces quienes tienen más también podrán asumir esa idea.

Junto a estos dos principios, que gobernarían la relación con nuestros conciudadanos en el presente, reconoceríamos nuestras obligaciones hacia las futuras generaciones adoptando el «principio de ahorro justo», según el cual tenemos el deber fundamental de mantener los ecosistemas vitales de los que depende la sociedad. Todo lo que hagamos para aumentar la prosperidad y elevar la calidad de vida de los menos favorecidos debe ser coherente con este compromiso básico de protección social y medioambiental.

Imagino que este breve resumen habrá suscitado tantas preguntas como respuestas aporta. ¿Por qué la «posición original» es la forma correcta de pensar en la equidad? ¿Realmente elegiremos estos principios por encima del resto de alternativas? ¿Qué libertades cuentan como «libertades básicas»? ¿Exactamente cómo puede la desigualdad beneficiar a todos?

En la primera parte de este libro explicaremos las principales ideas filosóficas de Rawls y responderemos a las diversas críticas y malinterpretaciones que han suscitado. Pero mi objetivo no se limita a describir y explicar esos conceptos, sino que consiste en utilizarlos y aplicarlos. Por lo tanto, en la segunda parte de este libro lo retomaremos donde Rawls lo dejó, y analizaremos hasta qué punto nuestras sociedades actuales están lejos de su ideal inspirador y, fundamentalmente, desarrollaremos una audaz agenda práctica para hacerlo realidad. Así, descubriremos cómo la teoría de Rawls puede ayudarnos no solo a defender, sino también a recrear el liberalismo, como un conjunto de valores y como una forma de organizar la sociedad.

¿Por qué merece la pena defender el liberalismo?

En los últimos años, el liberalismo se ha convertido en un término maltratado tanto por la izquierda como por la derecha. En la imaginación popular, el liberalismo es sinónimo del sistema político oficial; y, para muchas personas, criticarlo ha pasado a ser un comodín para expresar el descontento con la sociedad actual. Entre las diversas críticas sobresalen dos líneas de ataque. La primera —que definiríamos como crítica «igualitaria»— asocia las ideas liberales con un compromiso primordial con el capitalismo de libre mercado. Desde esta perspectiva, el problema del liberalismo es su control de las estructuras económicas que constituyen la fuente de muchos de los problemas que afrontamos: pobreza, desigualdad, inseguridad y crisis climática. Una segunda línea de ataque, más habitual en la derecha, aunque visible en todo el espectro político, es la creencia de que el liberalismo se basa en una concepción individualista de la naturaleza humana que no logra reconocer la importancia de la familia, la comunidad y la religión en nuestras vidas. Desde esta perspectiva —que a menudo recibe el nombre de crítica «comunitarista»—, se considera que las ideas liberales son al menos parcialmente responsables de una serie de problemas, desde el consumismo feroz al colapso de la familia y, en un sentido amplio, de la alienación social y espiritual.

Estas críticas no deben tomarse a la ligera. Apuntan a problemas reales y no están del todo equivocadas al señalar con el dedo algo que recibe el nombre de «liberalismo». Sin embargo, el liberalismo no es un único conjunto de ideas o políticas, sino una tradición intelectual y política amplia y en constante evolución; una realidad que a menudo sus críticos no saben reconocer. Estos reproches se entienden mejor como críticas no al liberalismo *per se*, sino al neoliberalismo.[25]

El propio Rawls ha recibido críticas similares, pero, en su mayor parte, se basan en un malentendido. Si se comprenden correctamente, sus escritos definen un liberalismo mucho más atractivo y capaz de responder a estas preocupaciones. Como veremos, su obra aporta una de las críticas más exhaustivas al capitalismo desarrolladas por cualquier pensador liberal, y un poderoso argumento en pro de una sociedad más humana, equitativa y sostenible. Y lejos de celebrar el individualismo egoísta, la cooperación y la reciprocidad son los pilares de la teoría de Rawls, una teoría que reconoce el papel esencial que la familia, la comunidad y la religión desempeñan en la mayor parte de nuestras vidas.

Al contrario de lo que mucha gente piensa, el liberalismo igualitario de Rawls y de la generación de filósofos que han desarrollado y refinado sus ideas representa la corriente principal de la filosofía política liberal actual.[26] De hecho, es sorprendentemente difícil encontrar una defensa filosófica seria del tipo de individualismo o fundamentalismo del mercado que mucha gente ha llegado a asociar al liberalismo. Que esta realidad no sea más ampliamente reconocida refleja, al menos en parte, un fracaso por parte de los filósofos contemporáneos, incluido Rawls, a la hora de difundir sus teorías a públicos más amplios y comprometerse directamente con las acuciantes cuestiones políticas del presente.

Dicho compromiso es esencial, porque reinventar el liberalismo como tradición intelectual no es un fin en sí mismo, sino el primer paso para desarrollar una política realmente progresista y capaz de propiciar una sociedad mejor. Al utilizar aquí el término «progresista» no pretendo sugerir que este libro esté dirigido a un partido o grupo político específico: parte del atractivo de las ideas de Rawls es su capacidad de trascender, o al menos difuminar, algunas de las conocidas fronteras en el seno de nuestras sociedades. Comprometernos con su pensamiento nos brinda la oportunidad —al margen de a quién votemos, y tanto si tendemos a identificarnos como liberales, conservadores, socialistas, verdes o con ninguno de estos grupos— de contemplar de forma renovada nuestras ideas sobre la política y la sociedad.

Dicho esto, las ideas de este libro le sonarán más familiares a quien se encuentre en el ala «izquierda» o «progresista» del espectro político. En parte ello se debe a que los principios de Rawls nos invitan a cambiar nuestras instituciones políticas y económicas más básicas —cómo organizamos el proceso democrático, el papel del Gobierno y los mercados en la sociedad—, a veces de una forma profunda. En este sentido, representan una alternativa a la deferencia a la tradición, que constituye uno de los signos distintivos del pensamiento político «conservador». También son «progresistas» en el sentido de asumir un gran compromiso con una sociedad diversa, tolerante y sustancialmente más equitativa.

Y, sin embargo, aunque empáticamente igualitaria, la teoría de Rawls también representa una alternativa a la tradición socialista. No se trata de menospreciar al socialismo, al menos no en su forma democrática.[27] Hay una larga historia de diálogo fructífero entre los liberales igualitarios y los socialistas democráticos —de hecho, estas dos tradiciones tienen mucho en común—; y en los últimos años los así autodenominados «socialistas» —inspirados por Jeremy Corbyn en el Reino Unido o Bernie Sanders y Alexandria Ocasio-Cortez en Estados Unidos— han sido una fuente importante de dinamismo dentro de la familia progresista en un sentido amplio. Sin embargo, la política socialista sigue teniendo una tendencia hacia el estatismo y en cierto modo una hostilidad dogmática hacia los mercados y la empresa privada; y, aunque los socialistas actuales manifiestan con claridad *contra* lo que están —desigualdad, pobreza, capitalismo—, es menos obvio saber exactamente a *favor* de qué están o cuál es el objetivo a largo plazo hacia el que puede tender el socialismo.[28] El resultado es una política carente de un sentido de orientación profunda, lo cual no es solo un problema intelectual, sino también un obstáculo real para el éxito electoral. Una de las principales críticas al manifiesto «socialista» del Partido Laborista bajo el liderazgo de Jeremy Corbyn en las elecciones generales de 2019 en el Reino Unido era que, aunque estaba lleno de políticas populares a nivel individual, como el aumento de impuestos a las grandes fortunas y la nacionalización de los ferrocarriles, parecía más una lista de deseos que un programa coherente para conseguir una sociedad mejor.

Aunque las ideas de Rawls pueden aportar una mayor coherencia y ambición a las políticas progresistas, también nos demuestran cómo podemos superar algunas de las divisiones sociales y culturales en nuestras sociedades. Una crítica habitual a la actual política progresista es que se ha convertido en una forma de «política de identidad», esto es, que tiende a defender los intereses de grupos específicos —las mujeres, los negros, los discapacitados, la comunidad LGBTQ+— en lugar de *defender* una idea inclusiva del bien común. Esta valoración es, a menudo, exagerada: campañas como «Black Lives Matter» no tienen que ver con privilegiar los intereses de un grupo sobre otro, sino con garantizar los derechos y oportunidades de los negros y otras minorías, que nosotros damos por sentado. En cambio, el auge del nacionalismo blanco en la derecha sí que representa la política identitaria en su forma más manifiesta y peligrosa. En todo caso, los principios de Rawls constituyen una alternativa unificadora a la política identitaria, lo cual no significa abandonar la lucha por, digamos, la justicia social o los derechos de los homosexuales. Tampoco hay nada malo en que los grupos desfavorecidos se organicen para defender sus reivindicaciones; de hecho, esta ha sido una constante fuente de progreso. Más bien significa dejar claro que estas luchas forman parte de un proyecto más amplio de consecución de los valores universales. Asimismo, las ideas de Rawls nos demuestran cómo podemos superar la falsa elección entre proteger los derechos de grupos específicos y desarrollar una agenda económica que los beneficie a todos. Cualquier política progresista significativa debe hacer ambas cosas.

Una de las tendencias más llamativas de las últimas décadas ha sido el modo en que la política se ha visto cada vez más condicionada por diferencias en la cultura y los valores personales. El escritor David Goodhart bautizó memorablemente esta división como los «cualquier lugar» y los «algún lugar».[29] Los partidos progresistas dominantes están controlados por personas con una perspectiva «culturalmente liberal» —suelen ser más jóvenes y con un mayor nivel educativo, viven en ciudades y son menos religiosos— y se han esforzado por conectar con ciudadanos de una sensibilidad más «tradicional» o «conservadora», normalmente más mayores y más religiosos, con un nivel educativo más bajo y residentes en pequeñas ciudades o en el campo.[30] En un grado acaso mayor que cualquier otro pensador liberal, Rawls quiso apelar explícitamente a personas con creencias morales y religiosas muy diferentes, y su filosofía puede ayudarnos a traspasar, o incluso trascender, esa línea divisoria.

Las ideas de Rawls también ofrecen la base para una política progresista verdaderamente transformadora, en el sentido de estar a la altura de los problemas que afrontamos. Como veremos, cada uno de sus principios tiene implicaciones de gran alcance en el mundo real: su principio de libertades básicas exige reformas radicales para cambiar la financiación de los partidos políticos y los medios de comunicación, e implica involucrar más directamente a los ciudadanos en el proceso democrático; y su segundo principio, en combinación con su compromiso por la sostenibilidad a través del principio del ahorro justo, proporciona la base para una reconfiguración fundamental de nuestras instituciones económicas. De hecho, es en este último campo en el que realmente entendemos las profundas implicaciones de sus ideas. Nuestra primera prioridad debe ser evitar el desastre ecológico y climático mientras aún estemos a tiempo, y propiciar la transición hacia una sociedad realmente sostenible: una transformación que cambiará prácticamente todos los aspectos de nuestra vida y que es un requisito no solo para la supervivencia de la democracia liberal, sino también de la propia humanidad. Al mismo tiempo, debemos adoptar un programa económico que no solo afronte la discriminación e instaure la igualdad de oportunidades, sino que asimismo aborde la desigualdad en su raíz, confiera un poder real a los trabajadores y garantice la posibilidad de un empleo digno y significativo para todos.

En el transcurso de este libro, ensamblaremos un programa integral que refuerce nuestra democracia y transforme la economía. En última instancia, el objetivo es utilizar la teoría de Rawls para construir una «utopía realista»: describir el conjunto de instituciones al que podemos aspirar dado lo que sabemos de la naturaleza humana y las limitaciones del mundo natural. De este modo, espero disipar el pesimismo que frena a nuestras sociedades, como si nuestras manos estuvieran atadas por rígidas leyes económicas y la reforma a gran escala estuviera condenada al fracaso. Como veremos, ese pesimismo no está justificado: hay muchas ideas excitantes y factibles relativas a cómo hacer las cosas de un modo diferente, y utilizaremos los principios de Rawls como el marco para reunir las propuestas más interesantes en un único lugar, buscando inspiración en las lecciones de la historia, en las evidencias de las ciencias sociales (entre ellas mi propia disciplina, la economía) y en ejemplos inspiradores procedentes de todo el mundo. Esto nos llevará más allá de las propias observaciones de Rawls, breves y a menudo meras tentativas; en algunos casos, tendremos incluso que alejarnos de lo que el propio Rawls escribió. Después de todo, sus comentarios no son la última palabra; ¿cómo podrían serlo? Los problemas que afrontamos y nuestra comprensión del mundo están en un proceso constante de cambio y evolución, y al aplicar estos principios debemos aspirar a apoyarnos en la mejor información disponible. Aunque ninguna institución es perfecta y no podemos estar seguros de cómo funcionará una nueva política hasta que la apliquemos, la necesidad de cambio es abrumadora. En última instancia, los verdaderos obstáculos para la reforma son políticos, no prácticos.

Es importante señalar, para empezar, que los principios de Rawls y las propuestas descritas en este libro constituyen, simplemente, una contribución al debate democrático: son un conjunto de argumentos susceptibles de ser analizados y debatidos. Esto puede parecer obvio, pero una reacción habitual a Rawls, y a la filosofía política en un sentido más amplio, consiste en afirmar que se trata de un intento «elitista» de influir en el debate democrático. ¿Por qué deberíamos aceptar la opinión de un filósofo como base para organizar la sociedad? ¿No deberíamos delegar estas cuestiones en la gente? Dada la actitud despectiva que las élites políticas suelen adoptar hacia los puntos de vista «ordinarios» de los ciudadanos, estas preocupaciones son completamente razonables. Sin embargo, en una sociedad democrática, los argumentos planteados por los filósofos políticos son justamente eso, argumentos; y el público que los recibe no es un Estado todopoderoso, sino la ciudadanía en su conjunto. Aunque propondré cambios específicos a la forma en que organizamos la sociedad, mi objetivo no es crear un modelo inamovible, sino demostrar el poder y la flexibilidad de la teoría de Rawls para ayudarnos a pensar cómo construir una sociedad mejor. Estas ideas no son una alternativa al debate democrático, sino una parte integral de este; y el hecho de que tengan o no influencia dependerá exclusivamente de su capacidad para persuadir a un número suficiente de ciudadanos de que merece la pena seguirlas; ni más ni menos.

¿Cuáles son las opciones de que algunas de estas ideas ejerzan un impacto significativo en la política real? ¿Cómo superar la inevitable resistencia de las élites atrincheradas cuyo control del poder político y los recursos económicos será puesto en entredicho por esas ideas? Volveré a estas preguntas en la conclusión del libro. No obstante, hemos de recordar que lo que resulta políticamente factible no está predeterminado; depende de aquello en lo que cree la gente y por lo que está dispuesta a luchar. Mi objetivo en este libro es esbozar una visión del aspecto que tendría una sociedad justa, y convencer al lector de que eso es algo moralmente deseable y virtualmente factible. Lograrlo, sin embargo, exigirá determinación y un compromiso con la acción para cambiar las mentes, ganar elecciones y experimentar con nuevas políticas e instituciones.

A menudo vuelvo a una cita concreta que, en mi opinión, condensa cuanto hay de único e inspirador en las ideas de Rawls. Se encuentra en la reseña a *Teoría de la justicia* que el filósofo Thomas Nagel escribió en 1973. «La perspectiva expresada en este libro no es característica de su época —escribió Nagel— porque no es pesimista, ni alienada, ni iracunda, ni sentimental ni utópica. En cambio, transmite algo que hoy puede parecer increíble: una afirmación esperanzada en las posibilidades humanas».[31] En la actualidad necesitamos, más que en ninguna otra época, este tipo de perspectiva. Tengo la esperanza de que este libro ilumine con el mismo espíritu los problemas que afrontamos hoy, y que infunda en el lector una renovada confianza en la posibilidad de una sociedad mejor y también la energía para salir ahí fuera y convertirla en realidad.

PRIMERA PARTE

Capítulo 1
¿QUÉ ES JUSTO?

> La justicia es la primera virtud de las instituciones sociales, como la verdad lo es de los sistemas de pensamiento. Por elegante y económica que resulte, hay que rechazar una teoría si es falsa; del mismo modo, las leyes y las instituciones, independientemente de su eficacia y su buena organización, deben ser reformadas y abolidas si son injustas.
>
> JOHN RAWLS, *Teoría de la justicia*[1]

Tendemos a dar por sentada la forma en que se organiza la sociedad: las instituciones políticas y económicas cambian lentamente, y pueden adoptar un aura de naturalidad o inevitabilidad. Pero no debemos engañarnos por esta ilusión. No hay una forma natural o neutral de organizar la sociedad: nuestra democracia y economía son el producto de decisiones humanas, y cambiarlas está a nuestro alcance. Juntas, estas estructuras comprenden un sistema social que, en palabras de Rawls, «no es un orden inmutable más allá del control humano, sino un patrón de acción humana».[2]

Nuestras sociedades requieren de una variedad de instituciones para funcionar: necesitan estructuras políticas, como parlamentos y elecciones, que podemos utilizar para tomar decisiones colectivas; un sistema legal, que incluye tribunales y un sistema judicial, para hacer cumplir estas decisiones; instituciones económicas, como mercados y derechos de propiedad, que facilitan la producción y el comercio, y estructuras sociales, como la familia, que contribuyen a sostener nuestra sociedad y transmiten nuestra cultura compartida de una generación a la siguiente. Estas instituciones —a las que Rawls se refiere como «estructuras básicas» de la sociedad—

influyen en nuestra vida de una forma profunda e inevitable porque determinan nuestros derechos y obligaciones como ciudadanos, y las oportunidades que se nos brindan a través del trabajo y la educación; y, gracias a su impacto en la cultura, incluso dan forma a nuestros valores, sueños y aspiraciones y, por lo tanto, al tipo de personas que somos y queremos ser.

En una democracia compartimos la responsabilidad moral colectiva del diseño de las estructuras básicas de nuestra sociedad y el impacto que tiene en nuestras vidas. Para Rawls, la justicia tiene que ver con esto, y dedicó su vida a identificar un inequívoco conjunto de principios que pudieran servirnos de guía en el diseño de estas instituciones. Su punto de partida era la idea de que la sociedad debería ser justa, razón por la que llamó a su teoría «justicia como equidad». En efecto, la obra de su vida consistió en desentrañar esta idea fundamental: pensar lo que significaría vivir en unos términos que todos pudieran aceptar como justos. Como vimos en la Introducción, Rawls propuso un experimento mental poderoso e intuitivo, que denominó «posición original», para responder a esta cuestión. Si queremos saber cómo sería una sociedad justa, argumentó, debemos preguntarnos cómo elegiríamos organizarla si desconociéramos nuestras circunstancias individuales en su seno, como si actuáramos detrás de un «velo de ignorancia».

Rawls sostuvo que elegiríamos dos principios de justicia general, relacionados con la libertad y con la justicia, respectivamente, junto con otro principio de justicia intergeneracional y de sostenibilidad. Como veremos a lo largo de este libro, estos principios ofrecen un marco notablemente elocuente y poderoso para pensar muchos de los desafíos que nuestras sociedades afrontan en la actualidad, desde la libertad de expresión y el papel del dinero en la política, a los relacionados con la pobreza debida a la desigualdad y la crisis climática y ecológica; y en la segunda parte del libro, adoptaremos estos principios como base para desarrollar un programa práctico para propiciar un cambio a mejor en nuestra sociedad.

Sin embargo, antes de asumir estos desafíos de la vida real, hemos de examinar con más detalle los propios principios. Aunque apenas suman unas cien palabras en total, son la esencia de la teoría de Rawls y contienen un conjunto de ideas de una enorme riqueza.

Los dos principios de la justicia de Rawls

Primer principio: cada persona ha de tener el mismo derecho a un régimen plenamente adecuado de libertades y derechos básicos equitativos, compatible con el mismo régimen aplicado a todos; y en él las libertades políticas equitativas, y solo estas libertades, deben tener garantizado su justo valor.

Segundo principio: las desigualdades sociales y económicas deben satisfacer dos condiciones: primera, deben estar vinculadas a puestos y cargos abiertos a todos en condiciones de igualdad de oportunidades; y segunda, han de concebirse para el mayor beneficio de los miembros menos favorecidos de la sociedad, en coherencia con el principio de ahorro justo.[3]

A primera vista, los principios son bastante densos: no es obvio a qué se refieren o por qué son tan particulares, y el objetivo de este capítulo es explicar todo esto. Pero una cosa sí parece muy evidente: han sido concebidos para responder a la pregunta específicamente política de cómo deberíamos organizar nuestras instituciones sociales más importantes, más que a cuestiones morales generales sobre lo que hace valiosa la vida o cuáles son nuestros deberes hacia nuestros amigos o familiares. Este énfasis en la justicia «social» —la justicia de las instituciones, en oposición a la justicia de las acciones individuales— aleja a Rawls de muchos pensadores de la tradición liberal, hasta el punto de que un relevante filósofo se refirió a este aspecto de su teoría como «la mayoría de edad de la filosofía política liberal».[4]

Rawls también distinguía entre «justicia doméstica» —en el centro de su teoría— y «justicia local» y «global».[5] La justicia doméstica y, por lo tanto, los principios de Rawls se preocupan por cómo debemos organizar las estructuras básicas de la sociedad —las instituciones fundamentales sin las que esta no puede funcionar—; Rawls no pretende decirnos cómo hemos de organizar la vida interna de las diversas asociaciones que operan en el «interior» de esa estructura básica, como las familias, las iglesias o los equipos deportivos,[6] sino que piensa más en lo que sería la «justicia local». Por supuesto, los principios de Rawls imponen ciertos límites al modo de operar de estas asociaciones; las iglesias no pueden castigar a los herejes, y los padres no pueden privar a sus hijos de ayuda médica o de una educación digna. Pero dentro de estos amplios límites, las asociaciones privadas deberían ser libres de organizarse a sí mismas según su conveniencia.

Estos principios tampoco están diseñados para responder a cuestiones relacionadas con la «justicia global» —la justicia entre países y no en el seno de estos—, como las obligaciones que los países ricos tienen con los pobres, o si un país puede intervenir en otro para proteger los derechos humanos. En el contexto de las enormes desigualdades globales, el cambio climático e incluso la guerra, sin duda se trata de asuntos acuciantes, con implicaciones prácticas de enorme relevancia, desde cómo estructurar el sistema del comercio global a la cantidad de dinero que hay que invertir en ayuda internacional y cómo debemos compartir los costes de la eliminación gradual de los combustibles fósiles y la adaptación a un planeta más cálido. Sin embargo, las relaciones entre países difieren significativamente de las relaciones entre ciudadanos dentro de un mismo país, y averiguar los detalles de estas obligaciones exige otro conjunto de principios.[7] Siguiendo a Rawls, nos centramos en la justicia doméstica —en el diseño de las instituciones básicas de un país—, ya que el desacuerdo sobre esta cuestión es lo que apuntala la crisis de fe en la democracia liberal que vivimos hoy, y debe ser el punto de partida para la renovación política y social que tan urgentemente necesitamos.[8]

LIBERTAD

La base de toda democracia liberal es el compromiso de proteger ciertos derechos y libertades fundamentales. En la actualidad todo el espectro político acepta esta idea, que es la fuerza motriz que impulsa el movimiento moderno en pro de los derechos humanos, y muchos países recogen una serie de derechos fundamentales en sus constituciones escritas. Y, sin embargo, aunque existe un acuerdo general de que todo el mundo merece ciertas libertades básicas, persiste el desacuerdo en relación con cuáles deberían ser. ¿La población gay debe tener derecho a casarse? ¿Deben las mujeres tener derecho al aborto? ¿Y qué deberíamos hacer cuando nuestras libertades básicas entran en conflicto? Por ejemplo, ¿debería la libertad de expresión conceder a las personas religiosas el derecho a negarse a servir a un cliente gay?

El primer principio de Rawls —el principio de libertades básicas— puede ayudarnos a responder a estas difíciles cuestiones. Empecemos echando un vistazo a las libertades que Rawls consideraba como verdaderas «libertades básicas» (en este análisis, utilizaré «libertades» y «derechos» de forma intercambiable). Podemos agruparlas en tres categorías amplias: personales, políticas y procesales.[9] Las libertades personales incluyen la libertad de conciencia, pensamiento y expresión, la libertad de asociación y los derechos necesarios para garantizar nuestra libertad individual y nuestra integridad física, incluyendo el derecho a estar libres de violencia y coerción, libertad de movimientos, la libre elección de un empleo, el derecho a una vida familiar privada, la libertad de elección en cuestiones sexuales y reproductivas, y el derecho a poseer propiedades personales, como casa y ropa. Estas libertades crean un espacio protegido en el que podemos pensar libremente y perseguir nuestra propia idea de cómo queremos vivir nuestra vida: qué religión queremos seguir, si decidimos adherirnos a alguna; con quién queremos establecer una relación y si deseamos crear una familia; qué tipo de trabajo queremos hacer y cómo pasamos nuestro tiempo libre. Todo ello refleja un profundo compromiso con el ideal liberal de una sociedad en la que personas con diferentes valores morales y religiosos pueden convivir, y en la que acordamos no utilizar el poder del Estado para imponer nuestras creencias a los demás. En una época de auge de la intolerancia y de incipientes «guerras culturales», este compromiso es más importante que nunca.

A continuación, están las libertades políticas, que abarcan todos los derechos y libertades que sostienen el proceso democrático. En ellas se incluyen no solo el derecho de voto y a presentarse a un cargo público, sino también las importantes libertades de asociación y discurso político, que incluyen el derecho a fiscalizar y criticar al Gobierno y a formar partidos políticos y grupos de campaña. Significativamente, el primer principio de Rawls no solo pretende garantizar nuestros derechos políticos formales y equitativos, sino también crear un sistema político en el que disfrutemos de oportunidades sustancialmente ecuánimes para ejercer esos derechos e influir en la toma colectiva de decisiones, independientemente del patrimonio, la raza, el género, etc. Esto es lo que Rawls quería decir con su afirmación de que se debe «garantizar su valor justo» a las libertades políticas equitativas.[10] En las democracias más avanzadas, los individuos ricos y las empresas poderosas han llegado a ejercer una influencia desmesurada en el proceso democrático, en gran medida gracias a las donaciones a partidos políticos y a la propiedad de medios de comunicación. La tendencia de la democracia a convertirse en plutocracia —el gobierno de los ricos— preocupaba profundamente a Rawls, que afirmó que el fracaso a la hora de afrontar esta cuestión era uno de los problemas más graves de nuestras sociedades.[11] Como analizaremos en el capítulo 15, lograr la igualdad política en este sentido exigirá reformas de gran calado en la democracia tal como la conocemos, empezando por un nuevo sistema de financiación de los partidos políticos y los medios de comunicación.

Las libertades personales y políticas son las libertades nucleares sustantivas protegidas por el principio de libertades básicas, y corresponden a los aspectos liberales y democráticos del conocido término «democracia liberal». Junto a ellas están lo que podríamos llamar «libertades procesales» o los derechos y libertades asociados al Estado de derecho. En el nivel más básico, el «Estado de derecho» significa que el Estado debe actuar de acuerdo solo con las leyes que han sido aprobadas a través de procesos políticos legítimos. Es más, todo el mundo debe someterse a las mismas leyes, que han de aplicarse de forma regular e imparcial. En términos prácticos, las libertades procesales sustentan protecciones vitales como el derecho a no sufrir un arresto arbitrario y el derecho a un juicio justo. Estas libertades son una condición previa para disfrutar del resto de libertades básicas: a fin de cuentas, sin el Estado de derecho, la democracia sería irrelevante, ya que el Estado podría actuar con impunidad y no se podría garantizar ninguna de nuestras libertades personales.

Sin embargo, ¿qué significa que una libertad sea «básica»? Las libertades básicas, como las concibió Rawls, son a un tiempo «fundamentales» e «inalienables». Son «fundamentales» en el sentido de que una libertad básica solo se puede limitar para proteger otra libertad básica. Veamos un ejemplo relativamente incontrovertible: podemos limitar la libertad de expresión para evitar la violencia y proteger así nuestro derecho a la seguridad e integridad física, pero sería un error que el Estado limitara nuestras libertades básicas para satisfacer el punto de vista moral o religioso de la mayoría. Así pues, por ejemplo, sería desacertado prohibir las relaciones homosexuales solo porque algunas personas —o incluso la mayor parte de la gente— piensen que la homosexualidad es pecado. De un modo análogo, el Estado no puede limitar la libertad de una minoría religiosa para satisfacer las creencias de la mayoría. No importa nuestro nivel de desacuerdo con nuestros conciudadanos en relación con la religión y la moralidad personal, el principio de libertades básicas nos exige respetar la libertad de cada individuo para vivir conforme a sus creencias. El único límite a esta libertad es la libertad de los demás a hacer lo mismo.

La protección de las libertades básicas asumida por el primer principio de Rawls también tiene prioridad sobre la búsqueda de justicia económica, que es el núcleo de su segundo principio (en otras palabras, el orden en el que enunció sus principios tiene una gran relevancia).[12] Así, por ejemplo, el Estado no puede arrebatar los hijos a sus padres, aunque al actuar así fomente la igualdad de oportunidades, y no puede saltarse el proceso democrático ni marginar a un grupo de votantes, aunque estas acciones redunden en un crecimiento económico más rápido y faciliten la erradicación de la pobreza. En otras palabras, podemos rechazar inmediatamente el tipo de argumentos que los comunistas autoritarios han planteado en ocasiones para justificar la negación de las libertades políticas y personales básicas, y que siguen vigentes en la China actual y en otros lugares. Y, evidentemente, no solo la extrema izquierda ha pretendido subordinar las libertades básicas a la economía: lo mismo puede decirse de neoliberales autoritarios como el general Augusto Pinochet, que dirigió un brutal régimen de libre mercado en Chile en los años setenta y ochenta.

Las libertades básicas son, también, «inalienables», en el sentido de que no podemos «alienarnos» o renunciar voluntariamente a ellas.[13] En otras palabras, en una sociedad organizada según este principio no podemos vendernos como esclavos o vender nuestro voto aunque queramos hacerlo. Para Rawls, el papel del Estado no es, como creen algunos libertarios, hacer cumplir los contratos voluntarios; consiste más bien en mantener las condiciones que constituyen la base para nuestra libertad e igualdad como ciudadanos, y permitir la esclavitud iría en contra de ese compromiso básico.

La explicación que da Rawls de cuáles son las libertades «básicas» incluye muchos aspectos distintivos que diferencian su teoría de las de otros pensadores liberales, con importantes implicaciones prácticas.

En primer lugar, como hemos visto, explicó que las libertades personales y políticas —o liberales y democráticas— son «básicas» y, por lo tanto, merecen una protección especial. A menudo hablamos de esas libertades como si fueran inseparables; de ahí el término «democracia liberal». Pero no siempre ha sido así, y, al otorgar a ambos tipos de libertad un peso equivalente, Rawls pretendió trascender una importante división filosófica.[14] A un lado de esta división se encuentra una escuela de pensamiento que suele asociarse con el filósofo del siglo XVIII Jean-Jacques Rousseau, pero cuyas raíces se remontan a la Atenas clásica. Esta escuela defiende que las libertades políticas o democráticas, que el filósofo Benjamin Constant llamó «las libertades de los antiguos» en un influyente ensayo de 1819, son las más importantes. Desde esta perspectiva, libertades personales como la libertad religiosa o de conciencia son, en el mejor de los casos, instrumentalmente relevantes porque contribuyen a fomentar una saludable cultura democrática. El problema con esta forma de pensar es su peligrosa tendencia al iliberalismo o «tiranía de la mayoría»: cuando la voluntad de una mayoría democrática choca con las libertades personales de una minoría, la primera tiene prioridad. Esta es la idea que invocan los autodenominados «demócratas iliberales», como el primer ministro de Hungría, Viktor Orbán, cuando argumentan que en un país fundamentalmente conservador y cristiano no hay nada malo en que las leyes discriminen a la población homosexual.

Una segunda escuela de pensamiento, más estrechamente asociada a pensadores como John Locke y a la tradición liberal moderna, considera las libertades personales —las «libertades de los modernos»— como las más importantes. Sus partidarios tienden a valorar las libertades democráticas principalmente como un medio para garantizar nuestras libertades personales y la prosperidad económica en un sentido amplio, más que como intrínsecamente valiosas en sí mismas. Sin embargo, esta forma de pensar puede derivar en conclusiones manifiestamente antidemocráticas. Hasta principios del siglo XX, muchos supuestos «liberales» se oponían al sufragio universal sobre la base de que planteaba una amenaza a la libertad (aunque solían estar más preocupados por proteger los derechos de propiedad de los ricos que la libertad de conciencia y expresión).[15] En un contexto más moderno, detectamos ideas similares cuando los neoliberales han utilizado instituciones internacionales como el Banco Mundial y el Fondo Monetario Internacional para imponer una particular idea de la libertad económica a países en vías de desarrollo y devastados por la crisis.[16] Mientras tanto, en los países ricos, la tendencia a entregar cada vez más poder a agencias reguladoras no elegidas y a bancos centrales a veces manifiesta un menosprecio similar a la importancia del control democrático.[17]

Por el contrario, el principio de libertades básicas afirma que las libertades políticas y las personales son igualmente importantes y que ninguna de ellas tiene una prioridad automática sobre la otra. Para Rawls, estas libertades son «cooriginales»; es decir, comparten una fuente común en el ideal subyacente de ciudadanos libres e iguales. Los ciudadanos libres deben poder elegir cómo quieren vivir su vida y los ciudadanos iguales deben tener la misma capacidad de influencia en las leyes. Ambos tipos de libertad tienen un valor inherente, además de su valor instrumental en protegerse mutuamente.[18] En este sentido, la teoría de Rawls es una verdadera teoría de la democracia liberal.

Quizá el aspecto más sorprendente y relevante de la lista de libertades básicas de Rawls es que solo incluye una serie muy limitada de libertades económicas; en concreto, la libertad de elección profesional y el derecho a la propiedad personal, que Rawls definió de una forma más bien estricta para incluir, por ejemplo, el derecho a las posesiones personales y a controlar el propio espacio vital. En otras palabras, Rawls rechazaba la idea, asociada a muchos seguidores de la tradición liberal clásica, de que la libertad de intercambio está a la par de la libertad personal o la igualdad política, o incluso debería tener prioridad sobre estas. Diversos pensadores han planteado razones por las que las libertades económicas deberían tener un estatus privilegiado, y analizaremos estos argumentos en el capítulo 3. Sin embargo, independientemente de la justificación, la implicación práctica es siempre la misma: si se concede una prioridad tan exclusiva a las libertades económicas en un sentido amplio, esta acción limitará severamente la acción del Estado a la hora de afrontar la pobreza o la desigualdad, o incluso regular los mercados para fomentar el crecimiento económico. Esta fuerte preeminencia concedida a las libertades económicas explica la asociación entre el liberalismo (clásico) y la economía del *laissez-faire*; de hecho, esta forma de pensar ha impedido que abordemos muchos de los errores del capitalismo contemporáneo. Rawls, sin embargo, rechazó este planteamiento, argumentando que las cuestiones relativas a los impuestos y la propiedad deben subordinarse a la defensa de la idea de la justicia económica definida según su segundo principio.

¿Qué justifica la afirmación de Rawls de que las libertades políticas y personales son libertades básicas, pero no lo son la mayor parte de las libertades económicas? La respuesta a esta pregunta nos lleva al que tal vez sea el aspecto más original del primer principio de Rawls, que no es su afirmación de que algunas libertades son más importantes que otras, sino cómo esto nos proporciona un marco para determinar qué libertades son «básicas» y gestionar los conflictos que inevitablemente surgen entre ellas.[19]

Al desarrollar su primer principio, Rawls explicó que las libertades básicas son aquellos derechos y libertades que necesitamos para vivir libremente y desempeñar nuestro papel en la sociedad.[20] En cuanto ciudadanos, declaró, necesitamos dos «poderes» o «capacidades» morales. En primer lugar, la «capacidad para la concepción del bien»; en otras palabras, la habilidad para reflexionar y perseguir nuestra propia idea de cómo queremos vivir. En segundo lugar, la «capacidad para un sentido de la justicia»; la habilidad para dar forma a nuestra visión de cómo debería organizarse la sociedad y para cooperar con los demás en términos justos. Disponer de estas capacidades nos convierte en ciudadanos libres e iguales, y son una condición previa para la existencia de una sociedad democrática.[21]

Las libertades básicas son las libertades que debemos tener si pretendemos cultivar y ejercitar esas capacidades. Las libertades políticas garantizan nuestra libertad para debatir cuestiones morales y políticas, criticar al Gobierno y participar en la vida pública, sin lo cual sería imposible cultivar o actuar según el sentido de lo que es justo, nuestra «capacidad para un sentido de la justicia». Al mismo tiempo, necesitamos las libertades personales de pensamiento, expresión, conciencia y asociación para definir y perseguir el tipo de vida que queremos vivir, nuestra «capacidad para una concepción de la buena vida». Estas libertades individuales nos permiten seguir nuestro propio camino y son el fundamento de un rico mundo social y cultural en el que podemos explorar diferentes ideas respecto a cómo vivir, más allá de aquellas en las que hemos sido educados.[22]

Iluminar el propósito subyacente a nuestras libertades básicas nos ayuda a pensar en sus límites. El principio de libertades básicas no protege cualquier manifestación de un derecho abstracto como la libertad de expresión: esta se protege como libertad básica solo cuando nos resulta esencial en el desarrollo y ejercicio de nuestras capacidades morales. Así, por ejemplo, deberíamos conceder la máxima protección posible a la libertad de expresión relativa a cuestiones políticas, morales y religiosas, ya que es fundamental para desarrollar nuestro sentido de la justicia y de cómo hemos de vivir. Pero algunas formas de expresión, como la publicidad comercial, no tienen un papel significativo a la hora de permitirnos cultivar o ejercer esas capacidades. Donde las verdaderas libertades básicas solo se pueden limitar para proteger otras del mismo rango, otras libertades, como el discurso comercial, se pueden limitar —argumentaba Rawls— en beneficio de un conjunto más amplio de «razones públicas», como el fomento de la salud o la eficiencia económica.[23]

Tener presente el propósito subyacente de nuestras libertades básicas también aporta una forma de resolver los conflictos que inevitablemente surgen entre ellas. Al afrontar este conflicto, deberíamos priorizarlas según su importancia para la vida libre y para el cultivo de nuestras dos capacidades morales. En el centro de este planteamiento se sitúa el reconocimiento de que ninguna libertad básica es absoluta: en principio, podemos limitar cualquiera de ellas si es necesario para mantener un conjunto «plenamente adecuado» para todos. Como analizaremos en los capítulos 4 y 5, esta flexibilidad es un importante correctivo al absolutismo que tan habitualmente se predica con relación a los derechos en el debate político contemporáneo, como si una libertad básica siempre tuviera que tener una prioridad absoluta sobre todo lo demás.[24] Podemos verlo, por ejemplo, en la forma en que el Tribunal Supremo de Estados Unidos ha tumbado leyes para limitar las donaciones políticas sobre la base de que son formas protegidas de expresión y de que la libertad de expresión tiene una prioridad casi absoluta en las reivindicaciones de igualdad política democrática, o en la demanda de que la libertad de culto religioso debería imponerse siempre a los derechos de la comunidad LGBTQ+, lo que se ha utilizado para justificar amplias exenciones a los creyentes religiosos respecto de las leyes contra la discriminación.

Evidentemente, la idea de «mantener un equilibrio» plantea sus propias dificultades. No podemos limitarnos a contemplar el primer principio de Rawls y encontrar en él una solución definitiva a todo conflicto entre derechos. Resolverlos implica, inevitablemente, cierto grado de juicio sobre la importancia relativa de las diferentes libertades, y puede haber muchas soluciones razonables. Esta flexibilidad no es un defecto o un error, sino una aspecto valioso y premeditado del planteamiento de Rawls: en lugar de pretender responder cualquier pregunta por adelantado, reconoce que el debate democrático sobre el alcance preciso de nuestras libertades está, a menudo, justificado, y ofrece un marco coherente para que este debate se desarrolle de forma fructífera.

Ahora estamos en posición de comprender por qué el primer principio de Rawls solo incluye un conjunto limitado de libertades económicas, como el derecho a la propiedad personal. Tenemos un derecho básico a poseer una casa y posesiones personales como ropa, libros y ordenadores, porque de otro modo sería imposible vivir libremente y expresarnos nosotros mismos. Para entender hasta qué punto estas libertades son esenciales, basta con imaginar cómo sería vivir en una sociedad en la que el Estado u otros ciudadanos entraran en nuestro hogar a voluntad o nos dijeran qué hemos de vestir o leer.[25] Lo mismo puede decirse de la libertad de elección de profesión: para muchos de nosotros, lo que hacemos para ganarnos la vida es una parte importante de nuestra identidad, y ser libres para decidir en qué trabajamos es un aspecto fundamental de nuestra vida, según nuestras propias creencias. Sin embargo, la mayor parte de las libertades económicas elogiadas por los liberales clásicos —una ciudadanía exenta de pagar impuestos o capaz de dirigir un negocio sin regulación, etc.— no pasan esta prueba. Sencillamente, en un sentido absoluto no necesitamos estos derechos para vivir libremente o participar en el debate político.

Esta forma de pensar explica el planteamiento de Rawls sobre la cuestión de quién debe poseer los «medios de producción» —empresas, maquinaria, materias primas, etc.—, que históricamente ha estado en el corazón del debate entre socialismo y capitalismo. Aunque tenemos un derecho básico a poseer propiedades personales, esto no implica necesariamente que las empresas o los recursos naturales deban ser de titularidad privada. Rawls dejó claro que el principio de libertades básicas es compatible tanto con la propiedad privada como con el «socialismo liberal», en el que las empresas son en última instancia posesión de los trabajadores o del Estado. Esto no significa que dejemos sin resolver las cuestiones relacionadas con la propiedad del trabajo y la democracia laboral —de hecho, pertenecen al núcleo del programa económico que desarrollaremos, más adelante, en este libro—, tan solo implica que el principio de libertades básicas, por sí mismo, no puede ofrecernos una respuesta, lo cual exige un ideal más amplio de justicia económica, lo que a su vez nos lleva al segundo principio de Rawls.

IGUALDAD

Aunque el principio de libertades básicas nos ofrece un modelo para proteger nuestras libertades más importantes y para diseñar un sistema político democrático, el segundo principio de Rawls puede ayudarnos a pensar cómo deberíamos organizar nuestras instituciones sociales y económicas fundamentales: la estructura del sistema educativo, el papel de los mercados, el tamaño del Gobierno, la naturaleza de los derechos de propiedad y así sucesivamente. En combinación con el principio de ahorro justo, al que volveremos en breve, nos aporta un ideal de justicia económica a un tiempo liberal e igualitario, a la vez que reconoce los límites de nuestro planeta finito: una alternativa realmente sistemática al neoliberalismo que sigue dominando el pensamiento económico y que sirve para justificar la destrucción ecológica y la desigualdad que en la actualidad deteriora nuestras sociedades.[26]

Como hemos visto, el segundo principio de Rawls consta de dos partes. En primer lugar, la «igualdad equitativa de oportunidades»: la idea de que los puestos sociales —no solo los empleos, sino también los puestos en la universidad, los cargos públicos (como el de juez), etc.— deben estar abiertos a todos partiendo de la base de sus competencias y habilidades, y que, para empezar, todo el mundo debería tener la misma oportunidad de desarrollar su talento. El segundo aspecto es el «principio de diferencia»: la idea de que las desigualdades en la sociedad solo se justifican si benefician a la mayoría, y específicamente que debemos organizar nuestra economía para maximizar las opciones vitales de los «menos favorecidos».

Antes de explicar los diferentes aspectos de cada principio de forma individual, es importante observar cómo se relacionan entre sí. Para ello es útil imaginar una sociedad en la que las personas acceden a puestos diferentes —por ejemplo, limpiadores, maestros, arquitectos, etc.—, cada uno de los cuales implica recompensas diferentes, puesto que algunos están mejor remunerados o son más prestigiosos, y otros ofrecen mayores posibilidades de reconocimiento social o permiten desarrollar un sentido de plenitud y realización. La igualdad equitativa de oportunidades tiene que ver con asegurarnos de que cada cual tiene las mismas oportunidades de competir por cada uno de estos roles, independientemente de dónde hayamos nacido o quiénes sean nuestros padres. En cambio, el principio de diferencia consiste en garantizar que las recompensas vinculadas a estos empleos sean justas. En otras palabras, aunque todos tengamos las mismas oportunidades de llegar a ser arquitectos, esto no necesariamente hace que el mayor salario de los arquitectos, en comparación con los operarios de limpieza, sea justo. Que esta disparidad tenga justificación depende, en última instancia, de si ayuda a fomentar los intereses de los más desfavorecidos: por ejemplo, animando a la gente a someterse al largo proceso de formación necesario para convertirse en arquitecto y aplicar sus destrezas para construir cosas que la gente valora, como casas, tiendas y oficinas.

También podemos ilustrar las relaciones entre la igualdad equitativa de oportunidades y el principio de diferencia por medio de la analogía de una carrera o competición. A menudo se describe la igualdad de oportunidades como conceder a cada uno un lugar de partida justo en la «carrera» de la vida, pero la igualdad de oportunidades no tiene nada que decir de los premios que se consiguen en la meta. ¿Debe la carrera someterse al principio de «el ganador se lo lleva todo», como sucede de forma cada vez más notoria en nuestras sociedades? ¿O todos deberían obtener la misma recompensa por el mero hecho de haber participado? ¿O una solución intermedia? Si la igualdad de oportunidades tiene que ver con unas condiciones de salida equitativas, el principio de diferencia se centra en garantizar que los premios sean justos. Combinando estos dos elementos, el segundo principio de Rawls rechaza la falsa dicotomía entre igualdad de oportunidades e igualdad de resultados que caracteriza a buena parte del debate en torno a la justicia económica. Y, sin embargo, aunque las dos partes del segundo principio de Rawls han de comprenderse juntas, cada una plantea implicaciones transformadoras por sí misma.

IGUALDAD EQUITATIVA DE OPORTUNIDADES

La igualdad de oportunidades es, evidentemente, un concepto conocido; es uno de los principios de referencia de la política económica en la mayoría de las democracias liberales modernas. Pero, aunque la mayoría de nosotros estaría de acuerdo en que la igualdad de oportunidades es algo a lo que deberíamos aspirar, este aparente consenso oculta profundas divisiones sobre su verdadero significado y lo que implicaría llevarlo a la práctica.

Podemos distinguir dos interpretaciones distintas de la igualdad de oportunidades en el trasfondo de nuestro debate político. La primera, a la que Rawls se refería como igualdad de oportunidades «formal», es la idea de que los cargos y empleos deben ir a parar al candidato más cualificado, independientemente de otras características, como clase, raza o género. La igualdad de oportunidades formal es, en efecto, un principio de no discriminación. Como mínimo, requiere leyes que ilegalicen la discriminación explícita, y también exige políticas que contribuyan a superar los prejuicios y el sesgo inconsciente que sitúa a algunos grupos —mujeres, ciertas minorías étnicas, la comunidad LGTBQ+— en una injusta desventaja.

La igualdad formal de oportunidades es una exigencia básica de la ciudadanía igualitaria y un requisito previo para establecer una sociedad justa. Que se nos niegue el acceso a un empleo o una plaza en la universidad por nuestro género o el color de nuestra piel equivale a negarnos la dignidad básica y la merecida igualdad como ciudadanos. Pero la igualdad formal de oportunidades no basta por sí sola. El problema es que garantizar que los empleos y otros cargos van a parar a los candidatos más preparados no importa mucho si para empezar algunas personas no tienen la oportunidad de desarrollar sus habilidades. Sabemos, por ejemplo, que los hijos nacidos en familias ricas y con un mayor nivel educativo tienden a ir a las mejores escuelas y tienen más oportunidades de cultivar valiosas destrezas sociales y culturales en su hogar. Este punto de partida desigual tiene un gran efecto en la vida de la gente. En países como el Reino Unido y Estados Unidos, por ejemplo, podemos predecir la mitad de lo que ganará un adulto observando simplemente lo que ganaban sus padres cuando eran niños.[27] Esta relación es aún peor para ciertos grupos étnicos minoritarios: en Estados Unidos, los niños negros nacidos en hogares de bajos ingresos solo tienen un 2,5 % de posibilidades de acabar entre la quinta parte de los hogares adultos más ricos, mientras que los niños blancos nacidos en familias con ingresos similares tienen una probabilidad cuatro veces mayor de alcanzar ese nivel.[28]

Por el contrario, Rawls defendía una igualdad «justa» de oportunidades en la que todo el mundo disfrutaría de una oportunidad equitativa de desarrollar sus destrezas y habilidades naturales, al margen de su clase, raza o género. En una sociedad así, las personas con los mismos talentos y motivaciones naturales tendrían la misma expectativa general —las mismas oportunidades de ir a la universidad, de conseguir un cierto empleo, etc.—, independientemente de su origen.[29] Como señala el filósofo R. H. Tawney, la verdadera igualdad de oportunidades «no solo depende de un camino despejado, sino de un punto de partida igualitario».[30]

Como expondremos en el capítulo 6, cumplir este ideal requiere mucho más que la ausencia de una discriminación explícita. Como mínimo, tenemos que reformar nuestro sistema educativo para que los niños tengan las mismas oportunidades al margen de la renta de sus padres. Y aunque los debates sobre la igualdad de oportunidades tienden a centrarse en el sistema educativo, en realidad este principio tiene implicaciones más amplias. Si queremos ofrecer un punto de partida igualitario a cada niño, también necesitamos reducir la pobreza y la desigualdad directamente, porque el sistema educativo solo puede compensar hasta cierto límite las diferentes oportunidades que el niño tiene en casa. Las medidas para reducir la pobreza y la desigualdad deben ir a la par con un esfuerzo mucho mayor para superar las estructuras y normas específicas que perpetúan las desigualdades raciales y de género, desde el impacto del sesgo racial generalizado —y a menudo inconsciente— hasta la extendida expectativa de que las mujeres se hagan cargo de la mayor parte de la crianza de los hijos. La igualdad de oportunidades también tiene implicaciones en el cuidado de la salud: como sociedad tenemos la responsabilidad de garantizar que todo el mundo disfrute de un nivel de salud digno, ya que necesitamos gozar de buena salud para solicitar un empleo o matricularnos en un curso.[31] Por último, también debemos mirar más allá de las oportunidades puramente económicas, y asegurarnos de que personas de todo tipo y condición tengan las mismas oportunidades de participar en la vida social y cultural en un sentido amplio.[32]

Los argumentos a favor de la igualdad equitativa de oportunidades se basan en parte en los beneficios que aporta a la eficiencia y el crecimiento económicos, puesto que todos ganamos si vivimos en una sociedad en la que todo niño, al margen de su clase, raza o género, tenga las mismas oportunidades de desarrollar sus destrezas y habilidades y competir por los diferentes empleos. Una multitud de estudios avalan los beneficios económicos de abordar las desigualdades raciales y de género y ofrecer oportunidades equitativas a los niños procedentes de entornos desfavorecidos; un reciente artículo redactado por economistas de la London School of Economics estimó que eliminar las diferencias de género en el empleo aumentaría la productividad una media de un 32%.[33] Y, sin embargo, la tendencia a centrarse en las ventajas en términos de eficiencia económica pasa por alto el punto más importante. Los argumentos a favor de la igualdad equitativa de oportunidades se apoyan, en última instancia, en un compromiso moral fundamental: es simplemente injusto que las circunstancias azarosas que rodean el nacimiento, sobre las que no tenemos absolutamente ningún control —como la clase, raza y género—, tengan una influencia tan profunda en nuestras vidas. Esto significa que deberíamos aspirar a la igualdad de oportunidades, por ejemplo, invirtiendo en educación para los niños desfavorecidos o fomentando una representación más equitativa de las mujeres y las minorías étnicas en los consejos de administración de las empresas, tanto si estas iniciativas aumentan el crecimiento económico como si no. Que resulte tan difícil oír este argumento es sintomático del empobrecimiento de nuestro discurso público, en el que la eficiencia económica se ha convertido en el modo por defecto de justificar todo tipo de políticas.

Los debates políticos sobre la igualdad de oportunidades también suelen descarrilar por los críticos a los que les gusta señalar las absurdas implicaciones de llevar la idea de un «punto de partida equitativo» a su conclusión lógica. En particular, las familias ejercen, inevitablemente, una gran influencia en el desarrollo de sus hijos y sus subsiguientes opciones vitales no solo por diferencias en los recursos económicos, sino también mediante la transmisión sutil de competencias, actitudes, intereses y cultura. Sabemos, por ejemplo, que actividades como leer a los niños puede mejorar su rendimiento en la escuela. ¿Acaso el compromiso con la igualdad equitativa de oportunidades implica que hemos de impedir que algunos padres lean a sus hijos por la noche? ¿U obligar a los padres a hacerlo?

Es evidente que no. Esta perturbadora conclusión se deriva de pensar en la igualdad de oportunidades como en un fenómeno aislado: si fuera lo único que despierta nuestra preocupación, entonces lo mejor sería abolir la familia y criar a los hijos en alguna especie de centro institucional en el que se pudiera garantizar que todo niño recibe exactamente el mismo trato. Sin embargo, parte del valor de la teoría de Rawls es que no se puede reducir a un principio único, y siempre hemos de considerar sus principios de un modo global. Su primer principio, que incluye el derecho a una vida familiar privada, limita claramente lo que el Estado puede hacer para fomentar la igualdad de oportunidades. Los padres deberían tener la libertad de compartir sus intereses personales con sus hijos, ayudarlos con sus deberes y presentarlos a sus amigos y contactos, aunque esto implique que algunos niños tienen ventajas que otros no comparten. Estas amplias libertades de los padres son libertades básicas porque sin ellas sería imposible que padres e hijos crearan las relaciones íntimas que desempeñan un papel tan relevante en la vida de las personas y que tan decisivas son para el desarrollo del niño.[34] Sin embargo, respetar los derechos de los padres no significa renunciar a la igualdad de oportunidades. Como exploraremos en el capítulo 6, el Estado puede y debe limitar las opciones de los padres ricos a la hora de comprar ventajas para sus hijos; y podemos recurrir al sistema educativo para afrontar las desigualdades que surgen en casa.

La igualdad equitativa de oportunidades es un principio intuitivamente atractivo. Pero ¿llega lo suficientemente lejos?

Imaginemos una sociedad con una igualdad de oportunidades perfectamente equitativa. El Estado haría todo cuanto estuviera en su mano para eliminar la discriminación y conceder a todos los niños las mismas oportunidades de desarrollar sus talentos, pero, más allá de ello, la distribución de los ingresos quedaría a merced del mercado, lo que implica que algunas personas acabarían con más dinero y estatus social que otras, lo cual sería el reflejo de una combinación de diferencias en cuanto a talento, decisiones tomadas y, por supuesto, suerte. Una sociedad así recibiría el nombre de meritocracia «justa». A primera vista, esto parece muy atractivo; sin duda sería una mejora del *statu quo*, y algo similar ha sido aceptado como principio rector de la política económica en muchas democracias liberales. Como ha explicado el filósofo Michael Sandel, «al menos en el nivel de los principios y la retórica política, se ha impuesto la meritocracia», y los políticos de los principales partidos políticos, tanto de izquierdas como de derechas, aseguran que sus políticas crean un punto de partida en igualdad de condiciones; y aunque sigue habiendo algunas críticas, «las quejas no se centran en el ideal en sí, sino en no conseguir estar a la altura de este».[35]

Sin embargo, tras una inspección detallada, una meritocracia justa no es tan atractiva como pueda parecer. Para un retrato vívido de lo que anda mal en el ideal meritocrático, basta con echar un vistazo a los escritos del sociólogo Michael Young, cuyo libro satírico *The Rise of the Meritocracy*, publicado en 1958, popularizó el término.[36] Young describió una sociedad ficticia en la que el éxito y la influencia dependían estrictamente del mérito, definido como «inteligencia más esfuerzo». Aunque desde entonces el término «meritocracia» ha adquirido connotaciones positivas, Young afirmó estar describiendo una distopía y no una utopía: una sociedad profundamente desigual donde la vieja aristocracia basada en el patrimonio y la clase social había sido sustituida por una aristocracia del «mérito». En una sociedad así, los más desfavorecidos estarían condenados a sufrir la doble indignidad no solo de ser pobres, sino también de ser menospreciados y considerados enteramente responsables de su bajo estatus. A fin de cuentas, desde la perspectiva de la meritocracia, tienen exactamente lo que merecen. En lo que percibimos como una advertencia progresivamente profética, Young retrató una sociedad dividida por el conflicto social y al borde de la rebelión violenta.[37] Rawls leyó el libro de Young y se hizo eco de muchas de sus preocupaciones, y advirtió que, en una meritocracia, una élite privilegiada se aislaría del resto y, en semejante sociedad, sería imposible que los más desfavorecidos conservaran la autoestima.[38] En la actualidad, la retórica de la meritocracia genera la misma dinámica; como aduce Sandel, la «arrogancia» de las élites educadas de la sociedad, en combinación con la «humillación» de quienes se han quedado atrás, ha creado un cóctel de descontento explosivo e incluso peligroso.[39]

Por lo tanto, aunque preferible al *statu quo*, una meritocracia justa podría seguir siendo extremadamente desigual. ¿Es algo que debería preocuparnos? Para una meritocracia comprometida, la desigualdad no es necesariamente un problema: la premisa básica de la meritocracia es que, si creamos un punto de partida en igualdad de condiciones, el resultado será justo, aunque sea muy desigual, porque la gente obtendrá lo que merece. Hay algo atractivo en esta idea, y parece ajustarse a la noción cotidiana de responsabilidad individual. Sin embargo, como argumentaba Rawls, la idea moral subyacente —que en una meritocracia la gente consigue lo que merece— es fundamentalmente errónea. A fin de cuentas, solo podemos merecer realmente algo si somos responsables de ello en algún sentido: alguien que ha ganado la lotería puede tener derecho a conservar el premio, pero nadie piensa que lo «merece» en un sentido moral profundo. Y, sin embargo, no somos más responsables de los talentos con los que nacemos que de nuestra clase, raza o género; son el resultado de una «lotería natural» sobre la que no tenemos ningún control.[40] Si nos inquieta la influencia de la clase, la raza o el género en las opciones vitales, también debería inquietarnos la influencia de las diferencias en habilidades naturales. Como explicó Rawls, «desde el punto de vista moral ambas parecen igualmente arbitrarias».[41]

¿Y qué hay del esfuerzo? En una meritocracia, el éxito depende del esfuerzo, así como del talento natural. Incluso el deportista o el músico más talentoso tiene que entrenar y practicar para tener éxito, y otro tanto puede decirse para casi cualquier otro ámbito de la vida: nadie se convierte en médico o en ingeniero sin un largo y arduo trabajo. El sentido común sugiere que la gente debe ser recompensada por su esfuerzo. Pero, como señaló Rawls, tampoco está del todo claro que podamos atribuirnos todo el mérito por eso. El esfuerzo que desarrollamos en la vida adulta depende en parte de rasgos de carácter que desarrollamos en la infancia, como la perseverancia y la capacidad de diferir la gratificación. Y desarrollar estos rasgos depende a su vez, y en gran medida, de las oportunidades y el aliento que de niños recibimos en casa y en la escuela, circunstancias de las que no se nos puede considerar responsables.[42] Esto no quiere decir que nunca se nos pueda considerar responsables de lo que hacemos, sino sencillamente que la distinción entre aquello por lo que se nos puede imputar responsabilidad y lo que no —y, en consecuencia, entre lo que «merecemos» y lo que no— no es tan simple como puede parecer.[43]

En todo caso, aunque creamos que la gente debe ser recompensada en proporción a su esfuerzo, esto sigue sin justificar las desigualdades generadas por los mercados. Nuestro esfuerzo tiene algún impacto en cuánto ganamos: si otros aspectos están en pie de igualdad, la gente que estudia más o trabaja más horas tiende a tener una mayor remuneración. Pero las diferencias de renta que detectamos en una economía de mercado no son el mero producto de diferencias de esfuerzo, sino que reflejan la forma en que las fuerzas de la oferta y la demanda configuran el valor económico del talento de los diversos individuos. Los científicos de datos reciben una retribución mayor que los enfermeros no porque trabajen más, sino debido a la enorme demanda que las destrezas de los científicos de datos tienen en relación con la oferta. Y, evidentemente, las fuerzas de la oferta y la demanda que influyen en nuestros salarios dependen de otros factores completamente ajenos a nuestro control individual: lo que otras personas quieren comprar, el modo en que las tecnologías hacen que algunas competencias sean más valiosas que otras y si los talentos que poseemos son comunes o escasos entre la población en su conjunto.

¿Adónde nos lleva esto? Parece que la única alternativa a una sociedad con una perfecta igualdad de oportunidades es una sociedad con una perfecta igualdad de resultados. Después de todo, si en realidad no «merecemos» las diferencias derivadas de nuestro talento y esfuerzo natural, quizá sería mejor que todo el mundo tuviera el mismo salario y patrimonio. No obstante, Rawls rechazaba esta idea. Argumentó que deberíamos animar a la gente a desarrollar y aplicar sus talentos, y a obtener beneficios financieros y de otro tipo, pero solo si así beneficiaban a los más desfavorecidos, bien directamente a través de los servicios prestados, bien indirectamente por medio de los impuestos. De esta forma, en lugar de lamentar el hecho de que algunas personas nacen con talentos económicamente más valiosos que otras, podemos aprovechar la increíble diversidad de las destrezas e intereses humanos en beneficio de todos.[44] Este pensamiento subyace en el aspecto más distintivo de la visión de Rawls y en el concepto que completa su teoría de la justicia: el principio de diferencia.

EL PRINCIPIO DE DIFERENCIA

El principio de libertades básicas y la igualdad equitativa de oportunidades son, al menos hasta cierto punto, ideas liberales razonablemente conocidas, si bien en manos de Rawls asumen un nuevo sentido. Pero el principio de diferencia —la noción de que las desigualdades sociales y económicas solo se pueden justificar si en última instancia benefician a todos y, específicamente, que deben promover «el mayor beneficio de los miembros más desfavorecidos de la sociedad»— es sorprendente y muy original, y ha transformado los debates posteriores sobre justicia económica. Este principio confiere a la teoría de Rawls un aura inconfundiblemente igualitaria y es el que supone las mayores implicaciones prácticas para la organización de nuestras instituciones económicas.[45]

Aunque el principio de diferencia se ocupa de la suerte de los «más desfavorecidos», no supone simplemente aliviar la pobreza.[46] Rawls también respaldó un «principio de necesidades básicas» independiente: la idea de que, como sociedad, tenemos la obligación fundamental de garantizar que todo el mundo tiene acceso al nivel de recursos mínimo necesario no solo para sobrevivir, sino también para ejercer sus libertades básicas y participar en la vida de la sociedad, lo cual incluye recursos materiales como alimentación, alojamiento y vivienda, pero también un nivel básico de formación y educación.[47] Aunque no se recoge explícitamente en sus dos principios, Rawls argumentó que podríamos pensar en este compromiso de cubrir las necesidades básicas de la población como parte del principio de libertades básicas (o incluso como algo prioritario a este principio); después de todo, carece de sentido tener libertad de religión o el derecho a votar si no tenemos dónde vivir o qué comer.[48] Y, sin embargo, aunque cubrir las necesidades básicas es esencial, para Rawls la justicia económica va más allá de las necesidades básicas, porque tiene que ver con garantizar una distribución general justa de los recursos en la sociedad.

Esto nos vuelve a llevar al principio de diferencia. El principio de diferencia es, en efecto, un ideal fuertemente igualitario de «prosperidad compartida». Términos como «prosperidad compartida» a menudo se utilizan tan vagamente que es difícil saber exactamente qué significan (¿quién está en contra de la prosperidad compartida?). El principio de diferencia nos lleva más allá de esta retórica difusa al definir un criterio preciso para pensar el grado en que la prosperidad debería ser compartida. La idea central es que debemos organizar nuestra economía de modo que los estándares de vida de los más desfavorecidos sean superiores a los que disfrutarían bajo cualquier otro sistema económico, dentro de los límites de la sostenibilidad ecológica.[49] Para Rawls, este principio se basa, en última instancia, en un espíritu de reciprocidad, o incluso de «fraternidad», puesto que solo hemos de desear que algunos tengan más que otros si eso también beneficia a los que tienen menos,[50] lo cual proporciona un marco para pensar en el diseño de nuestro sistema económico en su conjunto: no solo el nivel de los impuestos y prestaciones, sino también el papel de los mercados, las relaciones de poder entre propietarios y trabajadores, y el equilibrio entre la propiedad pública y la privada.

Así pues, ¿cómo puede la desigualdad beneficiar exactamente a todo el mundo? La lógica básica del principio de diferencia es conocida: la desigualdad crea incentivos que a su vez estimulan el dinamismo y el crecimiento económico, y esto es algo de lo que todos nos podemos beneficiar, incluidos los menos favorecidos. Por ejemplo, todos nos podemos beneficiar de vivir en una sociedad en la que los médicos cobran más que los peluqueros, porque esto contribuye a garantizar que un número suficiente de personas esté dispuesta a asumir el arduo proceso de formación necesario para ejercer esa profesión, por no mencionar el tener que soportar las largas noches de guardia y las exigencias emocionales del trabajo. En líneas generales, a medida que surgen nuevas tecnologías y cambian los gustos de la población, los salarios más altos pueden ayudar a dirigir a las personas hacia sectores de la economía con una alta demanda, ya se trate de cuidadores en una sociedad envejecida o programadores informáticos en la era de internet. En una sociedad en la que la gente es libre de elegir su trabajo, no podemos obligar a nadie a realizar un trabajo útil; más bien dependemos de incentivos para animar a la gente a tener un trabajo en lugar de otro.* El mismo proceso básico fomenta el éxito de la mayoría de empresas productivas, mientras que las ineficaces, o las que producen bienes que la gente ya no desea, tienden a entrar en decadencia. Y, por supuesto, la posibilidad de ganar dinero puede ser un importante estímulo para la innovación y el emprendimiento, animando a la gente a crear nuevos productos y empresas que, a su vez, son los motores clave del crecimiento económico.

Podemos entender más claramente la lógica del principio de diferencia si lo comparamos con una sociedad perfectamente igualitaria donde todo el mundo tiene los mismos ingresos al margen de su actividad o lo mucho que trabaja. No habría un incentivo económico para ir a la facultad de

* Esto no quiere decir que tengamos que depender exclusivamente de los mercados. Los salarios que el mercado ofrece a los cuidadores, por ejemplo, suelen ser demasiado bajos como para atraer al suficiente número de personas a determinados sectores esenciales. En este tipo de casos, el Estado puede y debe intentar aumentar las recompensas asociadas a ciertos empleos.

Medicina ni para asumir el riesgo de desarrollar un nuevo producto o iniciar una nueva empresa, ni siquiera para trabajar en absoluto, ya que todos obtendrían el mismo nivel de renta. Obviamente, las recompensas financieras no lo son todo: muchas personas, si no la mayoría, seguirían «trabajando» porque quieren ayudar a los demás y contribuir a la sociedad, o porque da sentido a sus vidas y supone una salida a su creatividad. Pero tanto la teoría económica como la experiencia histórica sugieren que una sociedad perfectamente igualitaria sería mucho más pobre que las sociedades en las que vivimos hoy. En otras palabras, al permitir cierto grado de desigualdad, podemos mejorar la situación de todos.

Así pues, el principio de diferencia proporciona una alternativa a la idea de la igualdad a cualquier precio que a menudo se asocia con formas extremas de comunismo o socialismo.[51] También aporta una alternativa a la idea de que deberíamos simplemente maximizar el crecimiento económico sin considerar cómo se distribuyen los beneficios, algo que se suele asociar al liberalismo, o al menos al neoliberalismo, y que sigue teniendo una enorme influencia en la política económica actual. Por utilizar la analogía de la «tarta» tan querida por los economistas, el principio de diferencia nos llama a no maximizar la dimensión general de la tarta económica ni insistir inflexiblemente en que todo el mundo debe disponer de una porción del mismo tamaño, sino a conseguir que la parte que va a parar a los más desfavorecidos sea lo mayor posible.

¿Por qué deberíamos preocuparnos por la posición de los más pobres en la sociedad? Retomaremos esta cuestión en el próximo capítulo. Sin embargo, la respuesta más simple es que estamos intentando organizar la sociedad de modo que todo el mundo la acepte como justa independientemente de sus circunstancias particulares. A la luz de este objetivo, tiene sentido concentrarse en quienes tienen menos, ya que en líneas generales son los que tienen más razones para rechazar el lugar que ocupan. El principio de diferencia es el principio económico que con más probabilidad garantizaría su apoyo: en una sociedad organizada según este principio, en el que los más desfavorecidos obtendrán menos que otros, sabrían que la sociedad ha hecho todo lo posible para mejorar sus perspectivas, y que en cualquier otra sociedad tendrían menos. Y si quienes tienen menos en la sociedad respaldan nuestro sistema económico, sin duda quienes más tienen también pueden hacerlo. Como señaló Rawls, en una sociedad así, «los menos favorecidos no son, si todo va bien, los desafortunados y desdichados —objetos de nuestra caridad y compasión, y mucho menos de nuestra piedad—, sino aquellos a quienes se les debe reciprocidad por una cuestión de justicia política».[52]

Cuando Rawls habla de los «más desfavorecidos» con relación al principio de diferencia, se refiere a los trabajadores con menos ventajas, especialmente aquellos con menores ganancias potenciales, cuyas habilidades son menos demandadas. Hay alguna ambigüedad respecto a cómo definir este grupo; la mejor aproximación es, probablemente, pensar en la clase de los trabajadores con salario mínimo, aunque Rawls sugirió que, como regla general, también podríamos pensar en los que se engloban en la mitad inferior de la distribución de ingresos.[53] Es importante señalar aquí que el principio de diferencia se ocupa de las desigualdades entre personas capaces de intervenir plenamente en la vida económica. No está diseñado para ayudarnos a pensar en cómo ayudar a quienes no pueden trabajar a causa de una minusvalía o enfermedad incapacitante; si bien es un tema de importancia vital que plantea cuestiones específicas, el principio de diferencia sencillamente no está diseñado para responder.[54]

También es importante señalar que el principio de diferencia se preocupa por maximizar las opciones vitales (o «expectativas de vida») de los más desfavorecidos, en lugar de maximizar los ingresos de los más pobres en un momento dado.[55] En otras palabras, nuestro objetivo debería ser asegurarnos de que quienes tienen menos ingresos dispongan de las mejores oportunidades para lograr un buen sueldo y empleo a lo largo de su vida, pero compete a cada individuo aprovechar estas situaciones. Los ingresos y el patrimonio real de cada individuo dependerán, en parte, de las decisiones que adopte: si decide estudiar, hasta qué punto se esfuerza en su trabajo, etc. Esto es importante desde una perspectiva moral porque deja mucho espacio a la decisión y la responsabilidad individuales; como señaló Rawls, «lo que una persona merece depende de lo que hace».[56] En particular, significa que quienes eligen no trabajar no pueden esperar que el Estado aumente sus ingresos, al menos no por encima de lo necesario para cubrir sus necesidades básicas. Así, el principio de diferencia ayuda a mantener una sana conexión entre la contribución y la recompensa, lo que refleja la idea subyacente de la justicia económica como una forma de reciprocidad por la que cada cual hace una contribución justa al trabajo de la sociedad a cambio de una parte justa de los beneficios.

El foco en las opciones vitales también presenta ventajas prácticas. Los críticos del principio de diferencia a veces han sugerido que desviar fondos para los más desfavorecidos exigiría una intromisión constante, lo que evoca imágenes distópicas de un control gubernamental excesivo.[57] Sin embargo, este argumento tergiversa la cuestión. El principio de diferencia se ocupa de las desigualdades estructurales que afectan a la perspectiva vital de los diversos grupos sociales —aquellas que derivan de nuestra forma de organizar nuestras instituciones sociales y económicas— y no de las desigualdades que inevitablemente surgen cuando la gente toma decisiones y vive su vida.[58] No requiere más intromisiones que cualquier sistema convencional de gobierno financiado por los impuestos.

Aunque el principio de diferencia aporta un marco elegante para equilibrar la igualdad y la eficiencia, sus implicaciones prácticas no son evidentes de forma inmediata. En concreto, no existe una respuesta sencilla a la pregunta de qué grado de desigualdad deberíamos tolerar como sociedad. Esto depende de una serie de complicadas cuestiones empíricas, entre ellas la relevancia de los incentivos financieros a la hora de motivar a la gente a trabajar. Si la principal motivación de las personas es el salario que van a ganar, el principio de diferencia podría justificar una economía con impuestos bajos y, por lo tanto, un elevado nivel de desigualdad, sobre la base de que fomentaría un crecimiento económico que beneficiaría a los más desfavorecidos.* Sin embargo, como expondremos en el capítulo 7, las motivaciones que impulsan a la gente a trabajar no solo tienen que ver con el dinero, y existen pocas dudas de que en la mayoría de los países, si no en todos, la desigualdad está más allá del nivel que podría justificarse como razonablemente idóneo para contribuir al beneficio de los más desfavorecidos. De hecho, en países muy desiguales, como Estados Unidos y el Reino Unido, unos impuestos más altos y una menor desigualdad podrían incrementar el crecimiento económico.

Independientemente del nivel óptimo de los impuestos y de la desigualdad, el principio de diferencia no es una justificación para la economía del *laissez-faire*. En la teoría o en la práctica no hay nada en el funcionamiento de los mercados que garantice que los beneficios del crecimiento

* Aun así, la desigualdad seguiría limitada a un nivel compatible con la igualdad política significativa (tal como garantiza el primer principio de Rawls) y la igualdad equitativa de oportunidades.

económico sean ampliamente compartidos y mucho menos que maximicen los estándares de vida de los más desfavorecidos. Lo hemos comprobado muy crudamente en las últimas décadas en Europa: en Europa occidental y Norteamérica, el 1% se quedó con el 28% del aumento total de los ingresos brutos entre 1980 y 2016, más de tres veces que la totalidad de la mitad inferior.[59] El principio de diferencia exige un papel proactivo por parte del Estado en el fomento de una prosperidad ampliamente compartida no solo a través de impuestos y transferencias, sino por medio de la organización de nuestras instituciones económicas en su conjunto, desde el sistema educativo a la distribución de la propiedad y el equilibrio de poder entre trabajadores y propietarios.

Quienes se oponen a una mayor igualdad económica a veces argumentan que la desigualdad es un hecho crudo de la vida —una consecuencia inevitable de las diferencias naturales entre personas— y que rechazarla es como negarse a aceptar la inevitabilidad de la muerte. No obstante, el principio de diferencia no niega que algunas personas nazcan con talentos económicamente más «valiosos» que otras. Como afirma Rawls, se trata de «hechos naturales» y como tales no son justos ni injustos. Lo que «es» justo o injusto es la forma en que nosotros, como sociedad, decidimos responder a esos hechos.[60] En una sociedad aristocrática, nuestro estatus y nuestra perspectiva vital dependen de haber nacido en la clase correcta; en una sociedad meritocrática, dependen de haber nacido con el talento correcto. El principio de diferencia propone una visión alternativa de la sociedad, basada en la reciprocidad, en la que aprovechamos nuestras diferencias naturales para el bien de todos.

Más allá de los ingresos y el patrimonio

Al pedirnos que prioricemos las opciones vitales de los más desfavorecidos, el principio de diferencia ya plantea un reto importante a las ideas predominantes sobre la justicia económica tanto a la izquierda como a la derecha del espectro político. Sin embargo, el principio de diferencia no solo es un argumento en pro de una mayor igualdad, sino también la base para una perspectiva más amplia y humana sobre los tipos de desigualdad que importan. A veces este segundo aspecto se pasa por alto, pero representa un cambio aún más profundo en nuestra forma habitual de pensar en nuestra economía, con consecuencias prácticas de largo alcance.

Tanto en la política como en el mundo académico hay una tendencia a que los debates sobre la desigualdad se centren en el dinero: en las desigualdades de renta y, en grado menor, en el patrimonio. Y, por supuesto, estas desigualdades son muy importantes, porque determinan quién es capaz de compartir la prosperidad material de la sociedad y quién tiene acceso a los bienes, desde los alimentos a la vivienda, pasando por las vacaciones y la cultura. Sin embargo, el descontento actual con nuestro sistema económico desborda el marco del acceso desigual a los recursos financieros. De hecho, centrarse casi exclusivamente en la renta y el patrimonio pasa por alto algunas de las desigualdades más importantes de nuestra sociedad, pues refleja una visión estrechamente materialista de la naturaleza humana y no logra apreciar hasta qué punto la gente quiere sentir que controla su vida, realiza un trabajo significativo y cultiva relaciones —en el trabajo y en otras partes—, todo lo cual sostiene la dignidad personal y la autoestima.

El principio de diferencia propone una necesaria enmienda a esta perspectiva miope. No solo se ocupa de la distribución de la renta y el patrimonio, sino también del control y el poder económicos y de las oportunidades para desarrollar la autoestima.[61] Para Rawls, estas tres amplias categorías representaban «bienes primarios» vitales, bienes que todo el mundo tiene razones para valorar, independientemente de sus creencias sobre la moralidad personal y lo que hace que la vida merezca ser vivida.

Estamos acostumbrados a pensar en los ingresos y el patrimonio, pero ¿cómo deberíamos entender y medir el poder y el control económicos y las oportunidades para respetarnos? Atendamos, en primer lugar, a lo anterior, o lo que Rawls llamaba los «poderes y prerrogativas de los cargos y puestos de autoridad y responsabilidad».[62] Así como algunos empleos y puestos tienen un mayor sueldo, otros conllevan más poder y responsabilidad; de hecho, a menudo las dos cosas van de la mano. Y, en la mayoría de los países, el control de la gestión de las empresas se concentra casi exclusivamente en las manos de propietarios, accionistas y directivos, que trabajan en su propio beneficio, mientras que los empleados tienen muy poco que decir.

Esta concentración de poder en manos de propietarios y directivos es tan frecuente que tendemos a darla por sentada, y las preguntas sobre dónde debería radicar este poder han sido en gran medida ignoradas por los filósofos liberales, al menos en las últimas décadas. A su vez, esto ha proporcionado un contexto intelectual muy favorable para desarrollar un esfuerzo concertado y en gran medida exitoso para debilitar a los sindicatos, históricamente la fuente de poder más importante de los trabajadores. El principio de diferencia vuelve a situar la cuestión del poder económico y el control directamente en el orden del día. Nos recuerda que no hay nada natural en el poder que los propietarios tienen sobre los trabajadores, y que esta disparidad necesita justificarse en lugar de ser simplemente asumida. Esto no quiere decir que tengamos que abolir completamente las jerarquías del mundo laboral: para que una organización grande y compleja funcione eficazmente, es esencial un cierto grado de jerarquía, sin la cual la actividad económica probablemente se detendría. Ahora bien, aunque cierta jerarquía es necesaria, hay muchas posibilidades para incidir en el equilibrio de poder entre propietarios, directivos y empleados; existen desde los sindicatos a la gestión conjunta de trabajadores y propietarios, y las cooperativas de empleados. Desde la perspectiva del principio de diferencia, las jerarquías laborales solo se justifican si aportan beneficios de compensación para los más desfavorecidos, por ejemplo, incrementando la productividad o por medio del aumento de los salarios. Como veremos, pensar así en la justicia económica proporciona un poderoso fundamento para una mayor democracia en el trabajo.

La autoestima —el tercer bien primario cubierto por el principio de diferencia, junto a los recursos financieros y el poder y control económicos— es aún más difícil de medir y de pensar en términos políticos. La autoestima es un estado mental subjetivo, y en parte depende del carácter y las relaciones de la persona, aspectos que en gran medida escapan al ámbito de la política.[63] Sin embargo, la sensación de autoestima de una persona también se ve influida por aspectos objetivos como nuestras instituciones sociales y económicas, lo que incluye la disponibilidad y naturaleza del trabajo asalariado. Estos aspectos de nuestras instituciones sociales —que Rawls llamaba las «bases sociales de la autoestima»— forman parte de la estructura básica de la sociedad, respecto a la cual todos compartimos una responsabilidad moral común. De hecho, él declaró reiteradamente que las «bases sociales de la autoestima» eran los bienes primarios más importantes, ya que «sin [autoestima] nada parece merecer la pena».[64]

Rawls definió la autoestima como la confianza en que nuestros objetivos en la vida merecen la pena y la confianza en nuestra capacidad para alcanzarlos.[65] Además, argumentó que la mayor parte de la gente solo sentirá que su vida merece la pena si tiene la oportunidad de desarrollar y aplicar sus destrezas y capacidades de una forma compleja e interesante. Lo llamó el «principio de Aristóteles» y señaló que las actividades que no satisfacen este principio «probablemente parecerán aburridas e intrascendentes» y que, a menos que organicemos la sociedad con esta idea en mente, «la vitalidad y el entusiasmo de la gente decaerán a medida que su vida se transforme en una tediosa rutina».[66] Evidentemente, existen muchas actividades que pueden ser «significativas» en este sentido, desde jugar a un deporte o aprender a tocar un instrumento musical, desde educar a los hijos o participar de forma activa en una comunidad local o religiosa. Sin embargo, cuando se trata de pensar en la justicia y la política públicas, el trabajo asalariado reviste una especial importancia tanto por la cantidad de tiempo que la mayoría pasamos trabajando como porque esta es una de las formas más relevantes de contribuir a la sociedad y satisfacer el ideal de reciprocidad que sustenta el principio de diferencia.[67]

Junto a las oportunidades de desarrollar y aplicar nuestras destrezas y creatividad, la autoestima también depende del reconocimiento social. Como sostenía Rawls, sin el reconocimiento de nuestros iguales es difícil mantener una sensación muy arraigada de que nuestros objetivos en la vida merecen la pena, y, «cuando sentimos que nuestros planes tienen poco valor, no podemos perseguirlos con placer o encontrar alegría en su ejecución».[68] En cierto sentido, ello está relacionado con que la sociedad en su conjunto nos vea y nos trate como a iguales. Esta es la razón por la que cualquier ciudadano tiene derecho al mismo conjunto de libertades básicas, ya que resulta difícil entender que alguien pueda mantener cierta autoestima en una sociedad que le niega el derecho a votar debido a su género o al color de su piel. Con todo, en la mayoría de los casos, el reconocimiento social procede de las pequeñas comunidades y asociaciones de las que formamos parte, desde la familia y los compañeros de trabajo a las sinagogas y templos. No necesitamos que todo el mundo reconozca el valor de nuestra forma de vivir; en una sociedad diversa en la que la gente tiene creencias morales y religiosas diferentes, esto sería imposible. Lo importante es que cada uno de nosotros pueda encontrar una comunidad de algún tipo que comparta nuestros valores y que nos aporte confianza en nuestros planes y objetivos.[69] En este sentido, las libertades básicas son importantes porque proporcionan las condiciones en las que pueden prosperar una multitud de grupos, asociaciones y comunidades. Una vez más, el trabajo asalariado desempeña un papel especial, ya que nuestros colegas pueden ser una importante fuente de comunidad, y a menudo es el trabajo lo que permite que nuestros talento y contribución sean reconocidos por nuestros iguales.

La mayoría de las personas necesitan la oportunidad de realizar un trabajo significativo y tener reconocimiento social para sentir que sus objetivos en la vida tienen sentido. Sin embargo, para Rawls la autoestima también depende de la confianza en nuestra capacidad para alcanzar esos objetivos; en otras palabras, tener iniciativa e independencia, lo cual también apunta a la importancia del trabajo asalariado, así como a las limitaciones de la redistribución y del moderno estado del bienestar. No tener empleo y depender del Estado para nuestros ingresos puede minar nuestra iniciativa, en especial debido al carácter intrusivo de los sistemas de evaluación y condicionalidad que existen en la mayor parte de los sistemas de prestaciones basados en la comprobación de recursos, y al estigma y la sospecha que a menudo se dirigen hacia quienes son incapaces de trabajar. Por el contrario, tener oportunidades dignas de realizar un trabajo remunerado puede ser una fuente vital de iniciativa e independencia, fundamentales para la autoestima.

Ampliar nuestra comprensión de la desigualdad en este sentido favorece un punto de vista mucho más rico para pensar cómo debemos organizar nuestra sociedad y nuestra economía. Pero también crea nuevas complicaciones. En particular, implica que tenemos que considerar qué hacer a la hora de afrontar un conflicto entre estos diferentes bienes primarios: ingresos y patrimonio, poder y control, y las bases sociales para la autoestima. Por ejemplo, las ideas heredadas entre los economistas a menudo nos aseguran que concentrar el poder en manos de los propietarios redunda en la productividad de las empresas, lo que a su vez genera salarios más altos, y que, en consecuencia, hay una contraposición fundamental entre salarios más altos y mayor democracia en el trabajo. Como analizaremos en el capítulo 8, este punto de vista no está avalado por las evidencias: podemos disfrutar de una mayor democracia en el trabajo sin socavar el dinamismo y el crecimiento económicos. Pero, aunque fuera cierto que concentrar el poder en manos de los propietarios es bueno para el crecimiento económico, quedaría contrapesado con la pérdida de control de los empleados, lo que a su vez puede desembocar en peores condiciones laborales y empleos menos interesantes. ¿Cómo equilibrar estos objetivos? ¿Es más importante subir los salarios o empoderar a los trabajadores y garantizar un amplio acceso a un trabajo significativo? No hay fórmula sencilla para despejar estas cuestiones, y Rawls defendía que, al intentar resolverlas, deberíamos preguntarnos a nosotros mismos qué es lo que preferirían los más desfavorecidos.[70]

Pensar en la desigualdad en este sentido nos conduce a la necesidad de un programa económico verdaderamente transformador. No basta con limitarse a aumentar los impuestos y transferencias o reforzar el estado del bienestar tal y como lo conocemos. De hecho, como veremos, Rawls declaró explícitamente que «el capitalismo del estado del bienestar» jamás lograría alcanzar plenamente sus principios de justicia.[71] Por el contrario, necesitamos volver a imaginar nuestro modelo económico de una forma fundamental: aceptando un planteamiento más universal para cubrir las necesidades básicas, desarrollando una agenda integral para aumentar las ganancias y redistribuir el patrimonio en la sociedad, e implementando un ambicioso programa para proporcionar un poder significativo a los trabajadores.

SOSTENIBILIDAD Y JUSTICIA INTERGENERACIONAL

El principio de diferencia representa un cambio de paradigma con relación a cómo pensamos nuestra economía, ya que deja de poner el foco en la limitada idea de maximizar el crecimiento que ha dominado la política económica durante décadas. Pero la teoría de Rawls también exige que nos tomemos en serio los límites al crecimiento, ecológicos y medioambientales, que nuestras sociedades siguen ignorando, con consecuencias cada vez más devastadoras. Vivir dentro de esos límites es un aspecto esencial de las obligaciones que tenemos hacia las futuras generaciones (por no mencionar las que tenemos hacia otros países).

Rawls propuso el principio de ahorro justo para afrontar la cuestión de la justicia entre generaciones, o «justicia intergeneracional», y así es como ofreció la primera explicación sistemática sobre este tema.[72] La esencia de este principio consiste en que deberíamos tratar a las generaciones futuras como nos gustaría que las generaciones pasadas nos hubieran tratado a nosotros.[73] Con este principio, la principal preocupación de Rawls era hacernos reflexionar en la distribución de los recursos y en la acumulación de riqueza material. Rawls sostenía que tenemos el deber fundamental de «hacer posibles las condiciones necesarias para establecer y preservar una estructura básica justa a lo largo del tiempo», condiciones que incluyen no solo activos físicos, como edificios y maquinaria, sino también tecnología, cultura y aspectos esenciales del mundo natural.[74] Sobre esta base, aseguraba que los países muy pobres tenían la obligación moral de ahorrar cierta cantidad de sus ingresos para fomentar la inversión y el crecimiento económico, al menos hasta el punto en el que estuvieran en condiciones de garantizar las libertades y necesidades básicas de todos los ciudadanos.[75] Sin embargo, la mayoría de los países —y, sin duda alguna, la mayor parte de las actuales democracias ricas del mundo— han superado ampliamente este nivel.[76] Aunque estos países pueden seguir ahorrando y perseguir el crecimiento económico, no se les exige hacerlo, y el principio de ahorro justo es perfectamente compatible con una «economía estacionaria» en la que el crecimiento ha cesado por completo.[77] La principal implicación del principio de ahorro justo para estos países es que no deberían permitir que las generaciones futuras fueran más pobres como consecuencia de sus acciones.[78]

Aunque Rawls se centró en el patrimonio material de la sociedad, las cuestiones más urgentes de justicia intergeneracional hoy en día conciernen a la «riqueza natural», lo que incluye el aire limpio, un clima estable y unos ecosistemas sanos, de los que todos dependemos.[79] Tenemos la obligación de mantener esta riqueza natural, que es la base de la vida y una fuente importante de bienestar humano, también para las futuras generaciones. Desde esta perspectiva, el principio de ahorro justo implica, en efecto, un compromiso con lo que se ha dado en llamar «desarrollo sostenible», habitualmente definido como el «desarrollo que cubre las necesidades del presente sin comprometer la capacidad de las generaciones futuras de cubrir sus propias necesidades».[80] Como mínimo, hemos de mantener la capacidad del medio ambiente para abastecernos de los «servicios del ecosistema» fundamentales que nuestras sociedades necesitan para sobrevivir y prosperar, entre ellos el agua, el aire, la energía y los alimentos frescos, la absorción de los residuos y el acceso a la naturaleza con fines culturales y recreativos; y, más allá de ello, debería establecerse el amplio supuesto de no agotar los recursos finitos y difícilmente sustituibles.[81] Todo lo que hagamos para mejorar la prosperidad y elevar las opciones vitales de los más desfavorecidos tiene que estar en consonancia con este compromiso con la sostenibilidad.

Como veremos en el capítulo 7, nuestras sociedades están fracasando peligrosamente en cuanto a este compromiso: el mundo se enfrenta a la perspectiva de un colapso ecológico y medioambiental irreversible, impulsado por la eliminación de espacios salvajes y hábitats naturales y por nuestro consumo insostenible de combustibles fósiles y otras energías no renovables. Abordar esta crisis y realizar la transición hacia un modelo económico sostenible es la prioridad política más urgente e importante de nuestro tiempo, y este esfuerzo determinará el contexto en el que deben tener lugar el resto de las reformas que analizaremos en este libro.

A primera vista, los principios de Rawls pueden parecer banales, simples o incluso obvios, pero tienen un profundo potencial transformador. Juntos, aportan un marco unificado y exhaustivo para volver a imaginar la sociedad que nos lleva más allá de vagos tópicos sobre la libertad, la igualdad y la sostenibilidad, y que ofrece una interpretación precisa de qué libertades merecen una protección especial, a qué tipo de igualdad deberíamos aspirar y cuál es la naturaleza de nuestras obligaciones hacia las generaciones futuras. En la segunda parte de este libro, observaremos cómo nuestras sociedades se ajustan actualmente a estos principios y elaboraremos un programa audaz pero factible para reinventar nuestras instituciones políticas y económicas a fin de hacer realidad la poderosa visión de Rawls. Sin embargo, antes de eso, hemos de observar atentamente las justificaciones —y las críticas— a sus argumentos. ¿Cómo podemos estar seguros de que tiene razón?

Capítulo 2

UN NUEVO CONTRATO SOCIAL

Es obvio que no hay consenso sobre si los principios de Rawls son la forma correcta de concebir cómo debería ser una sociedad justa; si lo hubiera, no habría escrito este libro. A algunas personas les parecerán intuitivos o atractivos en sí mismos, y otras serán más escépticas. Probablemente la mayoría estaremos de acuerdo en apoyar el principio de libertades básicas, aunque estemos en desacuerdo sobre los detalles; y es evidente que el profundo compromiso de Rawls con la igualdad, a través del principio de diferencia, entra en conflicto con las ideas dominantes en la mayoría de las democracias liberales actuales. Y hay una enorme variedad de otros planteamientos respecto a cómo deberíamos organizar la sociedad de la mano de socialistas, liberales clásicos, libertarios, conservadores, etc.; de hecho, en parte Rawls desarrolló su teoría en respuesta a los fracasos de estas alternativas. Por lo tanto, ¿por qué debemos preferir su visión?

Para responder a esta pregunta y situar los principios de Rawls sobre una base más sólida, en primer lugar necesitamos ahondar un poco más en su filosofía. La mayor parte de sus escritos se consagraron a justificar sus principios, explicando por qué deberíamos aceptarlos y cómo podrían ofrecer la base para un nuevo consenso político. La fuerza de la argumentación subyacente de Rawls ayuda a explicar por qué sus ideas han alcanzado una posición tan privilegiada entre los filósofos, y debería ayudar a convencernos de que merece la pena aspirar a ellas.

Como ya hemos comentado, el punto de partida de Rawls es la idea de que la sociedad debe ser justa, en el sentido de que se debería organizar según principios que todos los ciudadanos puedan aceptar. Pero ¿cómo podemos identificar estos principios?

En una sociedad moderna, en la que los ciudadanos mantienen puntos de vista diferentes sobre la religión y la moralidad personal, no hay una norma externa a la que podamos apelar. Por ejemplo, no podemos remitirnos a la ley divina o a la palabra de Dios, ya que no existe una autoridad religiosa o un texto sagrado con el que todos estemos de acuerdo; y tampoco hay una ley natural objetiva que resulte evidente para todos.[1] Rawls se refirió a esto como al «hecho del pluralismo razonable», es decir, el hecho de que los ciudadanos tengan distintas creencias sobre religión, moralidad y la mejor forma de vivir. No es un rasgo provisional de la sociedad, ni algo que pueda desaparecer como resultado del progreso científico. Más bien es una consecuencia inevitable del libre uso de la razón humana al enfrentarse a preguntas realmente difíciles.[2] A la luz de esto, la única forma de identificar los términos justos para una vida en común consiste en buscar principios que susciten el acuerdo de todos.

La idea de que la sociedad debería organizarse según leyes o principios que los ciudadanos acepten voluntariamente tiene una larga historia en el pensamiento político liberal y democrático. Rawls se refirió a ello como a la «tesis central» del liberalismo, y se sitúa en el corazón de la tradición del «contrato social» asociada a muchos de los pensadores más importantes de la historia moderna de la filosofía occidental, entre ellos Hobbes, Locke, Rousseau y Kant. A pesar de este impresionante linaje, esta tradición cayó en un profundo descrédito mientras Rawls desarrollaba su teoría en los años cincuenta y sesenta.[3] La filosofía política de aquella época (en la medida en que existía) estaba dominada por el utilitarismo: la idea de que deberíamos organizar nuestras instituciones sociales y políticas a fin de maximizar la «utilidad» o «bienestar» social, habitualmente definidos como «felicidad» o «bienestar subjetivo».[4] Aunque el utilitarismo tiene muchos críticos, en palabras de Rawls, estos «fracasaron [...] a la hora de construir una concepción moral sistemática y factible para oponerse a él». Como resultado, a la mayoría de los filósofos solo les quedaba elegir entre un utilitarismo riguroso, pero poco atractivo para muchos, y lo que Rawls llamaba «intuicionismo», un planteamiento más flexible que pretendía equilibrar las demandas de valores múltiples, como la utilidad, la libertad y la igualdad, de una forma bastante *ad hoc*.[5] El objetivo de Rawls —y su logro histórico— no consistía únicamente en criticar el utilitarismo, sino en desarrollar una alternativa igualmente sistemática. Lo hizo insuflando nueva vida en la noción de contrato social, explicándolo y revisándolo de un modo notable, y con un éxito tal que se ha convertido en el modo de pensamiento dominante sobre la justicia entre los filósofos actuales.

La consideración clave para toda teoría del contrato social, incluida la de Rawls, es especificar cómo los ciudadanos van a lograr un acuerdo en torno a las instituciones o principios políticos básicos. A primera vista, podría parecer que no necesitamos apoyarnos en la filosofía: ¿no podríamos, por ejemplo, convocar una convención constitucional en la que discutir a fondo, y de una vez por todas, los principios políticos básicos?[6] En una gran sociedad moderna con millones o incluso miles de millones de ciudadanos, esto supondría, obviamente, un gran reto práctico y logístico, aunque con el advenimiento de las modernas tecnologías de la información, podría ser técnicamente posible. El problema fundamental de este planteamiento no es práctico, sino moral: si los ciudadanos reales pretendieran alcanzar un acuerdo de este tipo, el resultado estaría excesivamente influido por quienes detentan más poder y recursos. Podríamos afrontar una situación en la que los billonarios pudieran utilizar su riqueza para sobornar a otros ciudadanos a fin de que eligieran los principios que beneficiaran a los más pudientes; o en la que un grupo religioso dominante —cristianos en Estados Unidos o hindúes en la India— alcanzara un acuerdo en torno a principios que privilegiaran sus creencias por encima de las de otros credos mediante la pura fuerza de los números.

En otras palabras, aunque pudiéramos reunirnos en persona y acordar los principios políticos básicos, no hay razón para pensar que el resultado fuese justo. Un acuerdo justo solo se puede alcanzar bajo condiciones justas, y el objetivo del experimento mental de la «posición original» de Rawls, que abordamos anteriormente, consiste en definir una situación hipotética idealmente justa en la que imaginar que los ciudadanos llegan a un acuerdo. En contraste con la vida real, donde la gente con más recursos o un estatus superior tiene más influencia en el resultado, la posición original nos pide contemplar el contrato que los ciudadanos firmarían si todo el mundo tuviera el mismo grado de influencia y no fuera consciente de sus circunstancias particulares —su nivel de renta, su raza, género o sexualidad, incluso sus creencias religiosas y los objetivos vitales en un sentido amplio—, tal como si se ocultara tras un «velo de ignorancia».[7]

El «velo de ignorancia» recoge la idea intuitiva de que solo porque algo sea bueno para nosotros como individuos no significa que sea justo. Supongamos que conocemos a un banquero que se opone a una tasa alta de impuestos a las rentas superiores simplemente porque eso empeoraría su situación. Aunque sea cierto que sus condiciones materiales fueran peores debido a una mayor carga impositiva, la mayoría estaríamos de acuerdo en que eso no tiene nada que ver con la justicia o la equidad.[8] En la posición original, el hecho de que no conozcamos nuestras propias destrezas o posición social, o incluso nuestras creencias religiosas o morales, implica que no podemos adaptar nuestra elección de principios simplemente para beneficiarnos de ello. Evidentemente, aunque estemos de acuerdo en que debemos aproximarnos a este tipo de cuestiones de forma imparcial, eso no siempre es tarea fácil: nuestras ideas sobre política y justicia tienden a verse influidas por nuestros propios intereses y experiencias de un modo del que no siempre somos conscientes. El «velo de ignorancia» nos ayuda a superar esto limitando las razones que podemos aportar a favor y en contra de los diferentes principios, impidiéndonos argumentar a favor de algunos de ellos en términos de nuestros propios intereses individuales, y obligándonos a justificarlos desde una perspectiva imparcial. Es relevante destacar que esto no depende de nuestra propia autodisciplina: el experimento mental de Rawls no es un mero ejercicio que realizamos en soledad, sino un marco de referencia para el debate colectivo. Aunque seamos incapaces de detectar nuestros puntos débiles y acabemos argumentando a favor de principios que sirven a nuestros propios intereses, podemos confiar en que otras personas nos lo señalarán.

Pese a que quienes participan en el experimento mental de Rawls no son conscientes de sus propias características e intereses, saben que tienen ciertos intereses fundamentales que comparten con todos los ciudadanos.[9] En primer lugar, tienen un gran interés en poder desarrollar y utilizar las dos capacidades morales que hemos debatido en el capítulo anterior: la «capacidad para una concepción del bien» y la «capacidad para un sentido de la justicia». En otras palabras, valoran ser capaces de reflexionar y deliberar sobre cómo vivir y qué aspecto tendría una sociedad justa, y reconocen las ventajas de vivir en una sociedad en la que los demás pudieran actuar del mismo modo. En segundo lugar, saben que tienen una idea concreta del tipo de vida que les gustaría vivir: tienen sueños y ambiciones, relaciones y compromisos, que son importantes para ellos, aunque no conocen su naturaleza precisa; no siempre saben si, por ejemplo, quieren priorizar el éxito profesional, las relaciones personales o el crecimiento espiritual. El objetivo de las partes al elegir los principios es garantizarse las condiciones más favorables para defender esos intereses: para cultivar y ejercitar sus poderes morales, y para perseguir sus objetivos en la vida, independientemente de cuáles sean.

Significativamente, las partes saben que, al margen de su concepción de lo que significa una buena vida, se beneficiarán si disponen de una cuota mayor de los recursos universales que Rawls llamó «bienes primarios». Rawls subrayó cinco bienes principales: las libertades y derechos básicos; el acceso libre y justo a las oportunidades económicas y sociales; y los tres que ya hemos comentado en el capítulo anterior: ingresos y patrimonio, el control y el poder económico, y las bases sociales para la autoestima. Todo esto contribuye a que las decisiones adoptadas por las partes sean más tangibles; en efecto, cuanto se trata de elegir entre principios diferentes, las partes piensan en cuál de ellos les proporcionará una mayor cuota de bienes primarios.[10]

Las partes del experimento mental también tienen cierto conocimiento general del mundo, por lo que pueden adoptar decisiones informadas respecto a la puesta en práctica de los diferentes principios.[11] En primer lugar, reconocen «el hecho del pluralismo razonable», esto es, que los ciudadanos tienen ideas diferentes sobre religión, moralidad personal y sobre cómo vivir. También conocen los hechos y teorías ampliamente aceptados procedentes de las ciencias naturales y sociales, como que las sociedades tienen que operar dentro de ciertos límites físicos y ecológicos, y el papel de los incentivos en una economía de mercado que funciona correctamente. Y son conscientes de las circunstancias materiales generales en las que toman esta decisión; específicamente, que viven en un mundo caracterizado por una «escasez moderada» en el que hay recursos suficientes para cubrir las necesidades básicas de todos, y que la cooperación social es necesaria para que todo el mundo disfrute de un nivel de vida digno. (A fin de cuentas, en un mundo con verdadera abundancia, no tendríamos mucha necesidad de una teoría de la justicia, al menos no en lo que respecta a la distribución de recursos materiales). Este conocimiento conlleva que las partes pueden analizar detenidamente las implicaciones de principios alternativos y cómo estos podrían funcionar en la práctica.

En el experimento mental de Rawls, cada sujeto busca encontrar los principios que mejor se acomodan a él como individuo. A veces esto se malinterpreta y se cree que implica que las personas son fundamentalmente egoístas, pero, aunque imaginamos que las partes en la posición original eligen principios que puedan ayudarlas a conseguir sus propios objetivos, no hay nada que indique que estos sean puramente egoístas. A fin de cuentas, en la vida real no solo nos preocupamos por nosotros mismos, también lo hacemos por nuestros amigos y familia, e incluso pensamos en el bienestar de personas que no conocemos. Más importante aún, la construcción general de la posición original refleja el profundo compromiso de tener en cuenta el interés y la perspectiva de otras personas. Si creyéramos que la gente es esencialmente egoísta, no tendría sentido realizar este experimento mental. Lejos de encarnar el egoísmo, la posición original expresa una perspectiva profundamente empática. Como señala Rawls en la frase final de *Teoría de la justicia*: «La pureza del corazón, de poder alcanzarla, implicaría ver con claridad y actuar con gracia y autodominio desde este punto de vista».[12]

Como las partes en la posición original son, por diseño, idénticas —tienen el mismo conocimiento e intereses básicos, y, por lo tanto, están condenadas a querer las mismas cosas—, lo mejor para una persona será lo mejor para todos. En efecto, esto convierte la cuestión de alcanzar un acuerdo colectivo en una decisión individual. Como veremos, este hecho tiene importantes beneficios; en particular, nos permite basarnos en los métodos de la «teoría de la decisión racional» —la rama de la filosofía que estudia lo que significa ser racional en contextos diferentes—, que a su vez significa que somos capaces de obtener una respuesta más precisa sobre qué principios podemos elegir para ponernos de acuerdo. Utilizar el lenguaje del acuerdo o contrato social, en lugar de la decisión individual, nos ayuda a recordar que las partes eligen principios para la sociedad como un todo, y también señala una condición relevante respecto a la decisión que toman. Cuando establecemos un contrato, estamos de acuerdo en someternos a él. Del mismo modo, cuando las partes acuerdan principios en la posición original tienen que hacerlo «de buena fe», teniendo en cuenta si pueden o no cumplir honestamente con su acuerdo, sin importar dónde terminan en la sociedad.[13]

¿Por qué nosotros, ciudadanos de la vida real, deberíamos estar interesados en los principios generados por esta situación más bien abstracta? Algunos críticos del experimento mental de Rawls y, de hecho, de la tradición del contrato social en un sentido amplio han argumentado que los acuerdos hipotéticos no pueden generar obligaciones vinculantes. A fin de cuentas, en el mundo real, los contratos tienen fuerza legal solo si realmente los hemos firmado. Pero a esta forma de pensar se le escapa el fondo de la cuestión. La posición original no es un dispositivo legal, es un experimento mental, y las razones por las que deberíamos cumplir el «acuerdo» alcanzado en la posición original son morales, no legales. A diferencia de las leyes, que nos brindan razones «externas» para actuar, en concreto la amenaza de un castigo, esta visión nos ofrece razones «internas» para apoyar ciertos principios: asume ideas morales que en cierto nivel ya respaldamos y nos muestra cuáles son sus implicaciones. En realidad, la fuerza de este experimento mental radica precisamente en el hecho de que sus diversos aspectos —los supuestos acerca de lo que las partes saben y cuáles son sus intereses— encarnan ideas sobre la justicia y la equidad en las que la mayoría de nosotros creemos aquí y ahora, como que, en una sociedad democrática, el poder político debería ejercerse sobre la base de principios que todo el mundo pueda aceptar como justos; que, en lo tocante a las leyes, los intereses de cada cual deberían contar equitativamente; que el mero hecho de que un principio me beneficie a mí o a otro no lo convierte en justo o equitativo; y así sucesivamente. En este sentido, la posición original es, como señala Rawls, un instrumento para «la autoclarificación y la reflexión pública».[14] Esto puede ayudarnos, en cuanto individuos, a descubrir lo que realmente pensamos y, a su vez, contribuye de forma significativa a que alcancemos o al menos nos acerquemos a un consenso con relación a los objetivos que nos marcamos como sociedad.

Por lo tanto, la posición original realmente es una herramienta para descubrir las implicaciones de ciertas ideas morales fundamentales con las que la mayoría de nosotros ya nos hemos comprometido, independientemente de nuestra ideología política. ¿Significa eso que se limita a reflejar nuestras creencias previas, con todos sus prejuicios y defectos? La repuestas es «no». Quien se sumerge de lleno en este experimento mental probablemente reconsiderará al menos algunas de sus concepciones previas, pero la pregunta apunta a algunas cuestiones profundas sobre la naturaleza de la teoría moral. Hay una forma de pensar según la cual una teoría moral es la búsqueda de una verdad objetiva que existe antes e independientemente de las convicciones morales específicas que mantenemos aquí y ahora. Pero Rawls rechazaba esa idea. Por el contrario, quiso descubrir los principios morales «más razonables»: aquellos que son coherentes con nuestras creencias más arraigadas y fiables, o lo que llamó nuestras «calculadas convicciones sobre la justicia».

Rawls propuso un planteamiento particular para conseguirlo: el método del «equilibrio reflexivo».[15] Al pensar en la justicia, argumentó, deberíamos empezar identificando las creencias que nos inspiran más confianza y que pensamos que toda razonable teoría de la justicia debería poder asumir, como la idea de que la esclavitud es un error o que nadie debería sufrir una pobreza extrema. Luego deberíamos intentar identificar los principios generales que subyacen a estas posiciones, como el principio de que todos los ciudadanos tienen derecho a ciertas libertades elementales, lo que prohibiría la esclavitud, o que todo el mundo debería tener cubiertas sus necesidades básicas, lo que erradicaría la pobreza extrema. Si descubrimos un desajuste entre estos principios generales y nuestras convicciones en casos particulares —por ejemplo, si nuestra concepción de la libertad nos impide recaudar impuestos, pero esto implica permitir que los desempleados pasen hambre—, tenemos que revisar nuestros principios generales o cambiar nuestra perspectiva sobre el caso específico en cuestión.

Para Rawls, este proceso de reflexión y deliberación es la esencia de la teoría moral. En lugar de buscar una verdad moral objetiva anterior e independiente de nuestro razonamiento moral, nuestro objetivo es descubrir la concepción más razonable de la justicia por medio de un «equilibrio reflexivo» cuando nuestras convicciones sobre lo que es justo en casos específicos se ajusta a nuestros compromisos con los principios generales. Evidentemente, quizá nunca alcancemos un estado de equilibrio perfecto, y nuevos problemas y cuestiones podrían inducirnos a cambiar de opinión (Rawls siguió revisando y refinando sus propias ideas sobre la justicia a lo largo de toda su vida). Sin embargo, el concepto de equilibrio reflexivo nos ayuda a entender este ejercicio y nos aporta una meta a la que aspirar. Nos invita a acercarnos a las cuestiones morales y políticas con una mente abierta, y a estar dispuestos a reconsiderar tanto los casos particulares como los principios generales. Aunque este proceso de reflexión empieza con las convicciones que ya tenemos, no acabamos en el punto de partida. Es más, como demuestra Rawls, puede llevarnos a ideas nuevas y desconocidas, como el principio de diferencia.

LA ELECCIÓN DE «JUSTICIA COMO EQUIDAD»

Sin embargo, la pregunta permanece: ¿por qué las partes en la posición original elegirían los dos principios de Rawls sobre todas las posibles alternativas?

La posición original es, en efecto, una herramienta para poner a prueba y comparar los diferentes principios de forma sistemática, para analizar con detalle sus implicaciones desde una cierta variedad de perspectivas. Aunque no sea evidente qué principios —los hay a favor y en contra— deberíamos elegir nosotros (o, para ser precisos, las partes imaginadas en el experimento mental), al final tenemos que alcanzar un juicio respecto a lo que resulta más equilibrado.[16] En teoría, podemos comparar cada par de principios concebibles en los que podemos pensar para decidir cuál preferimos, pero, para Rawls, la comparación más importante se da entre «justicia como equidad» —el nombre que empleó para referirse colectivamente a sus propios principios— y el utilitarismo que dominó la filosofía política en su tiempo.

La comparación es importante no solo por la relevancia que tenía para Rawls. La lógica básica del utilitarismo —que la sociedad debería centrarse en maximizar la «utilidad», habitualmente interpretada como bienestar— tiene un atractivo evidente, y, como la teoría de Rawls, ofrece una forma de fundamentar los principios políticos en la razón común más que en la religión o la autoridad de la tradición, aspectos que resultaron atractivos a muchos liberales y pensadores ilustrados como David Hume y John Stuart Mill. Además, sigue desempeñando un papel importante en la política pública, especialmente a través de su influencia en la economía, una disciplina que a veces ha aceptado de forma acrítica ideas utilitarias, como el análisis coste-beneficio, donde la decisión de si aplicar o no una determinada política se basa en sopesar los pros y los contras, normalmente cuantificados en términos monetarios.

¿Cómo podemos demostrar que las partes del experimento mental de Rawls elegirían sus principios en lugar del utilitarismo? A primera vista, en las condiciones especiales de la posición original, el utilitarismo parece ser la elección más racional. Uno de los principios centrales de la teoría de la elección racional es que, cuando nos enfrentamos a opciones cuyo resultado es incierto, deberíamos elegir aquella que presente, como promedio, un mejor resultado; o, por usar el término técnico, la opción que maximice nuestra utilidad «prevista» (o media). Por poner un ejemplo muy sencillo, imaginemos que queremos conducir desde Mánchester a Londres un día determinado, y que hay dos caminos diferentes. No sabemos qué opción tomar porque depende del tráfico que haya ese día. Para elegir una ruta querremos saber cuánto dura cada trayecto de media y qué posibilidades hay, por ejemplo, de sufrir un atasco; y luego, considerando todos los aspectos, elegiríamos la opción que, en general, resulte mejor. Dado que las partes en la posición original eligen principios bajo una condición de casi total incertidumbre sobre cómo estos principios puedan afectarles, parece racional pretender organizar la sociedad de modo que tienda a maximizar, como promedio, el bienestar de la gente; en otras palabras, a elegir el principio de «utilidad promedio».

¿Por qué rechazó entonces Rawls el utilitarismo en favor de sus dos principios? Rawls argumentó que, aunque maximizar la utilidad esperada es una forma racional de tomar decisiones en la mayoría de los casos, sería irracional hacerlo en las condiciones especiales de la posición original.[17] Después de todo, la decisión que tomamos en la posición original no es una decisión normal, puesto que decidimos los principios que determinarán nuestras opciones vitales de una vez por todas. En otras palabras, la apuesta es increíblemente alta. El problema del principio de utilidad media es que, aunque por definición conduzca al mejor resultado, como promedio, deja abierta la posibilidad de algunos escenarios realmente intolerables. En concreto, no ofrece garantías de que nuestros derechos y libertades básicos —como la libertad de expresión o religión, o incluso un gobierno democrático— sean respetados. Evidentemente, es posible que respetar esas libertades tienda a fomentar el bienestar de la sociedad en su conjunto, y muchos utilitaristas han esgrimido este argumento. Pero si podemos mejorar el bienestar social violando estas libertades —por ejemplo, si pudiéramos aumentar el crecimiento económico sustituyendo a un gobierno democrático por una dictadura de expertos, o si pudiéramos reforzar la felicidad de una gran mayoría cristiana discriminando a los musulmanes o prohibiendo las relaciones homosexuales—, entonces, desde la perspectiva del utilitarismo, deberíamos hacerlo.

Rawls adujo que en este tipo de situación especial —cuando nos enfrentamos a una elección entre dos opciones inciertas, una de las cuales podría resultar realmente intolerable— deberíamos seguir una estrategia diferente de toma de decisiones, conocida como «regla maximin». Para ser precisos, en lugar de elegir la opción cuyo promedio es mejor (maximizando la utilidad esperada), deberíamos comparar el peor resultado bajo cada opción y elegir entonces la alternativa en la que la peor opción es la mejor posible (en otras palabras, deberíamos «maximizar el mínimo», de ahí «maximin»). Para entender el funcionamiento de esta estrategia, retomemos la analogía de la conducción. Supongamos que viajamos de Mánchester a Londres porque necesitamos atención médica urgente que solo está disponible en la capital, y que si nos quedamos atrapados en un atasco existe un riesgo real de lesiones permanentes o incluso muerte. Y supongamos, además, que la ruta más rápida de media tiene mayor riesgo de atascos, mientras que la otra te garantiza llegar a tiempo. En este caso, sería racional elegir la ruta que nos llevará seguro a destino a tiempo, incluso en el peor de los casos, en lugar de la otra que normalmente resulta más rápida.

Volviendo a la decisión en la posición original, la estrategia maximin favorece claramente los principios de Rawls en detrimento del utilitarismo. Después de todo, si elegimos el utilitarismo, aunque sepamos que de promedio estaremos mejor, también sabemos que existe el riesgo de ser perseguidos por nuestras creencias religiosas o de que se nos impida vivir con nuestros seres queridos. En cambio, sabemos que, de elegir los principios de Rawls, incluso el peor escenario posible será perfectamente tolerable, ya que nuestras libertades básicas estarán protegidas y, gracias al segundo principio, dispondremos de unos recursos económicos dignos. El mismo razonamiento nos conduciría a rechazar cualquier grupo de principios que niegue nuestros derechos básicos: rechazaríamos la imposición de leyes religiosas, ya que no querremos arriesgarnos a pertenecer a una minoría perseguida; y rechazaríamos las formas extremas de liberalismo, en las que la libertad económica se prioriza sobre la democracia o donde se nos dejaría morir de hambre.

En pocas palabras, Rawls sostenía que las partes elegirían sus principios en lugar del utilitarismo porque sería irracional jugarse sus libertades básicas cuando podrían elegir una alternativa que las protegería. Este argumento no se basa, como algunos críticos han sugerido, en la hipótesis psicológica general de que la gente siente una gran aversión al riesgo.[18] Por el contrario, refleja las apuestas extremadamente altas de la decisión que afrontan las partes en la posición original: solo cuando las apuestas son tan altas es racional jugar sobre seguro.[19] En este contexto, elegir el utilitarismo sería como jugar a la ruleta rusa. Como señala Rawls, quien piense que estamos dispuestos a jugarnos nuestra libertad religiosa o sexual no entiende lo que realmente significa tener creencias religiosas o estar enamorado.[20] También tenemos que recordar que a las partes en la posición original se les pide elegir principios «de buena fe», principios que les sirvan de guía, independientemente de sus creencias reales o su posición social. Pero ¿quién estaría dispuesto a acatar leyes que le privaran de sus libertades básicas? Si nos encontráramos en una sociedad así, seguramente haríamos todo lo posible para zafarnos de esas leyes o incluso para socavarlas.

Hasta ahora, nos hemos centrado fundamentalmente en cómo las partes en la posición original querrían proteger sus libertades básicas eligiendo el primer principio de Rawls. Pero ¿qué ocurre con el segundo principio y con el principio de ahorro justo? Aunque la mayor parte de la gente está de acuerdo en que debemos proteger ciertas libertades y derechos básicos, hay una mayor variedad de opiniones respecto a si deberíamos distribuir las oportunidades económicas y los recursos en la sociedad, por lo que comprender esta parte del argumento resulta aún más esencial.

Lo primero que hay que señalar es que las partes en la posición original querrán garantizar que siempre serán capaces de satisfacer sus necesidades básicas: alimentación, protección, vivienda, etc. El argumento maximin de Rawls vuelve a entrar en juego aquí: así como las partes racionales preferirían una opción segura en lugar de arriesgarse a ser una minoría religiosa perseguida, también desearían protegerse contra la posibilidad de estar verdaderamente en la miseria. Por esa razón, como abordamos en el capítulo 1, Rawls defendió un «principio de necesidades básicas» que, sostenía, iba a la par o incluso debería tener prioridad sobre el principio de libertades básicas.

Como las partes no conocen la clase, raza o género, también querrán asegurarse de que tienen las mismas oportunidades en la vida al margen de estos factores; en otras palabras, preferirían el principio de igualdad equitativa de oportunidades. Reconocerían que hay una importante base social de autoestima, ya que es difícil, si no imposible, mantener la cabeza alta en la sociedad si se nos niega la igualdad de oportunidades por un mero rasgo arbitrario o no elegido. Además, descubrirían que todos podemos beneficiarnos de vivir en una sociedad en la que todo el mundo tuviera la oportunidad de desarrollar sus destrezas y capacidades, y los trabajos recayeran en manos de individuos cualificados para realizarlos.[21]

Las partes también elegirían el principio de ahorro justo, según el cual estarían de acuerdo en tratar a las generaciones futuras como les gustaría haber sido tratadas por las generaciones previas. Querrían asegurarse de que cada generación contribuye con una cuota equitativa a la creación y preservación de instituciones justas y democráticas, acumulando y manteniendo los recursos naturales y sociales de los que depende la sociedad. Por encima de todo, reconocerían su obligación de mantener el clima estable y los ecosistemas vitales que constituyen la base de la civilización humana. Nadie querría arriesgarse a nacer en una generación que sufre las consecuencias de un desmoronamiento ecológico y climático.[22]

Sin embargo, ¿por qué las partes elegirían el principio de diferencia? Un error común es pensar que el principio de diferencia se basa en el mismo argumento maximin que Rawls utilizó para defender el principio de libertades básicas. Es fácil descubrir de dónde procede ese error: a fin de cuentas, maximin es la idea de que deberíamos elegir la opción en la que el peor resultado es todo lo bueno que sea posible, lo cual se parece sospechosamente al principio de diferencia, que nos pide maximizar las perspectivas de los más desfavorecidos.[23] Ahora bien, esta similitud superficial es engañosa. Como hemos expuesto, la regla maximin solo es racional cuando nos enfrentamos a una decisión en la que el peor escenario es realmente intolerable. Pero este no es el caso en una sociedad que protege las libertades fundamentales y ofrece un mínimo social digno para que la gente pueda cubrir sus necesidades básicas.

Como las partes en la posición original no conocen sus propios talentos y habilidades —si son físicamente fuertes o tienen talento académico—, o incluso qué tipos de aptitudes son valoradas en su sociedad, al principio podrían considerar una división equitativa de recursos. Pero pronto podrían descubrir que les iría mejor permitiendo cierto grado de desigualdad en ingresos y patrimonio, así como en poder y autoridad: unos salarios más altos podrían aportar incentivos que aumentarían el rendimiento económico, y las jerarquías nos permitirían crear grandes empresas y organizaciones, de lo cual se beneficiarían las economías de escala. De este modo, podrían aumentar el patrimonio global de la sociedad de forma que «todos» se beneficiaran.

Aunque las partes podrían rechazar una igualdad perfecta, esto aún no inclina del todo la balanza a favor del principio de diferencia. A fin de cuentas, podemos mejorar la situación de todos más de lo que estarían en una sociedad perfectamente igualitaria sin llegar al extremo de maximizar las oportunidades vitales de los más desfavorecidos. De hecho, los defensores del neoliberalismo y de la economía del efecto goteo podrían argumentar (y a menudo lo hacen) que incluso en nuestras sociedades profundamente desiguales los pobres están mejor que en una sociedad estrictamente equitativa. Desde la perspectiva de la posición original, en la que las partes no saben si serán ricos o pobres, la alternativa más plausible al principio de diferencia es otro tipo de utilitarismo, lo que Rawls llamó «utilitarismo restringido».[24] El utilitarismo restringido acepta que necesitamos proteger las libertades básicas, proporcionar un mínimo social y garantizar la igualdad equitativa de oportunidades; pero más allá de estas «restricciones», el objetivo consiste simplemente en maximizar el nivel medio de bienestar en la sociedad. Así, las partes podrían proteger sus libertades fundamentales mientras garantizan que, por definición, se encontrarían, como término medio, en una situación mejor que bajo cualquier alternativa. Sin duda este es el tipo de utilitarismo más atractivo, y algo así podría ser la base de una política liberal conocida en la que el Estado protege las libertades básicas y busca maximizar el crecimiento económico.*

* Sin embargo, incluso aquí, si estamos realmente comprometidos con la maximización del bienestar promedio, también hemos de estar dispuestos a implementar medidas para garantizar una distribución del patrimonio razonablemente equitativa, ya que en general los individuos con unos ingresos inferiores se beneficiarán más de una cierta cantidad de dinero que los ricos.

¿Por qué las partes en la posición original van a preferir el principio de diferencia a este tipo de utilitarismo? El argumento de Rawls se basa en la idea de que el principio de diferencia probablemente garantice no solo la aceptación reticente, sino también el apoyo voluntarioso a los más desfavorecidos. Aunque una sociedad organizada según el utilitarismo restringido garantizaría la satisfacción de las necesidades de todos, aún podría derivar en una situación en la que a los más desfavorecidos se les exigieran sacrificios solo para beneficiar a quienes tienen más (de hecho, quienes tienen menos ingresos han sido frecuentemente obligados a aceptar más inseguridad laboral e ingresos más reducidos en nombre del fomento del crecimiento económico). Rawls creía que en una sociedad así los más desfavorecidos se sentirían molestos con su posición y pensarían que sus instituciones habían sido concebidas para beneficiar a otras personas sin tener en cuenta sus necesidades o intereses, una preocupación que se ha confirmado de forma muy explícita en los últimos años. Rawls también defendía que el principio de diferencia aportaría una base más transparente para el debate público, ya que los bienes primarios como los ingresos y el patrimonio son objetivamente mensurables, y la «utilidad» no lo es.

En contraste con el argumento del principio de libertades básicas, que es bastante decisivo, el argumento a favor del principio de diferencia está más finamente equilibrado. Rawls argumentaba que, al final, deberíamos preferir el principio de diferencia porque encarna un ideal de reciprocidad. Para Rawls, una sociedad justa es aquella en la que podemos «afrontar al otro», en el sentido de que podemos ofrecernos una justificación mutua sobre la forma en que está organizada la sociedad, incluyendo a los más desfavorecidos. El utilitarismo restringido, en cambio, apela no a la reciprocidad, sino a un grado improbable de altruismo o generosidad: permite una situación en la que pedimos que los más pobres en la sociedad hagan sacrificios para que otras personas, que son más ricas que ellos, puedan incrementar sus ganancias.[25] Para Rawls, la importancia de la reciprocidad a la hora de justificar el principio de diferencia es pragmática además de moral. Explicó que, al apelar a la reciprocidad más que al altruismo, el principio de diferencia se basaba en un planteamiento más realista de la psicología humana, y, por lo tanto, era más probable que esto garantizara el apoyo constante de los ciudadanos de la vida real; una postura que, como veremos en el próximo capítulo, viene avalada por las últimas investigaciones en psicología moral y hunde profundamente sus raíces en la evolución humana.[26]

El experimento mental de la posición original ofrece un poderoso argumento en defensa de los principios de Rawls y una demostración convincente de cómo pueden justificarse. Además, obliga a quienes los rechazan a explicar por qué y a proponer algo mejor. Aun así, a algunas personas este ejercicio les parece demasiado abstracto, o creen que las partes elegirían otra cosa, y es importante recordar que este es solo uno entre un amplio conjunto de argumentos a favor de la visión de la «justicia como equidad» según Rawls. Como vimos en el capítulo 1, también podemos defender sus principios de forma más directa, demostrando su éxito a la hora de afrontar cuestiones difíciles respecto a las libertades básicas, y cómo combinan una creencia en la igualdad de oportunidades y la responsabilidad individual con la reciprocidad y una prosperidad ampliamente compartida. Nuestro apoyo también debería depender de una cuidadosa evaluación de si es posible ponerlos en práctica y cómo hacerlo, lo que constituye el núcleo de la segunda parte de este libro. Al final, el argumento a favor de los principios de Rawls depende de asumir «todos» estos argumentos en su conjunto.

LIBERALISMO POLÍTICO

Aunque entendamos cómo las partes en la posición original llegan a los principios de Rawls, ¿por qué tendríamos que confiar en que los ciudadanos de la vida real los aceptarían? Como ya hemos argumentado, el «hecho del pluralismo razonable» significa que los ciudadanos siempre estarán en desacuerdo en una serie de cuestiones morales, espirituales y metafísicas. Pero si el consenso sobre esas cuestiones es imposible, ¿por qué deberíamos esperar algo diferente cuando se trata de política?

Al pensar en esto detenidamente, Rawls distinguía dos formas en las que los ciudadanos podrían aceptar instituciones y principios liberales en líneas generales. En primer lugar, podrían hacerlo por razones puramente estratégicas, provocando lo que Rawls llamaba un *modus vivendi*; esto es, un compromiso práctico (literalmente, una forma de vivir). En ese *modus vivendi*, los ciudadanos respetan los derechos básicos porque reconocen que ningún grupo aislado es lo suficientemente poderoso como para dominar a los otros, y la alternativa de disturbios civiles o incluso la guerra sería peor para todos. A menudo Rawls se refería a la reticente aceptación de cierto grado de tolerancia religiosa después de las guerras europeas de religión de los siglos XVI y XVII como un ejemplo de *modus vivendi*; históricamente, los avances en la libertad individual a menudo se han basado en compromisos de este tipo.[27]

Sin embargo, Rawls quería demostrar que es posible algo más que un *modus vivendi*, que ciudadanos con creencias personales diferentes podrían respaldar principios políticos compartidos por razones más morales que estratégicas. Describió este ideal como un «consenso superpuesto»: una sociedad en la que una amplia gama de individuos —cristianos e hindúes, ateos y humanistas— podrían llegar a un acuerdo sobre los principios políticos básicos.[28] Esto es deseable porque estas libertades siempre serán vulnerables en una sociedad en la que los ciudadanos solo las apoyan por razones estratégicas; después de todo, cada grupo se limitaría a esperar una oportunidad para imponer sus puntos de vista a los demás. Pero un consenso superpuesto también es deseable por sí mismo, ya que, para Rawls, la idea rectora de la justicia es que deberíamos organizar la sociedad según principios que todo el mundo acepte porque son justos, y no simplemente porque carecen de la fuerza o el apoyo para alcanzar un estándar más elevado. Como explicaba Rawls, no solo deberíamos aspirar a una sociedad estable —en el sentido de que goce de un amplio apoyo y sea capaz de sostenerse a sí misma en el tiempo—, sino «estable por las razones correctas».[29]

En su segundo libro más relevante, *El liberalismo político*, Rawls quiso demostrar que los ciudadanos comprometidos con un amplio espectro de diferentes creencias morales y religiosas a título personal podrían, sin embargo, respaldar valores compartidos para organizar su sociedad. La clave para este argumento consistía en subrayar tres aspectos específicamente «políticos» de sus principios.[30]

En primer lugar, su alcance es limitado, en el sentido de que solo abordan cuestiones «políticas» sobre la estructura básica de la sociedad. No intentan responder a preguntas sobre la moralidad individual o la mejor forma de vivir; por ejemplo, no niegan ni confirman la existencia de Dios o la verdad de las creencias religiosas tradicionales. Considerando que tenemos que tomar una decisión colectiva sobre nuestras libertades fundamentales, la naturaleza del sistema político y la estructura de la economía —a fin de cuentas, solo puede haber un conjunto de leyes—, no es necesario ni obviamente deseable alcanzar un acuerdo colectivo acerca del dios que hay que adorar o cuáles son las virtudes humanas más importantes.

En segundo lugar, los principios son «políticos» en el sentido de que son independientes o «autónomos» respecto a todo sistema de creencias moral o filosófico al que los ciudadanos puedan aferrarse, lo que Rawls denominaba «doctrinas morales integrales». Se trata de conjuntos de valores que pretenden responder a la mayor parte, si no a todas, las cuestiones morales: qué hace que merezca la pena vivir, cómo tratar a los amigos y a la familia, qué virtudes deberíamos valorar y cultivar, etc. Las religiones son la forma más obvia de doctrina integral, aunque filosofías seculares como el utilitarismo y el humanismo juegan un papel similar.[31] Si queremos encontrar la forma de justificar los principios para todos, no podemos derivar estos principios de una doctrina semejante, ya que no hay ninguna que sea compartida por todo el mundo. Aunque los principios de Rawls no derivan de una visión del mundo en particular, son sin embargo compatibles con una amplia variedad de perspectivas morales y religiosas; por ejemplo, pueden ser respaldados por personas de cualquier religión, siempre y cuando crean en la libertad de expresión religiosa; y podemos pensar en ellos como en un módulo que puede ajustarse a sistemas de creencias de mayor envergadura y que los ciudadanos pueden abrazar.[32]

Por último, los principios de Rawls son «políticos» en el sentido de que se inspiran en ideas conocidas en la «cultura política pública» de la sociedad. En una sociedad democrática, hay ciertas ideas que forman parte de nuestra herencia común y que a menudo se encuentran, explícita o implícitamente, en importantes textos como la Carta Magna, el preámbulo a la Constitución de Estados Unidos o la Declaración Universal de los Derechos Humanos, y en la forma en que han sido interpretadas a lo largo del tiempo. En ausencia de una religión común, estas ideas nos ofrecen una fuente de valores genuinamente compartidos de los que podemos derivar principios políticos que todo el mundo puede apoyar. Rawls subrayó que la idea de la sociedad como un «sistema justo de cooperación» y la de ciudadanos «libres e iguales», que ya hemos abordado, eran los fundamentos de toda su filosofía.[33] Defendió que estas nociones formaban parte del «sentido común» de la vida democrática y que serían conocidas por los ciudadanos al margen de sus creencias religiosas y morales en un sentido más amplio.[34] Por supuesto, no son las únicas ideas en nuestra cultura política pública, y pueden ser interpretadas de muchas formas, pero aportan un punto de partida razonable para identificar principios y persuadir a un amplio espectro de ciudadanos.[35]

Cualquier concepto de la justicia que pretenda granjearse un amplio apoyo en el mundo real tiene que ser político en tres sentidos: ser limitado en alcance, ser independiente de toda doctrina moral integral y basarse en unas ideas ampliamente compartidas inspiradas en la cultura política pública. La posición original garantiza que los principios de Rawls incluyan estos aspectos.[36]

La afirmación de que los principios políticos deben ser justificados independientemente de toda doctrina integral, y sin referencia a una concepción personal de la virtud o la moralidad, sitúa a Rawls a un lado de una frontera significativa en la filosofía occidental. De hecho, desde la Grecia clásica hasta el presente, muchos de los filósofos, si no la mayoría, han asumido un planteamiento diferente. A menudo el supuesto ha sido que, antes de empezar a pensar en nuestros derechos como ciudadanos y en cómo deberíamos diseñar nuestras instituciones políticas, primero hemos de responder a la pregunta, fundamental, de qué es una buena vida. En palabras de Aristóteles, «antes de [investigar] la naturaleza de una constitución ideal [...] primero es necesario determinar la naturaleza de la forma de vida más deseable. Mientras esto siga siendo oscuro, la naturaleza de la constitución ideal también seguirá siendo oscura».[37] En cuanto tengamos una respuesta a esa pregunta, podremos diseñar un sistema de derechos e instituciones que animará a la gente a vivir una vida buena y virtuosa.

Sin embargo, este enfoque da la vuelta a las cosas.[38] El problema básico es que la gente nunca se pondrá de acuerdo en «la forma de vida más deseable». Quizá Aristóteles tenía la esperanza de que pudiéramos usar la filosofía para resolverlo de una vez por todas, pero, más de dos mil años más tarde, no estamos más cerca de alcanzar un consenso. De hecho, comparadas con la mayoría de las sociedades en la historia humana, las democracias liberales modernas contienen una diversidad de ideas sin precedentes con relación a cómo debemos vivir nuestras vidas. Si diseñamos nuestras leyes para fomentar solo una de ellas —por ejemplo, una idea derivada de las escrituras sagradas cristianas—, ¿cómo podemos justificarla ante ciudadanos con creencias diferentes?

Más preocupante aún, pensar en la política como la búsqueda de una concepción particular de la buena vida puede abrir la puerta a la intolerancia e incluso a la opresión. De hecho, a menudo esta perspectiva está detrás de las así llamadas «guerras culturales», y del auge del nacionalismo étnico y religioso. Por supuesto, muchas personas de los principales credos defienden la libertad religiosa y otras libertades básicas; y filósofos contemporáneos como Michael Sandel han argumentado que implicarse directamente en cuestiones relacionadas con la virtud y «la buena vida» pueden contribuir a reforzar el apoyo popular a las instituciones liberales, conectándolas con las convicciones morales más profundas de la ciudadanía. Pero si aceptamos la premisa básica de que debemos diseñar nuestra sociedad en torno a una doctrina semejante —aunque sea ampliamente liberal—, resulta más difícil oponerse a los fundamentalistas cristianos que quieren prohibir la homosexualidad o a los nacionalistas blancos que pretenden discriminar a los negros. Evidentemente, podemos intentar convencerlos de que sus creencias específicas son equivocadas: que no hay nada malo en ser gay ni nada consustancialmente superior en haber nacido blanco. Pero si aceptamos que la política tiene que ver con fomentar una visión particular de cómo vivir, no podemos oponernos a su objetivo general de utilizar el poder del Estado para fomentar sus propias creencias.[39]

En los círculos filosóficos, se dice que el planteamiento de Rawls reivindica «la prioridad del derecho sobre el bien». Desde este punto de vista, nuestros derechos definen un marco en el que cada uno de nosotros puede perseguir sus creencias con respecto a cómo vivir, mientras que, según la idea alternativa, empezamos con una concepción particular del bien y diseñamos derechos para fomentarla. El planteamiento de Rawls ofrece una poderosa base filosófica para la libertad individual y el pluralismo y una defensa contra el autoritarismo étnico y religioso. Al mismo tiempo, también es la base para una crítica a cierto liberalismo. Para algunos, el liberalismo no es un mero conjunto de principios, sino un ideal integral de cómo vivir: el ideal de la autonomía individual. Desde esta perspectiva, que llamamos liberalismo «integral» (en oposición al «político»), una buena vida es aquella en la que elegimos nuestros objetivos de forma libre o autónoma a través de un proceso activo de reflexión racional, en lugar de basarnos en una aceptación incondicional de los valores morales y religiosos de nuestra familia o comunidad inmediata.

No hay nada malo en esta idea; de hecho, hay algo muy atractivo en esta forma de pensar. El problema surge si convertimos la «autonomía» en la base para justificar nuestros derechos y libertades fundamentales. Si defendemos el apoyo a las libertades porque probablemente se conseguirá que la gente tenga vidas «autónomas», entonces nuestro apoyo a las instituciones liberales dependerá de un ideal de autonomía que muchos ciudadanos rechazan.[40] Para muchos creyentes religiosos, vivir de acuerdo con la ley de Dios es la esencia de una buena vida, y no la autonomía individual; y, por lo tanto, afirmar que las libertades básicas promueven la autonomía puede no ser muy relevante para ellos. Esto puede sonar a debate más bien académico, pero tiene implicaciones relevantes en el mundo real. Es frecuente que los críticos acusen a los liberales de asumir una perspectiva moral excesivamente secular y racionalista que mucha gente no comparte; y algunos liberales alientan este tipo de críticas adoptando una actitud despectiva hacia la religión (el tipo de actitud asociada al biólogo evolutivo Richard Dawkins, quien expresó, de forma harto conocida, que creer en Dios era un «delirio» irracional).[41] La teoría de Rawls nos demuestra cómo podemos separar nuestro apoyo a las instituciones políticas liberales de las ideas «liberales» sobre cómo vivir, lo cual nos ofrece la base para una política más inclusiva y capaz de traspasar las fronteras culturales y religiosas que progresivamente están dividiendo a nuestras sociedades.

Parte del atractivo de la teoría de Rawls —y, en realidad, del liberalismo en un sentido amplio— consiste en que expresa cierto tipo de neutralidad con respecto a las diferentes formas de vivir. Pero esta neutralidad no es absoluta. Como a veces señalan los críticos, las instituciones liberales distan mucho de ser «neutrales», en el sentido de que algunas formas de vida tienen más probabilidades de prosperar bajo su amparo que otras. Por poner un ejemplo obvio, la gente que cree que el Estado debería imponer la sharía, o cualquier otra ley religiosa, jamás logrará realizar plenamente sus ideales en una sociedad liberal (aunque serán libres de vivir según sus reglas de forma voluntaria). Por otra parte, parece probable que, en una sociedad donde los chicos y las chicas tienen derecho a una educación equitativa, pocas personas acabarán respaldando puntos de vista que nieguen la igualdad moral y civil de las mujeres.

Afirmar que el liberalismo no es neutral en este sentido absoluto no es una crítica: es declarar una obviedad. Ningún conjunto de instituciones o principios políticos podría ser realmente neutral en este sentido. Rawls defendía que debemos aspirar no a la neutralidad de efecto —algo imposible—, sino a la neutralidad de propósito u objetivo.[42] En otras palabras, aunque toda sociedad acabará por moldear las creencias de sus ciudadanos y favorecer ciertas formas de vida en detrimento de otras, lo importante es que nuestras instituciones no fomenten activamente una forma de vivir en particular.

Al evitar escrupulosamente las doctrinas morales o religiosas controvertidas, Rawls trasladó el peso de justificar sus principios a las ideas intuitivas que identificó en la cultura política pública, sobre todo las ideas de que la sociedad debe ser justa y que los ciudadanos han de ser libres e iguales. El hecho de que estas ideas, al menos en cierto nivel, sean compartidas por individuos pertenecientes a todo el espectro político y con una amplia variedad de creencias personales debería darnos la esperanza de que los principios de Rawls pueden obtener un amplio respaldo y cumplir su papel como una base compartida para resolver cuestiones políticas polémicas.[43]

Evidentemente, hay cierta controversia respecto a hasta qué punto estas ideas son compartidas, y, de hecho, el auge de los movimientos políticos abiertamente antiliberales y autoritarios de los últimos años nos recuerda que no podemos dar por sentado el apoyo a los principios liberales más básicos. Pero hay pocas dudas de que tienen profundas raíces en la cultura política de la mayoría de las democracias occidentales; y como ha subrayado el filósofo y economista Amartya Sen, también se pueden encontrar ideas de libertad individual y tolerancia en las tradiciones árabe, india, china y en otras culturas.[44] A pesar de todas las críticas actuales al liberalismo, estas ideas siguen definiendo las fronteras (aunque vagas) del debate democrático legítimo: el hecho de que los puntos de vista racistas o autoritarios sean incompatibles con una interpretación razonable de la equidad, la libertad y la igualdad los sitúa oportunamente fuera de los límites del discurso político aceptable.

Siempre habrá quienes rechacen la concepción básica de los ciudadanos como libres e iguales, o quienes piensen que la sociedad no es un sistema de cooperación, sino de competición entre grupos que luchan por la hegemonía. En cierto sentido, la teoría de Rawls tiene poco que aportar a estas personas, lo cual no es más que el reconocimiento pragmático de que hay límites a lo que podemos alcanzar mediante el poder de la razón. Si queremos persuadir a otros, siempre tendremos que encontrar algún punto de vista en común; no tiene sentido intentar convencer a alguien de que un poder judicial independiente contribuirá a fomentar la libertad si se rechaza frontalmente la idea misma de libertad. En otras palabras, todo argumento debe empezar en algún lugar, desde una premisa compartida, y todo argumento a favor de una sociedad liberal o democrática afrontará una dificultad similar. El poder persuasivo de la teoría de Rawls descansa en el hecho de que empieza con ideas compartidas por muchos.

RAZÓN PÚBLICA Y EL DEBER DE CIVISMO

Los principios de Rawls han sido ideados para ayudarnos a diseñar nuestras instituciones sociales más relevantes, más que para guiar nuestra conducta como individuos, pero están próximos a un ideal de ciudadanía o de cómo deberíamos tratarnos unos a otros en cuanto ciudadanos. Y en una época en la que la política está cada vez más polarizada y es más intolerante, y cuando mucha gente parece haber perdido la fe en la posibilidad de un debate razonado, lo necesitamos más que nunca.

La esencia del ideal de ciudadanía de Rawls es el deber moral —el «deber de civismo»— de participar en la política de algún modo.[45] En parte tiene que ver con «cómo» nos expresamos nosotros mismos y respondemos a los demás. Deberíamos acercarnos al debate político con una cierta actitud: con una mente abierta y un espíritu de compromiso, con la voluntad de escuchar las perspectivas con las que no estamos de acuerdo y asumirlas de buena fe; y deberíamos intentar seguir las reglas de la lógica y la evidencia, apelando, cuando podamos, a los hechos aceptados más que a las teorías cuestionadas. Estas actitudes, o «virtudes políticas», son una condición previa esencial para un debate democrático sano y respetuoso. Pero para Rawls el civismo también tiene que ver con qué puntos de vista expresamos en primer lugar. Cuanto se trata de cuestiones políticas importantes, debemos apelar a «razones públicas» —valores políticos que sinceramente consideramos que nuestros conciudadanos pueden aceptar, como los principios de justicia de Rawls—, en lugar de a creencias morales y religiosas que, inevitablemente, algunos no compartirán. Además, para contar como «políticos», estos valores o principios deben compartir los tres aspectos que hemos abordado en la sección previa: deben ser limitados en su alcance (preocupados solo por cómo organizar la estructura básica de la sociedad), independientes de cualquier doctrina moral integral y exclusiva, y derivados de ideas propias de nuestra cultura política pública.[46]

Este planteamiento es especialmente relevante en cuestiones como los derechos de los homosexuales, el aborto, la investigación con células madre, la oración en las escuelas, etc., que abordan cuestiones morales y religiosas controvertidas. Si nos tomamos en serio la idea de razón pública, entonces estos debates, por ejemplo, sobre el aborto, deberían ocuparse de equilibrar diversos valores políticos, como el derecho de la mujer a controlar su cuerpo, la importancia de la igualdad de género y los derechos de los nonatos como futuros ciudadanos.[47] Al llevar a cabo estos debates, tendríamos que intentar dejar a un lado las ideas religiosas sobre el estatus moral del feto o los roles respectivos de hombres y mujeres en la sociedad no porque no creamos en ellas —es evidente que mucha gente cree—, sino porque reconocemos que son creencias que no podemos esperar que compartan todos los ciudadanos. Como expondremos con más detalle en el capítulo 4, esta visión aporta una forma distintiva de afrontar este tipo de cuestiones y nos ayudará a forjar un consenso más amplio y a disipar lo que se conoce como «guerras culturales».

Al principio la idea de razón pública puede sonar bastante restrictiva. Sin duda, deberíamos ser libres para expresar nuestra opinión por medio de los argumentos que nos parezcan más convincentes. A fin de cuentas, ¿qué sentido tienen las libertades de conciencia, de pensamiento y de expresión si no podemos ejercerlas?

En primer lugar, el deber de civismo, que incluye la exigencia de utilizar razones públicas, es un deber estrictamente moral, no legal. No podemos ni debemos utilizar la ley para hacerlo cumplir; de hecho, hacerlo violaría nuestra libertad básica de expresión, que está protegida por el primer principio de justicia.

En segundo lugar, este deber no limita a los ciudadanos a utilizar exclusivamente los principios de Rawls. Tenemos un deber moral de apelar a los principios políticos que sinceramente creemos que constituyen la base «más razonable» para la cooperación entre ciudadanos libres e iguales; en otras palabras, los principios que nuestros conciudadanos probablemente aceptarán como justos.[48] Aunque Rawls consagró su vida a defender su propia teoría de la «justicia como equidad», admitió que había espacio para el desacuerdo, al menos dentro de ciertos límites. Consideró que podíamos pensar en sus principios como parte de una familia de principios políticos razonables, todos los cuales otorgarían una prioridad especial a un conjunto de libertades básicas y una garantía de que todos serían capaces de cubrir sus necesidades básicas.[49] Podemos pensar que esta familia de principios, con su protección de los derechos básicos y de un mínimo social digno, define las fronteras del debate político aceptable —o de la razón pública— en una sociedad democrática; trazando, por ejemplo, una línea entre quienes se oponen a la acción afirmativa basada en la raza porque creen que es injusta y los racistas categóricos que rechazan la igualdad básica de ciertos grupos.[50]

En tercer lugar, el deber de civismo únicamente está destinado a aplicarse en el «debate de la política pública». Esto es sobre todo relevante para candidatos políticos y representantes elegidos, así como para jueces y funcionarios del Gobierno. Para el resto de nosotros, este deber nos atañe principalmente cuando tenemos que decidir a quién votar. En lugar de pensar en quién favorecerá nuestros intereses económicos o nuestras perspectivas religiosas, deberíamos elegir al candidato con más posibilidades de difundir aquellas políticas y valores políticos que creemos más razonables.[51]

Para ser claros, la idea de razón pública no se aplica a la sociedad civil o a lo que Rawls llamaba «cultura de fondo». En la cultura de fondo —en libros y periódicos, en iglesias y mezquitas, en comunidades y clubes de voluntarios, y por supuesto en casa y con los amigos— hemos de sentirnos libres para discutir lo que queramos. Ahí es donde podemos dilucidar si Dios existe y el sentido de la vida. El hecho de que estos debates acontezcan en la cultura de fondo no rebaja su importancia; para muchos de nosotros, son los más apasionantes, y las libertades básicas están ahí precisamente para garantizar que podemos debatir libremente. Sin embargo, en la medida de lo posible, deberíamos mantenerlos separados de cuestiones relativas a cómo debe ser la ley. Esto no significa que la política se vuelva tecnocrática y despojada de contenido moral, en absoluto. Tan solo significa que nuestra conversación política se centrará en valores políticos como la equidad, la igualdad y la libertad, y no en valores religiosos como la fe.

En cuarto lugar, la idea de razón pública se aplica en su forma más estricta solo cuando debatimos fundamentos constitucionales y asuntos de justicia básica, especialmente nuestros derechos y libertades fundamentales y la estructura de nuestro sistema político y social. Es evidente que muchas cuestiones políticas cotidianas —como la cantidad de dinero público que hay que invertir en el cuidado de parques y espacios verdes, o en la cultura y las artes— no son de este tipo. Sin embargo, incluso en estos casos hemos de intentar apelar a las razones públicas siempre que sea posible. Podemos argumentar, por ejemplo, que hemos de invertir más en parques nacionales porque el acceso a la naturaleza es vital para la salud mental y todo el mundo se puede beneficiar de ello.

Por último, la idea de razón pública no impide a la gente apelar a razones religiosas o no públicas. Rawls aseguró que los ciudadanos podían apelar a esas razones incluso en la discusión política pública, sujetas a la «cláusula» de que sus posiciones también fueran respaldadas por posiciones verdaderamente públicas en el momento oportuno, como hizo Martin Luther King al invocar la voluntad de Dios en apoyo a los derechos civiles, derechos que también estaban justificados sobre la base de valores fundamentalmente políticos como la libertad cívica y la igualdad.[52]

No hace falta señalar que el debate político actual no cumple el ideal propuesto por el deber de civismo y la noción de razón pública de Rawls. Para nuestro autor, una cultura pública civil y respetuosa es un bien público esencial, algo que puede construirse gradualmente a través de la práctica constante, pero que puede perderse con suma facilidad. Hemos agotado nuestras reservas de civismo hasta niveles peligrosamente bajos, y construir un debate público más inclusivo y respetuoso es hoy uno de los retos centrales que afrontan las sociedades democráticas.

Rawls dedicó su vida a justificar su teoría de la «justicia como equidad» de manera que pudiera apelar a los individuos al margen de su perspectiva religiosa o filosófica de la vida. La fuerza de sus argumentos debería darnos la confianza de que sus principios pueden constituir la base para un consenso político amplio. Y, sin embargo, como cabe esperar de un pensador de la relevancia de Rawls, su teoría también ha sido criticada desde diversos ángulos. El último paso antes de pensar en poner en práctica sus principios consistirá en comprender y responder a esas críticas.

Capítulo 3

RAWLS Y SUS CRÍTICOS

Es probable que las ideas de Rawls hayan sido objeto de más debates académicos en los últimos cuarenta años que las de cualquier otro pensador político, inspirando cientos de libros y miles de artículos. Mientras que muchos han pretendido explicar, desarrollar y refinar su teoría, otros han sido más críticos. Desde la derecha, los liberales clásicos y los libertarios han atacado a Rawls por su fuerte compromiso con la igualdad y su voluntad de intervenir en los mercados. En la izquierda, a menudo los socialistas lo han desdeñado como otro defensor liberal de la propiedad privada y el capitalismo. Entretanto, los críticos «comunitarios» de Rawls han argumentado que su teoría fracasa a la hora de tomarse en serio la importancia de la familia, la religión y la comunidad. Por último, los críticos «realistas» han planteado que pensar en cómo sería una sociedad perfectamente justa es una distracción ingenua e idealista que contribuye poco a abordar retos urgentes como la pobreza y la discriminación.

Aunque en su mayor parte estas críticas proceden del ámbito académico, tienen una contraparte obvia en los debates políticos dominantes en torno al liberalismo, y, si pretendemos sentar las bases para una política transformadora a partir de las ideas de Rawls, necesitamos afrontarlas directamente. Como veremos, hacerlo contribuye a revelar la notable profundidad y resiliencia del pensamiento de Rawls, y también la forma en que trasciende las fronteras políticas y filosóficas convencionales.

LIBERTAD: LA CRÍTICA DESDE LA DERECHA

Uno de los rasgos más distintivos del liberalismo de Rawls es su fuerte compromiso con la igualdad a través del principio de diferencia, la idea de que debemos organizar nuestra economía para maximizar las perspectivas de los más desfavorecidos. Como hemos visto, esto supone un largo camino desde la comprensión del liberalismo actual, que ha sido moldeado por pensadores como Friedrich Hayek y Milton Friedman, que a su vez se inspiraron en una dilatada tradición que se remonta a Adam Smith y John Locke. Uno de los aspectos definitorios de este liberalismo «clásico» es la idea de que los individuos tienen un derecho básico al libre intercambio y a hacer lo que quieran con su propiedad y que, en la mayor parte de las ocasiones, el Estado no debería interferir en esas libertades económicas.[1] Esta forma de pensar proporcionó los fundamentos intelectuales para el auge del neoliberalismo en los años ochenta, que a su vez influyó poderosamente en las ideas populares acerca del papel del Estado, y contribuyó a fomentar la sensación de un conflicto irreconciliable entre los valores de la libertad y la igualdad. Estas ideas siguen moldeando nuestra política hoy en día, cuando las estrategias que buscan fomentar la equidad, como los impuestos progresivos o el gasto público en servicios sociales, reciben la crítica habitual, por parte de la derecha, de ser una amenaza a la «libertad» o una forma de «socialismo» y, por lo tanto, como consecuencia, de autoritarismo.

Quizá la articulación más clara de esta forma de pensar, y la más directamente dirigida a Rawls, procede del filósofo Robert Nozick, uno de sus contemporáneos en Harvard. Aunque Nozick elogió *Teoría de la justicia* y la consideró como «un gran avance incuestionable con relación al utilitarismo», también elaboró una crítica influyente y de gran alcance, señalando cierto número de «profundas deficiencias en la teoría de Rawls».[2] Además, desarrolló una teoría de la justicia alternativa que situaba los derechos de propiedad en una posición privilegiada y que justificaba una visión de la sociedad radicalmente distinta a la que Rawls tenía en mente. Aunque menos famoso que Hayek y Friedman, Nozick es ampliamente reconocido como el más importante defensor filosófico del liberalismo de derechas, o «libertarismo», del siglo XX, y sus ideas han constituido una importante inspiración para muchos en el ámbito de la derecha.[3]

En el corazón de la teoría de Nozick se encuentra la idea de que tenemos un derecho natural y absoluto a hacer lo que queramos con nosotros mismos y con nuestra propiedad, siempre y cuando respetemos el derecho de los demás a obrar del mismo modo. El papel del Estado, sostenía, es proteger estos derechos: solo «un Estado mínimo, limitado a las funciones restringidas de protección ante el uso de la de fuerza, el robo, el fraude, el cumplimiento de los contratos, etc., está justificado», y «un Estado más intrusivo violaría el derecho de los individuos a no ser obligados a hacer determinadas cosas, y carece de justificación».[4] Nozick se refería a esto como a un «Estado-vigilante nocturno» e insistía en que el Estado podía recaudar impuestos solo para pagar los bienes públicos necesarios para proteger la propiedad, como una fuerza policial, un ejército y la infraestructura legal y burocrática básica para hacer cumplir los contratos. Se oponía a las leyes antidiscriminación sobre la base de que los empleadores deberían ser libres de contratar a quien quisieran, y sostenía que obligar a los ricos a pagar impuestos para financiar la igualdad de oportunidades educativas o mitigar la pobreza era «equiparable a los trabajos forzados».[5]

Nozick no se limitaba a argumentar que el principio de diferencia de Rawls era excesivamente igualitario; rechazaba la idea de que la justicia tuviera que ver con intentar lograr una distribución de los recursos más justa o equitativa. En su opinión, la justicia no guarda relación con la equidad o la igualdad, sino con proteger los derechos de propiedad. Siempre y cuando la distribución de recursos en una sociedad sea el resultado de transacciones voluntarias que respeten los derechos de propiedad, es justa, aunque sea extremadamente desigual, y el Estado no tiene derecho a interferir para fomentar un programa igualitario que algunos ciudadanos no comparten. Desde su perspectiva, la justificación de las desigualdades de los mercados no estriba en que los mercados sean justos o eficientes, sino sencillamente en que son el resultado de transacciones que los individuos tienen derecho a realizar. Si los ciudadanos quieren promover la igualdad de oportunidades o combatir la pobreza, deben hacerlo voluntariamente.

Las ideas de Nozick son bastante radicales y lo sitúan en la rama más extrema de la derecha en el árbol genealógico liberal; en la política actual es difícil encontrar a alguien que adopte esta línea tan dura con relación a la prioridad absoluta de los derechos de propiedad.[6] La mayoría de los liberales aceptan un mayor papel del Estado, que incluye el mantenimiento de los mercados libres y competitivos (por ejemplo, combatiendo los monopolios), la creación de ciertos bienes públicos como la atención sanitaria y la educación, y la garantía de un sistema de protección social básico.

Sin embargo, muchos liberales de la derecha comparten con Nozick la idea de que las libertades económicas merecen una protección especial y que el Estado solo debería interferir en ellas para fomentar un conjunto de objetivos muy limitado, idea que subyace a la actual oposición a las políticas que pretenden aliviar la pobreza o fomentar la igualdad.[7]

Pero ¿por qué las libertades económicas deberían tener prioridad sobre la lucha contra la pobreza o la desigualdad? Una respuesta —que Nozick defendía, pero que se remonta a las ideas de John Locke— se basa en la idea de que los derechos de propiedad son «derechos naturales». Nozick defendía que tenemos un derecho natural y absoluto a la «propiedad de uno mismo» —a hacer lo que queramos con nuestro cuerpo—, y como lo que hacemos es, en cierto sentido, una extensión de nosotros mismos, deberíamos ser libres para comprar y vender esas cosas sin regulación o carga impositiva. Pero ¿por qué esta amplia concepción de la propiedad de uno mismo debería tener prioridad sobre, por ejemplo, nuestro interés en evitar la hambruna o la discriminación? Reivindicar que los derechos de propiedad son «naturales», como hace Nozick, simplemente elude esa cuestión.

Sin duda Nozick tiene razón en que, si tenemos derecho a algo, es a un derecho casi absoluto a controlar nuestro propio cuerpo, y el atractivo intuitivo de su teoría se basa en la idea de que algunas libertades económicas realmente parecen ser una condición previa para vivir una vida libre. Pero la libertad económica no es «todo o nada», y la elección no es entre darle prioridad absoluta en todas sus formas o abandonarla por completo. Como hemos visto, una de las contribuciones más importantes de Rawls fue distinguir las libertades económicas realmente esenciales de aquellas que no lo son. La libertad de elegir nuestro trabajo y el derecho a la propiedad personal son libertades básicas porque, como la libertad de expresión y religión, son realmente necesarias para desarrollar nuestras capacidades morales como ciudadanos y perseguir nuestros objetivos en la vida. Pero para pensar y vivir libremente no necesitamos una libertad absoluta para acumular riqueza ilimitadamente o para contratar a personas en los términos que nosotros mismos decidamos.

La teoría de los «derechos naturales» de Nozick ha sido muy criticada, incluso por otros pensadores del ámbito de la derecha.[8] Sin embargo, apelar a los derechos innatos de propiedad no es la única línea que los paladines de la derecha asumen para defender las desigualdades del mercado y atacar a pensadores como Rawls, que quieren fomentar la igualdad. Ya hemos encontrado un argumento de esta naturaleza en el capítulo 1: la idea meritocrática de que, siempre y cuando los individuos gocen de igualdad de oportunidades y de un punto de partida justo en la vida, merecerán todo lo que ganen en un mercado libre y competitivo. Desde esta perspectiva, los impuestos que fomentan la equidad son injustos porque sustraen dinero a personas que lo merecen y lo redistribuyen entre quienes no lo merecen; y aunque es necesario cierto sistema de prestaciones básicas, todo esfuerzo suplementario para fomentar la igualdad sería injusto y poco equitativo.[9]

Esta forma meritocrática de pensar está profundamente arraigada en nuestra cultura pública, pero, como defendimos en el capítulo 1, un examen atento la desbarata rápidamente. En particular, la idea de que merecemos nuestros ingresos se basa en la creencia de que se deben a nuestro propio esfuerzo y trabajo, y hasta cierto punto es así. Pero también son producto de la suerte (quizá en su mayor parte): el azar de nacer con un talento específico en una sociedad en la que ese talento resulta tener una demanda alta (o baja). Esta idea no es exclusiva de Rawls: Nozick, Friedman y Hayek rechazaban el ideal meritocrático, y Hayek afirmaba que la renta obtenida por los individuos en el mercado tenía «poca relación con algo que podamos llamar méritos morales».[10] Evidentemente, en una sociedad justa es importante que los ingresos de los ciudadanos sean un reflejo de sus decisiones, y hay una conexión entre la contribución y la recompensa, pero el principio de diferencia consigue reflejar esto sin apelar a la perspectiva extrema de que somos moralmente merecedores de la cuantía total de nuestros ingresos procedentes del mercado.

Un tercer argumento contra la igualdad, también defendido desde la derecha, es que los impuestos y otras políticas necesarias para conseguirla acabarán por perjudicar la eficiencia y el crecimiento económicos. Es habitual que esto se apoye en la lógica utilitaria según la cual unos impuestos bajos y un Estado mínimo tenderán a maximizar el crecimiento económico, que a su vez fomentará la «utilidad» o bienestar social global.[11] Como vimos en el capítulo anterior, el utilitarismo no es una base muy firme sobre la que asentar una argumentación en favor de los derechos básicos —económicos o de otro tipo—, ya que estos siempre pueden ser sacrificados si así se aumenta el bienestar social general. Y, en todo caso, no está muy claro que esta forma de pensar pueda realmente justificar los impuestos bajos o el capitalismo *laissez-faire*. De hecho, la propia lógica utilitaria también se ha usado para justificar la redistribución a gran escala sobre la base de que la misma cantidad de dinero producirá más felicidad o «utilidad» en manos de alguien pobre que en las de un rico.

Esto nos lleva al llamado argumento «resbaladizo», que desde el ámbito de la derecha se suele hacer a pensadores como Rawls, una línea de ataque que el economista Thomas Piketty ha descrito como «el argumento clásico de los conservadores a lo largo de la historia».[12] Esto quizá se asocia más a Hayek, que, en su enormemente popular obra *Camino de servidumbre*, publicada hacia el final de la Segunda Guerra Mundial, señaló que la propiedad pública, la planificación económica y el moderno estado del bienestar conducirían inevitablemente al tipo de autoritarismo que conocimos con el Partido Nazi y la Unión Soviética. Más tarde esgrimió tesis similares contra las ideas defendidas por Rawls, argumentando que «todo intento» de alcanzar la igualdad equitativa de oportunidades era «idóneo para propiciar una pesadilla», ya que crearía una demanda inexorable para eliminar los obstáculos restantes «hasta que el Gobierno controlara literalmente cualquier circunstancia que pudiera afectar al bienestar de cualquier persona».[13] La misma lógica sigue vigente en la actualidad, cuando los conservadores aseguran que las políticas que hacen frente a la pobreza o proporcionan sanidad gratuita conducirán, de algún modo, al «socialismo».

Aunque Hayek tenía buenas razones para temer el auge del totalitarismo, casi ochenta años más tarde su tesis no ha sido avalada por los acontecimientos. La historia reciente de las democracias avanzadas ha demostrado que no existe una tendencia inexorable desde los impuestos progresivos o las políticas diseñadas para alcanzar la igualdad de oportunidades que nos conduzca, por una pendiente resbaladiza, hacia el totalitarismo.[14] En cambio, un compromiso muy fuerte con la libertad económica no es una garantía de que nuestras libertades personales y políticas sean respetadas; como vimos en el capítulo 1, algunas de las peores violaciones de estos derechos básicos han sido perpetradas por regímenes comprometidos con la economía del *laissez-faire*, como la brutal dictadura de Pinochet en Chile, muy influida por Friedman y otros liberales de derechas. La amenaza a las libertades básicas surgida a raíz del auge del populismo autoritario en la actualidad sin duda le debe más a nuestro fracaso a la hora de buscar la equidad y la igualdad que a una falta de respeto a la libertad económica.

PROPIEDAD: LA CRÍTICA DESDE LA IZQUIERDA (SOCIALISTA)

Obviamente, el liberalismo igualitario de Rawls le hizo entrar en conflicto con pensadores de derechas. Y, sin embargo, a menudo su teoría también se ha juzgado con escepticismo desde la izquierda, especialmente por quienes buscan su inspiración en las tradiciones marxista y socialista.

Parte de este escepticismo refleja una incomprensión muy común ante las ideas de Rawls, que a menudo se consideran una justificación de las desigualdades contemporáneas o incluso una «versión filosófica de [...] la teoría del "goteo"».[15] El escritor socialista Paul Mason resumió la sensación general de muchos teóricos de la izquierda cuando describió el enfoque de Rawls como «una forma de contabilidad política en la que se pregunta cómo imponer el neoliberalismo de la forma menos injusta».[16] Los capítulos previos deberían haber evidenciado que Rawls estaba muy lejos de ser un defensor de la economía del goteo o del *statu quo*. Aunque el principio de diferencia comparte con la teoría del goteo la idea de que, bajo ciertas condiciones, las desigualdades pueden operar en beneficio de todos, ahí acaban las semejanzas. Los defensores de la teoría del goteo suelen justificar la bajada de impuestos a los ricos afirmando que algunos de los beneficios de esta política encontrarán su camino hasta la base de la escala social. Pero el principio de diferencia es radicalmente más igualitario, instándonos a organizar nuestra sociedad para maximizar las opciones vitales de los más desfavorecidos. Y mientras que los defensores de la teoría del goteo han asumido generalmente que los beneficios del crecimiento económico encontrarán automáticamente su camino hasta los más pobres de la sociedad, Rawls no cae en tales ilusiones.

Incluso entre quienes reconocen el fuerte compromiso de Rawls con la igualdad, a menudo se asume que sus ideas se limitan a justificar un estado del bienestar más generoso, con poco que decir respecto al trabajo y la producción. Aunque sus primeros escritos no son del todo claros en este sentido, la obra posterior de Rawls rechaza explícitamente «el capitalismo del estado del bienestar», argumentando que no se puede crear una economía justa solo a través de la redistribución. Como hemos visto, el principio de diferencia no solo se ocupa de los ingresos y el patrimonio, sino también de las desigualdades del poder y el control económicos y de las oportunidades para la autoestima; y esta perspectiva amplia, a su vez, apunta hacia las limitaciones del estado del bienestar, introduciendo en la agenda cuestiones sobre el trabajo significativo y la democracia laboral. Si aquí cabe alguna crítica, sería que Rawls dijo muy poco sobre cómo poner todo esto en práctica. Pero, como veremos, cuando sus ideas se comprenden cabalmente, plantean la base para un programa económico realmente transformador.

Los críticos de la izquierda también han señalado el relativo silencio de Rawls en relación con la raza, el género y la discapacidad, y han comentado que esto apunta a un defecto más profundo de la teoría de Rawls y, de hecho, del liberalismo en un sentido más amplio.[17] En cuanto a la discapacidad, Rawls dejó claro que el principio de diferencia fue diseñado para abordar la cuestión de cómo distribuir los recursos entre las personas que pueden desempeñar un papel «normal y plenamente cooperativo» en la sociedad, también en el trabajo, y, por lo tanto, nunca estuvo pensado para afrontar la cuestión de los discapacitados severos. Se trata de una verdadera carencia de la teoría de Rawls, y aunque otros estudiosos han abordado esta cuestión fundamental, revisar y ampliar sus ideas a este respecto está fuera del alcance de este libro.[18] Sin embargo, cuando se trata de los derechos básicos de los ciudadanos discapacitados y de cuestiones de raza y género, la teoría de Rawls sigue ofreciendo un poderoso marco conceptual. El principio de las libertades básicas nos exige cumplir la promesa liberal pendiente desde hace mucho tiempo de igualdad cívica y política para todos los ciudadanos, independientemente de la discapacidad, raza y género o, de hecho, cualquier otra característica arbitraria; asimismo, la igualdad equitativa de oportunidades exige que hagamos lo que sea necesario como sociedad para abordar las formas continuas de discriminación, así como el legado histórico de la desigualdad de género y la explotación racial.

Aunque buena parte del escepticismo hacia Rawls en la izquierda se basa en la incomprensión o en la frustración por la falta de detalles prácticos, también existen diferencias reales, especialmente entre Rawls y sus críticos socialistas, aunque no en las cuestiones que el lector podría invocar en primer lugar.[19] Podríamos esperar que los socialistas exigieran una distribución de recursos más equitativa que la que plantea el principio de diferencia, pero no está claro que quede mucho espacio a la «izquierda» del principio de diferencia en este sentido.[20] Evidentemente, podemos imaginar otros principios igualitarios que podrían priorizar una igualdad mayor o incluso perfecta, aunque ello implicara rebajar los estándares de vida absolutos de los más desfavorecidos. Pero pocos socialistas defienden una igualdad de resultados tan exhaustiva.[21] Alternativamente, podríamos pensar que los socialistas serían críticos con el apoyo de Rawls a una economía de mercado en un sentido amplio, ya que sustituir los mercados por una economía planificada fue un aspecto clave del socialismo en la Unión Soviética y (hasta los ochenta) en China. Sin embargo, en la actualidad la mayor parte de los socialistas admiten que el mercado tiene importantes ventajas sobre la planificación, y cuando lo critican no se oponen a su existencia, sino a la fe ingenua de algunos liberales en su «perfecta» eficacia, y al extendido desprecio hacia la pobreza y la desigualdad que existe en la mayoría de las economías de mercado. Aquí, Rawls y los socialistas comparten el diagnóstico; nuestro autor también admitió que los mercados están muy lejos de ser perfectamente eficientes, y el principio de diferencia ofrece una alternativa fuertemente igualitaria a la distribución de ingresos y patrimonio realizada por los mercados.

El verdadero desacuerdo entre Rawls y sus críticos socialistas se centra en el papel de la propiedad privada. Para muchos socialistas, la propiedad privada de los medios de producción es el rasgo distintivo del capitalismo y la razón de la injusticia de este sistema, y la abolición de este tipo de propiedad privada es en la práctica el núcleo no negociable del socialismo.* Por el contrario, Rawls adoptó un planteamiento más pragmático. Rechazó la idea de que la propiedad privada de empresas y materias primas fuera injusta en sí misma y argumentó que el problema del capitalismo tal como lo conocemos no es la existencia de la propiedad privada, sino el

* Ya que la mayor parte de los socialistas no tienen ningún problema en que la gente posea propiedades personales como ropa o incluso vivienda, utilizaré el término «propiedad privada» para referirme a la propiedad privada de los medios de producción.

hecho de que esta se concentre fuertemente en manos de una élite opulenta. Rawls planteó que una forma de afrontar este hecho consistiría en abolir la propiedad privada y abrazar un cierto socialismo liberal o de mercado, pero invirtió más tiempo en explorar lo que llamó «democracia de propietarios», una sociedad en la que la propiedad, si bien es privada, está ampliamente distribuida o repartida de un modo bastante equitativo. Cuando los socialistas critican a Rawls, suelen tener en mente esta idea.

Así pues, para muchos socialistas el problema fundamental es que la teoría de Rawls permite la existencia continuada de la propiedad privada y, por lo tanto, «no plantea una amenaza para las relaciones capitalistas de producción».[22] Pero ¿por qué es exactamente mala la propiedad privada? Algunos socialistas estarían de acuerdo con Rawls en que no hay nada intrínsecamente perverso en la propiedad privada, pero plantean que, en la práctica, será imposible crear una sociedad verdaderamente justa mientras esta exista. La propiedad privada, aseguran, es incompatible con la democracia, porque en cualquier economía basada en esta será inevitable que algunas personas lleguen a poseer grandes riquezas o el control de empresas enormes, lo que les otorgará una imponente influencia sobre el proceso político. Si esto fuera realmente inevitable, habría proporcionado un poderoso argumento a favor del socialismo en los propios términos de Rawls, dado su compromiso con la igualdad política en cuanto libertad básica.[23] Y, a la luz de la enorme riqueza e influencia política de multimillonarios como Elon Musk o Mark Zuckerberg, es obvio que deberíamos tomarnos esta crítica en serio. Pero, como veremos en el capítulo 5, podemos proteger la democracia sin abolir la propiedad privada: primero, utilizando el sistema de impuestos para reducir directamente las desigualdades de ingresos y patrimonio; y, segundo, a través de medidas que protegerán el proceso político de una desigualdad económica mayor, como sustituir las grandes donaciones privadas a los partidos políticos por un sistema cuidadosamente diseñado de financiación pública.

Sin embargo, para algunos socialistas el problema de la propiedad privada es nuclear. Para entender esta forma de pensar, es útil volver a Marx. Según Marx, la propiedad privada es injusta en sí misma porque conduce a la explotación de los trabajadores por parte de los «capitalistas» (que poseen los medios de producción o el «capital»). La gente suele usar el término «explotación» para explicar todas las injusticias que suceden bajo el capitalismo, como los salarios de miseria, la inseguridad endémica y la degradación de las condiciones de trabajo. Sin embargo, para Marx y los socialistas ortodoxos, la «explotación» tiene un sentido más específico: los trabajadores son explotados porque parte del valor que producen es arrebatado por los capitalistas bajo la forma de beneficios.[24] Si los trabajadores pudieran elegir libremente si trabajar para sí mismos o vender su trabajo, esto no sería un problema, pero como la mayoría de ellos no posee la tecnología ni el equipo que necesitan para ser productivos en una economía moderna, no tienen otra opción que vender su trabajo a los capitalistas. La solución socialista convencional a esta forma de explotación consiste en «socializar» los medios de producción: transferir la propiedad a los trabajadores o al Estado, de forma que el valor que de otro modo iría a parar a los capitalistas sea compartido por los trabajadores o por la sociedad en su conjunto.[25]

No hay duda de que el trabajo en la sociedad capitalista tal como la conocemos es profundamente injusto. No obstante, está lejos de ser cierto que la teoría marxista de la explotación —que el capitalismo es injusto porque los trabajadores no reciben todo el valor de lo que producen— sea la mejor forma de pensar en los defectos del capitalismo o en qué aspecto tendría una economía justa.[26] Como ha argumentado el filósofo Will Kymlicka, esta teoría es «a un tiempo muy débil y muy fuerte».[27] Es «demasiado débil» en el sentido de que, incluso aunque elimináramos la explotación, nuestra economía seguiría siendo injusta. Una sociedad en la que todas las empresas fueran propiedad de los trabajadores o del Estado y en la que los asalariados percibieran exactamente el valor de su contribución a la producción eliminaría la explotación tal y como la define Marx. Pero no haría nada por abordar las oportunidades desiguales que los diferentes trabajadores tienen a la hora de desarrollar sus habilidades, y tampoco haría frente a las desigualdades que inevitablemente surgen en una economía de mercado entre, por ejemplo, los trabajadores del sector servicios de baja cualificación y los abogados altamente cualificados. Aunque tenía sentido que Marx se centrara en la diferencia entre propietarios y trabajadores en cuanto clases distintas en el siglo XIX, en la actualidad la frontera entre propietarios y empleados es menos marcada, y la mayor parte del aumento de la desigualdad en las últimas décadas ha sido impulsado por la creciente distribución desigual de los salarios entre diferentes tipos de trabajadores.[28] La teoría de Marx tiene poco que decir sobre esta cuestión.

La teoría marxista de la explotación también es «demasiado fuerte» en el sentido de que condena actividades que parecen no ser problemáticas. En concreto, implica que siempre es malo obtener beneficios al contratar a alguien, ya que esto supone expropiar necesariamente parte de su trabajo, razón por la que necesitamos abolir la propiedad privada. Sin embargo, ¿contratar a alguien y obtener beneficios de ello es injusto en sí mismo? ¿Qué pasa con los individuos que han acumulado ahorros gracias a su trabajo y los han invertido en acciones y participaciones, y, por lo tanto, obtienen beneficios indirectamente? ¿Y realmente tiene sentido decir que los profesionales y ejecutivos con sueldos elevados están siento injustamente explotados incluso cuando tienen un significativo poder de negociación? La fuerza del argumento de Marx se apoya en el supuesto de que los trabajadores tienen que vender su trabajo o morirse de hambre, pero la existencia del estado del bienestar implica que, para la mayoría de los individuos, esto ha dejado de ser cierto.

La noción ortodoxa de explotación también presenta problemas cuando se trata de pensar en la justicia para quienes son incapaces de realizar un trabajo remunerado convencional, como las personas con una discapacidad severa, los cuidadores (la mayoría son mujeres) y los desempleados involuntarios.[29] Para los marxistas, la relación salarial es inherentemente injusta porque los trabajadores están obligados a entregar a otros parte del valor que producen. Pero, según esta lógica, ¿acaso no es una suerte de explotación imponer impuestos a los trabajadores para ayudar a los cuidadores y a los desempleados? Después de todo, ello implica transferir algo del valor que los trabajadores producen a personas que no han tomado parte directamente en su producción. Como señaló el filósofo socialista G. A. Cohen, la teoría marxista de la explotación parece basarse en una idea de autopropiedad —que tenemos un derecho natural al valor que producimos— bastante similar a la defendida por Robert Nozick y con muchas de las mismas desagradables implicaciones.[30] Por supuesto, la mayoría de los socialistas se preocupan por las desigualdades entre los trabajadores de ingresos altos y bajos, e históricamente se han contado entre los más importantes defensores del apoyo a los desempleados y cuidadores.[31] El argumento no es que el socialismo y el libertarismo sean lo mismo —es evidente que no lo son—, sino tan solo que, tras un examen más detenido, la idea socialista ortodoxa de la explotación parece inquietantemente incompleta como explicación de las injusticias del capitalismo y, si se toma en serio, lleva a conclusiones que incluso los mayores socialistas rechazarían.

Estos problemas han inducido a algunos pensadores socialistas «revisionistas», como Cohen y John Roemer, a desarrollar nuevas teorías sobre el significado de la justicia y la equidad. Estos pensadores han tendido a concebir el socialismo como un compromiso ético con la igualdad y a sostener un enfoque más pragmático de la propiedad. En lugar de condenar directamente la propiedad privada, por ejemplo, se han concentrado en la desigualdad de su distribución o en la forma en que la propiedad ha sido adquirida a través de la fuerza y la coerción.[32] Hay más que decir sobre estas ideas de lo que podemos recoger aquí, pero lo destacable es el grado en que se asemejan al enfoque de Rawls.

Algunos socialistas señalan que la propiedad privada plantea otro problema: el de la «alienación». Mientras que la explotación tiene que ver con la forma en que la propiedad privada conduce a una distribución injusta de los ingresos, la alienación está relacionada con cómo el trabajo en una economía capitalista puede limitar nuestro potencial para florecer como seres humanos. Hay diversas explicaciones de la alienación y por qué la propiedad privada conduce a ella. Algunos subrayan la mercantilización del trabajo como su fuente: el hecho de trabajar para sobrevivir y no como un fin en sí mismo. Otros señalan que buena parte del trabajo es árido y repetitivo, lo que aporta pocas oportunidades para el disfrute o la satisfacción intrínseca.[33] Para los socialistas, la forma de poner fin a la alienación y de garantizar un trabajo significativo para todos es abolir la propiedad privada y poner a los trabajadores (o al Estado) al mando.

La idea socialista de alienación se centra en cuestiones sobre la naturaleza y organización del trabajo a menudo ignoradas por los liberales.[34] Pero una de las grandes fortalezas de la teoría de Rawls es, precisamente, que puede abordar estas preocupaciones. Lo hace a través de la importancia que concede a las desigualdades en materia de poder económico y control y, especialmente, a las oportunidades que el trabajo proporciona para la realización individual, el reconocimiento social y, en última instancia, la autoestima.[35]

Rawls sostenía que en una sociedad organizada según sus principios «los aspectos restrictivos y degradantes de la división [del trabajo] deberían ser en gran medida superados», y todo el mundo tendría una oportunidad justa de realizar un trabajo significativo.[36] En capítulos posteriores veremos cómo todo esto se puede poner en práctica.

La idea de la autoestima de Rawls aporta la base para una perspectiva inequívocamente liberal de cómo superar la «alienación», al menos en el contexto del trabajo. Al igual que Marx, Rawls reconocía que como sociedad tenemos una responsabilidad especial a la hora de garantizar que los ciudadanos tengan oportunidades justas de autorrealización a través del trabajo. Pero donde los marxistas han fetichizado cierto tipo de trabajo «no alienado» y autónomo como la única forma de vivir una vida significativa, para Rawls y otros liberales el trabajo es una fuente de sentido (entre otras). Nuestra responsabilidad como sociedad a la hora de asegurar la disponibilidad de trabajo significativo se basa en un reconocimiento pragmático de que cierto tipo de trabajo es más o menos necesario para la mayoría de nosotros y, dado que suele ocupar buena parte de nuestro tiempo, está destinado a moldear nuestra vida de una forma profunda. En términos prácticos, como veremos, podemos garantizar estas oportunidades, en vez de aboliendo la propiedad privada, garantizando que los trabajadores puedan abandonar sus empleos sin caer en la pobreza y a través de nuevas formas de democracia en los lugares de trabajo.

COMUNIDAD: LA CRÍTICA COMUNITARISTA

Una de las críticas más persistentes al liberalismo y a la teoría de Rawls es que se basa en una concepción poco atractiva y muy irreal de las personas como fundamentalmente egoístas e individualistas, y que esto, a su vez, es la fuente de la indiferencia e incluso hostilidad generalizadas hacia la comunidad en varios sentidos: familia, comunidad local, religión, nación, etc. Esta crítica «comunitarista», como a menudo se la suele llamar, se ha convertido en un argumento conocido entre los críticos de izquierda y de derecha, que consideran que hay algo podrido en el corazón del ideal liberal. Y no se trata simplemente de un debate filosófico sobre la naturaleza humana: los comunitaristas consideran que la exaltación liberal de la elección personal ha dado alas a una cultura excesivamente individualista que es responsable, al menos en parte, de problemas sociales que van desde el declive de las asociaciones cívicas y religiosas hasta una epidemia de soledad. Estas críticas también han servido para fomentar la sensación de que el liberalismo solo puede ser atractivo para quienes manifiestan una inclinación «cosmopolita» o «secular», y que tiene poco que ofrecer a quienes están más íntimamente apegados a un lugar o religión particular.[37]

Como abordamos en la introducción, esta crítica tiene más sentido cuando se dirige hacia el neoliberalismo, cuyos paladines a menudo han defendido un crudo individualismo y la búsqueda del interés propio, con una escasa preocupación por las consecuencias que esto podría tener para la familia o la vida de la comunidad. Por el contrario, el liberalismo de Rawls se basa en un ideal de reciprocidad más que en el egoísmo, y se toma muy en serio la importancia de la familia, la religión y otras formas de comunidad.

Y, sin embargo, las ideas de Rawls han sido un punto central de la crítica comunitarista del liberalismo.[38] Los críticos tienden a centrarse en el experimento mental de la posición original, que parece sintetizar todo lo que los comunitaristas creen que el liberalismo tiene de erróneo. Para empezar, las partes en la posición original están representadas como egoístas, en el sentido de que eligen los principios para organizar la sociedad que más les benefician a ellas. Además, parecen una pálida imitación de seres humanos reales, desapegados de los valores y compromisos sociales que nos hacen ser lo que somos. El filósofo Michael Sandel ha asegurado que la teoría de Rawls se apoya en una concepción psicológicamente incoherente del «yo sin trabas», según la cual la gente simplemente «elige» sus valores como si se tratara de un menú; y el politólogo Francis Fukuyama ha acusado a Rawls de «la absolutización de la autonomía, y la elevación de la decisión por encima de otros bienes humanos».[39] Una crítica estrechamente relacionada afirma que Rawls fracasó a la hora de reconocer que nuestros valores y creencias están conformados por nuestro contexto social, y que muchos de nosotros tenemos compromisos sin los que simplemente no podemos imaginarnos, que son «constitutivos» de quienes somos, como el sentido del deber que tenemos hacia nuestra familia o nuestras creencias religiosas. Para los críticos comunitaristas de Rawls, el hecho de que su teoría, y por extensión buena parte de la filosofía liberal contemporánea, se haya fundado sobre estos cimientos tan obviamente inestables es una razón suficiente para cuestionar la totalidad del proyecto.*

Estas críticas plantean cuestiones importantes, aunque más bien abstractas, y sin duda están bien encaminadas contra cierto tipo de liberalismo, pero no tienen mucho sentido cuando se dirigen a Rawls. No es una cuestión de interpretación sutil; los críticos comunitaristas de Rawls suelen atribuirle actitudes que él rechazó explícitamente.[40] La fuente de esta confusión es una tendencia a (mal)interpretar la descripción de las partes en la posición original como una explicación de la psicología humana o de la naturaleza metafísica del yo. Rawls era consciente de que su experimento mental podía originar este tipo de tergiversaciones e hizo lo que pudo para evitarlas, declarando explícitamente que la posición original no era una descripción de la psicología humana, sino una «situación puramente hipotética» diseñada con el objetivo específico de ayudarnos a identificar principios políticos básicos para una sociedad democrática y diversa.[41] Como hemos visto, la descripción de las partes en la posición original no se basa en afirmaciones empíricas sobre la psicología humana ni en declaraciones morales sobre el tipo de razones relevantes a la hora de seleccionar estos principios. Rawls comparaba la posición original con la actuación o el juego de roles, y explicaba que «cuando [...] simulamos estar en la posición original, nuestro razonamiento no nos compromete a una doctrina metafísica específica sobre la naturaleza del yo, así como nuestra participación en una obra, por ejemplo interpretando a Macbeth o a Lady Macbeth, no nos induce a pensar que realmente somos un rey o una reina involucrados en una lucha desesperada por el poder político».[42]

De hecho, si se entiende correctamente, la posición original encarna casi lo opuesto de lo que sus críticos pretenden. Lejos de basarse en la idea de que las personas son intrínsecamente egoístas, asume que están motivadas

* La teoría de Rawls también ha sido criticada por el hecho de que intentar identificar principios universales no respeta la diversidad de valores en diferentes sociedades. En este sentido, el universalismo de Rawls está restringido porque, como vimos en el capítulo 2, sus principios han sido explícitamente desarrollados a partir de ideas que encontramos en la cultura pública de las democracias modernas. Sin embargo, identifican libertades y derechos básicos a los que tienen derecho todos los ciudadanos de esas sociedades. Pero esto es una fortaleza y no una debilidad de su teoría. ¿Realmente queremos permitir que las comunidades religiosas castiguen a la gente por ser gay o que impidan a las niñas ir a la escuela? La crítica del universalismo parece conducir a eso, pero pocos parecen dispuestos a aceptar sus implicaciones.

por el deseo de vivir con los demás en términos justos y mutuamente beneficiosos. Nos pide ponernos en la piel de los demás y considerar el punto de vista de los otros, y a continuación elegir principios que sean aceptables para todos. El hecho de que las partes elijan los principios que más les convienen individualmente es solo un dispositivo analítico para ayudar a resolver este difícil problema.[43] Y aunque las partes en la posición original imaginan no tener conocimiento de sus valores y compromisos reales, Rawls era muy consciente de que, en la vida real, nuestro contexto social da forma a esos valores y compromisos. De hecho, lo consideraba tan obvio que lo tildó de «perogrullada»: «el sistema social configura los deseos y aspiraciones que sus ciudadanos llegan a albergar. Determina en parte el tipo de personas que quieren ser, así como el tipo de personas que ya son», escribió.[44]

De un modo similar, Rawls reconoció explícitamente que tenemos compromisos «constitutivos» tan fundamentales que no podemos imaginarnos renunciando a ellos, y señaló que los ciudadanos «pueden tener y a menudo tienen [...] afectos, devociones y lealtades de los cuales creen que no podrían ni deberían separarse, ni evaluar objetivamente».[45] El hecho de que las partes en la posición original ignoren sus relaciones y valores particulares no significa que estos no importen o que los ciudadanos de la vida real puedan abandonarlos fácilmente; muy al contrario. El sentido de este experimento mental es recordarnos que todo el mundo tiene compromisos profundos y no negociables, y que, así como jamás querríamos vivir en una sociedad que nos obligara a rechazar nuestra religión o a nuestros seres queridos, debemos respetar el hecho de que otros quieran lo mismo para ellos.

¿Y qué pasa con el argumento de que Rawls y otros liberales sitúan la idea de la decisión por encima de otros bienes humanos? El principio de libertades básicas protege nuestra libertad de elegir con quién queremos pasar el tiempo o a qué religión deseamos adscribirnos, aunque esto vaya contra las normas y creencias de nuestra familia y comunidad. Pero esto no se basa en la creencia de que la gente debe elegir sus valores a partir de una lista de la compra. Lo importante no es la propia decisión, sino tener la libertad de elegir —para cambiar nuestra religión o abandonar nuestra comunidad— si necesitamos o queremos hacerlo.[46]

Lejos de ignorar las preocupaciones comunitaristas, Rawls dedicó una amplia sección de *Teoría de la justicia* a explicar cómo, en una sociedad organizada según sus principios, «los valores de comunidad no solo son esenciales, sino factibles».[47] Las libertades básicas —libertad de expresión, conciencia y asociación— garantizan nuestra libertad para crear comunidades de todo tipo; mientras que el principio de diferencia nos ofrece una porción justa de los recursos que necesitamos para participar en la familia y la vida comunitaria.[48] Al mismo tiempo, estos principios nos protegen de los excesos de la comunidad; garantizan, por ejemplo, no solo que las personas gais son libres de abandonar una familia o una comunidad religiosa que los rechaza, sino que tendrán los recursos para sostenerse a sí mismas.

Parece claro que, al menos a nivel filosófico, no hay un conflicto profundo entre los principios de Rawls y el valor de la comunidad. Sin embargo, algunos comunitaristas creen que, aunque sea así en teoría, en la práctica las instituciones liberales tienden a tener efectos perniciosos.[49]

Para la izquierda, el problema reside en la política económica que a menudo han defendido los liberales: centrarse resueltamente en el crecimiento económico; la aceptación de los mercados desregulados; la tolerancia a los elevados niveles de pobreza, inseguridad y desigualdad. Es indudable que las estructuras económicas existentes socavan la comunidad de muchas formas. Se ha buscado el crecimiento económico sin prestar apenas atención a las implicaciones para las economías locales (la decadencia actual de las «calles comerciales» es un ejemplo obvio de ello). La pobreza endémica y la inseguridad hacen que la vida familiar sea prácticamente imposible, y dejan a mucha gente sin tiempo para implicarse en grupos religiosos o en su comunidad local. Entretanto, los elevados niveles de desigualdad conducen a una sociedad cada vez más fragmentada en la que ricos y pobres viven en zonas diferentes, van a escuelas distintas y trabajan en lugares diversos.

Sin embargo, estas críticas no se aplican al liberalismo igualitario de Rawls. Una sociedad organizada en torno al principio de diferencia sería una sociedad en la que nadie tendría que elegir entre cubrir sus necesidades básicas y pasar tiempo con su familia, ir al templo, a la iglesia o a la mezquita, o unirse a un equipo de fútbol o a un grupo de su comunidad. Además, como las desigualdades de clase, raza y género se reducirían drásticamente, los ciudadanos tendrían experiencias vitales similares, que a su vez ayudarían a sostener una sensación de comunidad tanto a nivel local como nacional.

Aunque los comunitaristas de izquierdas a menudo apuntan a la forma en que la desigualdad ha erosionado la comunidad, los de derechas tienden a enfatizar casi lo opuesto, al subrayar la amenaza que plantea la búsqueda de la igualdad y del estado del bienestar. La historia básica aquí sería la siguiente: antes de la llegada del moderno estado del bienestar, la gente tenía que apoyarse en la familia, en los vecinos o en los compañeros en tiempos de necesidad y tribulación; al criar a los hijos, en caso de enfermedad o desempleo y evidentemente en la ancianidad, se necesitaba la ayuda de otros, y a menudo se fundaban asociaciones voluntarias, como sindicatos y sociedades de amigos y de ayuda mutua, para hacer frente a tales desafíos. Hoy, el Estado cumple muchas de estas funciones: brinda cuidados a los enfermos, desempleados y ancianos, y presta servicios públicos como la educación y la sanidad; y esto, a su vez, ha debilitado los vínculos familiares y ha hecho que diversas formas de asociación comunitaria sean innecesarias (o al menos eso es lo que afirman los críticos).

Sin embargo, no está del todo claro que el estado del bienestar sea el responsable de los problemas derivados de la descomposición de la familia y la comunidad: la pobreza, la desigualdad y la inseguridad parecen los culpables más probables. Y aunque el estado del bienestar haya debilitado el papel de la familia y la comunidad como una forma de ayuda mutua, tenemos que sopesarlo con relación a las importantes ventajas a la hora de garantizar que todo el mundo —y no solo los que tienen la suerte de disfrutar de una familia comprensiva o de una red comunitaria— pueda cubrir sus necesidades básicas. Además, los principios de Rawls no exigen un Estado burocrático y centralizado para ofrecer los servicios públicos, y hay muchas buenas razones para un planteamiento más descentralizado y orientado a la comunidad: atribuir un mayor control a los Gobiernos locales, por ejemplo, y recurrir a organizaciones no gubernamentales y sin ánimo de lucro. La lección que podemos extraer de la crítica de la derecha no es que debamos abandonar el estado del bienestar o desmantelar los servicios públicos, sino que tenemos que pensar más cuidadosa y creativamente cómo diseñarlos.

La idea de que las instituciones liberales minan inevitablemente la comunidad no resiste un análisis exhaustivo, al menos no si consideramos el liberalismo igualitario e inclusivo de Rawls. Y aunque el Estado debe evitar fomentar un tipo de comunidad sobre otro, como una religión oficial o una idea particular de familia nuclear, hay espacio para que desempeñe un rol proactivo. Por ejemplo, podríamos apoyar a organizaciones espirituales, instituciones benéficas, clubes deportivos, etc., a través de espacios subvencionados y de la exención de impuestos; y podemos invertir dinero público en infraestructuras locales como bibliotecas, parques y calles comerciales, a fin de fomentar la sensación saludable de una comunidad local.[50]

REALISMO: LA CRÍTICA DE LA «TEORÍA IDEAL»

Debemos abordar una crítica final, que en cierto sentido es la que más duele. Para algunos, el problema no es que Rawls llegara a una respuesta equivocada, sino que, al intentar descubrir los principios para una sociedad perfectamente justa, estaba planteando la pregunta equivocada.

Una versión de esta crítica procede de los llamados «realistas», que argumentan que la teoría de Rawls es demasiado abstracta, demasiado desvinculada de la historia, de la psicología y de la confusa realidad de la política democrática, para ser de utilidad. Según el filósofo Raymond Geuss, en lugar de seguir a Rawls y preguntarse qué aspecto tendría idealmente una sociedad justa, la filosofía política debe concentrarse en entender y criticar las instituciones y las relaciones de poder en las sociedades en las que realmente vivimos. Al hacerlo, debería tomar la iniciativa a partir de la célebre pregunta de Lenin «¿Quién a quién?» o, como la reformula Geuss: «¿Quién hace qué a quién en beneficio de quién?». Para Geuss, la obsesión de Rawls por idear utopías distantes era, en el mejor de los casos, ingenua, y, en el peor, un ardid deliberado para distraernos de abordar las desigualdades e injusticias en las sociedades en las que vivimos.[51]

Es fácil entender por qué la teoría de Rawls puede parecer ingenua. Después de todo, contempla una sociedad en la que los ciudadanos se atienen a las reglas de la razón pública y apoyan políticas que consideran sinceramente justas y equitativas, en lugar de aquellas que tan solo benefician a sus propios intereses. Pero tenemos que recordar que es un ideal —algo a lo que hemos de aspirar— y no una descripción de la realidad política. Aunque Rawls pensaba que las nociones morales de justicia y equidad pueden y deben tener un papel en la conformación de las creencias y acciones políticas de la gente, nunca aseveró que fueran las únicas, o ni tan siquiera las más importantes, fuentes de su motivación; y fue explícito al afirmar que, en lo tocante al diseño de instituciones políticas, tenemos que hacerlo sobre la base de un análisis realista de la psicología humana, tomando a las personas por lo que son y no por lo que querríamos que fueran.

Sin embargo, es cierto que Rawls nunca ofreció un análisis detallado de cómo funciona realmente la política o cómo crear un movimiento político capaz de poner en práctica sus ideas. Quienes se acercan a él buscando un análisis de cómo las élites influyentes impiden el cambio y conservan su poder, o con el deseo de comprender mejor las estructuras que mantienen las desigualdades raciales a lo largo del tiempo, se sentirán decepcionados, sencillamente porque no eran preguntas que él intentara responder.[52] De un modo análogo, nunca propuso una teoría del cambio político ni intentó identificar un «agente» político que pudiera ser el vehículo para la transformación social según la forma que los socialistas siempre han buscado para la «clase obrera». Buena parte de la crítica dirigida a Rawls es mera frustración ante la realidad de que no intentó responder a estas relevantes cuestiones. Pero esto no fue consecuencia de ingenuidad o falta de interés, sino de que consideraba que aquello a lo que debemos aspirar como sociedad y la forma de conseguirlo son dos cuestiones independientes; y, aunque la filosofía política es fundamental para responder a lo primero, es, en el mejor de los casos, una herramienta secundaria en lo segundo. Así pues, en lugar de rechazar las ideas de Rawls, necesitamos combinarlas con una teoría realista del cambio y con una estrategia política adaptada a nuestras circunstancias actuales.

Algunos críticos realistas parecen ir más lejos y sugieren que la gente es fundamentalmente egoísta, y que las ideas morales no desempeñan papel alguno al moldear la conducta de los individuos, especialmente en el ámbito de la política. Esta deprimente y unidimensional visión de la naturaleza humana, que los economistas han popularizado como *Homo economicus*, ha influido en el pensamiento de todo el espectro político. En la derecha, se ha utilizado para justificar una dependencia casi total de los mercados, sobre la base de que estos aprovechan el egoísmo como un bien común, y para desacreditar los ideales igualitarios como incurablemente utópicos. Y en ciertos sectores de la izquierda, especialmente entre los marxistas, un punto de vista similar subyace a la idea de que la política es una mera batalla para que una clase imponga sus intereses a las demás.

Si fuera cierto que el comportamiento político de la gente es puramente egoísta, realmente tendría muy poco valor práctico pensar en qué aspecto tendría una sociedad justa o equitativa. Pero eso es tan poco realista como afirmar que la moralidad es lo único que importa. De otro modo, sería difícil entender por qué los políticos se pasan tanto tiempo apelando a valores morales como la libertad, la igualdad y la responsabilidad individual.[53] Asimismo, la idea de que la gente es fundamentalmente egoísta es difícil de conciliar con el apoyo de muchos ricos a políticas de bienestar que es extremadamente improbable que les resulten beneficiosas. No necesitamos depender de la observación casual para rechazar esta forma de pensar: los investigadores sociales y los psicólogos han establecido, más allá de toda duda, que las ideas morales tienen un papel crítico en la orientación de la conducta política de los individuos.[54] Además, la evidencia apoya cada vez más el «realismo» básico de la importancia que Rawls atribuye a la reciprocidad —la voluntad de cooperar y compartir con otros con una inclinación similar, incluso si supone algún coste personal— como una norma fundamental de la conducta social, en oposición al egoísmo o al altruismo. Experimentos realizados por psicólogos demuestran de forma consistente que la gente está dispuesta a compartir aunque la acción individual les reporte más beneficios, y que llevan a cabo ciertos sacrificios para defender determinadas normas de reciprocidad (normalmente «castigando» a quienes creen que han actuado injustamente). Por su parte, los antropólogos han hallado evidencias de reciprocidad en la forma de compartir alimentos y otros recursos más allá de la familia inmediata en todas las sociedades, hasta remontarse a la llegada del *Homo sapiens*. De hecho, es cada vez más evidente que nuestra capacidad para la cooperación y la reciprocidad tiene profundas raíces en nuestra evolución como especie, y está más o menos incorporada a nuestra psicología.[55]

Por lo tanto, no hay nada fantasioso en pensar que las ideas morales pueden moldear y de hecho moldean la conducta política, aun cuando esto solo sea una parte de la cuestión; y el énfasis de Rawls en la reciprocidad parece avenirse bien con los últimos descubrimientos de la ciencia. Pero incluso entre los pensadores que aceptan un rol práctico importante de la filosofía moral y política, algunos han rechazado el planteamiento de Rawls. Uno de los exponentes más destacados de este punto de vista es Amartya Sen, economista y filósofo ganador del Premio Nobel, y antiguo compañero de Rawls en Harvard.[56] Aunque Sen reconoce la contribución fundamental de Rawls a la filosofía política, en su libro *La idea de la justicia*, de 2009, insiste en que nuestro autor ha llevado la disciplina en la dirección equivocada.[57]

El punto de partida de Sen es que la filosofía política debería ofrecernos una guía práctica para afrontar las injusticias en nuestras sociedades. En concreto, una teoría de la justicia debe ayudarnos a comparar y, en última instancia, decidir entre las diferentes opciones políticas a las que nos enfrentamos en la actualidad. El problema de la teoría de Rawls, según Sen, es que es «trascendental» en el sentido de que desarrolla una imagen detallada de una sociedad perfectamente justa, en lugar de «comparativa», en cuyo caso nos ayudaría a comparar y elegir entre diferentes políticas e instituciones. Aunque imaginar una sociedad perfectamente justa pueda ser un interesante ejercicio filosófico, argumenta Sen, en la práctica es del todo irrelevante: así como no necesitamos saber que el Everest es la montaña más alta del mundo para descubrir si el Mont Blanc es más alto que el Kilimanjaro, no necesitamos saber cómo sería una sociedad idealmente justa para entender que la sociedad sería más justa si redujéramos la tortura, la pobreza o el analfabetismo. Para Sen, la filosofía política debería centrarse menos en preguntarse cómo sería una «justicia inmaculada» que en la pregunta más modesta, útil y fundamentalmente comparativa de «¿Cómo mejorar la justicia?».[58]

Hay mucho de admirable en la crítica de Sen, como la sensación de urgencia de su deseo de afrontar las injusticias de la vida real y su convicción de que la filosofía política puede y debe ayudarnos en esta tarea. Y Sen tiene razón en que, aunque ha habido un florecimiento de la filosofía política académica en los últimos años, en gran medida inspirado por Rawls, en su mayor parte ha sido algo más bien abstracto y se ha prestado poca atención a los desafíos reales que constituyen la base del debate público, desde la lucha contra la discriminación al combate contra la pobreza y el analfabetismo. Pero como veremos en la segunda parte de este libro, los principios de Rawls aportan una poderosa herramienta para llevar a cabo precisamente el tipo de trabajo que Sen quiere realizar.

En una respuesta más directa a la crítica de Sen, es útil observar cómo Rawls entendía la relación entre sus principios y la tarea práctica de la reforma social. Rawls describió su propio trabajo como un ejercicio de «teoría ideal» cuyo objetivo es descubrir «cómo sería una sociedad justa».[59] Y eso no tiene nada que ver con la fantasía panglosiana del mejor de los mundos posibles, sino con identificar los mejores principios e instituciones a los que podemos aspirar dada la naturaleza de la psicología humana y el mundo material en el que vivimos.

Disponer de una idea coherente del aspecto que tendría una sociedad perfectamente justa es en sí mismo una poderosa fuente de motivación que nos aporta esperanza y un correctivo necesario al cinismo que invade nuestro discurso político. Pero si esto fuera todo lo que la teoría de Rawls tiene que ofrecer, tendría un valor práctico limitado, ya que hay pocas opciones de alcanzar una sociedad así con un único salto gigantesco.[60] Sin embargo, según Rawls, la «teoría ideal» siempre es precursora de la «teoría no ideal»: mientras que la primera define el objetivo, la segunda «pregunta cómo se puede alcanzar ese objetivo a largo plazo o cómo aspirar a él, normalmente mediante pasos graduales».[61] Necesitamos la teoría ideal porque sin un objetivo claro por el que trabajar, por remoto que este sea, siempre corremos el peligro de limitarnos a retocar superficialmente las instituciones existentes o, aún peor, avanzar en la dirección equivocada. Sin embargo, Sen no tiene razón al sugerir que la teoría ideal solo nos aporta un objetivo; también nos ofrece un conjunto de valores gracias a los cuales podremos elegir entre diferentes políticas, comparando cuán lejos nos llevarán hacia nuestro destino.[62] Así, por ejemplo, el principio de libertades básicas de Rawls nos exige priorizar las libertades básicas sobre el crecimiento económico; y el principio de diferencia dice que debemos adoptar políticas económicas en beneficio de los más desfavorecidos, aunque no logren maximizar sus opciones vitales.

Sin embargo, aún podríamos preguntarnos si realmente necesitamos una teoría de la justicia compleja y filosófica como la de Rawls para progresar en la lucha contra las injusticias más terribles del mundo, como la pobreza y el hambre. Son cuestiones tan urgentes que adentrarnos en una reflexión filosófica sobre por qué es exactamente injusta la pobreza puede parecer un lujo autocomplaciente. En el caso del hambre, en el que casi todo el mundo está de acuerdo en que hay que actuar, una reflexión filosófica suplementaria puede tener escaso valor, pero este tipo de consenso es más bien raro. Solemos mostrarnos inseguros, como individuos y como sociedad, no solo respecto a qué política sería más eficaz para alcanzar un objetivo determinado, sino, para empezar, con relación a cuáles deberían ser nuestros objetivos, cuánta desigualdad deberíamos tolerar y cómo equilibrar la igualdad con la libertad y la eficiencia económica. Estas discrepancias morales constituyen un obstáculo para crear una sociedad más justa y mejor, al igual que los desacuerdos prácticos sobre qué políticas serían más eficaces; así pues, necesitamos una teoría como la de Rawls para resolverlos.

Al final, la única forma de ver si los principios de Rawls pueden ayudarnos con los problemas y decisiones del mundo real es ponerlos a prueba. Y esto es lo que haremos en el resto de este libro.

SEGUNDA PARTE

Capítulo 4
LIBERTAD

Nuestras sociedades están muy lejos de la visión inspiradora de Rawls de una sociedad realmente justa. Pero ¿cómo podemos cambiar nuestras instituciones políticas y económicas fundamentales para hacerla realidad? Aunque algunos países tienen que recorrer un camino más largo, no se trata de abordar las carencias de una nación en particular, sino de definir un objetivo realista a largo plazo en el que puedan trabajar todas las sociedades democráticas. Diferentes países tendrán diferentes prioridades, pero los retos esenciales que afrontan las democracias liberales en todo el mundo —la estructura del sistema político, el papel de los mercados, el diseño del estado del bienestar, etc.— son esencialmente los mismos.*

Empezaremos, como hace Rawls, con el principio de libertades básicas y su compromiso con las libertades personales de amplio espectro (examinaremos las libertades políticas y los procesos democráticos en el próximo capítulo). Estas libertades constituyen el núcleo liberal de la teoría de Rawls y los cimientos a partir de los cuales se erige todo lo demás. Son la base de nuestros derechos legales más importantes y de una sociedad en la que podemos vivir libremente y según nuestras propias creencias, sin la intromisión indeseable del Estado o de otros ciudadanos; una sociedad en la que podemos expresarnos y dar nuestra opinión, en la que podemos amar a quien queramos, seguir el credo religioso de nuestra elección, decidir el tipo de trabajo que queremos hacer y cómo pasar el precioso tiempo del que disponemos sobre la Tierra.

* Las ideas políticas desarrolladas en el resto de este libro presuponen la existencia de una infraestructura burocrática y estatal que funciona bien; los países que carecen de estas instituciones básicas tendrán que, en primer lugar, concentrarse inevitablemente en crearlas.

Probablemente estamos más cerca de alcanzar este aspecto del ideal de Rawls que ningún otro. No es exagerado afirmar que los ciudadanos de las democracias liberales ricas disfrutan de más libertades personales de amplio espectro que ninguna otra sociedad en toda la historia. Los principios de libertad de expresión, conciencia y culto religioso gozan de un amplio reconocimiento; y en los últimos cincuenta años hemos asistido a un enorme progreso en cuanto a la ampliación de la esfera de las libertades personales básicas para incluir los derechos sexuales y reproductivos; en la actualidad, la mayor parte de los países democráticos respetan el derecho de las mujeres al aborto y los derechos de las personas LGTBQ+ a vivir libremente y en plena igualdad.

Y, sin embargo, a pesar de este progreso, estas libertades están amenazadas. El auge del populismo de derechas está dando cada vez más voz a los nacionalistas étnicos y a los fundamentalistas religiosos, decididos a eliminar algunas de nuestras libertades más íntimas, como la diversidad religiosa; de hecho, a menudo rechazan el ideal de una sociedad tolerante y plural. Según el Índice de la Democracia global de la Economist Intelligence Unit, las libertades civiles, como la libertad de expresión y de culto, están en retroceso al menos desde 2008, y la velocidad a la que se están deteriorando parece aumentar.[1] Ciertos países de la Europa del Este, como Polonia, Hungría y Rusia, han aprobado leyes que discriminan a la comunidad LGBTQ+, por ejemplo.[2] Y también hemos asistido a una inquietante voluntad de limitar la libertad religiosa de los ciudadanos musulmanes, hasta el extremo de que en 2009 un referéndum en Suiza aprobó una enmienda constitucional que prohibía la construcción de minaretes (una torre habitualmente levantada junto a una mezquita o en el interior de esta).[3] La decisión del Tribunal Supremo de Estados Unidos de derogar la *Roe v. Wade* (1973), y con ello el derecho constitucional al aborto vigente en el país durante casi cincuenta años, marca un punto de inflexión en esta reacción antiliberal y demuestra que incluso las libertades sólidamente establecidas ya no pueden darse por sentadas. En línea con esta legislación, los estados controlados por los republicanos han introducido una prohibición casi total del aborto, incluso en casos de violación e incesto, y ahora existe una posibilidad muy real de que otras libertades sean atacadas, desde el relativamente reciente derecho al matrimonio homosexual a derechos más arraigados como el acceso a la contracepción.[4]

Afortunadamente, en la mayoría de las democracias liberales hay un gran apoyo público a las libertades individuales existentes. Aunque en los últimos tiempos las voces antiliberales se han alzado con fuerza, las encuestas suelen reflejar que una amplia y creciente mayoría de la población está a favor de los derechos de los homosexuales y de la libertad religiosa; en Estados Unidos, por ejemplo, el porcentaje de la población que asegura que la sociedad debe tolerar la homosexualidad pasó del 51% en 2002 al 72% en 2019; en el mismo periodo en el Reino Unido pasó del 74% al 86%, y es del 94% en Suecia. Por otra parte, amplias mayorías en todas las regiones del mundo creen que la gente debería poder practicar su religión libremente.[5] De un modo análogo, la mayor parte de la gente se siente cómoda con la diversidad étnica y religiosa: un estudio de 2021 llevado a cabo en diecisiete economías avanzadas, entre ellas Estados Unidos, el Reino Unido, Francia, Alemania y Australia, descubrió que el 76% de la población pensaba que a su sociedad le iría mejor con personas de diversa procedencia étnica y religiosa, y en la mayoría de estos países estas cifras no dejan de aumentar.[6] Pero incluso entre la mayoría que acepta que en líneas generales los ciudadanos deberían vivir su vida de acuerdo con sus propias creencias, sigue habiendo una gran controversia respecto a qué significa esto en la práctica y cómo habría que gestionar ciertos «casos espinosos» en los que diferentes libertades básicas entran en conflicto, como en los debates en torno a los límites a la libertad de expresión y el conflicto entre la libertad religiosa y los derechos LGBTQ+.

Este tipo de cuestiones han centrado buena parte de nuestro debate político en los últimos años. Políticos y analistas, especialmente del ámbito de la derecha, han explotado cínicamente los desacuerdos sobre la sexualidad, el aborto y la etnicidad para fomentar la sensación de una división cultural irreconciliable en el interior de nuestras sociedades. Es más, hay una preocupante tendencia en todas partes a afrontar estas cuestiones de una forma maximalista que deja poco espacio al pacto. El resultado es una creciente sensación de escepticismo respecto a si el ideal liberal de una sociedad verdaderamente tolerante y plural es factible o coherente.

Si queremos alcanzar ese ideal, hemos de afrontar estos debates directamente y hallar la manera de forjar un consenso más amplio sobre el alcance de nuestras libertades básicas fundamentales. En este contexto, las ideas de Rawls son más necesarias que nunca y nos pueden ayudar a encontrar un terreno común allí donde parece no haber ninguno. Y solo cuando estemos seguros de cómo deberían ser nuestras libertades básicas podremos empezar a pensar en cómo diseñar una constitución y un sistema legal para protegerlas en la práctica.

MÁS ALLÁ DE LAS «GUERRAS CULTURALES»

Algunas de nuestras libertades personales fundamentales se han convertido en el foco de las llamadas «guerras culturales». Cuestiones sobre la sexualidad y el aborto, la libertad religiosa y la libertad de expresión tienen un papel central en estos debates, que a menudo se presentan como una batalla entre los «progresistas», comprometidos con una moralidad laica e individualista, y los conservadores, vinculados a una actitud religiosa más «tradicional». En este contexto, cada parte amenaza con imponer a la otra su visión del mundo. El relevante conservador estadounidense Pat Buchanan sintetizó esta forma de pensar en la Convención Nacional Republicana de 1992, cuando describió las «guerras culturales» como una «guerra por el alma de Estados Unidos», y actualmente este tipo de retórica se ha vuelto muy habitual.

Estos desacuerdos suelen parecer irresolubles, y probablemente lo sean si los situamos en ese marco. La teoría de Rawls ofrece una forma de reformular los debates y desactivar la sensación de conflicto irreconciliable. Hemos de empezar rechazando la concepción de la política que subyace a las «guerras culturales»; esto es, la idea de que la política es una batalla por la supremacía moral o una lucha para que un grupo imponga sus ideas sobre cómo vivir a todos los demás. Como expusimos en el capítulo 2, el liberalismo «político» de Rawls ofrece una alternativa: una sociedad en la que personas con diferentes ideas morales y religiosas respetan el derecho de los demás a vivir según sus propias creencias, y en la que estamos de acuerdo en no utilizar el poder del Estado para imponer nuestras opiniones a los demás. Para muchos de nosotros, parece evidente que el compromiso con los derechos reproductivos y las libertades sexuales es coherente con esto; después de todo, a nadie se le obliga a abortar o ser gay. Y, sin embargo, los críticos conservadores de los derechos y libertades «liberales» a veces aseguran que pedirles que apoyen los derechos de los homosexuales es como exhortarles a que aprueben las relaciones entre miembros del mismo sexo y que, por lo tanto, abandonen sus creencias. Podemos y debemos rechazar esta concepción de las cosas, pero hacerlo significa defender nuestras libertades personales de una forma particular que insta a los progresistas a reconocer la legitimidad de las perspectivas morales y religiosas con las que están en profundo desacuerdo.

Para entender cómo funciona esto, tomemos el debate en torno a los derechos LGBTQ+ y, específicamente, sobre los derechos de los homosexuales a mantener relaciones íntimas.[7] Una forma de defender estos derechos es abordar directamente la cuestión moral, es decir, si la homosexualidad es moralmente buena o mala. En otras palabras, podemos argumentar que los gais deben ser libres para tener relaciones íntimas porque no hay nada malo en ser gay y las relaciones entre personas del mismo sexo son tan válidas como cualquier otra. A primera vista, este parece ser el planteamiento natural e incluso obvio; a fin de cuentas, refleja lo que creen muchos progresistas, incluido yo mismo (de hecho, como hombre gay, esta convicción es especialmente relevante para mí).

Sin embargo, el problema de este argumento es que depende de una creencia moral que algunos ciudadanos no comparten, en este caso la idea de que no hay nada malo en ser homosexual. Al proceder de este modo, se comete el error de adentrarse en el terreno de los críticos religiosos de la igualdad gay, y el debate se convierte en una disputa sobre quién tiene la visión moral correcta, como si resolverlo nos permitiera imponer esa visión a todos los demás. No obstante, del mismo modo que sería un error que los conservadores limitaran los derechos de los homosexuales sobre la base de sus creencias religiosas, sería un error que nosotros justificáramos tales derechos apelando a preceptos morales que muchos de nuestros conciudadanos no comparten. No importa la intensidad con la que creamos que las relaciones entre personas del mismo sexo merecen el mismo respeto, e incluso si nos cuesta comprender a quienes creen que la homosexualidad es un pecado, tenemos que reconocer que para algunas personas esto forma parte de su fe y ningún argumento razonado las convencerá de otra cosa.

¿Esto no implica renunciar a los derechos de los gais? En absoluto. Implica, eso sí, adoptar un planteamiento diferente. En particular, debemos dejar a un lado el debate sobre la moralidad de la homosexualidad y centrarnos en el principio específicamente político según el cual la persona a la que amamos o con la que decidimos tener sexo es un aspecto que debería quedar en manos de los individuos y no bajo el control de la sociedad o depender de las creencias morales de sus integrantes.[8] No necesitamos entrar en un debate sobre si la homosexualidad es o no un pecado para establecer la importancia fundamental de la igualdad de derechos para los ciudadanos gais. En una sociedad liberal, la gente debe ser libre para llegar a sus propias conclusiones sobre este tipo de cuestiones, y hemos de intentar justificar nuestras leyes de modo que apelen a ciudadanos con una gran diversidad de perspectivas morales y religiosas.

Podemos aplicar el mismo enfoque a otros muchos temas, desde el aborto a la libertad religiosa. En el caso del aborto, ello implica sortear la cuestión de si el aborto es bueno o malo según la doctrina de una autoridad religiosa, y centrarse, por el contrario, en si debe ser legal. La respuesta depende de sopesar ciertos valores, como el derecho de las mujeres a controlar su cuerpo, la importancia de la igualdad de género y los derechos de los nonatos en cuanto futuros ciudadanos. Es cierto que este tipo de planteamiento no conduce a una solución inmediata, pero descarta las posiciones más extremas. Como argumentaba Rawls, cualquier intento razonable por equilibrar estos valores reconocerá el derecho de las mujeres a la autonomía sobre su propio cuerpo en las primeras fases del embarazo, lo que justifica el derecho al aborto dentro de cierta ventana temporal; más allá de cierto punto, los derechos del nonato deben tener prioridad, aunque dónde se sitúa exactamente ese punto es una cuestión difícil.[9]

En el centro de este planteamiento subyace el compromiso por resolver nuestros desacuerdos invocando razones públicas (valores políticos que nuestros conciudadanos pueden compartir) en lugar de nuestras propias creencias morales y religiosas. Este no es solo el camino correcto, es la condición previa para «curar» a nuestras sociedades divididas, ya que es una forma pragmática de obtener el apoyo más amplio posible a nuestras libertades más esenciales. De este modo, los conservadores sociales también pueden ser liberales (políticos), puesto que es perfectamente coherente pensar que la homosexualidad es un pecado o que el aborto es moralmente perverso, al tiempo que se reconoce que ello no es una base legítima para establecer restricciones coercitivas a las libertades sexuales o reproductivas. Así, podremos presentar un argumento en pro de los derechos individuales esenciales que la mayoría de los ciudadanos podrá aceptar.

Evidentemente, afirmar que los conservadores sociales y religiosos «pueden» apoyar libertades que van desde los derechos de los gais al aborto no equivale a decir que lo harán, pero merece la pena recordar que la misma idea fundamental respalda el amplio apoyo a la libertad religiosa. La mayoría de nosotros, incluyendo la mayor parte de las personas religiosas, reconoce que hemos de apoyar la libertad de culto, aunque pensemos que las creencias de otros son equivocadas o falsas. Como señaló Rawls, la Iglesia católica adoptó esta postura en su Declaración sobre la Libertad Religiosa en 1965; y se pueden encontrar posicionamientos similares en otras grandes religiones, desde el budismo hasta el islam.[10] El argumento a favor de otras libertades liberales se limita a aplicar este principio a un amplio abanico de cuestiones.

Podemos ver esta forma de pensar en acción en el significativo número de conservadores sociales que apoyan los derechos de los gais pese a creer que la homosexualidad es un pecado.[11] En Estados Unidos, pese a que el 30% de los ciudadanos sigue creyendo que las relaciones gais o lesbianas son moralmente rechazables, solo el 18% piensa que deberían ser ilegales.[12] En el Reino Unido, diversas encuestas de principios de la década del 2010 revelaron que el 35% de los ciudadanos pensaban que las relaciones homosexuales estaban mal a veces o siempre, pero solo el 18% se manifestó en desacuerdo con la idea de que la ley debería tratar a los gais del mismo modo que a todos los demás, y solo el 5% no mostró su conformidad con la idea de que las personas gais «deberían ser libres para vivir su propia vida como desearan».[13]

Aunque el argumento políticamente liberal no convencerá a todos, es la base más prometedora para alcanzar un consenso amplio respecto a nuestros derechos y libertades básicos. Adoptar este planteamiento no equivale a dejar de debatir cuestiones morales sobre la sexualidad o el aborto. Quienes creemos que no hay nada malo en ser gay podemos seguir intentando convencer a nuestros conciudadanos de que adopten una actitud más tolerante y permisiva, y explicar el devastador impacto psicológico que los padres pueden ejercer sobre sus hijos al rechazar o reprimir su sexualidad o su identidad de género. Pero cuando se trata de preguntas sobre las libertades fundamentales, es mejor evitar los argumentos sobre la moralidad personal y el pecado, y centrarse sobre todo en nuestro derecho fundamental a vivir según nuestras propias creencias. Este tipo de debates seguirán siendo difíciles y suscitarán emociones intensas, pero no tendrán el mismo carácter existencial que revisten hoy, lo cual es algo que todos deberíamos agradecer.

LOGRAR UN EQUILIBRIO: CÓMO AFRONTAR LOS CASOS DIFÍCILES

El primer paso al intentar fomentar el apoyo a libertades liberales esenciales es argumentar a su favor de la forma más inclusiva posible. Pero incluso actuando así, nos enfrentaremos a muchas situaciones complicadas en las que entrarán en conflicto diferentes libertades básicas. Por suerte, Rawls formuló su principio de libertades básicas precisamente con este tipo de casos difíciles en mente.

Para ayudarnos a pensar en estas cuestiones, merece la pena distinguir entre aplicaciones «verticales» y «horizontales» de nuestras libertades y derechos básicos.[14] Las aplicaciones verticales se ocupan de proteger nuestras libertades básicas de la intromisión indebida del Estado. Incluyen el derecho a criticar al Gobierno sin el temor a ser arrestados, el derecho al aborto y el derecho a mantener relaciones íntimas con cualquier persona al margen de su raza o sexo. Históricamente, la lucha por la libertad a menudo se ha centrado en conquistar este tipo de derechos. Ahora bien, como la mayor parte de los países democráticos han reconocido un amplio conjunto de derechos verticales, el foco se ha dirigido hacia los horizontales. Estos se centran en proteger las libertades básicas de la gente de infracciones provocadas por sus conciudadanos o por actores no estatales, como empresas u organizaciones religiosas. En otras palabras, se centran en qué hacer cuando el derecho de una persona a ejercer sus libertades básicas interfiere con el derecho de otra a hacer lo mismo. Así, por ejemplo, ¿se debe permitir que la gente proteste directamente ante las clínicas abortivas o eso interfiere indebidamente en el derecho de las mujeres al aborto? ¿Deben los padres poder ejercer sus libertades para impedir que sus hijos reciban instrucción sobre otras religiones o sobre cuestiones LGTBQ+, o tienen prioridad los derechos de los niños a una educación integral?

Quedémonos en los derechos LGTBQ+. A medida que las personas LGTBQ+ han conquistado derechos verticales —la libertad de mantener relaciones sexuales y crear relaciones y, progresivamente, el derecho a casarse—, el debate ha cambiado hacia los derechos horizontales, y específicamente hacia lo que todo esto significa para los individuos y organizaciones que se oponen a las relaciones gais por razones religiosas. En particular, ¿el compromiso liberal con la libertad de expresión religiosa da derecho a los creyentes a discriminar a los clientes homosexuales por motivos de fe? Este ha sido el núcleo de algunos casos de gran repercusión mediática tanto en Estados Unidos como en el Reino Unido, incluyendo dos muy célebres sobre si los propietarios cristianos de una pastelería podían negarse a servir a clientes homosexuales que querían comprar una tarta para celebrar su boda.[15]

A primera vista, hay algo divertido en la atención que se presta a las «tartas gais», pero estas pastelerías plantean cuestiones relevantes que siguen siendo la fuente de acalorados debates y controversias legales. Algunos conservadores aseguran que las leyes antidiscriminación podrían «poner fin a la propia libertad religiosa». Mientras tanto, los progresistas argumentan que la exención religiosa a estas leyes constituye el inicio de una brecha peligrosa que podría, en efecto, establecer un «derecho a discriminar», lo cual supondría un gran retroceso después de décadas de progreso.[16] Este debate y otros similares están alimentados por la tendencia a imponer la prioridad absoluta de un conjunto de derechos sobre otro de un modo que no deja espacio a los acuerdos. Así, por ejemplo, algunos conservadores han argumentado que la libertad de expresión religiosa debería tener una prioridad casi total sobre los derechos a un tratamiento equitativo y a la no discriminación. Por su parte, algunos progresistas parecen adoptar la actitud opuesta, es decir, que cada vez que surja un conflicto entre los derechos de las minorías desfavorecidas y la libertad religiosa, los primeros deben tener siempre prioridad.

Esta tendencia puede conducir a conclusiones bastante extremas. Si a las personas religiosas se les conceden exenciones generales en relación con las leyes antidiscriminación, se socavará seriamente la igualdad cívica básica de los ciudadanos LGTBQ+ y su capacidad para participar plenamente en la sociedad. Imaginemos cómo sería una sociedad en la que pudieran echarnos legalmente de una tienda o de un empleo solo por ser gais. Además, el mismo razonamiento podría utilizarse para justificar otras formas de discriminación: un panadero cristiano podría negarse a atender a clientes musulmanes, o los propietarios blancos de un hotel podrían no aceptar a clientes negros. Al mismo tiempo, el otro extremo —que las leyes antidiscriminación tengan siempre prioridad, sin ninguna exención por motivos religiosos— también parece problemático. Nadie cree seriamente que las iglesias deberían estar obligadas a contratar sacerdotes al margen de su orientación religiosa, como normalmente exigirían las leyes antidiscriminación; y aunque pensemos que la postura de la Iglesia católica según la cual solo los hombres pueden ser ordenados sacerdotes es moralmente indefendible, en última instancia es una cuestión que los católicos deben resolver entre ellos.

Probablemente la mayoría de nosotros aceptamos la necesidad de encontrar un equilibrio en este punto, cosa que la ley procura hacer en la mayoría de los países al permitir excepciones limitadas a las leyes antidiscriminación por motivos religiosos. Entonces, ¿por qué tenemos la sensación de que hay tan poco espacio para el pacto? Para algunos progresistas, el hecho de que los conservadores sociales utilicen argumentos básicamente liberales para justificar posturas flagrantemente antiliberales es una prueba de que el liberalismo es erróneo e incoherente. Parte del problema estriba en la sensación de que no existe una manera fundamentada de buscar un equilibrio, lo que a su vez anima a cada bando a impulsar sus intereses particulares al máximo, en lugar de encontrar un compromiso que parezca razonable a todos.[17]

El valor de la teoría de Rawls radica en que ofrece un marco coherente para equilibrar nuestras libertades básicas. Como vimos en el capítulo 1, ninguna libertad básica individual tiene una prioridad absoluta sobre otra: siempre hemos de pensar en las libertades básicas como en un todo. Cuando nos enfrentamos a un conflicto entre dos libertades básicas, debemos priorizarlas en términos de su relativa importancia para desarrollar nuestras «capacidades morales» —la habilidad para reflexionar sobre cuestiones relacionadas con la justicia y la buena vida— y para permitirnos vivir según nuestras propias creencias.

Para entender cómo funciona, volvamos al debate sobre si las personas religiosas deberían estar exentas de las leyes antidiscriminación. El punto de partida consiste en reconocer, sencillamente, que esto implica un verdadero conflicto de libertades importantes, y que cualquier solución implicará una meticulosa calibración. Los progresistas deben evitar la tentación de despreciar las afirmaciones sobre la libertad religiosa como un mero intento de mala fe de utilizar los principios liberales con fines antiliberales (aunque a veces suceda así); y los conservadores religiosos tienen que aceptar que, aunque el culto religioso realmente es una libertad fundamental, no deja de ser una entre otras.

Como hemos visto, hay algunos casos en los que las organizaciones religiosas deberían estar exentas de cumplir las leyes antidiscriminación; en general, deberían ser libres de contratar al clero y disponer sus propios términos de afiliación en línea con sus creencias religiosas, al menos cuando operan en contextos privados no comerciales. La libertad de expresión religiosa debe tener prioridad aquí porque sin ella sería muy difícil que las organizaciones o comunidades religiosas pudieran sobrevivir. Sin embargo, estas exenciones normalmente no deberían extenderse a entornos públicos o comerciales. Ser libre para elegir a quién se contrata como sacerdote es claramente vital para la existencia de una comunidad religiosa floreciente, mientras que la libertad de los individuos religiosos para decidir a quién emplear o a qué clientes servir en esos contextos no lo es. En estas situaciones, la libertad de los ciudadanos LGTBQ+ para entrar en una tienda o solicitar un empleo sin temor a la discriminación debe tener prioridad, ya que se trata de una condición previa esencial para su igualdad cívica y su autoestima. Si esto implica que algunos de nosotros tenemos la sensación de que no podemos asumir ciertas carreras —como gestionar una pastelería— debido a nuestra fe, que así sea; cada cual tiene que asumir la responsabilidad que implican las consecuencias de sus creencias.

Se podrían decir muchas cosas respecto a qué organizaciones habría que conceder exenciones a las leyes antidiscriminación y cuándo, y otros estudiosos han desarrollado respuestas más detalladas a estas cuestiones.[18] Mi objetivo aquí, sin embargo, no es ofrecer una solución definitiva a esta compleja cuestión, sino ilustrar cómo el marco de Rawls puede guiarnos hacia una posición que se toma en serio a ambas partes. Aunque siempre habrá implicado cierto grado de juicio, esto no es una debilidad de su teoría, sino que simplemente refleja los límites de hasta dónde podemos llegar con cualquier conjunto de principios abstractos. Ahora bien, podemos aplicarlos de manera productiva en otros debates sobre los derechos y libertades básicos, incluida una de las más importantes y controvertidas: la libertad de expresión.

LIBERTAD DE EXPRESIÓN

En las últimas tres décadas, el auge de internet y el crecimiento de las redes sociales ha propiciado una explosión de «discursos» en sus diversas formas. En la mayoría de los países democráticos hay más discursos y más libres que en cualquier otra época de la historia humana. Hay mucho que celebrar aquí: internet nos ha permitido acceder a una cantidad de información inimaginablemente vasta y ha creado nuevas oportunidades para que las voces marginadas puedan hacerse escuchar. Pero también tiene un lado oscuro demasiado conocido, que incluye la explosión del odio y el acoso anónimo en línea y la difusión de la desinformación, que amenaza la propia posibilidad de un debate democrático razonable.

Estos problemas han puesto el foco en difíciles preguntas sobre dónde, si acaso, deberíamos establecer los límites de la libertad de expresión. Hay una creciente presión para que el Estado introduzca o amplíe las así llamadas leyes «contra los discursos del odio» y para regular la información ofensiva o tergiversada en las redes sociales; y entre los progresistas hay una creciente preocupación en cuanto al hecho de que el compromiso liberal con la libertad de expresión hace difícil, si no imposible, proteger los derechos de ciertas minorías, y una creciente sensación de escepticismo respecto a si merece la pena defender este compromiso.

El principio de libertades básicas de Rawls puede guiarnos a través de este tenso debate, demostrándonos que podemos combinar un fuerte compromiso con la libertad de expresión con un rol más proactivo del Estado a la hora de criticar las ideas antidemocráticas e imbuidas de odio, y con el fomento de una sociedad realmente inclusiva y tolerante. Como hemos visto, la libertad de expresión —al menos en lo que atañe a cuestiones políticas, morales y científicas— es una libertad básica. Disfruta de este estatus porque ser libre para expresar nuestras propias ideas y escuchar una amplia gama de puntos de vista sobre cualquier tema es esencial para desarrollar y ejercer nuestra capacidad de pensar cómo queremos vivir y cómo debería organizarse la sociedad. El principio de libertades básicas permite que el Estado regule el tiempo, el lugar y la forma del discurso de una forma razonable; podemos, por ejemplo, limitar la extensión de los discursos pronunciados en el Parlamento para que todo el mundo tenga la oportunidad de ser escuchado, o evitar ruidosas protestas políticas de noche y en barrios residenciales. También nos permite regular otras formas de discurso, como la publicidad comercial, que tienen poca relación con nuestra habilidad para desarrollar y ejercer nuestras capacidades morales si hay buenas razones públicas para hacerlo, como evitar el fraude o fomentar la salud pública. Y cuando se trata de cuestiones políticas, morales y científicas, este principio establece un listón muy alto para cualquier restricción legal a la libre expresión.

Dado que la libertad de expresión es una libertad básica, el Estado puede prohibir formas de discurso protegidas solo si ello es necesario para preservar otra libertad básica.[19] Así, por ejemplo, podemos limitar la libertad de expresión para proteger a los individuos de la violencia física o para salvaguardar la propia democracia frente a una rebelión política violenta (una posibilidad que, desde el asalto al Capitolio de Estados Unidos por parte de seguidores de Donald Trump con la intención de revocar las elecciones presidenciales de 2020, no parece descabellada). El Estado también puede intervenir para evitar que se amenace o se acose a individuos específicos, tanto en persona como *en línea,* aun cuando no haya una amenaza inminente de violencia física. Nadie debería tolerar semejante violencia, y prohibirla no socava nuestro derecho básico a la libertad de expresión, ya que siempre podemos expresar la esencia de nuestro punto de vista político y moral sin recurrir al acoso y a las amenazas. Como veremos, también podemos restringir las donaciones y la publicidad política privadas a fin de proteger nuestro derecho fundamental a una igualdad política significativa.

Las cosas son más complicadas en el caso de la desinformación. Aunque el discurso moral y el político están protegidos como libertades básicas, esta protección no se extiende necesariamente al discurso falso o engañoso, ya que, igual que el fraude y la difamación, tiene poco valor en el desarrollo y ejercicio de nuestras capacidades como ciudadanos. Esto supone que, al menos en principio, el Estado puede limitar la información falsa incluso cuando esta no supone una amenaza directa a otras libertades básicas, siempre y cuando ello responda a un propósito público relevante, como la necesidad de partir de hechos compartidos para que sea posible el debate democrático. Al mismo tiempo, que el Estado pueda limitar ciertos tipos de desinformación —por ejemplo, exigiendo a las plataformas que retiren las *fake news* demostrables— no significa que tenga que hacerlo, ya que también hemos de considerar el riesgo de que el Gobierno de turno abuse de sus poderes para avanzar en su agenda partidista. Dados estos riesgos, en primer lugar debemos agotar otras vías para el fomento del debate público informado, entre ellas la autorregulación voluntaria y la financiación pública de fuentes de información fiables; en el próximo capítulo volveremos sobre estos temas.

Recuperemos la pregunta de si el Estado debe limitar la libertad de expresión para evitar la violencia y cómo debe hacerlo. Aunque la población tiende a apoyar esta idea, ponerla en práctica suscita cuestiones difíciles, como, por ejemplo, ¿hasta qué punto el vínculo entre el discurso y la violencia potencial tiene que ser estrecho para justificar una prohibición total? Rawls respaldó el conocido como «test de Brandenburg», situado en el corazón de la ley constitucional estadounidense desde una emblemática resolución del Tribunal Supremo de 1969.[20] Según este test, el Estado solo debe intervenir cuando el discurso tiene la intención de provocar, y probablemente la desencadenará, una violencia inminente. Este enfoque reconoce que el contexto es importante: el deber de intervenir para evitar que las personas expresen ideas violentas depende de si hay alguien que escuche y probablemente actúe como resultado de ello. También requiere una conexión causal bastante directa entre el discurso y los potenciales actos de violencia física. De esta forma, se evita la posibilidad de que el Estado abuse de su poder para reprimir el debate legítimo. Sin embargo, hay espacio para sopesar cuándo un discurso cumple estos criterios e incluso si son demasiado estrictos. Como ha argumentado el defensor de la libre expresión Timothy Garton Ash, evaluar si la violencia es probable o inminente es algo considerablemente más complejo en una época en la que imágenes y palabras incendiarias atraviesan fácilmente el espacio y el tiempo; y la dolorosa experiencia histórica nos ha enseñado que, incluso allí donde la amenaza no es estrictamente inminente, un lento goteo de abuso deshumanizador puede acabar desembocando en violencia, como ocurrió en el genocidio de Ruanda en 1994.[21]

A pesar de que, al menos en ciertos casos, el principio de libertades básicas justifica la prohibición de los «discursos peligrosos» (aquellos que incitan a la violencia), no apoya las restricciones legales más expansivas aplicadas al discurso ofensivo, insultante y degradante que es habitual en muchas democracias bajo la rúbrica de las leyes contra los discursos de odio.[22] Así, por ejemplo, aunque podemos evitar que los neonazis acosen o amenacen a la gente por la calle o inciten a la violencia, no podemos imponer una prohibición absoluta a que compartan sus puntos de vista cargados de odio en internet. De un modo similar, aunque tenemos la potestad de disolver protestas violentas y antidemocráticas, no podemos proscribir por completo el discurso político autoritario y antidemocrático.[23]

Al menos en este sentido, la posición de Rawls se asemeja mucho a la del sistema legal estadounidense, en el que la libertad de expresión goza de una gran protección bajo la Primera Enmienda a la Constitución de Estados Unidos. Pero, en cambio, no es acorde con la legislación del Reino Unido ni con la de la mayoría de los países europeos, ni tampoco con la de Canadá, la India y Australia; todos ellos son países que han adoptado leyes para prohibir los así llamados «discursos del odio». Aunque los detalles difieren de un país a otro, normalmente implican la prohibición total de discursos que insulten o degraden a individuos o grupos debido a características genéricas como la raza, la religión o la sexualidad, independientemente de que exista una amenaza directa de acoso o violencia.[24] En algunos países hay un debate activo sobre la ampliación del alcance de este tipo de leyes: en el Reino Unido, la Comisión de Derecho —un organismo legal independiente encargado de recomendar cambios en la ley— propuso hace poco ampliar la definición legal de discurso de odio para incluir aquellos que probablemente inciten a la hostilidad sobre la base del sexo o el género.[25] Aunque este debate está impulsado por una preocupación legítima ante la violencia racista, homófoba y misógina, al pretender evitar el insulto y la ofensa en un sentido más amplio, muchas leyes contra los discursos del odio van mucho más allá de lo que puede justificar el principio de libertades básicas. Desde esta perspectiva, deberíamos, en todo caso, movernos en la dirección opuesta: recortar esas leyes para que se centren más directamente en evitar las amenazas, el acoso y la violencia.

Para muchos progresistas, esto puede resultar ilógico. A fin de cuentas, las leyes contra los discursos del odio por lo general pretenden prohibir la expresión de puntos de vista que son contrarios a los valores básicos de cualquier sociedad decente, y conseguir objetivos que deberían importarnos a todos, como fomentar una cultura de la tolerancia y el respeto mutuo, y proteger la dignidad y la seguridad de las minorías oprimidas. Sin embargo, rechazar las leyes de los discursos del odio de gran alcance no significa abandonar esos objetivos o hacer caso omiso del daño devastador generado por el discurso antidemocrático y cargado de odio; y ciertamente no debería interpretarse como una expresión de indiferencia, y mucho menos de aprobación, hacia esos puntos de vista. Por el contrario, significa que en la medida de lo posible debemos intentar evitar esos perjuicios sin restringir el propio discurso.

En parte, la responsabilidad de combatir las opiniones antidemocráticas y cargadas de odio descansa en cada uno de nosotros en cuanto ciudadanos individuales: podemos y debemos hacer cuanto podamos para oponernos a esas ideas y convencer a los demás de que obren igual. Pero el Estado también debería unirse a esta lucha. Como ha señalado el filósofo Corey Brettschneider, aunque el Estado debe evitar usar sus poderes «coercitivos» para limitar la libre expresión salvo en las circunstancias más excepcionales, puede y debe utilizar sus poderes «expresivos» para criticar los puntos de vista que rechazan el estatus equitativo de las minorías o la idea de un Gobierno democrático, y para fomentar los valores liberales y democráticos básicos de la tolerancia y el respeto mutuo.[26]

¿Cómo sería esto en la práctica? Políticos, jueces y representantes públicos deben condenar de forma explícita los puntos de vista racistas expresados por grupos como el Ku Klux Klan en Estados Unidos o la Liga de Defensa Inglesa en el Reino Unido; y deben criticar enérgicamente a los grupos que se oponen a la política democrática, ya sean comunistas revolucionarios o nacionalistas autoritarios. En un sentido más amplio, el Estado puede y debe fomentar activamente ciertos valores políticos esenciales. Como veremos, el sistema educativo tiene un papel fundamental aquí, pero el Estado también puede utilizar las festividades, los premios y monumentos para celebrar nuestra igualdad fundamental como ciudadanos y combatir el odio y el prejuicio en la sociedad —como, por ejemplo, en el caso del Día de Martin Luther King en Estados Unidos—, y puede emplear su capacidad de gasto para expresar esos valores, lo que incluye la eliminación de exenciones fiscales o la supresión de la financiación a organizaciones que expresen odio y valores antidemocráticos.

Hay ciertos límites a esta estrategia, y hemos de tener cuidado de que, al asumir un rol más activo, el Estado no ahogue el libre debate.[27] Y, sin embargo, algunos defensores de la libertad de expresión son contrarios a la idea de que el Estado tome parte en estas cuestiones, argumentando que debería ser estrictamente neutral.[28] Sin embargo, el Estado no puede ni debe ser neutral en cuanto a si los ciudadanos deben ser tratados como iguales o si el sistema político debe ser democrático. Cuando el Estado protege opiniones cargadas de odio y antidemocráticas, lo hace no porque sea neutral, sino porque está comprometido fundamentalmente con el principio de que los ciudadanos deben poder expresar sus propias opiniones y escuchar una amplia variedad de puntos de vista, incluso aquellos que se oponen a los valores liberales y democráticos.

Aun así, los escépticos podrían plantear que criticar los discursos del odio no es tan eficaz como prohibirlos. Pero la evidencia no apoya claramente esta opinión: no hay correlación entre las leyes contra los discursos del odio más estrictas y niveles inferiores de prejuicios y abusos, y las restricciones coercitivas a los discursos racistas o antidemocráticos pueden ser contraproducentes.[29] Después de que en 2016 los Países Bajos procesaran al político populista de extrema derecha Geert Wilders por incitar a la discriminación contra personas de origen marroquí, su Partido por la Libertad subió en las encuestas y alcanzó el segundo puesto en escaños en la Cámara de Representantes holandesa en las elecciones generales de marzo de 2017.[30] También debemos tener en cuenta la posibilidad muy real de que se abuse de las leyes contra el discurso de odio, como a menudo ha ocurrido, generalmente de una manera que fortalece a las mayorías poderosas.[31] Y, al final, incluso si pudiéramos demostrar que dichas leyes serían una forma más «efectiva» de reducir la prevalencia del discurso de odio y antidemocrático, la importancia intrínseca del derecho a la libre expresión significa que esto siempre debería ser un último recurso.

CIVISMO Y «CULTURA DE LA CANCELACIÓN»

En la actualidad, la controversia sobre la libertad de expresión no solo tiene que ver con lo que el Estado puede y no puede hacer, sino con cómo nosotros, en cuanto ciudadanos —tanto individual como colectivamente—, debemos responder ante puntos de vista con los que no estamos de acuerdo o que nos parecen ofensivos. Hay cierta preocupación por el hundimiento del «civismo»: el debate político se ha vuelto más iracundo y displicente, especialmente en Twitter y otras plataformas de redes sociales; y la gente es cada vez más reacia a escuchar o hablar con quienes no piensan como ellos. A menudo estos sentimientos se expresan como críticas a la «cultura de la cancelación», un término habitualmente utilizado por aquellos a quienes preocupa —no sin razón— que las fronteras del discurso político aceptable se hayan vuelto demasiado estrechas y que exista una creciente tendencia a «cancelar» a aquellos cuyas opiniones quedan fuera de esos límites.

Se trata de cuestiones relevantes. Como vimos en el capítulo 2, Rawls defendía que cada cual tiene el deber de responder a sus conciudadanos con cortesía y amabilidad, voluntad de escuchar y un espíritu conciliador, aun ante opiniones con las que estamos en profundo desacuerdo. Esta es una noble aspiración, y cierto grado de civismo es en este sentido necesario para una democracia sana, pero, al centrarnos casi exclusivamente en el tono o estilo de nuestra conversación pública, existe el peligro de que las invocaciones al civismo indiquen la dirección equivocada: como si quienes responden con ira a los racistas consumados estuvieran en falta, en lugar de aquellos que expresan esas opiniones sembradas de odio. A su vez, esto induce a ciertas personas a preguntarse si el civismo es algo a lo que deberíamos aspirar. ¿Hay algunas opiniones —como las de los neonazis o las de quienes defienden la violencia política— que deberíamos rechazar completamente y que no merecen ser tratadas con respeto?

El problema aquí no radica en la noción misma de civismo, sino en una concepción estrecha de lo que implica. Para Rawls, el «deber de civismo» no tiene que ver solo, ni siquiera principalmente, con el estilo, sino también con la sustancia: cuando se trata de política, debemos dar lo mejor de nosotros mismos para asegurar que las posiciones que defendemos se encuentren dentro de los límites de la razón pública; es decir, que podamos justificarlas apelando a valores políticos que nuestros conciudadanos puedan aceptar.[32] Aunque los límites pueden ser difusos, al menos requieren que reconozcamos la igualdad cívica de todos los ciudadanos, independientemente de su clase, raza, género, etc., y que acordemos no imponer nuestros ideales morales o religiosos personales a los demás. Esta noción puede ayudarnos a responder a la pregunta central del debate sobre la «cultura de la cancelación», es decir, ¿cuáles son los límites de la opinión política aceptable en una democracia moderna y diversa? Como hemos visto, hay espacio dentro del ámbito de la razón pública para un debate sobre cómo equilibrar los derechos de los ciudadanos homosexuales con la libertad de expresión religiosa, pero no hay lugar para aquellos que niegan el derecho de las personas homosexuales a tener relaciones íntimas. De modo análogo, hay espacio para el desacuerdo sobre si podemos utilizar la discriminación positiva para abordar las desigualdades raciales (un tema al que regresaremos en el capítulo 6), pero debemos rechazar de plano a aquellos que niegan la igualdad cívica de los ciudadanos negros. Así, la idea de la razón pública resiste la tendencia a restringir indebidamente el debate político a la vez que reconocemos que hay líneas que ningún ciudadano razonable debería cruzar, aunque no pueda ser obligado por la ley.

De todos los temas implicados en recientes debates sobre la «cultura de la cancelación», los derechos transgénero han resultado ser uno de los más conflictivos. Los contrarios a que las mujeres transgénero tengan acceso a ciertos espacios «solo para mujeres», como los baños públicos, las prisiones o los refugios de mujeres, aseguran que sus puntos de vista están siendo injustamente reprimidos. Los defensores de estos derechos a menudo argumentan que las opiniones de sus oponentes son «tránsfobas» y, como los puntos de vista xenófobos y homófobos, están más allá del discurso democrático razonable.

¿Cómo pueden ayudarnos aquí las nociones de civismo y razón pública de Rawls? En el nivel más simple, fomentarían una conversación más respetuosa y emocionalmente inteligente; no hay ninguna excusa para la burla o el lenguaje directamente ofensivo que ha llegado a ser tan común, o para menospreciar el significado de, por ejemplo, el uso de los pronombres. También cambiaría el foco de debates más filosóficos sobre lo que realmente significa ser una «mujer» (o un «hombre») hacia discusiones prácticas sobre cómo podemos abordar los urgentes desafíos que afrontan los ciudadanos transgénero, entre ellos la discriminación y acoso generalizados, alarmantes niveles de violencia, trastornos mentales y suicidio.[33] Es evidente que hay que tener un debate legítimo sobre la relación entre sexo y género, pero las personas con puntos de vista «críticos con el género» que resultan ofensivos para algunas personas transgénero deberían tener la libertad de expresarlos. Ahora bien, en general no hay necesidad de que el Estado tome partido en esta cuestión, y no tenemos que alcanzar un consenso al respecto para mejorar la vida de las personas transgénero.

Así, por ejemplo, que las mujeres transgénero sean alojadas en prisiones de mujeres no debe depender de un debate abstracto sobre cómo definir el término «mujer», sino de una evaluación basada en evidencias respecto a cómo velar por la seguridad de todos los reclusos. En estos casos, hay espacio para un debate legítimo, ya que la preocupación por la seguridad personal es, evidentemente, una «razón pública». Pero ha de ser avalada por una evidencia creíble, y en la práctica la supuesta «amenaza» planteada por las mujeres transgénero ha sido frecuentemente exagerada.[34] Deberíamos trazar la línea en aquellos que distorsionan los hechos para demonizar a los ciudadanos transgénero o niegan su derecho igualitario a vivir libremente y sin discriminación. Aunque aún debemos aspirar a responder a nuestros conciudadanos respetuosamente, esas personas ya han quebrantado el deber de civismo de una manera fundamental.

También debemos recordar que nuestro deber moral de actuar con civismo descansa en la suposición de que nuestros derechos básicos y nuestra seguridad personal serán protegidos, y que tenemos oportunidades equitativas para influir y participar en el debate político. Para muchas minorías desfavorecidas, estas condiciones no se cumplen: los ciudadanos negros y transgénero a menudo luchan por sus derechos más básicos —y, en algunos casos, por sus vidas—, y en muchas sociedades las voces pobres y marginadas son excluidas sistemáticamente del proceso democrático. En este entorno, puede ser demasiado pedir civismo en su sentido más pleno, y no es de extrañar que algunas personas sientan la necesidad de «gritar». Si queremos un mayor civismo en nuestra vida pública, también necesitamos redoblar nuestros esfuerzos para asegurar libertades básicas para todos y transformar nuestras estructuras democráticas.

LA CONSTITUCIÓN Y EL PODER JUDICIAL

Con diferencia, el mecanismo institucional más importante para garantizar las libertades básicas es consagrarlas en una constitución. El propósito de una constitución es, en parte, simbólico o educativo: es una declaración pública de los valores fundamentales compartidos por los diversos partidos políticos, y así se moldea, inevitablemente, la cultura política.[35] Y, por supuesto, una constitución desempeña siempre un papel legal, al fundar en la ley la estructura del proceso democrático y la relación entre las diferentes ramas del Gobierno, así como nuestras libertades y derechos individuales más importantes. Esta función legal normalmente la hace cumplir un poder judicial independiente con la capacidad de derogar, o al menos cuestionar, cualquier ley que vaya contra la constitución. Evidentemente, ninguna constitución puede garantizar la protección de nuestras libertades básicas, y, si una mayoría de ciudadanos determinados quiere socavarlas, encontrará la forma de hacerlo. Sin embargo, una constitución bien diseñada puede frenar el ritmo del cambio cuando las libertades fundamentales están amenazadas, al generar el tiempo necesario para la reflexión pública y para que la gente se movilice en su defensa.

En la actualidad, la mayoría de los países democráticos han adoptado el modelo constitucional, con una constitución escrita por la que vela un poder judicial independiente (como veremos con más detalle, el Reino Unido es una rara excepción, pues carece de una constitución escrita o «codificada»). Y, sin embargo, la legitimidad de este modelo está siendo cada vez más cuestionada. Los críticos afirman que no es democrática porque despoja de poder a los representantes democráticos y se lo entrega a los jueces no elegidos.* Uno de los más ostentosos y recientes críticos a este modelo es el primer ministro húngaro Viktor Orbán, que se describe a sí mismo como un «demócrata antiliberal». Se ha opuesto al papel de los tribunales europeos a la hora de proteger los derechos de las mujeres y los homosexuales, y ha atacado las competencias y la independencia del poder judicial húngaro, sembrando el Tribunal Constitucional de jueces afines y limitando la jurisdicción de este órgano.[36] Y este escepticismo respecto al papel de los tribunales está creciendo de forma vertiginosa. Aunque el papel básico del Tribunal Supremo goza de una amplia aceptación en Estados Unidos, la politización a largo plazo del proceso de nombramiento de los

* La mayor parte de esta crítica se centra en lo que se conoce como «revisión judicial legislativa», que otorga a los tribunales una opinión sobre qué leyes pueden ser promulgadas o aplicadas. Esto es diferente de la revisión judicial ordinaria, mediante la cual los tribunales se aseguran de que el Estado solo actúa sobre la base de leyes que han sido aprobadas democráticamente y de que esas leyes sean aplicadas correctamente. Esta última es fundamental para el Estado de derecho y un requisito previo para una democracia significativa.

jueces y la voluntad del Tribunal de reciente dominio conservador de derogar precedentes sólidamente afianzados como *Roe v. Wade* han erosionado gravemente su legitimidad.[37] En el Reino Unido, como en muchos otros países europeos, ha habido descontento, especialmente desde la derecha, respecto a cómo la legislación de derechos humanos ha impedido que el parlamento apruebe leyes sobre temas controvertidos como el derecho al voto de los reclusos o el trato a los inmigrantes.[38] Cierto número de conflictos de gran repercusión mediática entre el Gobierno del Reino Unido y el Tribunal Supremo sobre el proceso del Brexit han creado un nivel de hostilidad sin precedentes hacia el poder judicial, con la portada del *Daily Mail* acusando a ciertos jueces de ser «enemigos del pueblo».[39] En el momento de escribir este libro, el Partido Conservador se ha embarcado en reformas que debilitarían el alcance de la protección de los derechos humanos y limitarían el poder de los tribunales para responsabilizar al Gobierno.[40]

Es tentador despreciar las críticas populistas a los tribunales como puramente cínicas. A fin de cuentas, aunque políticos como Orbán invoquen el lenguaje de la democracia para justificar sus ataques a la propia democracia, a menudo atacan simultáneamente las normas e instituciones básicas.[41] Y, sin embargo, a pesar de que estas críticas a veces se hacen de mala fe, sería un error menospreciarlas de plano. A fin de cuentas, apuntan a una verdadera tensión entre el compromiso «liberal» con las libertades personales de amplio espectro y el compromiso «democrático» con la regla de la mayoría.

En este contexto, es más importante que nunca comprender por qué los tribunales constitucionales son una parte legítima de la sociedad democrática y cuál debería ser su papel. Como expusimos en el capítulo 1, uno de los rasgos distintivos del primer principio de Rawls es que incluye libertades personales *y* políticas. Aunque el apoyo de Rawls a los derechos políticos igualitarios conduce naturalmente a la regla de la mayoría como mecanismo central para una toma de decisiones democrática en el parlamento elegido, tenemos que recordar que ninguna libertad básica es absoluta y que no hay una prioridad automática de las libertades políticas sobre las personales, o viceversa. Por lo tanto, podemos utilizar la constitución para limitar el alcance de la regla de la mayoría si ello ayuda a proteger nuestras libertades básicas generales.[42]

Es útil distinguir aquí dos casos en los que querríamos actuar así. En primer lugar, podríamos querer proteger la propia democracia consagrando protecciones constitucionales que evitaran que un Gobierno elegido aprobara leyes que restringieran indebidamente la libertad de prensa o negaran el derecho al voto a determinados grupos. La mayoría de la gente acepta que este tipo de restricciones a la regla de la mayoría son perfectamente legítimas. En segundo lugar, y de un modo más controvertido, podríamos querer que la constitución proteja nuestras libertades personales básicas, entre ellas las relacionadas con la sexualidad y los derechos reproductivos. Los críticos aseguran que este tipo de protecciones restringe el proceso democrático, y en cierto nivel tienen razón. Pero también tenemos que recordar que, en una sociedad democrática, la constitución es, en sí misma, una expresión de la soberanía popular y que, en última instancia, debería forjarse (y ser susceptible de enmienda) a través de un proceso democrático, aunque más exigente que una simple mayoría de votos en el parlamento. En lugar de pensar en la constitución como en una limitación externa a la democracia, tiene más sentido pensar que establece diferentes niveles de toma democrática de decisiones: la política democrática ordinaria, que está sometida a la regla de la mayoría; y la política constitucional, que atañe a nuestras libertades más básicas y requiere algo más.[43]

El primer principio de Rawls ayuda a explicar la legitimidad de los límites constitucionales a la regla de la mayoría. Pero también impone límites al alcance de la constitución y al papel del poder judicial. Mientras que quienes critican los tribunales desde la derecha tienden a argumentar que deberían tener menos poder, algunos progresistas han sostenido que deberían tener más y que la constitución no solo habría de consagrar nuestro compromiso con las libertades básicas, sino también con la justicia social y económica de manera más amplia. Aunque los tribunales detentan un rol legítimo a la hora de asegurar que los ciudadanos puedan satisfacer sus necesidades básicas y prevenir la discriminación, Rawls argumentó que no deberíamos depender de ellos para hacer cumplir la igualdad equitativa de oportunidades o el principio de diferencia en su totalidad.[44] En parte, esto se deduce sencillamente de la idea de que, dado que la regla de la mayoría es una libertad básica, solo podemos limitarla para proteger otra libertad igualmente básica. Pero también hay razones pragmáticas para restringir la competencia de los tribunales de esta manera. Los tribunales están bien posicionados para determinar si se han violado nuestras libertades personales y políticas, pero generalmente carecen de la experiencia para determinar si hemos hecho lo suficiente para lograr la igualdad de oportunidades en la educación o para maximizar las perspectivas de los más desfavorecidos y, en su mayor parte, estas cuestiones se resuelven mejor a través del proceso democrático ordinario.[45]

Cómo diseñar una constitución resiliente

¿Cómo asegurarnos de que una constitución protege realmente nuestras libertades básicas? Algunos críticos han afirmado que, en la práctica, los mecanismos constitucionales suelen hacer más mal que bien; son vulnerables a la excesiva politización y a quedar atrapados en intereses creados, como probablemente sucede hoy día en Estados Unidos. Hay espacio para el debate, pero el balance de las evidencias sugiere que, si una constitución se diseña correctamente, ofrecerá una significativa protección a las libertades básicas.[46] Además, la proliferación de democracias constitucionales a lo largo del siglo XX implica que ahora podemos inspirarnos en un dilatado corpus de evidencias para conseguir que este modelo funcione.

En primer lugar, las constituciones deberían redactarse e, idealmente, «codificarse» en un único documento. El Reino Unido es una de las pocas democracias, junto con Israel, Nueva Zelanda, Suecia y (probablemente) Canadá, sin una constitución codificada, lo que le hace depender de un vasto cuerpo de estatutos «constitucionalmente relevantes» acumulados durante los últimos ochocientos años, que conforman «la constitución más larga del mundo y, presumiblemente, la más compleja».[47] Esta complejidad dificulta que la constitución cumpla su papel «educativo» como estatuto de valores políticos fundamentales. Aún más inquietante es el hecho de que aspectos clave de la «constitución» del Reino Unido no se hayan puesto nunca por escrito ni hayan sido formalizados en una ley. Por ejemplo, no hay en ella nada que determine el proceso de elección del primer ministro o cuáles son sus competencias, y apenas hay detalles sobre el papel y estructura del poder legislativo, lo que significa que en última instancia la democracia del país depende del respeto a las convenciones establecidas (un sistema que el historiador constitucional Peter Hennessy ha llamado teoría del gobierno de la «buena gente»). Esto deja al Reino Unido en una posición más vulnerable ante los políticos, o incluso a los jueces, que pretendan desafiar las convenciones en beneficio de sus propios intereses, como hizo el primer ministro Boris Johnson en 2019 al intentar suspender (o «prorrogar») el parlamento para «aplicar el Brexit».[48] Aunque el modelo no codificado del Reino Unido sobrevivió a esta prueba, no está claro que pudiera resistir a un desafío más serio procedente de alguien como Donald Trump. A pesar de que toda democracia tiene que apoyarse, hasta cierto punto, en normas no escritas, una constitución codificada contribuye a protegerse de estos peligros.[49]

En segundo lugar, cambiar la constitución ha de ser un proceso complejo, pero no imposible. Para que una constitución brinde una protección significativa a nuestras libertades más esenciales, no debería estar sujeta a revisión mediante un voto mayoritario simple del poder legislativo. Esto apunta a otro problema del modelo del Reino Unido, donde las protecciones legales más importantes para los derechos y libertades básicos están establecidas en la Ley de Derechos Humanos, que en principio podría ser revocada por un voto mayoritario en el parlamento. Por otro lado, algunos países, incluida Alemania, tienen cláusulas de «afianzamiento» que sitúan ciertos principios básicos fuera de la revisión.[50] Esto puede ser apropiado para proteger los aspectos fundamentales de una constitución, como la igualdad ante la ley y la naturaleza democrática del Gobierno, pero toda constitución necesita un sistema para aclarar y actualizar sus contenidos, de modo que el pueblo conserve el control último sobre ella, y para afrontar nuevas cuestiones o asuntos imprevisibles. La Constitución de Estados Unidos es célebre por las dificultades que implica cambiarla: una enmienda debe ser propuesta por dos tercios de ambas cámaras o, si dos tercios de los estados lo piden, por una convención diseñada para tal propósito; y a continuación ha de ser ratificada por tres cuartas partes de los órganos legislativos de los estados.[51] Un modelo más prometedor utilizado en algunos países nórdicos consiste en adoptar un umbral más bajo para aprobar los cambios a la vez que el proceso se demora en el tiempo. En Finlandia, el parlamento puede proponer una enmienda con una mayoría simple que luego tiene que ser ratificada por una mayoría cualificada de dos tercios después de las siguientes elecciones generales. En Dinamarca, las enmiendas constitucionales deben ser aprobadas dos veces por una mayoría simple, con unas elecciones generales de por medio, seguidas por un referéndum popular con el apoyo de al menos el 50% de los votantes y el 40% de las personas con derecho a voto. Estos mecanismos crean un espacio para un control democrático exhaustivo y garantizan que todo cambio tendrá un apoyo público sostenido y sustancial.[52]

Por último, y tal vez lo más importante, una constitución eficaz depende de un poder judicial razonablemente independiente del proceso político.* Estados Unidos ofrece una advertencia saludable de los peligros de la politización excesiva. La designación del Tribunal Supremo y de otros jueces federales es absolutamente política: los candidatos son nombrados por el presidente y luego aprobados (o no) por el senado, lo que quiere decir que todo el proceso está controlado por los políticos.[53] Las recientes confirmaciones han puesto de manifiesto que el senado ha votado siguiendo directrices de partido, con cada facción negándose a respaldar los nombramientos de la otra; y los jueces del Tribunal Supremo se ocupan de casos importantes en función de bloques partidistas en gran medida predecibles.[54]

Afortunadamente, Estados Unidos es un caso atípico en este sentido. La evidencia internacional sugiere que la forma más efectiva de proteger la independencia judicial es combinar un proceso de nombramiento de los jueces esencialmente independiente de la política con la protección constitucional para evitar que los magistrados sean relevados de su cargo.[55] Casi dos tercios de los países con una constitución tienen «consejos judiciales» que ejercen un control independiente de los nombramientos, de la promoción y de la renovación de los jueces y del presupuesto de los tribunales. En el Reino Unido, por ejemplo, una comisión independiente recomienda candidatos a organismos como el Tribunal Supremo o la Secretaría de Estado de Justicia para su aprobación. En el breve periodo desde el que el Tribunal Supremo se estableció en 2009, el proceso ha estado en gran medida libre de interferencia política explícita.

En el contexto estadounidense, en el que la politización de la justicia ha alcanzado un punto crítico, introducir un consejo judicial para el Tri-

* El poder judicial no debe ser totalmente independiente del proceso político, ya que su legitimidad depende de que exista algún mecanismo para pedir cuentas a los jueces. También depende de activar mecanismos que garanticen que la judicatura —que en muchos países ha sido dominada por hombres blancos y acaudalados— sea representativa de la población en un sentido amplio.

bunal Supremo requeriría una enmienda a la constitución. Sin embargo, hay espacio para la mejora en el seno del acuerdo constitucional vigente. Para empezar, Estados Unidos podría introducir nombramientos temporales, y no vitalicios, al Tribunal Supremo para evitar la situación perversa en la que los jueces intentan planificar su jubilación para garantizarse un sucesor con ideas políticas similares, y los presidentes pretenden nombrar a jueces más jóvenes.[56] Otras formas de despolitizar el Tribunal Supremo podrían incluir la reinstauración de requisitos de mayoría cualificada para el nombramiento de los jueces (era la norma hasta 2013); la introducción de un «Panel de la Corte Suprema», mediante el cual el tribunal cambiaría de nueve jueces permanentes a una lista rotativa de todos los jueces de los tribunales de apelación federales; o incluso seleccionar a los jueces del Tribunal Supremo al azar de entre un grupo más amplio de jueces de los tribunales de apelación.[57]

VALORES COMPARTIDOS Y EDUCACIÓN CÍVICA

Por muy bien que diseñemos nuestras estructuras constitucionales, al final una democracia liberal solo puede sobrevivir y prosperar si sus ciudadanos comparten ciertos valores políticos básicos y están dispuestos a defender las instituciones que los aplican cuando estas son atacadas, como ha ocurrido cada vez más en los últimos años. El éxito también depende de los ciudadanos que encarnan dichos valores en la forma en que se comportan e interactúan entre sí: han de ser razonables y tolerantes, abordar la política con un sentido de equidad y un espíritu de compromiso, y estar dispuestos a apelar a razones públicas cuando se trata de cuestiones políticas importantes.

El auge de movimientos políticos autoritarios en la última década se ha erigido en recordatorio urgente de que no podemos dar las cosas por sentadas. Aunque la gran mayoría de los habitantes de Europa y Norteamérica apoyan la democracia representativa, en torno al 40 % cree que una «tecnocracia» (el dominio de expertos no elegidos) también sería una buena forma de gobierno, y una de cada seis personas en Estados Unidos, el Reino Unido, Francia e Italia dicen lo mismo de un gobierno militar.[58] Y a pesar de que casi todo el mundo en estas regiones afirma que la libertad de expresión y de culto es importante, solo el 57% de los europeos cree *muy* importante que la gente pueda practicar su religión en libertad, y en torno al 75% dice lo mismo de la libertad de expresión.[59] Es preocupante constatar que el apoyo a los valores democráticos liberales parece ser más débil entre las generaciones más jóvenes, que ya no conservan un recuerdo directo del autoritarismo del siglo XX. Así como unos dos tercios de los estadounidenses de más edad (nacidos en las décadas de los treinta y cuarenta) creen que es extremadamente importante vivir en una democracia, esta cifra cae a un tercio entre los millennials (los nacidos a partir de los años ochenta).[60]

¿Cómo podemos restaurar la fe en los valores liberales básicos y fomentar las actitudes o «virtudes políticas» que constituyen la esencia de toda democracia sana? Según Rawls, esto forma parte de la cuestión más general de la «estabilidad», o si la sociedad puede generar el suficiente apoyo como para sostenerse a sí misma en el tiempo. Al final, las fuentes más importantes de estabilidad en una democracia son los beneficios que los ciudadanos experimentan al vivir en ella: la libertad de perseguir sus propios objetivos, la oportunidad de participar en política en términos de igualdad y el acceso a una porción equitativa de los recursos.[61] Desde esta perspectiva, nuestra primera respuesta al declive del entusiasmo por la democracia liberal debería ser reconocer las deficiencias de nuestras instituciones existentes —la forma en que los ricos pueden dominar el proceso político; la pobreza, la desigualdad y la inseguridad generadas por el capitalismo moderno—, y transformarlas para que sean verdaderamente dignas de la lealtad de las personas.

Al mismo tiempo, como ya hemos mencionado en el debate sobre la libertad de expresión, el Estado puede y debe utilizar su poder «expresivo» para fomentar el apoyo a los valores y actitudes liberales y democráticos, a través de monumentos y festividades que celebren a individuos o eventos históricos, y mediante honores públicos como los títulos de dama y caballero en el Reino Unido, la Legión de Honor en Francia y el sistema de medallas presidenciales en Estados Unidos. Pero quizá la forma más importante en que el Estado puede promover estos valores y virtudes es por medio del sistema educativo.

Los pensadores liberales y democráticos reconocen desde hace mucho el papel cívico esencial desempeñado por el sistema educativo: se popularizó en Francia a finales del siglo XVIII, y fue una de las razones por las que figuras como George Washington y James Madison apoyaron el desarrollo del sistema de educación pública en Estados Unidos.[62] Rawls también insistió en que el sistema educativo debe «fomentar las virtudes políticas» como la sensatez y el respeto mutuo a fin de preparar a los ciudadanos para ser «miembros plenamente cooperativos en la sociedad».[63]

Aunque en principio la importancia de la educación cívica se reconoce desde hace mucho, cada vez ha sido más descuidada en la práctica. En la mayoría de los países actuales, el sistema educativo se centra de forma abrumadora en preparar a los ciudadanos para la vida económica.[64] Esta es, evidentemente, una de las funciones más importantes de cualquier sistema educativo y una parte esencial a la hora de ofrecer al niño una verdadera igualdad de oportunidades, pero la educación cívica ha sido progresivamente dejada de lado. En Estados Unidos, la bipartidista Common Core State Standards Initiative, que establece objetivos generales para el sistema de escuelas públicas, afirma que la educación debe preparar a todos los estudiantes para «el entorno laboral económico global», pero hace escasa referencia a equiparlos para participar en la vida cívica.[65] Solo nueve estados exigen un año completo en educación cívica, y solo ocho disponen de una evaluación independiente en esta materia; mientras tanto, el gasto federal por alumno en educación cívica es menos de la décima parte del 1% invertido en materias STEM (ciencia, tecnología, ingeniería y matemáticas, por sus siglas en inglés).[66] En el Reino Unido, pese a los intentos, a principios de la década del 2000, por reforzar los aspectos cívicos de la educación, un informe transversal llegó a la conclusión de que «el estado actual de la educación para la ciudadanía es paupérrimo».[67] Un informe de la Comisión Europea sobre educación cívica descubrió que casi la mitad de los países de la Unión Europea fracasó a la hora de incorporar la educación cívica en el programa educativo, y que más de un tercio no tenía guía alguna para evaluar a los estudiantes en esta materia.[68]

Para que nuestro sistema educativo cumpla su función cívica, tenemos que transformarlo.[69] Cuando menos, se tendría que lograr que cada joven sea consciente de sus derechos y libertades, de cómo funciona el sistema político, y de la diversidad de creencias religiosas, morales y políticas de la sociedad. Pero la educación cívica no solo tiene que ver con el conocimiento, sino también con desarrollar ciertas destrezas y capacidades. Los ciudadanos necesitan competencias analíticas esenciales para cultivar su propia visión de lo que en la sociedad es correcto y erróneo, y cómo podemos mejorarla. Se necesitan destrezas de comunicación para expresarse de una forma lúcida y persuasiva. Y, por supuesto, se necesitan las habilidades sociales y relacionales que son fundamentales para poder organizarnos con los demás y suscitar el cambio. Por último, es imprescindible cultivar cierto compromiso con los valores liberales básicos y fomentar las actitudes y los rasgos de carácter que los reflejen.

Las clases exclusivas de educación cívica desempeñan un papel fundamental. Más allá de impartir conocimiento sobre las diversas formas en las que los ciudadanos pueden participar en la política, deberían fomentar activamente capacidades políticas, por ejemplo, alentando el debate respetuoso sobre cuestiones políticas y sociales controvertidas y a través de «simulacros de elecciones». Los niños deberían participar en el «aprendizaje-servicio» fuera del aula para aprender directamente sobre cuestiones como la exclusión social y la desigualdad racial. Hay un buen argumento a favor de un servicio nacional obligatorio para los ciudadanos. Así como podemos obligar legítimamente a los jóvenes a participar en la educación para desarrollar su capacidad de trabajar, podemos hacer lo mismo para cultivar su capacidad para la ciudadanía y fomentar un sentido de comunidad que trascienda las barreras de clase, raza y religión.*

También es necesario reconfigurar el sistema educativo de forma más exhaustiva. El desarrollo de destrezas de pensamiento crítico, por ejemplo, es algo que debería impregnar la enseñanza de cualquier materia. Y ciertas asignaturas son especialmente importantes para preparar a los ciudadanos para la vida cívica. Como la filósofa Danielle Allen ha argumentado enérgicamente, deberíamos reforzar el papel de las humanidades y las ciencias sociales —literatura, filosofía, historia, sociología, economía, etc.—, ya que

* Los críticos de este amplio ideal de educación cívica argumentan que entra en un territorio que debería quedar en manos de los padres. Algunos padres religiosos han argumentado, por ejemplo, que deberían poder sacar a sus hijos de las clases en las que se transmiten conocimientos sobre otras religiones o sobre relaciones LGTBQ+. Aunque los padres deben ser libres para compartir sus creencias morales y religiosas con sus hijos, en estos casos el interés de los hijos en tener acceso a una educación plena y completa debe tener prioridad, ya que esto es esencial para que desarrollen sus capacidades morales y desempeñen con plenitud su papel como ciudadanos.

son cruciales para el desarrollo de nuestras capacidades políticas, y quienes estudian estas materias parecen tener una actitud más cívica y están más dispuestos a mostrarse políticamente activos.[70] Y, sin embargo, la política educativa de la mayoría de los países se ha centrado en fomentar las asignaturas STEM, a menudo en detrimento de las humanidades.

También hemos de volver a examinar cómo organizamos el sistema educativo. Un aspecto esencial a la hora de preparar a los jóvenes para la vida en una democracia moderna consiste en animarlos a cultivar el respeto y la tolerancia hacia diferentes creencias políticas y modos de vida. Hasta cierto punto, podemos «enseñar» estas actitudes, pero existe un amplio corpus de investigación que demuestra que el contacto social directo, al menos bajo ciertas condiciones, es tal vez la forma más eficaz de fomentar esas actitudes.[71] Por ejemplo, un reciente estudio realizado en las escuelas de Inglaterra descubrió que los niños escolarizados en centros con mayor diversidad étnica eran más propensos a albergar sentimientos positivos y a hacerse amigos de niños de otras etnias.[72] Las políticas de admisión escolar deben diseñarse para fomentar una mezcla de niños de diversas procedencias.

IDENTIDAD COMPARTIDA Y PATRIOTISMO LIBERAL

El hecho de fomentar valores políticos compartidos es fundamental para cualquier democracia liberal que pretenda ser próspera. Pero ¿son suficientes por sí mismos? ¿O es esencial cierta sensación emocional de pertenencia, como muchos creen? Si están en lo correcto, ¿cómo podemos fomentar una sensación realmente inclusiva de identidad nacional compartida?

El resurgimiento del nacionalismo antiliberal como fuerza política potente ha dotado a este tipo de preguntas de un halo de relevancia y urgencia. En todo el mundo, líderes autoritarios como Donald Trump en Estados Unidos y Narendra Modi en la India han pretendido fomentar una noción estrecha de la identidad nacional étnica o religiosa. Pero el grupo de liberales y progresistas está dividido sobre cómo hay que responder a ello. Una reacción habitual consiste en rechazar cualquier forma de identidad nacional. A fin de cuentas, demasiado a menudo el nacionalismo ha sido una fuerza de exclusión y persecución: una ideología utilizada para justificar el sometimiento de un pueblo a manos de otro, como en el caso de un imperio; o la represión de grupos minoritarios en el seno de los países, como en el caso de la esclavitud y la segregación en Estados Unidos y del Holocausto nazi. Cualquier persona con una conciencia básica de la historia debería albergar un sano escepticismo respecto a los peligros del nacionalismo.

Sin embargo, hemos de pensarlo dos veces antes de rechazar de plano la idea de una identidad nacional compartida. En primer lugar, como una cuestión de realismo político básico, tenemos que aceptar que para muchas personas este es un aspecto importante de su identidad, y de la tendencia humana natural a formar grupos se deduce que es improbable que esto cambie a corto plazo.[73] La hostilidad instintiva que algunos progresistas sienten hacia cualquier expresión de identidad nacional aliena innecesariamente a las personas para las que es importante, y deja un vacío que ha sido ocupado por formas excluyentes de nacionalismo. En segundo lugar, y en un tono más positivo, la sensación de una identidad nacional compartida puede ser una fuente importante de solidaridad social, algo que puede motivar a la gente a mirar más allá de sus intereses personales y reconocer que forman parte de algo mayor. De hecho, la gente es más propensa a apoyar instituciones sociales y económicas igualitarias si tienen la sensación de pertenecer, junto a sus conciudadanos, a una comunidad.[74] Esto es aún más fundamental en nuestras democracias cada vez más diversas, ya que nos anima a mirar no solo más allá de nuestro egoísmo individual, sino más allá de los intereses de cualquier grupo religioso o étnico al que pertenezcamos.

En lugar de rechazar de plano la idea de identidad nacional, hemos de intentar aprovecharla en favor de la justicia social fomentando un patriotismo «liberal» realmente inclusivo.[75] Este debe fundamentarse en aspectos de un país específico que, al menos en principio, todos puedan celebrar, lo que de inmediato descarta la etnia o la religión. En cambio, tendría en su centro un compromiso con valores como la libertad, la tolerancia, la igualdad y la democracia, y con el proyecto sinceramente compartido de crear una sociedad que pueda poner en práctica esos valores. Sería un proyecto con una historia con la que todos podamos identificarnos, un futuro que forjar juntos, y cuya consumación nos enorgullezca y nos resulte placentera.[76]

Esta visión de una identidad nacional inclusiva podrá parecer ingenua para algunos. Hoy en día, nuestro discurso político está dominado por una sensación generalizada de división étnica y religiosa, y el auge de formas excluyentes de nacionalismo podría sugerir que las manifestaciones populares de identidad nacional se mueven en la dirección equivocada. Sin embargo, en realidad es más bien al contrario. Un estudio realizado en Estados Unidos, Francia, Alemania y el Reino Unido entre 2016 y 2020 —un periodo de debates conflictivos en torno a la raza que siguió a una crisis de refugiados sin precedentes en Europa— descubrió que la identidad nacional es cada vez más inclusiva. En todos estos países, hubo un descenso significativo en el porcentaje de la población que creía que una religión o un lugar de nacimiento específicos eran esenciales para pertenecer a la comunidad nacional, y estas opiniones ahora están claramente en minoría.[77]

Sin embargo, aún deberíamos preguntarnos si es realmente posible construir una sensación significativa de identidad compartida en torno a valores e instituciones inequívocamente políticos. ¿Realmente podrán desempeñar el mismo papel que la religión y la etnia en el pasado? Al menos a nivel personal, parece evidente que apoyar los valores políticos liberales puede erigirse en un aspecto relevante de nuestra identidad. Como señala Rawls, «nuestro compromiso de tratar a otros ciudadanos como a iguales, y, por lo tanto, respetar su libertad de culto, por ejemplo, debe ser una parte tan elemental de nuestra identidad como nuestra afirmación de una religión particular y la observancia de sus rituales».[78] Y la historia sugiere que los valores políticos pueden ayudar y han ayudado a construir identidades compartidas significativas. Estados Unidos es el ejemplo más celebrado de país en el que los valores políticos democráticos y liberales (aproximadamente, aquellos encarnados en la constitución) han fomentado un sentimiento de identidad patriótica.[79] Evidentemente, la Constitución de Estados Unidos en su forma original era profundamente defectuosa, al permitir que las personas negras fueran esclavizadas y las mujeres relegadas a un estatus de segunda clase; y la identidad estadounidense política e inclusiva siempre ha coexistido con tendencias excluyentes, nativistas, que vuelven a estar en auge en la actualidad.[80] Sin embargo, para muchos estadounidenses, los ideales políticos propuestos en la constitución, y las instituciones centrales que se encargan de aplicarlos, aunque imperfectamente —el Congreso, el Tribunal Supremo, etc.—, se cuentan entre los aspectos definitorios de lo que significa ser estadounidense. Lo mismo puede decirse de otros países democráticos, ya sea la importancia de los valores políticos republicanos a la hora de conformar la identidad francesa o el orgullo que muchos británicos sienten ante la prestación de una sanidad pública universal a través del Servicio Nacional de Salud.

Aunque es cierto que los valores políticos no logran suscitar la misma fuerza emocional que los vínculos étnicos o religiosos, ello no es óbice para rechazar el patriotismo inclusivo. Todas las ideologías políticas afrontan retos a la hora de conquistar y mantener el apoyo de los ciudadanos, y el nacionalismo étnico o religioso tiende a alienar y radicalizar a las minorías. Al final, la estabilidad de una sociedad liberal depende de los beneficios experimentados por sus ciudadanos, lo cual debe celebrarse. Allí donde los nacionalistas excluyentes suelen basarse en la siembra de la discordia social para granjearse el apoyo popular, nosotros debemos concentrar nuestra energía en lograr mejoras tangibles en la vida de la gente.

Inmigración

La idea de una comunidad política plantea de forma natural la cuestión de cómo deberíamos controlar la afiliación a esa comunidad y, por lo tanto, el espinoso asunto de la inmigración. El sustancial aumento de la inmigración recibida por las democracias ricas en las últimas décadas ha introducido esta cuestión en la arena política. En el Reino Unido, la población nacida en el extranjero pasó de 5,3 millones en 2004 a casi 9,5 millones en 2019, y la oposición a la inmigración fue una de las fuerzas impulsoras del Brexit. En Europa, la crisis de refugiados de 2015, promovida por conflictos y persecuciones en países como Siria, Afganistán e Irak, provocó que cerca de cinco millones de personas llegaran a las costas europeas.[81] En Europa, Estados Unidos y en otras partes, la extrema derecha ha amplificado el nerviosismo ante la escala de la inmigración, culpando a los recién llegados de diversos problemas sociales y económicos, y ha fomentado de forma explícita una narrativa racista sobre el «gran reemplazo» de las poblaciones blancas y cristianas. La izquierda, en cambio, ha tendido a minimizar, o incluso a desestimar, la preocupación popular atribuyéndola a prejuicios raciales.

¿Cómo sería una política de inmigración justa? Algunos progresistas insisten en que la justicia exige «fronteras abiertas» o la abolición de todos los controles de inmigración. A menudo esta actitud se basa en una corriente de pensamiento liberal conocida como «cosmopolitismo», que sostiene que debemos tratar a todas las personas por igual al margen del lugar en el que vivan y que, desde el punto de vista moral, las fronteras son una idea completamente arbitraria que nos convendría erradicar. No hay duda de que tenemos obligaciones morales hacia las personas que viven en otros países en virtud de nuestra mera humanidad común, y que tales obligaciones han de moldear nuestra política de inmigración; al menos, hay que acoger a los refugiados que huyen de persecuciones o de la pobreza extrema. Pero, así como tenemos deberes especiales hacia nuestra familia, las obligaciones hacia nuestros conciudadanos son diferentes y en general más fuertes que las que mantenemos con las personas de otros países.[82] La fuente de estas obligaciones no es la religión o una etnia común, sino el hecho de compartir el poder político con nuestros conciudadanos, lo cual debe ser esgrimido de forma que se pueda justificar ante cada miembro de la comunidad. Aunque las fronteras nacionales no tengan un profundo significado moral —muchas son el resultado de casualidades históricas y de la política de poder global—, sirven, sin embargo, a un propósito legítimo, ya que cierto tipo de frontera territorial es esencial para la existencia de toda comunidad política.[83]

Aunque las llamadas a unas políticas de inmigración más estrictas a veces están motivadas por nociones racistas de «pureza», hay razones legítimas por las que los ciudadanos podrían querer limitar el número de personas que se instalan en su país. El aumento de la inmigración se suele justificar sobre la base de que tiende a impulsar el crecimiento económico, pero a menudo los beneficios solo repercuten en los ciudadanos más ricos, mientras que aquellos con ingresos bajos salen perdiendo. En el Reino Unido, por ejemplo, se estima que la migración desde la UE entre 1993 y 2017 ha llevado a una reducción de casi el 5 % en los salarios de los trabajadores peor retribuidos, mientras que los trabajadores mejor pagados vieron aumentar sus salarios en más del 4 %.[84] Y aunque en la mayoría de los casos los inmigrantes en los países ricos han contribuido más en impuestos de lo que ellos reciben en forma de prestaciones y gastos sociales, a falta de mayor inversión el incremento de la inmigración a menudo ha ejercido presión adicional sobre los servicios públicos y ha exacerbado la escasez de viviendas.[85] Desde la perspectiva del principio de diferencia, la política de inmigración debería guiarse no solo por los beneficios potenciales para el crecimiento económico agregado, sino sobre todo por el grado en que puede mejorar las perspectivas de vida de los más desfavorecidos en un país determinado.

También hemos de reconocer que un mayor nivel de inmigración puede dificultar crear un sentimiento estable de comunidad política e identidad nacional, especialmente si los recién llegados proceden de países con culturas y tradiciones políticas muy diferentes. En una sociedad liberal, los inmigrantes, como todo el mundo, deben ser libres para vivir según sus propias creencias, dentro de los límites de la ley. No podemos obligar a los inmigrantes a «asimilarse» en la cultura dominante, y es posible que las nuevas comunidades de inmigrantes lleven una vida independiente a la de sus conciudadanos. Pero podemos —y de hecho debemos— animar a los inmigrantes a participar en la vida política y social a fin de que puedan mezclarse con sus conciudadanos en las escuelas, en el trabajo y en su comunidad local y, de este modo, asumir los valores políticos fundamentales de la democracia liberal. Así, por ejemplo, debemos ayudar a los nuevos inmigrantes a aprender la lengua dominante y facilitarles el acceso a la educación y al mercado laboral. De un modo similar, hay lugar para ciertas pruebas de ciudadanía y ceremonias para celebrar ciertos valores políticos esenciales, como el compromiso con la democracia y la libertad individuales.

Hacer más para fomentar los valores compartidos y los vínculos cívicos es un paso crucial para proteger no solo las libertades personales, sino también las libertades políticas de la incursión de los populistas autoritarios. Estas libertades políticas también se encuentran, evidentemente, en el corazón del principio de libertades básicas de Rawls, que afirma nuestro derecho fundamental a participar e influir en la toma de decisiones colectiva en términos verdaderamente equitativos. Estar a la altura de este exigente ideal requerirá de una transformación sistemática de la democracia tal como la conocemos.

Capítulo 5
DEMOCRACIA

El siglo xx fue testigo del triunfo de la democracia. En el año 1900, solo había doce países democráticos. Hoy hay 118, casi dos tercios del total.[1] La idea de que la democracia es la única forma legítima de gobierno está tan extendida que figuras populistas autoritarias como Donald Trump o Viktor Orbán, muy inclinados a denunciar el «liberalismo», proclaman su lealtad a los principios democráticos, aunque los erosionen en la práctica; y países que nadie consideraría democráticos, como Rusia o Bielorrusia, a menudo gastan sumas significativas de dinero en el mantenimiento de un barniz de legitimidad por medio de la celebración de «elecciones».[2]

Si la democracia es tan popular, ¿por qué preocuparse? Como hemos visto, el amplio apoyo a la democracia en principio coexiste con una inquietante inclinación hacia alternativas no democráticas. También existe un enorme descontento con la democracia tal como la conocemos: un estudio reciente descubrió que, mientras que dos tercios de los ciudadanos en las «democracias desarrolladas» se sentían satisfechos con la democracia en la década de los noventa, hoy la mayoría están insatisfechos.[3] En parte, esto refleja el descontento con los «resultados» de los sistemas políticos existentes; sobre todo, su fracaso a la hora de abordar la pobreza, la desigualdad, el cambio climático, etc. Pero las personas también están insatisfechas con el proceso democrático en sí mismo: una encuesta de treinta y cuatro democracias encontró que menos de un tercio de los ciudadanos sentían que sus representantes elegidos se preocupaban por lo que personas como ellos pensaban, y cerca de la mitad no estaban de acuerdo con la idea de que el Estado gobierna en beneficio del pueblo.[4] También existe una frustración generalizada por la falta de oportunidades para que la mayoría de los ciudadanos influyan en el proceso democrático; en el grupo de democracias ricas de la OCDE, solo un tercio de las personas sienten que tienen voz en lo que hace el Gobierno.[5] En muchas democracias ricas, la mayoría de los ciudadanos creen que su sistema político necesita cambios importantes o ser reformado completamente.[6]

Esta insatisfacción está contribuyendo a una creciente sensación de crisis democrática. Los intentos frustrados de Donald Trump por revertir las elecciones presidenciales de Estados Unidos de 2020 han situado la confianza en la democracia en su punto más bajo, y las elecciones de 2024 pueden llevar a las instituciones democráticas de Estados Unidos al límite. Sus acciones ya han dado lugar a que líderes en México, Brasil, Perú y Myanmar cuestionen los resultados desfavorables de las elecciones.[7] Esta evolución preocupante tan solo acentúa una tendencia ampliamente documentada hacia la erosión y el declive democráticos: según el *think tank* Freedom House, en cada uno de los últimos quince años ha habido más países cuyas instituciones democráticas están en proceso de deterioro que aquellos en los que están mejorando; el año 2020 tiene los peores registros hasta la fecha.[8]

Dadas las muy reales amenazas a la democracia en el presente, es tentador estar a la defensiva, y no hay duda de que nuestra principal prioridad debe ser proteger nuestras instituciones democráticas básicas, entre ellas la libertad de prensa, la transparencia de las elecciones y la independencia del poder judicial. Pero también debemos reconocer que la democracia, tal como la conocemos, no está funcionando, y que la gente tiene derecho a sentirse insatisfecha. Como expondremos a lo largo de este capítulo, los ricos dominan realmente el proceso político, y las instituciones vigentes realizan un esfuerzo más bien escaso para involucrar al ciudadano común en la toma colectiva de decisiones. Estos problemas no son el mero resultado de las limitaciones intrínsecas a la democracia, ni podemos atribuirlos exclusivamente a «actores perversos» o individuos corruptos; se trata de consecuencias completamente predecibles de la forma en que hemos elegido organizar el proceso político. Si queremos restaurar la fe en la democracia, tenemos que rediseñarla desde sus cimientos.

Al asumir esta tarea, primero necesitamos saber qué queremos de nuestro sistema político. Al pensar en ello, tendemos a saltar directamente a ciertas instituciones conocidas, como las elecciones libres y justas, el sufragio universal y la libertad de prensa. Pero tenemos que profundizar más:

necesitamos un principio guía que podamos utilizar para identificar qué anda mal en las estructuras políticas vigentes y en qué sentido debemos cambiarlas. Según Rawls, la igualdad política es ese principio. Un compromiso fundamental con la igualdad política es lo que distingue una democracia de una monarquía, una oligarquía, una aristocracia y otras formas de gobierno en las que una minoría toma las decisiones; y el compromiso de Rawls con este principio es lo que hace que su teoría sea inequívocamente democrática.[9]

Así pues, una democracia es un sistema político basado en la igualdad política.* Pero ¿qué significa esto exactamente?[10] Como poco, la «igualdad política» significa tener ciertos derechos básicos —que Rawls llamaba «libertades políticas equitativas»—, como el mismo derecho a votar, la libertad de expresión, la libertad de prensa y la libertad de asociación (el derecho a organizar partidos políticos, grupos de campaña, etc.). Estos derechos garantizan que cada uno de nosotros es libre de participar en el proceso democrático: votar, expresar nuestra opinión, organizarnos con otros. Sin estos derechos, la igualdad política sería imposible, y toda sociedad que merezca ser considerada una «democracia» los protegerá.

Sin embargo, como vimos en el capítulo 1, la igualdad política no solo tiene que ver con disfrutar de derechos equitativos: según Rawls, tiene que ver también con disponer de oportunidades sustancialmente equitativas de ejercer esos derechos. Después de todo, como sabemos demasiado bien, incluso con estos derechos básicos vigentes, los ricos pueden dominar fácilmente la política. Por esta razón el primer principio de Rawls no solo se compromete con las libertades políticas equitativas, sino con su «valor justo».[11] Es evidente que algunas personas siempre tendrán más influencia *real* que otras porque han dedicado su vida a la política o porque cautiven a su público con sus capacidades retóricas. Sin embargo, lo importante es que todos tengan las mismas *oportunidades* de influir y participar en el proceso democrático, independientemente del dinero que tenga cada cual y al margen de su raza, género o sexualidad.[12]

* La igualdad política es la primera prioridad para cualquier sistema político democrático, pero es obvio que esto no es lo único que importa. También debemos diseñar nuestras instituciones políticas para fomentar decisiones racionales, oportunas y basadas en evidencias, y alentar una deliberación razonable, respetuosa y significativa. En última instancia, queremos un sistema que tienda a producir políticas justas y equitativas, y que probablemente proteja nuestras libertades básicas en su conjunto.

Diseñar un sistema que alcance este ideal es al menos tan complejo como la tarea de diseñar una economía justa y eficiente, pero podemos empezar descomponiendo la idea de igualdad política en tres componentes clave.[13] En primer lugar, y de forma bastante obvia, requiere «igualdad de voto»: todos los ciudadanos adultos deben tener derecho a votar, todos los votos deben valer lo mismo, y los ciudadanos han de tener oportunidades regulares y frecuentes de ejercer este derecho. No podemos ser iguales políticamente si a algunos se nos niega el derecho a votar o si algunos votos cuentan más que otros.

Aunque la igualdad de voto tiende a ocupar el centro del escenario en la mayoría de los debates sobre la democracia, la igualdad política exige mucho más que eso. A fin de cuentas, en cuanto acontece el proceso electoral, la mayor parte de la acción ya ha tenido lugar. La votación es, en última instancia, un procedimiento de toma de decisiones: una forma de medir la opinión y las preferencias de los ciudadanos en un determinado momento. Pero estas opiniones no son estáticas, y la democracia no es un mero proceso de suma de preferencias fijas. La democracia es también un proceso ininterrumpido de deliberación y debate colectivo a través del cual descubrimos lo que pensamos acerca de importantes cuestiones políticas y por medio del cual intentamos convencer a otros.[14]

Si nos tomamos la igualdad política en serio, entonces todo el mundo debe tener una oportunidad razonablemente equitativa de participar en este amplio proceso de deliberación democrática. A fin de que esto ocurra, todos deben tener una oportunidad efectiva de conocer aquello sobre lo que se les pide votar —ya sean candidatos (en unas elecciones) o políticas (en un referéndum)— y sus probables consecuencias. Esta «comprensión ilustrada», como la denominó el teórico de la democracia Robert Dahl, forma el segundo componente esencial de la igualdad política. Si algunas personas están mejor informadas de las opciones que tienen delante, estarán en mejor posición de alcanzar los resultados que desean. Aunque los derechos formales, como la libertad de expresión y de asociación, son fundamentales, la comprensión ilustrada también depende de que cada ciudadano haya disfrutado de una educación digna y de la existencia real de fuentes fiables de información que le permitan entender quiénes se presentan a las elecciones, las implicaciones de las diversas políticas y lo que otras personas piensan de estas cuestiones.

El tercer componente de la igualdad política es la «participación efectiva».[15] Todo ciudadano debe tener las mismas oportunidades, más allá del mero hecho de votar, de hacer que su punto de vista sea conocido y de convencer a otros. Si se niegan estas opciones a algunos ciudadanos y a otros se les permite dominar el debate, la verdadera igualdad política siempre se nos escapará. Una vez más, la libertad de expresión y de asociación es fundamental, pero este tipo de compromiso político depende de que la gente disfrute de una oportunidad equitativa de ejercer estos derechos; hablar y escribir, y organizarse junto a otros.

Como veremos, en una democracia moderna a gran escala, tanto la comprensión ilustrada como la participación efectiva dependen de ciertas instituciones intermedias, las más importantes de las cuales son los partidos políticos y los medios de comunicación. Estos configuran, por usar una expresión del politólogo Jan-Werner Müller, la «infraestructura crítica» sin la cual resulta imposible imaginar una democracia.[16] Si estamos comprometidos con la igualdad política, necesitamos pensar de una forma más minuciosa e imaginativa acerca del funcionamiento de estas instituciones y cómo evitar que estén dominadas por una élite acomodada.*

LA REALIDAD DEMOCRÁTICA DE HOY

Tristemente, la igualdad política está muy lejos de nuestra realidad actual. Es difícil de medir: los datos son escasos y a menudo difíciles de comparar entre países, y hay pocos parámetros ampliamente aceptados, al menos en comparación con la igualdad económica. Estos retos se complican por el hecho de que solemos medir resultados y no oportunidades; descubrimos cuántas personas están realmente implicadas o influyen en la política, más que las opciones que tienen de hacerlo.[17] Sin embargo, el hecho de que las minorías étnicas y las personas con ingresos más bajos suelan tener

* El principio de igualdad política de Rawls y, por lo tanto, este capítulo se ocupan del proceso político formal o, para ser más precisos, de cómo tomamos decisiones que se aplican mediante el poder coercitivo del Estado. Como veremos en el capítulo 8, el segundo principio de Rawls también justifica más democracia en el centro de trabajo. Otras organizaciones y asociaciones, como las entidades benéficas o los grupos religiosos y de presión, pueden querer operar de una forma similar, pero en su mayor parte eso depende de ellas.

menos probabilidades de votar o de implicarse en la política de otras formas sugiere que afrontan oportunidades desiguales de participación política. Después de todo, hay pocas razones para pensar que estos grupos están intrínsecamente menos interesados en la política en comparación con los demás.[18]

Una buena medida de la igualdad política es hasta qué punto las decisiones gubernamentales son sensibles a las opiniones de ciudadanos ricos y pobres. (Podemos hacer lo mismo con otras categorías, como hombres versus mujeres o grupos étnicos mayoritarios versus minoritarios, pero hoy en día la mayoría de las investigaciones se han centrado en los ingresos). En una sociedad en la que todo el mundo tiene más o menos las mismas oportunidades de participar e influir en el proceso político, esperaríamos descubrir una débil relación entre la cantidad de dinero que tiene un individuo y las decisiones tomadas por el Gobierno. Sin embargo, en la realidad, las preferencias de los ciudadanos ricos parecen tener una influencia mucho mayor en la política de los Gobiernos que las de los votantes promedio o con menos recursos.

La mayoría de los estudios sobre esta cuestión se han centrado en Estados Unidos, donde hay muchos datos disponibles y la preocupación por el papel que desempeña el dinero en la política es más profunda. En un estudio seminal publicado en 2014, los politólogos Martin Gilens y Benjamin Page recopilaron datos sobre 1.779 propuestas de cambio a la política del Gobierno federal de Estados Unidos entre 1981 y 2002, que abarcan la política económica, los servicios sociales, la sanidad y la política de inmigración.[19] En cada caso, observaron la relación entre las decisiones realmente adoptadas y el punto de vista de tres grupos diferentes, tal como se mide en las encuestas: los ciudadanos «promedio», con un nivel medio de ingresos; los ciudadanos «ricos», aquellos situados en el nonagésimo percentil; y los «grupos de defensa e interés», como asociaciones empresariales, sindicatos y organizaciones benéficas. Los resultados son profundamente inquietantes. Descubrieron que, una vez que se tienen en cuenta los puntos de vista de los ciudadanos ricos y los grupos de interés, las preferencias de los ciudadanos promedio casi no tenían impacto en qué políticas se adoptaban. Cuando los ricos querían algo diferente al ciudadano promedio, casi siempre lo conseguían.[20] Los grupos de interés tenían una influencia menor que la de los ricos, pero mucho mayor que la de los ciudadanos promedio; los grupos de interés de orientación empresarial, como la Cámara de Comercio de Estados Unidos, lograban el doble de influencia que grupos con muchos miembros, como los sindicatos. Otros muchos estudios han confirmado el mismo hallazgo básico de que los ricos ejercen una influencia desmesurada en la política estadounidense.[21] A su vez, estas desigualdades han creado una brecha entre lo que quiere la mayoría de los ciudadanos de Estados Unidos y lo que realmente obtiene, lo cual ha supuesto un freno a las políticas populares para afrontar el cambio climático, invertir en escuelas, ofrecer una sanidad más accesible y recaudar impuestos más progresivos.[22]

En cierto sentido, Estados Unidos es el país donde era más fácil esperar este resultado, ya que es una nación más desigual que la mayoría de las demás democracias ricas y tiene algunas de las regulaciones sobre *lobbies* y donaciones políticas más deficientes del mundo. Sin embargo, investigaciones similares en otros países han llegado a una conclusión parecida. En un estudio que abarca treinta países, entre ellos la mayoría de las democracias consolidadas de Europa occidental y el mundo anglosajón, el politólogo Larry Bartels descubrió que «la receptividad de los Gobiernos a las preferencias de los ciudadanos estaba fuertemente sesgada a favor de los ciudadanos más pudientes», y que en líneas generales los ciudadanos acomodados apoyan menos el estado del bienestar, lo cual tendía a disminuir significativamente el gasto combinado en pensiones, sanidad, educación y prestaciones por desempleo.[23] Vale la pena señalar, si acaso, que este tipo de estudios subestiman el grado en que el dinero influye en la política en muchas democracias contemporáneas, porque, aunque observan cómo responden los políticos a las opiniones expresadas por diferentes grupos en las encuestas, no son capaces de considerar todas las vías mediante las cuales los ricos pueden dar forma a estas opiniones a través de su influencia en los partidos políticos, las organizaciones de presión y los medios de comunicación.

EL ARGUMENTO A FAVOR DE LA DEMOCRACIA ELECTORAL

Es tentador echar la culpa del fracaso endémico a la hora de alcanzar una igualdad política significativa a la propia democracia electoral. Los críticos de este modelo argumentan que las elecciones son un error en sí mismas y que la democracia representativa es una traición a la democracia «verdadera» o «directa», en la que los propios ciudadanos votan las políticas, en lugar de elegir a representantes que lo hagan en su nombre.[24]

A primera vista, estos críticos parecen tener razón: a fin de cuentas, en una democracia electoral, un pequeño grupo de representantes tiene más influencia política que ningún otro actor. Pero nuestro objetivo no es garantizar que todo el mundo tenga una influencia perfectamente equitativa —a fin de cuentas, siempre habrá algunas personas más interesadas en la política que otras—, sino tener oportunidades equitativas de influir en las políticas que se llevan a cabo. Y el modelo electoral, al menos cuando funciona bien, tiene algunas ventajas decisivas como mecanismo para conseguirlo. En una democracia idealmente representativa, todo el mundo tiene el mismo derecho al voto, así como oportunidades aproximadamente equitativas para postularse para un cargo y participar en el debate democrático de un modo más amplio. En este sistema, los representantes elegidos reflejan, en líneas generales, los puntos de vista y las preferencias de la población, y la necesidad de ser reelegidos proporciona un mecanismo para que los ciudadanos pidan explicaciones a sus representantes. Evidentemente, las democracias representativas reales están lejos de ser ideales.[25] Sin embargo, si se diseñan bien, las elecciones ofrecen un método probado y comprobado para lograr la igualdad política en una sociedad con millones o cientos de millones de ciudadanos.

¿Y qué pasa con la democracia directa? Este modelo tiene un dilatado pedigrí que se remonta a la primera «democracia», surgida en Atenas en torno al siglo v a. C., en la que la mayoría de las decisiones eran tomadas por una asamblea en la cual todos los ciudadanos (hombres) tenían derecho a asistir, hablar y votar.[26] Tiene un atractivo evidente como una forma de lograr la igualdad política, ya que todos podrían participar y no tendríamos que preocuparnos por las dificultades de responsabilizar a los representantes electos,[27] pero también presenta serios inconvenientes, especialmente cuando opera a gran escala. En la práctica, en cualquier asamblea democrática, algunas personas inevitablemente tienden a involucrarse mucho, mientras que la mayoría de los individuos asumen un papel secundario (incluso en la antigua Atenas, los historiadores calculan que tan solo 1.000 de un cuerpo de ciudadanos de alrededor de 30.000 estaban activamente comprometidos en la asamblea, mientras que un grupo aún más pequeño de alrededor de veinte «políticos profesionales» planteaba la mayoría de las políticas).[28] Lo que esto significa es que, incluso en una democracia directa, un pequeño grupo de miembros que participan plenamente se convierten, *de facto*, en representantes. Sin embargo, a diferencia del modelo electoral, no hay un mecanismo para asegurar que sean representativos de la población en general. Además, a medida que aumenta la escala de la comunidad, el modelo directo simplemente deja de ser una forma factible de tomar decisiones con alguna apariencia de igualdad política. Darle a cada uno de los 30.000 ciudadanos de Atenas tan solo diez minutos para hablar habría llevado más de un año, incluso si la asamblea se hubiera reunido durante doce horas al día todos los días. Como veremos, aunque la democracia directa tiene un papel importante a nivel local, simplemente no es factible a nivel nacional en una gran sociedad moderna.*

Las democracias antiguas, entre ellas la de Atenas, a menudo combinaban la democracia directa o «asamblearia» con el uso de los sorteos aleatorios para seleccionar a los ciudadanos para los cargos públicos.[29] Este método ha desaparecido completamente del discurso y la práctica políticos, pero el creciente descontento con el modelo electoral ha suscitado un reciente auge del interés por él.[30] La selección aleatoria tiene algunas ventajas reales: ofrece una alternativa más factible a las elecciones que la democracia directa y parece plantear una forma infalible de alcanzar la igualdad política, ya que por definición todo ciudadano tiene la misma oportunidad de ser seleccionado. Sin embargo, tampoco es una alternativa completamente atractiva frente a las elecciones. El problema fundamental es que la selección aleatoria dejaría a la mayor parte de la gente sin participación en el proceso formal de toma de decisiones. Tener la última palabra sobre decisiones políticas, incluso si solo es indirectamente a través de los representantes electos, es valioso por derecho propio; y existe el peligro de que, si la mayoría de las personas no tienen la oportunidad directa de participar

* En principio, la moderna tecnología de la comunicación implica que una forma de democracia directa basada en referéndums *en línea* podría ser técnicamente factible. Pero este sistema dejaría poco lugar, tal vez ninguno, a los partidos políticos, que, como veremos, desempeñan un papel vital. Aunque sin duda los referéndums tienen su relevancia, nadie creerá seriamente que podemos gestionar un gobierno moderno sobre la base exclusiva de los referéndums.

en la política, simplemente se desentenderán, lo que en realidad provocará un declive en la calidad y vitalidad del debate público.[31]

Parte del atractivo de estas alternativas es que —en un momento en que la confianza en la clase política es tan baja— eliminarían por completo la necesidad de partidos políticos y políticos profesionales. Pero no deberíamos descartar tan rápidamente estos elementos del modelo electoral. Al igual que en otros ámbitos de la vida, en la política también hay importantes beneficios derivados de la división del trabajo. Al crear un papel específico para los partidos políticos, los sistemas electorales son más propensos a fomentar la experiencia técnica sobre áreas políticas específicas y, quizá más importante aún, un tipo de experiencia inequívocamente «política»: la capacidad de articular y argumentar diferentes ideas sobre el tipo de sociedad en la que queremos vivir y de movilizar a las personas para generar cambios. Debemos recordar que la política democrática no trata simplemente de representar un conjunto fijo de intereses o características; más bien se trata de un proceso dinámico en el que las personas presentan diferentes visiones sobre cómo podemos resolver los problemas que afronta la sociedad. Los partidos políticos y los políticos desempeñan un papel fundamental en esta tarea, y es difícil imaginar una democracia saludable y vibrante sin ellos.[32]

A pesar de sus limitaciones, el modelo representativo presenta ciertas ventajas decisivas sobre otros sistemas alternativos que justifican su papel central en una democracia moderna a gran escala. Esto no equivale a desdeñar todas estas alternativas; aunque debemos atenernos a las elecciones como mecanismo central para lograr una igualdad política masiva, podemos y debemos mejorarlas dotando de un mayor protagonismo a la democracia directa en el ámbito local y con la selección aleatoria en el nacional. Un aumento de la participación directa ayudaría a insuflar nueva vida en el proceso democrático; en el próximo capítulo veremos cómo hacerlo. Pero antes tenemos que examinar cómo podemos mejorar el propio proceso electoral.

MEJORAR EL FUNCIONAMIENTO DE LAS ELECCIONES

Lograr que las elecciones funcionen mejor debería estar en el centro de cualquier programa serio de renovación democrática, y esto debe empezar con el propio sistema de votación. Hay dos modelos principales. El Reino Unido, Estados Unidos, Canadá y la India se cuentan entre el 28% de los países que actualmente eligen a sus representantes a su parlamento nacional utilizando el sistema mayoritario uninominal. Con este sistema, el país se divide en circunscripciones geográficas con un único representante, y en cada una de ellas gana el candidato con más votos. La principal alternativa al sistema mayoritario uninominal es la «representación proporcional», en la que los ciudadanos votan a un partido político y no a un candidato individual, y cada partido recibe un porcentaje de los cargos electos en proporción a su cuota de voto general. Casi el 40% de los países utilizan este sistema, entre ellos la mayoría de los países europeos y de las democracias «consolidadas» en todo el mundo.[33]

Desde la perspectiva de la igualdad política, la representación proporcional tiene ciertas ventajas evidentes.[34] La principal es que tiende a crear una mejor coincidencia entre los representantes elegidos y los puntos de vista de la población en su conjunto. Bajo la representación proporcional, los votos se traducen directamente en escaños, y en este sentido cada voto cuenta por igual, independientemente de dónde se emita ese voto: si el 10% de la población apoya a un partido político en particular, tendrá el 10% de los escaños en el parlamento. En cambio, bajo el sistema mayoritario uninominal, la distribución de escaños para un partido político determinado depende no solo de cuántos votos obtiene, sino también de dónde se encuentran esos votos. En un ejemplo hipotético, supongamos que el 10% de la población apoya a un partido cuyos votos están distribuidos de manera uniforme en cada circunscripción, lo que significa que obtiene el 10% de los votos en cada área. En un sistema proporcional, este partido obtendría el 10% de los escaños, pero bajo el sistema mayoritario uninominal no obtendría ninguno. Para esos votantes, es como si sus votos simplemente no contaran. Esto no es una posibilidad puramente teórica: en las elecciones generales de 2015, el Partido de la Independencia del Reino Unido obtuvo el 13% del voto nacional, pero solo ganó un escaño de un total de 650.[35]

Es habitual que a los críticos les preocupe que, al facilitar que los partidos pequeños obtengan escaños, la representación proporcional fomente el crecimiento de grupos extremistas que defienden plataformas antidemocráticas y llenas de odio. Es evidente que nadie comprometido con los valores democráticos y liberales quiere que este tipo de partidos consigan escaños en el parlamento, pero sería un error amañar nuestro sistema político para excluirlos solo porque no estamos de acuerdo con sus opiniones. Los sistemas de voto proporcional ofrecen un respiradero democrático para la ira y el descontento populista, y crean incentivos para que los partidos dominantes afronten los problemas sociales subyacentes y recuperen el voto. También hemos de recordar que los partidos pequeños pueden tener un papel valioso al señalar cuestiones específicas que han sido pasadas por alto, como a menudo ocurre con las formaciones «verdes». En todo caso, la experiencia europea sugiere que no existe una tendencia generalizada a que los partidos extremistas aumenten su número de votantes a lo largo del tiempo bajo los sistemas proporcionales.[36]

Los países con representación proporcional tienden a las democracias pluripartidistas, y las dificultades que afrontan los partidos más pequeños en el sistema mayoritario uninominal implica que estos países suelen estar dominados por dos grandes partidos. Esto apunta a la segunda razón que explica por qué la representación proporcional es más «representativa» que el sistema mayoritario uninominal. Dos partidos no lograrán representar del todo la amplia gama de puntos de vista políticos que se dan en la sociedad, y, si solo hay dos opciones viables, mucha gente acaba votando de mala gana a un partido que no se ajusta a sus propios valores. Otros muchos simplemente dejan de votar. En una democracia multipartidista, por el contrario, los ciudadanos tienen más probabilidades de encontrar un partido que se ajuste a sus creencias políticas.[37]

Los sistemas de votación proporcional también evitan situaciones perversas, endémicas en todos los países con sistemas mayoritarios uninominales, donde la influencia política se desvía hacia las llamadas circunscripciones «marginales» o «competitivas»; en otras palabras, aquellas con una posibilidad realista de cambiar de manos. Si medimos el «poder de voto» como la probabilidad de que el voto de alguien cambie el resultado de su circunscripción, y, por lo tanto, influya en el equilibrio nacional del poder, encontramos enormes diferencias entre los escaños marginales y los seguros: en el Reino Unido, los votantes del 10% de las circunscripciones más marginales ejercen aproximadamente treinta veces más «poder» que los que pertenecen a las de los escaños seguros.[38] Como resultado, los políticos tienden a concentrar su atención y sus recursos en esas zonas; un estudio sobre las elecciones generales en el Reino Unido en 2010 descubrió que los partidos gastan más del doble por voto en circunscripciones «ultramarginales» (aquellas que se ganan por menos del 1% de los votos) en comparación con las de escaños seguros; y en las elecciones de 2014, las circunscripciones marginales recibieron casi tres veces más donaciones que las de escaños garantizados.[39] Este problema es aún peor en países como Estados Unidos, en el que los políticos pueden establecer límites a las circunscripciones y han utilizado su poder para crear un número creciente de escaños seguros, con el resultado de que un número cada vez mayor de ciudadanos vive en circunscripciones en las que los políticos tienen pocos incentivos para responder a sus preocupaciones. Conceder tal poder a los políticos es un error de diseño básico que toda democracia seria debería abordar.[40]

Sin embargo, la democracia proporcional también tiene sus propios desafíos. En países con representación proporcional, la mayoría de los Gobiernos son coaliciones entre diferentes partidos y la política suele ser el producto de negociaciones entre bastidores. Esto puede dificultar que los votantes responsabilicen a los partidos por sus decisiones en el Gobierno, ya que siempre pueden culpar a sus socios de coalición, mientras que las dificultades para forjar coaliciones estables pueden conducir a la inestabilidad, como ha ocurrido en Israel, que en noviembre de 2022 celebró sus quintas elecciones en cuatro años. En contraste, bajo el sistema mayoritario uninominal, la mayoría de los Gobiernos están constituidos por un solo partido, lo que facilita a los votantes evaluar si han cumplido los compromisos del programa electoral y a menudo conduce a un Gobierno más estable. Aun así, es importante no exagerar la diferencia: un proceso similar de formación de coaliciones es necesario bajo el sistema mayoritario uninominal, solo que ocurre principalmente dentro de los principales partidos, que a su vez son coaliciones de varias facciones y grupos de interés, y, como resultado, en gran medida se oculta al público.

Los sistemas proporcionales también pueden hacer más difícil responsabilizar a los políticos individuales. Bajo el sistema mayoritario uninominal, los votantes de una circunscripción votan por una persona específica y pueden decidir si continúan apoyándola en las próximas elecciones. En cambio, bajo la forma tradicional de representación proporcional, donde las personas votan a partidos en lugar de a individuos, no hay un mecanismo real para hacer esto. Ahora bien, podemos incorporar mecanismos de responsabilidad individual en un sistema de votación proporcional, puesto que, en lugar del llamado modelo de «listas cerradas», donde los partidos deciden qué candidatos ocupan sus escaños, podemos adoptar el modelo de «listas abiertas», en el que los ciudadanos votan por un partido y por los candidatos que quieren que ocupen los escaños de ese partido. También podemos dividir un país en distritos más pequeños, cada uno con su propia lista de candidatos, con múltiples escaños que se asignan en proporción a los votos dentro de cada área; una especie de híbrido entre el sistema mayoritario uninominal y la representación proporcional.[41] La combinación de la representación proporcional con circunscripciones más pequeñas y formadas por varios miembros también tiende a reducir el número total de partidos viables, lo que a su vez puede mitigar la preocupación de que los sistemas proporcionales conduzcan a la fragmentación y a la inestabilidad.

Adoptar la representación proporcional puede ser un paso importante hacia la igualdad política en países como el Reino Unido y Estados Unidos, pero el éxito de cualquier sistema electoral depende de que los ciudadanos vayan a votar. Un alto nivel de participación fomenta una igualdad política significativa, ya que contribuye a garantizar una estrecha conexión entre los ciudadanos y sus representantes. Por desgracia, en las democracias más ricas la tendencia parece la contraria: en la OCDE, la participación general ha caído desde una media del 75% a principios de los noventa al 65% en la década de 2010.[42] Aún más inquietante es el hecho de que la participación se haya sesgado hacia los ricos: en la OCDE, es 12 puntos porcentuales más alta entre el 20% más rico que entre el 20% más pobre en el conjunto de la población, y esta brecha llega al 26% en Estados Unidos.[43]

Como hemos visto, el propio sistema de votación es parte del problema. La falta de opciones en el sistema mayoritario uninominal puede hacer que muchos votantes se sientan alejados de la política, y los votantes en los escaños garantizados tienen pocos incentivos para ejercer el voto. No es una sorpresa que los países con una representación proporcional tengan unos niveles de participación media significativamente más altos.[44]

Sin embargo, al margen del sistema de votación, hay varias medidas que todos los países pueden y deben adoptar para incentivar la participación y hacerla realmente representativa.

En primer lugar, hemos de hacer el proceso de votación lo más fácil posible garantizando la existencia de colegios electorales, ampliando el horario de votación y facilitando el voto anticipado y por correo. Como ya ocurre en la mayoría de los países —pero no en el Reino Unido y en Estados Unidos—, las elecciones deben celebrarse en fines de semana o días festivos. También debemos adoptar el registro de votantes universal y automático, ya que un registro más fácil aumenta la participación y reduce el sesgo a favor de los ricos. Muchos países democráticos ya han adoptado estas medidas, pero las votaciones en el Reino Unido y Estados Unidos aún requieren que los ciudadanos se registren activamente antes de las elecciones.[45] Las leyes de identificación del votante —los ciudadanos están obligados a mostrar un documento de identificación con fotografía para poder votar— representan otra barrera innecesaria para la participación. En Estados Unidos, donde estas leyes son habituales, su principal efecto ha sido reducir la participación de los votantes negros, de bajos ingresos y otros marginados, con pocos o ningún beneficio significativo en términos de reducir el fraude. La introducción de requerimientos identificativos para el votante en el Reino Unido en 2023 es un paso claro en la dirección equivocada.[46]

Junto a medidas para facilitar el voto, la participación se podría mejorar a través de la votación obligatoria respaldada por multas modestas. La votación obligatoria ya existe en veintiocho países, y la evidencia sugiere que aumenta la participación entre 10 y 15 puntos porcentuales, a la vez que reduce la brecha entre la participación de ricos y pobres.[47] Evidentemente, la votación obligatoria no es una panacea, y no debería distraernos de abordar las razones por las que tanta gente desconecta de la política, pero es una herramienta legítima. Los críticos señalan, con razón, que en cierto sentido esto podría limitar la libertad, pero, aunque el derecho al voto es una libertad básica, el derecho a «no» votar es menos importante: así como pedimos a los ciudadanos que paguen sus impuestos o que participen en un jurado, debemos ser capaces de exigir a la gente que vote si hacerlo es una forma eficaz de defender un interés público importante. ¿Y qué podría ser más importante que mantener una democracia fuerte y saludable?[48]

ARREGLAR LA «INFRAESTRUCTURA CRÍTICA» DE LA DEMOCRACIA

El primer paso hacia la renovación democrática pasa por reforzar los mecanismos electorales que resultan clave para una democracia representativa sana. Sin embargo, como hemos visto al inicio del capítulo, la democracia es mucho más que las votaciones y las elecciones; también implica garantizar que todo el mundo tiene la misma oportunidad de contribuir al proceso más amplio del debate y la deliberación democráticos. En este contexto, la igualdad depende tanto de la comprensión ilustrada como de la participación efectiva. En otras palabras, todo el mundo debe tener la oportunidad de informarse respecto a cuestiones políticas importantes, lograr que se escuchen sus puntos de vista y persuadir a otros y dejarse persuadir por ellos.

En una democracia representativa moderna, estas oportunidades están inevitablemente mediadas a través de ciertas instituciones, las más importantes de las cuales son los partidos políticos y los medios de comunicación, que se basan en las libertades de expresión y asociación, sin las cuales no podrían cumplir su función democrática. Pero garantizar estos derechos no es suficiente. Nuestro fracaso a la hora de pensar cuidadosa y creativamente en cómo regular y financiar partidos y medios de comunicación ha permitido que los ricos los dominen, con consecuencias desastrosas. Arreglar esta infraestructura democrática crítica es un aspecto fundamental en cualquier programa serio de reforma política.

Partidos políticos

Empecemos echando un vistazo a los partidos políticos. Son esenciales para organizar la deliberación democrática y desarrollar una competencia técnica y política valiosa. Además, constituyen un foro en el que las personas con valores e intereses similares pueden unirse y centrarse en los problemas de la sociedad y cómo resolverlos. Por último, son uno de los vehículos más importantes a través del cual los ciudadanos pueden defender y difundir sus ideas colectivamente. En consecuencia, la igualdad política depende de que todo el mundo tenga las mismas oportunidades de influir en los partidos. Y, sin embargo, la realidad actual es que esa influencia está desproporcionadamente en manos de donantes ricos y empresas poderosas.

Las actividades de los partidos políticos —dirigir campañas para las elecciones, desarrollar nuevas ideas y políticas— cuestan dinero y en muchos países una proporción significativa de la financiación procede de donantes privados, lo que abre un canal directo para que los ciudadanos más pudientes logren una influencia política extra. Algunos países limitan las donaciones en un nivel relativamente bajo, lo que limita la influencia de cualquier individuo aislado. En Bélgica, por ejemplo, las donaciones individuales a los partidos políticos tienen un límite de 500 euros al año, pero en otras muchas naciones los límites a las donaciones se sitúan en un nivel más allá del alcance de la mayoría de los ciudadanos: en Estados Unidos, por ejemplo, el límite se establece en 30.000 dólares por persona; y en el Reino Unido y otros doce países de la OCDE no existe límite alguno. Más de dos tercios de las naciones de la OCDE también permiten donaciones de empresas. Algunos países, como el Reino Unido, intentan limitar el papel del dinero en la política imponiendo restricciones al gasto total, pero sin límites a las donaciones individuales, con lo cual los partidos tienen un fuerte incentivo para recaudar dinero de unos pocos y grandes donantes.[49]

Aunque la evidencia internacional sobre quiénes realmente donan dinero a los partidos es difícil de rastrear, los datos disponibles muestran que las donaciones están muy sesgadas hacia individuos ricos y grandes empresas. Un estudio realizado por la economista Julia Cagé descubrió que, en Francia y el Reino Unido, solo el 10% de todos los donantes representan más de dos tercios de todas las donaciones.[50] Sin embargo, más que en cualquier otra democracia avanzada, es en Estados Unidos donde destacan la cantidad de dinero privado que interviene en la política y la medida en que este proviene de una clase de donantes rica y poco representativa. Las elecciones en Estados Unidos son sorprendentemente costosas:[51] los gastos en las elecciones presidenciales y al congreso de 2020 superaron los 14.000 millones de dólares, con un coste promedio por escaño de casi veinte millones de dólares para el Senado y de más de dos millones para la Cámara de Representantes (en ambos casos, un aumento de más del 170% en términos reales desde que se tienen registros en 1986).[52] Casi todo este dinero procede de donaciones privadas, ya que, aunque existen límites a las contribuciones individuales, estos se pueden eludir financiando a los

Comités de Acción Política, o PAC, por sus siglas en inglés, supuestamente independientes. (Desde una sentencia del Tribunal Supremo en 2010, los PAC tienen permitido gastar una cantidad ilimitada de recursos en apoyo a sus candidatos predilectos). Las donaciones políticas en Estados Unidos están dominadas por los ultrarricos: una décima parte de la décima parte del 1 % de los estadounidenses aportó casi la mitad del dinero que se gastó en las elecciones federales de 2012, mientras que ciento treinta y dos megadonantes ofrecieron más de diez millones de dólares cada uno a los Comités de Acción Política, superando el total recaudado de más de 3,7 millones por pequeñas donaciones para las campañas presidenciales rivales de Obama y Romney.[53] Como cabría esperar, la clase donante es más rica, más blanca y más masculina que la población media, y sus miembros tienden a manifestar opiniones más «conservadoras» que el estadounidense medio.[54]

El papel del dinero privado en la financiación de los partidos políticos distorsiona la democracia en muchos sentidos. Parte del problema reside en que los donantes ricos se aseguran beneficios directos a cambio de sus donaciones; a veces legalmente, otras no. Sin duda no es una coincidencia que en el Reino Unido muchos de los individuos que han contribuido con grandes sumas reciban el título honorífico de caballeros o sean elevados a la Cámara de los Lores, y que en Estados Unidos se concedan cargos en embajadas a los donantes políticos.[55] Para las empresas, el premio de estas generosas donaciones suele ser una regulación más favorable. Sin embargo, el impacto de todas las donaciones privadas es mucho más profundo que este tipo de *quid pro quo* directo. La evidencia anecdótica sugiere que los miembros del Congreso de Estados Unidos pasan la mitad de su tiempo en actividades relacionadas con la recaudación de fondos.[56] A veces, los partidos adaptan deliberadamente su plataforma o elección de candidatos para apaciguar a los donantes, pero la influencia de estos también refleja un proceso más inconsciente de ósmosis social e intelectual que tiene lugar cuando los políticos pasan mucho tiempo alrededor de este grupo no representativo. Y, por supuesto, las donaciones no solo afectan a quién se presenta para un cargo y en qué plataforma, sino que también influyen en quién gana y eventualmente ostenta el poder.[57]

Así pues, ¿cómo podemos romper el control del dinero privado sobre la política? El primer paso sería introducir restricciones estrictas a las donaciones. Si queremos que todos tengan una oportunidad razonablemente equitativa de influir en los partidos de esta manera, entonces las contribuciones individuales deben estar limitadas a un nivel que esté al alcance de todos, por ejemplo, unos pocos centenares de libras. Los políticos tendrían que apelar al conjunto de votantes potenciales en lugar de concentrar sus esfuerzos en una élite pequeña y no representativa. Las donaciones empresariales deberían prohibirse por completo, aunque hay un argumento a favor de permitir contribuciones de sindicatos y otros grupos de defensa con una afiliación masiva. En todo caso, la restricción a las donaciones debe incluir los regalos no monetarios y las contribuciones en especie, que las empresas a veces utilizan para ganar influencia política.

Imponer límites estrictos a las donaciones políticas es controvertido. En Estados Unidos, el Tribunal Supremo ha vetado reiteradamente la legislación que pretende introducirlos sobre la base de que violaría el derecho a la libre expresión amparado por la Primera Enmienda. Estas sentencias han hecho que sea prácticamente imposible reducir el creciente papel del dinero privado en la política estadounidense, y argumentos similares se han utilizado habitualmente para defender el *statu quo* en el Reino Unido y otros países. Independientemente de cuáles sean las razones de esta jurisprudencia a partir de la interpretación de la Constitución de Estados Unidos —y se ha suscitado un debate al respecto—, se basan en la premisa errónea de que una libertad básica (en este caso, la libertad de expresión) debe tener una prioridad absoluta sobre otra (la igualdad política). Como explicamos en el capítulo 1, tanto la libertad de expresión como la igualdad política son libertades básicas fundamentales, y necesitamos equilibrarlas de la forma que mejor proteja el interés general a la hora de vivir en una sociedad libre y democrática. Un límite a las donaciones es, sin duda alguna, un requisito previo para una igualdad política significativa, y no limita el contenido del discurso ni favorece directamente un punto de vista en particular.[58]

Como es improbable que las pequeñas contribuciones voluntarias sostengan las actividades fundamentales que llevan a cabo los partidos, estos límites deben combinarse con un sistema de financiación pública. Este concepto está ampliamente aceptado, y la práctica totalidad de los países de la OCDE lo aplican de una u otra forma,[59] pero su generosidad e idoneidad es extremadamente variable, y en los últimos años la tendencia ha ido en la dirección contraria; de hecho, países como Estados Unidos, Italia y Canadá han reducido o incluso abolido los subsidios estatales.[60]

En una época en la que la confianza en los políticos es tan baja, no es fácil argumentar a favor de gastar más en política. Sin embargo, es esencial para una verdadera igualdad en este ámbito. El desafío clave es garantizar que los subsidios se concederán independientemente de quien gobierne en un momento determinado; de otro modo, los políticos en el cargo abusarán del sistema para favorecer a su propio partido. Para evitar este problema, la mayoría de los países asignan financiación estatal en función del resultado de las elecciones anteriores, de modo que el partido que ha logrado más escaños recibirá más dinero.[61] Ahora bien, este sistema retrospectivo tiende a favorecer a los políticos en ejercicio y crea algo similar a un «dilema» para los nuevos partidos: necesitan financiación para ganar elecciones, pero tienen que ganar elecciones para garantizarse la financiación.[62]

El sistema que más nos acerca a la igualdad política es poner la financiación directamente en manos de los ciudadanos bajo la forma de «vales de democracia», una asignación anual de, por ejemplo, cincuenta libras con la que todo ciudadano podría contribuir al partido o candidato que quisiera.[63] Este sistema podría coexistir con las donaciones privadas limitadas a un nivel bajo o sustituirlas por completo. Los vales de democracia transformarían nuestro sistema político: ofrecerían a todo el mundo la misma oportunidad de influir en los partidos políticos a través de donaciones; brindarían a los partidos un incentivo para comprometerse con el espectro más amplio posible de votantes; y reforzarían el compromiso popular con la política, fomentando debates entre amigos y familiares respecto a qué partido presenta el mejor programa y quién merece su vale. Este modelo también tiene el potencial de convertir la recaudación de fondos en un asunto comunitario: un evento social o una cena para recaudar fondos para cien personas con vales de 50 libras podría reunir 5.000 libras.[64] También facilitaría la aparición de nuevos partidos, y, dado que los vales se emitirían anualmente, la financiación de los partidos respondería rápidamente a los cambios en la opinión pública.

Aunque los vales democráticos se han discutido en círculos políticos durante algún tiempo, ya no son una quimera filosófica.[65] En 2017, Seattle introdujo el primer esquema de vales democráticos para las elecciones locales después de un referéndum en la ciudad. Durante cada ciclo electoral (cada dos años), a cada residente se le otorgan cuatro vales de 25 dólares que podrá donar a cualquiera de los candidatos registrados. Los candidatos pueden decidir si participan en el proyecto y acuerdan no aceptar donaciones privadas superiores a 250 dólares. Ha habido tres elecciones con este sistema, y en cada ocasión casi todos los candidatos se han atenido a él. Un estudio de los dos primeros ciclos electorales, realizado por economistas de la Universidad de Washington, descubrió que el número de donantes individuales creció un espectacular 350%; muchos de ellos no habían efectuado donaciones políticas con anterioridad. Estas elecciones también fueron más competitivas; el proyecto produjo un aumento del 86% en el número de candidatos y supuso un mayor desafío para los políticos que defendían su plaza.[66] Ha llegado el momento de introducir este tipo de proyecto a nivel nacional. Aun así, esto no eliminará por completo la injusta influencia de los individuos ricos y de las empresas, que podrán salvaguardar su dominio de los partidos financiando a los *lobbies* y grupos de defensa e interés. Este tipo de organizaciones también pueden desempeñar un valioso papel democrático, ayudando a los ciudadanos a unirse y a que su voz sea escuchada, y proporcionando información útil y experiencia a los legisladores, por ejemplo, respecto a qué nuevas regulaciones medioambientales podrían afectar a una industria en concreto, o cómo nuevas carreteras o viviendas afectarán a comunidades específicas. Pero sus actividades están inevitablemente moldeadas por quienes las financian, que, dada la situación actual, en su mayoría son grandes empresas e individuos ricos. Los datos más fidedignos (y preocupantes) sobre este tema provienen de Estados Unidos, donde, por cada dólar gastado en *lobbies* por sindicatos y grupos de interés público en 2012, las grandes corporaciones y sus asociaciones gastaron treinta y cuatro.[67] Las consecuencias deberían preocuparnos a todos: según una revisión de más de trescientos estudios por parte de la OCDE, la acción de los *lobbies* ha «conducido a una mala distribución de recursos públicos, ha reducido la productividad y ha perpetuado las desigualdades sociales», obstaculizando la acción para tratar algunos de los problemas de política pública más importantes de nuestro tiempo, desde la regulación de la industria tabacalera y el abordaje de la obesidad hasta la regulación financiera y, por supuesto, la lucha contra el cambio climático.[68]

Si somos serios acerca de la igualdad política, al menos necesitamos máxima transparencia respecto a las interacciones entre *lobbies* y grupos de defensa, funcionarios públicos y políticos. Pero la transparencia por sí sola no es suficiente.[69] Como ha señalado el politólogo Lee Drutman, la influencia que tienen estos grupos proviene no solo, o no principalmente, de dar dinero, sino de moldear las decisiones que toman nuestros representantes al ofrecerles la información y experiencia que necesitan, puesto que estos carecen del tiempo y los recursos para recabarlas por sí mismos. Si queremos reducir la influencia de los lobistas, necesitamos proporcionar una financiación más generosa para la investigación y experiencia internas, e invertir más en organizaciones verdaderamente independientes que puedan suministrar a los legisladores información imparcial sobre una amplia variedad de políticas, como la Biblioteca de la Cámara de los Comunes en el Reino Unido y el Servicio de Investigación del Congreso en Estados Unidos.[70] También deberíamos intentar reequilibrar el peso de la actividad de los propios *lobbies*, de manera que refleje mejor la opinión pública en lugar de quién tiene los bolsillos más llenos, por ejemplo, fijando límites sobre cuánto pueden gastar las empresas en *lobbies* y explorar formas innovadoras de financiar la defensa de temas infrarrepresentados.[71]

Los medios de comunicación

Junto con los partidos políticos, los medios de comunicación —prensa, operadores de radiodifusión y, progresivamente, también las plataformas de redes sociales— son una parte esencial de la infraestructura crítica de una democracia. Son a un tiempo un foro esencial para la deliberación y la promoción pública y una fuente clave de hechos e información, o «noticias». Evidentemente, hay todo tipo de noticias, algunas de las cuales, como los últimos cotilleos de las celebridades, tienen escasa relevancia para la democracia. Desde la perspectiva de la igualdad política, lo que importa es la producción y difusión de lo que podríamos llamar «noticias de interés público», que incluyen hechos sobre los problemas que afrontamos como sociedad y cómo abordarlos; sobre la gestión del Gobierno y si nuestros líderes políticos están cumpliendo sus promesas, y sobre qué piensan nuestros conciudadanos.

Para que los medios cumplan su papel democrático, es obvio que tienen que estar libres de la censura o de la intromisión del Gobierno. La gente tiene que sentirse libre para expresar su opinión y criticar al Gobierno sin miedo; y, como vimos en el capítulo anterior, el principio de libertades básicas de Rawls impone un listón muy alto para las restricciones legales a la libertad de expresión política. Sin embargo, en una democracia sana también necesitamos un sistema de medios de comunicación que sean una fuente de información fiable y diversa, en el sentido de reflejar la variedad de puntos de vista que existen en la sociedad y, fundamentalmente, que no estén controlados por una pequeña élite.[72]

No es probable que el mercado de los medios de comunicación presente estas cualidades por sí mismo. Las noticias, como los hechos y el conocimiento en general, son lo que los economistas llaman un «bien público»; es decir, un bien cuya disponibilidad no disminuye en función del uso y del que resulta difícil excluir a la ciudadanía: mi lectura de las noticias no reduce la capacidad de otra persona de leerlas, y es difícil (aunque no imposible) evitar que la gente acceda a las noticias una vez que se han producido. Los mercados tienden a proporcionar bienes públicos en cantidad insuficiente, y las noticias no son una excepción. Producir noticias —al contrario que difundirlas— es una actividad que cuesta tiempo y dinero; como mínimo, implica pagar a reporteros experimentados y capacitados y que tienen el tiempo y la experiencia para analizar e interpretar lo que está sucediendo. Algunas de las noticias de interés público que tienen un mayor valor son fruto del periodismo de investigación (como sacar a la luz los encuentros secretos entre políticos y líderes empresariales). Este tipo de periodismo puede ser terriblemente caro, con historias individuales que pueden alcanzar cientos de miles de libras, y quienes producen noticias originales a menudo tienen dificultades para cubrir sus costes, dado que generalmente otros medios pueden reproducirlas de forma gratuita.

Así pues, desde una perspectiva económica, siempre existe el peligro de que el mercado no produzca las suficientes noticias de interés público. En la práctica, la producción de noticias ha dependido históricamente de las suscripciones de los lectores y de los ingresos por publicidad. Este modelo dista mucho de ser ideal, porque otorga a las grandes empresas la capacidad de influir en las noticias, puesto que siempre pueden amenazar con retirar sus ingresos por publicidad. Pero el auge de internet ha desmantelado por completo este modelo, ya que tanto los lectores como los anuncios han pasado a ser digitales. Algunas organizaciones han podido adaptarse introduciendo suscripciones *en línea* y páginas web de pago; otras han reducido costes gracias a las nuevas tecnologías y a la colaboración con otros medios en grandes investigaciones. Pero el panorama general nos indica que los recursos disponibles para producir noticias de interés público se han desplomado. En Estados Unidos, el número de empleados en la «redacción» de los periódicos, las emisoras de radio y televisión, y los medios *en línea* ha caído un 26% entre 2008 y 2020.[73] El problema es más severo en el caso de los medios locales: en el Reino Unido, 321 periódicos locales han cerrado en los últimos diez años; y en Estados Unidos ha cerrado uno de cada cinco desde 2004, lo que ha dejado a cinco millones de ciudadanos sin prensa local y a sesenta millones con un único medio.[74] La decadencia de los periódicos locales se asocia a un aumento de la corrupción, a una menor participación en las elecciones, a que se presenten un menor número de candidatos y a una mayor probabilidad de que los cargos elegidos revaliden su mandato.[75]

Junto a los retos económicos de crear noticias de interés público está el hecho de que no siempre es fácil distinguir entre la información fiable y la directamente falsa o engañosa, lo que se conoce como *fake news*.[76] Se trata de un problema creciente, en parte gracias a la facilidad con la que la desinformación se difunde en las redes sociales. Como resultado, cada vez es más difícil establecer la base de hechos compartidos que resulta tan fundamental en toda democracia, con consecuencias cada vez más perniciosas.[77] La continua difusión de información falsa y engañosa sobre las elecciones presidenciales de 2020 en Estados Unidos, alentada activamente por el presidente Trump y buena parte del Partido Republicano, ha conllevado que casi dos años más tarde la mayoría de los republicanos se nieguen a aceptar que el presidente Biden fue elegido legítimamente.[78] En el contexto de la pandemia de covid, la desinformación sobre las vacunas fue letal.[79]

Estrechamente vinculada a la cuestión de las *fake news* está la hiperparcialidad de los medios de comunicación. Los medios no solo presentan los hechos, también los seleccionan e interpretan, a menudo en función de su particular sesgo político. No hay nada malo en la parcialidad *per se*. El problema surge cuando la frontera entre los hechos y las opiniones se difumina, lo que dificulta que los ciudadanos puedan establecer la diferencia, como ocurre con las principales cadenas de televisión por cable de Estados Unidos, como la Fox o MSNBC.[80] La tendencia hacia una mayor parcialidad no es una casualidad, sino que es una consecuencia predecible de las decisiones a la hora de regular los medios de comunicación en países como Estados Unidos, lo que ha hecho que se centren sobre todo en las ganancias, lo cual, en la práctica, implica generar un contenido extremo y sensacionalista.

No podemos depender del mercado de los medios de comunicación para que nos suministre hechos fiables ni para que ofrezca pluralismo y diversidad. De hecho, hay una tendencia natural a que el mercado de los medios esté dominado por unos pocos grandes actores. En parte, esto es el resultado de significativas «economías de escala» en las que el coste de producir noticias tiende a ser menor para las grandes organizaciones. También refleja los conocidos como efectos de «red»: la gente quiere leer el mismo periódico o estar en la misma plataforma que los demás.[81] Aunque internet ha reducido los costes del acceso y la distribución de la información, propiciando la proliferación de medios *en línea* más pequeños (muchos de los cuales se limitan a reciclar las noticias creadas en otra parte), los boletines de televisión y las webs de noticias siguen siendo las fuentes más populares y suelen estar dominados por unos pocos actores principales.[82] En el Reino Unido, cinco empresas acaparan el 80% del mercado de periódicos nacionales impresos y *en línea*, y cinco conglomerados representan el 80% de todas las cabeceras de noticias locales.[83]

Lo preocupante de todo esto es que estas empresas suelen estar controladas por unos pocos individuos ricos, con programas políticos e intereses propios. En el Reino Unido, seis multimillonarios poseen su propio medio o tienen la mayoría de derecho de voto en los periódicos nacionales, entre ellos Rupert Murdoch, cuyo News UK posee el *Sun* y el *Sun on Sunday*, *The Times* y el *Sunday Times*, y Lord Rothermere, que preside Daily Mail y General Trust, posee *Daily Mail*, el *Mail on Sunday*, el *Metro* y el *i*.[84] Las dificultades económicas afrontadas por los medios de comunicación en la última década han exacerbado, en todo caso, este problema, puesto que las organizaciones de medios son cada vez más dependientes de la generosidad de los superricos, que están dispuestos a hacerse cargo de medios con problemas o que sufren pérdidas a cambio de prestigio e influencia política, como Jeff Bezos, fundador de Amazon, que compró el *Washington Post* en 2013.[85] Esta inquietante concentración de la propiedad también afecta a las redes sociales; el más reciente ejemplo es la adquisición de Twitter por Elon Musk en 2022, que otorgó a la persona más rica del mundo el control de la plataforma de redes sociales políticamente más influyente.

Necesitamos encontrar urgentemente un modelo económico que pueda fomentar la producción de noticias de interés público fidedignas y con un grado saludable de pluralismo y diversidad. Un regreso a los ingresos basados en la publicidad no es probable ni obviamente deseable, dada la forma en que esto crea incentivos para buscar clics, a menudo a expensas de la calidad o la exactitud; el modelo basado en subscripciones es, en el mejor de los casos, una solución parcial; y el reciente crecimiento de la financiación filantrópica es a la vez una bendición y una maldición, ya que entrega más poder a unos pocos individuos pudientes, por bienintencionados que sean. Como resultado, toda solución a largo plazo tendrá que incluir, casi con total seguridad, el papel significativo de la financiación pública. Y, sin embargo, aunque muchos países democráticos tienen algún tipo de subsidio de los medios públicos, es habitual que estos sistemas estén muy lejos de lo ideal.[86]

El reto central es diseñar un mecanismo para proporcionar dinero público sin comprometer la libertad e independencia de la prensa. Una opción es financiar directamente medios de comunicación de titularidad pública, como es el caso de la BBC en el Reino Unido. Podemos definir el alcance de una corporación de medios públicos de la manera que mejor apoye la democracia; así, por ejemplo, podemos utilizar este planteamiento para asegurarnos de que haya periodistas dedicados a informar sobre el Gobierno, tanto a nivel central como local, y para financiar análisis originales y reportajes de investigación. A una empresa de medios públicos también se le puede exigir el cumplimiento de estándares especialmente estrictos en términos de objetividad respecto a los hechos e imparcialidad política, lo que contribuirá a ofrecer una fuente de información digna de confianza para todos. Por último, este modelo también puede satisfacer la necesidad de diversidad, al ofrecer lo que se conoce como «pluralismo interno», en el que una única institución se hace cargo de una amplia variedad de puntos de vista. Sin embargo, para que este planteamiento funcione, también debemos garantizar que toda empresa de medios de comunicación públicamente financiados sea de veras independiente. No hace falta buscar mucho para entender cómo estas organizaciones se pueden convertir en instrumentos al servicio de los políticos en el poder; Russia Today, propiedad del Estado, es un ejemplo especialmente flagrante. Aunque lejos de la perfección, la BBC ha cosechado un gran éxito en este sentido, y sigue siendo la fuente de información que más confianza suscita en el Reino Unido; nos brinda un patrón a partir del cual podemos trabajar.[87]

Aunque pudiéramos garantizar la independencia política de una corporación de medios públicos, en una democracia sana no solo necesitamos pluralismo interno, sino también externo. En otras palabras, necesitamos múltiples medios con diferentes perspectivas, planteamientos e incluso agendas políticas. La mejor forma de lograrlo sería con la introducción de un sistema de vales para los medios.[88] Como en el caso de los vales de democracia, se entregaría a los ciudadanos una cierta cantidad de dinero para que estos pudieran enviarlo a medios de comunicación elegibles. Dado que el propósito de esta estrategia sería fomentar noticias de interés público rigurosas y fidedignas, necesitaríamos encontrar una forma de restringir la elegibilidad a organizaciones que produzcan un contenido relevante (¡no hay por qué financiar revistas de coches o de jardinería!). Al mismo tiempo, deberíamos condicionar los subsidios al cumplimiento de ciertos estándares, supervisados de forma independiente, en cuanto a la precisión de los hechos, la integridad y el respeto a la ley.[89] Esta estrategia también podría diseñarse con el propósito explícito de promover el pluralismo mediático; por ejemplo, limitando la cantidad de dinero de los vales que puede ir a parar a una única empresa.

Los vales de los medios deberían vincularse a ciertos estándares mínimos de objetividad en los hechos, pero ¿también deberían condicionarse a la imparcialidad política? Aunque necesitamos algunas fuentes imparciales de información —y una corporación de medios públicos puede cumplir esa función—, no es necesario que cada medio sea imparcial. Lo importante es que los ciudadanos sepan lo que están recibiendo.[90] Como mínimo, deberíamos exigir que las nuevas organizaciones sean transparentes respecto a su financiación y a sus lealtades políticas directas. Más allá de esto, podríamos adoptar un marco regulatorio estratificado, como sugirió la experta en medios Lara Fielden, que propuso tres niveles: operadores de radiodifusión legalmente regulados y cuyo cometido es fomentar la imparcialidad; «medios privados éticos», que aceptan una autorregulación voluntaria y un alto grado de integridad y rendición de cuentas; y «medios privados de referencia», que se atendrían a unos mínimos estándares legales, por ejemplo en relación con los discursos peligrosos, la difamación y la privacidad.[91] Estos niveles irían acompañados de un programa de calidad obligatorio, de modo que los consumidores supieran qué esperar de los diferentes proveedores, con lo cual podríamos incentivar a dichos proveedores para adoptar los elevados estándares asociados con los «medios privados éticos», restringiendo los vales a esos medios y fomentando así las noticias de interés público sin violar la libertad de expresión ni introducir ninguna forma de censura.

Junto a un nuevo modelo de financiación pública, también debemos explorar nuevos modelos de propiedad de los medios que distribuya el poder, acabando con el monopolio de los magnates ricos. A fin de cuentas, la empresa lucrativa no es necesariamente apropiada para nuevas organizaciones cuyo propósito sería ofrecer un bien público enormemente importante. Por ejemplo, podemos fomentar —o incluso exigir— que las nuevas organizaciones se gestionen sobre una base sin ánimo de lucro en la que los accionistas serían sustituidos por mecenas individuales que contribuirían a los medios de comunicación a cambio de deducciones fiscales, como ha sugerido Julia Cagé. También podríamos cambiar las reglas de gestión empresarial para los medios de comunicación a fin de conceder una mayor influencia a los pequeños inversores y alejando así el control de los grandes accionistas; y podríamos establecer límites máximos a la participación que cualquier individuo pueda tener.[92]

MÁS ALLÁ DE LAS ELECCIONES

Incluso si implementásemos todo lo que hemos comentado hasta ahora —la aceptación de la representación proporcional y la transformación de la financiación de los medios de comunicación y los partidos políticos—, las elecciones seguirían siendo una manera bastante rudimentaria de comunicar nuestras opiniones y responsabilizar a los políticos. Nuestros representantes seguirían teniendo una considerable discreción sobre qué políticas apoyar, con lo cual podrían utilizarla para perseguir sus propios intereses, e inevitablemente seguirían estando influidos por la red de administradores no elegidos, funcionarios públicos, *lobbies* y asesores que los rodean.[93] Para contrarrestar la tendencia de los políticos profesionales a alejarse de la gente a la que supuestamente representan, hemos de abrazar nuevas formas de participación directa, de modo que los ciudadanos «ordinarios» puedan hacer oír su voz independientemente de la clase política. La combinación de democracia electoral y democracia directa nos acercará a una verdadera igualdad política en mayor grado que cualquiera de los dos sistemas por separado.

Aumentar la participación directa en la política también tiene otros beneficios. Por encima de todo, puede favorecer un proceso de toma de decisiones más informado y eficaz: si bien los políticos profesionales poseen experiencia técnica y política, también necesitamos inspirarnos en el conocimiento de los ciudadanos. El valor de esto resulta más evidente en el nivel local, donde los residentes suelen tener una comprensión más certera de cómo aplicar las políticas a la realidad, tanto si se trata de cambios en infraestructuras, como nuevas carreteras o viviendas, o de la prestación de servicios públicos, como autobuses y escuelas. La propia experiencia de la participación también puede tener grandes beneficios para los individuos y para la sociedad en su conjunto al fomentar la sensación de iniciativa y comunidad, y al reforzar los valores de los que depende la democracia.

Afortunadamente, nuevos métodos de participación están empezando a revigorizar el pensamiento democrático y su práctica en el mundo. Descubrir cómo integrarlos en las democracias a gran escala representa una estimulante nueva frontera para la renovación democrática.

Una de las ideas más prometedoras en este sentido es el «presupuesto participativo», por el que se entrega a las comunidades locales el control de los presupuestos y estas deciden cómo invertirlos en reuniones públicas abiertas. En este sentido fue pionera Porto Alegre, una ciudad de aproximadamente 1,5 millones de habitantes en el sudeste de Brasil, donde, desde 1988, una proporción significativa del gasto público del Gobierno local se ha repartido según un proceso participativo público.[94] Primero, los ciudadanos se reúnen en asambleas «plenarias», abiertas a todos los residentes, que están organizadas tanto por barrios como en torno a temas específicos de la ciudad, como el transporte público y la cultura. En estas asambleas, los ciudadanos deliberan y luego eligen delegados que forman consejos encargados de establecer prioridades de gasto más específicas. Estos consejos celebran sus propias reuniones abiertas con residentes y asociaciones de la sociedad civil en toda la ciudad, para escuchar sus ideas y evaluar proyectos específicos, antes de presentar propuestas de nuevo ante las asambleas plenarias originales. Una vez que estas propuestas han sido aprobadas, cada asamblea elige delegados para un consejo ciudadano que desarrolla un presupuesto integral para toda la ciudad que, finalmente, se somete a la aprobación del alcalde elegido de la ciudad.

El modelo de Porto Alegre ha suscitado un enorme interés y diversos experimentos prácticos con el presupuesto participativo; un estudio de 2019 identificó más de 11.000 ejemplos en el mundo real en 71 países. Aunque Sudamérica fue líder mundial en este sentido, ahora Europa tiene más programas.[95] En Estados Unidos, la primera prueba se lanzó en Chicago en 2009; y desde 2011, el número de participantes y dólares implicados en todo el país se ha doblado cada año.[96]

El éxito de los proyectos de participación directa de este tipo depende, como siempre, de un cuidadoso diseño. La prioridad más importante es intentar garantizar que los participantes son representativos de la población en un sentido amplio. También tenemos que encontrar la forma de incorporar el tipo de experiencia de la que los ciudadanos suelen carecer a la hora de elaborar los presupuestos y en los detalles de áreas políticas específicas, desde la planificación de los barrios a la lucha contra la pobreza. Por último, si nos tomamos en serio la participación de los ciudadanos en la política democrática, entonces ha de existir la voluntad de entregar poder de toma de decisiones real; de otro modo nadie se molestará en participar.

La experiencia de Porto Alegre demuestra que estas condiciones se pueden reunir. Su proyecto ha logrado un impresionante nivel de compromiso popular, con un 8 % de presencia de adultos en al menos uno de los encuentros de un típico ciclo presupuestario.[97] Puede parecer una cifra modesta, pero es un nivel de participación directa muy superior al que encontramos en la práctica totalidad de las democracias electorales. Y no ha quedado circunscrito a las élites educadas: los ciudadanos más pobres —así como los indígenas y afrobrasileños, que tienden a participar menos en la política electoral convencional— están bien representados, y el proyecto ha propiciado un cambio relevante en la inversión en las zonas más pobres de la ciudad.[98] La inclusión de elementos representativos —en especial, la elección de delegados— implica que este grupo más reducido y responsable de desarrollar políticas específicas puede adquirir la experiencia necesaria con el apoyo de funcionarios públicos. La mayoría de estos representantes ciudadanos también están activamente involucrados en organizaciones benéficas y grupos comunitarios, y una nutrida red de organizaciones de la sociedad civil ha sido vital para el éxito general del programa.[99] Lo que distingue a Porto Alegre de muchos otros proyectos de presupuesto participativo es que otorga a los ciudadanos un poder real sobre decisiones locales importantes.

Debemos expandir la toma de decisiones participativa. Funciona mejor a una escala razonablemente pequeña, y probablemente la población de Porto Alegre, de 1,5 millones de habitantes, se acerque al límite superior de lo que resulta factible. Por consiguiente, también depende de la existencia de un sistema político en el que el nivel local atesora un poder considerable. En algunos países ya ocurre así; pero en otros, como el Reino Unido, donde el poder está fuertemente centralizado, tendría que formar parte de un proceso de descentralización de gran envergadura. Hay un debate independiente sobre qué decisiones deben tomarse a qué nivel: decisiones sobre seguridad nacional, política macroeconómica y la generosidad del sistema del bienestar, por ejemplo, se toman mejor a nivel nacional; mientras que aquellas relacionadas con la vivienda local, infraestructuras y servicios públicos pueden adoptarse mejor a nivel regional, municipal o más local. La extensión de la participación directa también depende de cuánto estén dispuestas las personas a dedicarse al proceso democrático. Deberíamos abordar esta pregunta con mente abierta, sondeando la inclinación popular a medida que avanzamos.

Así como la democracia directa puede ayudar a revitalizar la política local, la selección aleatoria puede hacerlo a nivel nacional. Como hemos visto, a pesar de su atractivo intuitivo como forma de consolidar la igualdad política a gran escala, la selección aleatoria no es un sustituto creíble del modelo electoral en su totalidad, porque no da a los ciudadanos en su conjunto la última palabra sobre decisiones democráticas. Por esta razón, es mejor usarla de un modo más «consultivo», con propuestas sujetas a aprobación por parte de representantes elegidos o en un referéndum. Desde esta perspectiva, la principal ventaja de este método es el conocimiento que puede brindar sobre lo que piensa una muestra razonablemente representativa de la población acerca de un tema en particular, lo que a su vez puede contribuir a mejorar la calidad de la deliberación y el debate democráticos. Por supuesto, podemos obtener esta información de manera más rápida y económica utilizando encuestas de opinión convencionales. Sin embargo, la selección aleatoria ofrece una visión no solo de las opiniones políticas de las personas, sino también de las conclusiones a las que llegarían después de una reflexión cuidadosa.[100] Los resultados de este tipo de ejercicio pueden ofrecernos una mejor idea tanto de lo que piensan nuestros conciudadanos como de lo que podríamos pensar nosotros si tuviéramos tiempo y acceso a expertos y si habláramos con personas más allá de nuestro grupo social inmediato.*

Aunque ignorado durante muchos años, este olvidado método democrático está regresando.[101] La provincia canadiense de la Columbia Británica se embarcó en el primer experimento moderno a gran escala con una selección aleatoria en 2004, cuando convocó una «asamblea de ciudadanos» de unas cien personas para desarrollar una propuesta de reforma electoral. Después de reunirse cada fin de semana durante más de un año, su recomendación se sometió a referéndum. (Aunque logró el apoyo de la mayoría de los votantes, nunca se implementó porque el voto no alcanzó el umbral de participación requerido del 60%). Desde entonces, otros países, como Islandia, Países Bajos e Irlanda, han adoptado un método similar para abordar un amplio rango de cuestiones constitucionales importantes. En Irlanda, las propuestas planteadas por las asambleas ciudadanas tuvieron un papel crucial en convencer a una población históricamente conservadora para votar a favor de la legalización del matrimonio homosexual en 2015

* El argumento a favor de la selección aleatoria es especialmente poderoso cuando afronta cuestiones relativas al propio proceso político, que hemos debatido en este capítulo. En líneas generales, un partido en el poder querrá mantener el sistema que lo ha llevado hasta ahí y frenará las reformas populares que puedan amenazar su posición. La selección aleatoria también tiene la ventaja de abordar cuestiones a largo plazo, como el cambio climático o el envejecimiento de la población, que podrían descuidarse dados los incentivos a corto plazo del ciclo electoral.

y el aborto en 2018.[102] Un planteamiento similar podría abrir un camino en cuestiones igualmente espinosas en países como Estados Unidos, donde las opiniones de la población sobre el aborto, por ejemplo, son considerablemente más matizadas que las que se expresan en el debate político dominante, lo que sugiere que un grupo de ciudadanos «ordinarios» podría encontrar una solución que garantizara un amplio apoyo.[103]

El argumento a favor de la selección aleatoria depende de que los participantes representen a una población más amplia.[104] Esto se puede conseguir a través de un proceso de invitación cuidadosamente diseñado, junto con medidas prácticas para asegurar que todos los invitados podrán participar, como pagar a la gente por su tiempo, exigir a los empleadores que otorguen permisos laborales y apoyar a quienes tienen la responsabilidad de cuidar a alguien, etc. También debemos pensar minuciosamente en cómo fomentar un debate informado y respetuoso en el que todo el mundo se sienta cómodo para participar. Así, por ejemplo, el debate debería ser moderado por expertos que aporten información imparcial sobre el tema objeto de discusión, y por coordinadores con formación capaces de crear un ambiente en el que todo el mundo tenga la oportunidad de contribuir, no solo las personas más confiadas y con un tono de voz más imperativo. Al contrario de lo que sugieren los temores planteados por los pesimistas, la evidencia nos dice que los ciudadanos comunes son perfectamente capaces de participar en un debate exhaustivo sobre cuestiones políticas complejas, y que muchas personas cambian de opinión después de involucrarse en un proceso así.[105]

¿Cómo podemos incorporar la selección aleatoria al funcionamiento habitual del gobierno democrático? Hay dos planteamientos básicos. El primero es ampliar y formalizar su uso para tratar aspectos específicos y como parte del proceso de votación estándar. En la actualidad, la decisión de iniciar una asamblea ciudadana sobre una determinada cuestión o someter a votación una propuesta está en manos de los políticos elegidos. Por el contrario, podríamos permitir que los ciudadanos convoquen una asamblea, del mismo modo en que muchos estados de Estados Unidos permiten a sus ciudadanos plantear un referéndum si se garantiza un número determinado de partidarios. También podemos incluir este método en las elecciones y referéndums. En el estado de Oregón, por ejemplo, las propuestas de referéndum (o «Iniciativas Ciudadanas») se envían primero a una «Revisión de Iniciativa Ciudadana», que reúne a veinte o veinticinco votantes representativos para escuchar a los defensores y detractores de la medida que se va a someter al voto popular, así como la opinión de los expertos. El grupo se reúne durante cuatro o cinco días, y plantea en un informe lo que considera que son los argumentos clave de cada bando; este informe se envía a todos los ciudadanos antes de la votación.[106] Podríamos adoptar un proceso similar antes de las elecciones, pidiendo a un panel de ciudadanos elegidos al azar que elaboren un informe sobre los programas de los principales partidos políticos.

El segundo y más ambicioso planteamiento consiste en establecer una «cámara de ciudadanos» seleccionada al azar para formar parte del poder legislativo. Podría tener un papel consultivo, similar al de la Cámara de los Lores en el Reino Unido hoy en día, o un derecho compartido de ratificación, similar a la forma en que tanto la Cámara de Representantes de Estados Unidos como el Senado deben aprobar la legislación antes de que pueda convertirse en ley. Evidentemente, habría muchos detalles por resolver: cómo seleccionar exactamente a los representantes y cuánto tiempo deberían servir, cómo facilitar una deliberación rigurosa, cómo evitar que los participantes sean atraídos por intereses monetarios, etc.[107] Sin embargo, este tipo de parlamento híbrido conservaría las ventajas del modelo electoral al tiempo que incorpora la selección aleatoria en el corazón de nuestras estructuras democráticas modernas.

A pesar de los defectos de nuestros sistemas políticos actuales, el apoyo al ideal democrático está vivo, y hay una serie de emocionantes nuevas formas en las que podemos lograr la igualdad política. Las propuestas de este capítulo —representación proporcional, un nuevo sistema de financiación de partidos y medios de comunicación, más participación directa— romperían el dominio de los donantes ricos y aumentarían el compromiso popular en la toma de decisiones colectiva. Reformar la democracia de esta manera es esencial y una condición previa para todo programa de renovación social y económica. Y, sin embargo, incluso el sistema político mejor diseñado tendría problemas ante las extremas desigualdades de ingresos y patrimonio que existen en la mayoría de los países actuales. En última instancia, como argumentaba Rawls, si estamos comprometidos con la igualdad política, también tendremos que reducir directamente esas desigualdades.[108] Tras haber examinado en detalle las implicaciones del primer principio de Rawls, en los próximos capítulos descubriremos cómo su segundo principio puede guiarnos para lograr precisamente esto: conseguir una verdadera igualdad de oportunidades y garantizar que la sociedad realmente trabajará para «el mayor beneficio de los menos favorecidos».

Capítulo 6
IGUALDAD DE OPORTUNIDADES

Hemos visto que el primer principio de Rawls puede ayudarnos a defender nuestras libertades básicas y a renovar la democracia. Y, sin embargo, por fundamental que esto sea, no basta para hacer frente al justificado malestar que bulle en el seno de la sociedad actual. Este descontento hunde sus raíces en un modelo económico quebrantado que empuja al mundo natural al desastre; que sigue permitiendo que la clase, la raza y el género influyan en las oportunidades de la gente, y que canaliza progresivamente los beneficios de la actividad económica en unos pocos privilegiados.

Existe un consenso cada vez mayor en que nuestro sistema económico necesita una reforma en profundidad, pero no hay acuerdo sobre cómo debería ser esta reforma ni sobre qué es exactamente aquello a lo que debemos aspirar. Como vimos en la introducción, durante las últimas décadas el discurso político ha estado dominado por un neoliberalismo severo e individualista que combina una atención obtusa a la eficiencia económica y el crecimiento con una fe casi religiosa en los beneficios del libre mercado. Esta forma de pensar ha excluido ideas alternativas sobre cómo sería una economía justa y sostenible; como el filósofo Fredric Jameson expresó en una frase célebre, a veces parece más fácil imaginar el fin del mundo que el fin del capitalismo.[1]

Hay señales de que esto está empezando a cambiar. Cuestiones sobre sostenibilidad y desigualdad, que durante largo tiempo fueron relegadas a los márgenes de nuestro debate público, se instalan con fuerza en la agenda. Aunque nuestros Gobiernos han fracasado singularmente a la hora de abordar la emergencia climática y ecológica, al menos existe un creciente consenso de que este es un reto crucial de nuestra época, y hay muchas ideas respecto a lo que tenemos que hacer. También hay un debate cada vez más urgente sobre por qué la desigualdad ha aumentado mucho en las últimas décadas y sobre cómo podemos reducirla.[2] Pero como vimos en la introducción, nos sigue faltando un marco ético y filosófico subyacente que pueda unirlo todo y ofrecer una alternativa realmente sistemática al neoliberalismo.

Por eso las ideas de Rawls son esenciales. En los tres últimos capítulos, veremos cómo pueden guiarnos hacia una nueva economía política a un tiempo inconfundiblemente liberal y fuertemente igualitaria, y que sitúa la sostenibilidad en su centro. Es importante recordar que los dos aspectos de su segundo principio —la igualdad equitativa de oportunidades y el principio de diferencia— operan juntos. Según Rawls, la justicia económica no consiste solo en garantizar una competencia justa por los diferentes puestos, sino en asegurarse de que los «premios» vinculados a esos puestos —ingresos, patrimonio y prestigio social— son justos. Al mismo tiempo, todo lo que hacemos para promover las oportunidades y aumentar las opciones vitales de los más desfavorecidos debe respetar nuestras obligaciones hacia las generaciones futuras, lo que incluye nuestro deber fundamental de conservar los ecosistemas vitales de los que depende la sociedad. Como veremos, cuando abordamos cuestiones económicas, el potencial transformador de las ideas de Rawls cobra plena vigencia tanto en la forma de entender el liberalismo como en la manera de organizar nuestra sociedad.

Empezaremos, como hace Rawls, observando cómo podemos ir más allá de la retórica vacía y cumplir la promesa de la igualdad de oportunidades para todos. Tal como vimos en el capítulo 1, la igualdad «equitativa» de oportunidades —en oposición a la meramente formal— depende de dos cosas: en primer lugar, los empleos y puestos deben asignarse en virtud del talento y no por el nepotismo o el prejuicio; y, en segundo lugar, todo el mundo debe tener la misma oportunidad de desarrollar sus talentos y habilidades. En este capítulo, analizaremos cómo podemos reducir la influencia de la clase, la raza y el género en las opciones vitales de la población. Por supuesto, la gente también sufre discriminación y falta de oportunidades debido a la sexualidad, religión, discapacidad, etc., pero es imposible explorar todas las aplicaciones de este importante principio en un capítulo. No obstante, examinar en detalle estas tres categorías centrales bastará para demostrar la validez general del planteamiento. Como veremos, aunque la igualdad de oportunidades sea una idea conocida, ponerla en práctica exigirá cambios profundos en nuestra sociedad y en nuestra economía.

OPORTUNIDADES PERDIDAS

¿Hasta qué punto queda lejos la igualdad equitativa de oportunidades? Para responder a esta pregunta, primero hemos de entender en qué sentido las diferencias en cuanto a los recursos de la familia o los progenitores —o lo que podríamos considerar como «clase social»— influyen en las opciones de los niños en la vida. Hay muchas formas de evaluarlo: podemos considerar si los niños con padres con un mayor nivel de educación reciben más educación a su vez, o si los niños nacidos de padres con empleos profesionales tienen más probabilidades de desarrollar esos mismos trabajos en la vida adulta. La variable más ampliamente utilizada y accesible es la relación entre los ingresos y el salario de los padres y lo que los hijos ganarán cuando sean adultos. Es lo que generalmente se conoce como «movilidad social» (o, para ser más precisos, «movilidad de ingresos intergeneracional»).

En una sociedad con una perfecta igualdad de oportunidades esperaríamos encontrar una débil relación entre los recursos de los padres y los ingresos de los hijos. Los hijos de entornos ricos y pobres se beneficiarían del mismo sistema escolar, tendrían acceso a las mismas oportunidades, competirían por el mismo tipo de empleos y acabarían recibiendo una remuneración similar. En consecuencia, esperaríamos encontrar un elevado nivel de movilidad social: los hijos de familias pobres tendrían opciones similares de acabar siendo ricos que los descendientes de familias acomodadas de acabar en la pobreza. Evidentemente, incluso en una situación de perfecta igualdad de oportunidades, podríamos esperar encontrar «cierta» relación entre los recursos de los progenitores y la retribución de los hijos: los padres ricos podrían transmitir rasgos genéticos económicamente valiosos o criar a sus hijos con valores que les indujeran a priorizar el trabajo.[3] Pero, en general, una fuerte relación entre los recursos de los padres y los ingresos de los hijos es un poderoso indicador de que una sociedad está fracasando a la hora de ofrecer oportunidades realmente equitativas.[4]

Esto es exactamente lo que encontramos en las democracias ricas del mundo. Los niños que nacen en hogares ricos tienen más probabilidades de ser ricos en la edad adulta.* Observando la OCDE en su conjunto, en torno al 40% de lo que los hombres ganan como adultos se explica por lo que ganaron sus padres a una edad similar: un hombre cuyas ganancias paternas estuvieran 10.000 libras por encima de la media nacional podría esperar ganar 4.000 libras más que la media.[5] Aunque existen diversas estimaciones del vínculo exacto entre los recursos de los padres y los ingresos de los hijos en las democracias ricas, esta relación es sistemáticamente más fuerte en el Reino Unido y Estados Unidos, y más débil en Noruega, Dinamarca y Finlandia; en estos tres países, los ingresos del padre representan menos del 20% de la cantidad que ganarán sus hijos.[6] El hecho de que haya una movilidad social mucho mayor en algunos países es un importante recordatorio de que la transmisión de la desigualdad de una generación a otra no es una verdad inmutable de la vida, sino una realidad que puede ser moldeada por la política pública.

Si miramos más allá de estas cifras generales, descubriremos que la movilidad es especialmente baja en la parte superior e inferior de la distribución de ingresos.[7] En otras palabras, encontramos suelos y techos «viscosos»: los hijos nacidos en familias ricas tienen más probabilidades de seguir siendo ricos, y los hijos nacidos en familias pobres tienen más posibilidades de permanecer en una situación de miseria. En cambio, si observamos la media de distribución de ingresos, parece haber una mayor movilidad. Imaginemos que dividimos la sociedad en cinco grupos iguales, o quintiles, del más rico al más pobre. En una sociedad con una perfecta movilidad social, los niños nacidos en el quintil más pobre tendrían la misma oportunidad (el 20%) de acabar en cualquiera de los otros quintiles, y otro tanto podría decirse de los niños nacidos en el quintil más rico. En realidad, tanto en el Reino Unido como en Estados Unidos, más del 30% de las personas nacidas en el quintil más bajo se quedan en él, y menos del 10% llegan al quintil superior. Aún más sorprendente es la proporción en

* En la práctica, la mayoría de los estudios han examinado la relación entre los ingresos de los progenitores masculinos y los hijos. En parte se ha hecho por razones técnicas y relacionadas con la recopilación de datos, incluyendo el hecho de que ahora las mujeres tienen más probabilidades de trabajar que sus madres, pero esto también refleja, probablemente, la escasez de mujeres economistas y el amplio desdén que la disciplina concede al sexo y al género.

la que los niños nacidos en los hogares más privilegiados tienden a quedarse en la cima: en torno al 40% de los que nacen en el quintil superior se quedan ahí, y menos del 10% caen al quintil inferior.[8] Esto sugiere que necesitamos un planteamiento de doble vía para desbloquear las oportunidades: primero, hay que abordar la falta de oportunidades para quienes crecen en los hogares más pobres; y, segundo, se debe afrontar lo que se conoce como «acaparamiento de oportunidades» entre los más ricos.

Las comparaciones internacionales también revelan que los países con mayor desigualdad, como el Reino Unido y Estados Unidos, tienden a presentar una movilidad más baja; y la menor desigualdad se asocia a una movilidad mayor.[9] Esto se debe a que los padres con más ingresos generalmente son capaces de ofrecer mejores oportunidades a sus hijos, y en sociedades más desiguales los padres tienen mayores incentivos para utilizar su dinero para proporcionar a sus descendientes una ventaja competitiva. En Estados Unidos y el Reino Unido, donde los ingresos son tan desiguales y donde entrar en una universidad importante puede conllevar enormes diferencias de ingresos y estatus social, no es una sorpresa que los padres se esfuercen por garantizar las mejores oportunidades para sus hijos, invirtiendo decenas o incluso cientos de miles de libras en educación privada durante el proceso.[10] Por el contrario, en países relativamente equitativos, como Noruega y Dinamarca, los padres pueden tener la confianza de que sus hijos tendrán un nivel de vida razonable al margen de las circunstancias, y por esa razón este imperativo no es tan acuciante.

El hecho de que países más desiguales presenten una movilidad inferior nos recuerda que, aunque sea útil distinguir entre igualdad de oportunidades e igualdad de resultados, en la práctica las dos están estrechamente relacionadas: los resultados de los padres son las oportunidades de los hijos, y mientras algunos niños crezcan en la pobreza, la igualdad de oportunidades seguirá siendo un objetivo escurridizo. A fin de cuentas, es imposible que los niños tengan un buen rendimiento escolar si viven en hogares abarrotados o no comen lo suficiente, y la pobreza dificulta que los padres ofrezcan a sus hijos el amor y el apoyo que necesitan. Hay una evidencia clara, por ejemplo, de que las dificultades económicas provocan estrés y generan conflictos parentales que dificultan la crianza, todo lo cual puede frenar el desarrollo de los niños y conllevar problemas de comportamiento. Un estudio descubrió que, cuando un progenitor pierde su trabajo, las posibilidades de que su hijo repita un curso escolar aumentan en un 15%; otro estudio reveló que los niños cuyas madres tenían empleos inestables manifestaban más problemas de comportamiento.[11] Aunque en la siguiente sección nos centraremos en el papel del sistema educativo, si nos tomamos en serio la igualdad de oportunidades, también necesitamos eliminar la pobreza y reducir la desigualdad directamente. Cómo conseguirlo será el tema de los dos últimos capítulos del libro, cuando abordemos las implicaciones del principio de diferencia de Rawls.[12]

EDUCACIÓN Y OPORTUNIDADES PARA TODOS

Nuestro fracaso a la hora de ofrecer a los niños las mismas oportunidades se refleja en la gran brecha en el rendimiento educativo que existe entre los que nacen en familias ricas y los nacidos en familias pobres. Se manifiesta antes de la escolarización de los niños, suele aumentar a medida que crecen y culmina en enormes diferencias en cuanto a competencias y cualificaciones cuando son adultos. En el Reino Unido y Francia, los niños nacidos en el 20% de las familias más ricas tienen tres veces más posibilidades de obtener una licenciatura que aquellos que nacen en el 20% de las familias más pobres, y en Estados Unidos la probabilidad es cinco veces mayor.[13] Estas diferencias en los logros educativos tienen enormes consecuencias no solo en los ingresos de las personas, sino también en su estatus social y el acceso a la vida cultural y política.

Poner freno a esta brecha debe empezar en los que se conocen como «años tempranos», es decir, los primeros cinco años de vida aproximadamente. Disponemos de un enorme corpus de evidencias que avalan la importancia crítica de este periodo en el desarrollo posterior del niño, su capacidad para beneficiarse de la escolarización formal y sus oportunidades económicas en la vida adulta.[14] La diferencia en «preparación escolar» entre los niños más ricos y los más pobres a la edad de cinco años es, sorprendentemente, de diecinueve meses en el Reino Unido y llega hasta los veintidós en Estados Unidos, lo que significa que los niños más pobres necesitarán casi dos años extra para ponerse al nivel de sus compañeros ricos.[15]

Estas desigualdades entre los niños muy pequeños están en gran medida alimentadas por sus experiencias en casa. Como hemos señalado antes, en parte esto refleja diferencias en las condiciones de vida material, como el acceso a una alimentación, una vivienda y una sanidad dignas, lo cual, a su vez, interactúa con diferencias en los estilos y habilidades de los padres en la crianza de los hijos. De hecho, más que ningún otro factor, el desarrollo del niño durante estos primeros años cruciales depende de la capacidad de sus padres o cuidadores de crear un ambiente enriquecedor y estimulante.[16] Sabemos, por ejemplo, que los niños con una relación más estrecha con sus padres y con una hora de acostarse más regular tienen menos posibilidades de desarrollar problemas de comportamiento, y que actividades sencillas como leer y hablar a los niños pueden tener un gran impacto en su desarrollo cognitivo.[17] Además de implementar medidas para aliviar la pobreza y la inseguridad, que debatiremos en el próximo capítulo, debemos hacer más para ayudar directamente a los padres en este periodo; por ejemplo, mejorando el acceso a clases sobre educación de los hijos, con una mejor atención a la salud mental de los padres con niños pequeños y mediante visitas al hogar de profesionales de la salud y trabajadores sociales, porque ha demostrado ser efectivo.[18] Este tipo de servicios garantizaría que todos los padres tengan acceso a la información que necesitan, y ayudaría a identificar a los que necesitan un apoyo más intensivo.

Ahora bien, hay límites claros a la intervención del Estado en la vida familiar cotidiana. Esto nos lleva de vuelta al papel crucial que tiene el sistema educativo a la hora de establecer unas condiciones equitativas y compensar algunas de las diferencias que los niños experimentan inevitablemente en casa, empezando con la educación a una edad temprana o «preescolar». Uno de los primeros y mejor diseñados estudios para demostrar el potencial de los primeros años de educación es el Perry Preschool Project, que se llevó a cabo en Míchigan en los años sesenta con un grupo de familias negras pobres cuyos hijos estaban en riesgo de abandono escolar. Entrevistas de seguimiento a lo largo de cuarenta años demostraron que los antiguos participantes tuvieron más probabilidades de acabar la escuela secundaria e ir a la universidad y menos probabilidades de ser arrestados, y que tenían más ahorros, un sueldo mayor y una mejor relación con su familia.[19] Otros estudios y experimentos, entre ellos los centrados en programas a gran escala e incluso universales, han confirmado el descubrimiento básico de que los programas preescolares de alta calidad —con un personal bien formado, una baja ratio de alumnos y un interés en el aprendizaje y el desarrollo— pueden ayudar a conseguir un mayor rendimiento educativo, un aumento de los ingresos, la caída de la dependencia de la asistencia social y una menor tasa de criminalidad.[20] Además, los hijos de las familias más pobres tienden a beneficiarse más de estas iniciativas, lo que aumenta la movilidad social. En Noruega, un importante incremento del cuidado infantil financiado a mediados de los setenta redujo la relación entre los ingresos de los progenitores y los de los hijos —que ya eran de los más bajos del mundo— en un 10% adicional.[21]

Las últimas décadas han sido testigos de una significativa expansión de los primeros años de educación en muchas democracias avanzadas. Y, sin embargo, pese a su importancia para el desarrollo de los niños, el gasto público por niño es inferior al que se dedica para las escuelas y universidades.[22] Por otra parte, los niños procedentes de familias pobres tienen menos oportunidades de participar, aunque sean los que más se beneficien de ello. En algunos países, la brecha es muy grande: tanto en Francia como en Irlanda, los niños menores de tres años procedentes de familias con ingresos altos tienen más de cuatro veces más probabilidades de recibir educación formal en los primeros años.[23] Una de las razones más importantes que explican esta situación es que, en contraste con la escolarización obligatoria, generalmente subvencionada por el Estado, a menudo las familias tienen que sufragar por adelantado el coste total o parcial de la etapa preescolar, y muchos hogares con ingresos bajos sencillamente no pueden permitírselo.

Si realmente queremos equilibrar la balanza para los niños más pequeños, debemos establecer un derecho legal universal a una educación de gran calidad en los primeros años, que posiblemente deba empezar en cuanto se acaben los permisos de maternidad y paternidad, como se hace en muchos países europeos, entre ellos Dinamarca, Alemania, Finlandia y Noruega.[24] La forma más directa de fomentar una participación generalizada, especialmente para los niños de ambientes desfavorecidos, es que sea gratis para todos. Sin embargo, un planteamiento más selectivo también puede funcionar, como ocurre en Dinamarca, donde los primeros años de educación son gratis para los hogares más pobres y a un precio muy reducido para quienes tienen ingresos moderados.[25] Dinamarca es uno de los países donde los niños de familias de bajos ingresos tienen tantas probabilidades de recibir educación preescolar como los niños de familias acomodadas. Aunque la financiación selectiva suele ser la forma más barata de garantizar un acceso equitativo para los hogares más desfavorecidos, podríamos considerar la gratuidad para toda la educación preescolar en virtud de los beneficios que se derivan de ella. En particular, este planteamiento podría fomentar tanto la igualdad de género (tema que retomaremos más adelante en este capítulo) como el crecimiento económico, ya que incluso pequeñas mejoras en el desarrollo temprano de los niños acaban amortizándose a través del impacto en el rendimiento escolar y universitario, y posteriormente en futuros ingresos.[26] En todo caso, garantizar un amplio acceso a la educación de calidad en los primeros años requerirá una significativa inversión pública: en Dinamarca, esta representa en torno al 1,3 % del PIB, casi el doble de la media de la OCDE, un 0,7 %; una cifra que empequeñece el mísero 0,3 % que se gasta en Estados Unidos.[27]

En la mayoría de los países, invertir más en los primeros años de la educación debería ser la prioridad principal para fomentar la igualdad de oportunidades, ya que esta es el área en la que la política actual está más alejada de donde tiene que estar. Pero también hemos de repensar urgentemente el sistema educativo, en el que, pese a la llegada de la educación universal financiada públicamente, los padres ricos siguen siendo capaces de garantizar mejores oportunidades para sus hijos.

El problema más flagrante en muchos países es el papel de las escuelas privadas «de pago».[28] En el Reino Unido, la tarifa para las escuelas privadas es de 15.700 libras al año de media en 2020-2021, cifra que asciende a más de 44.000 libras para los internados más caros y prestigiosos como Eton, mientras que el ingreso disponible anual medio por hogar se sitúa en torno a las 31.000 libras.[29] Por consiguiente, la mayoría de estudiantes de las escuelas privadas proceden del 10 % de los hogares más ricos.[30] Estos niños se benefician de un muy superior nivel global de inversión en educación, puesto que las escuelas privadas del Reino Unido tienen tres veces más recursos por alumno que una escuela pública típica y utilizan esos recursos para contratar a profesores más cualificados, para disponer de una menor ratio de alumnos en el aula y para realizar una mayor variedad de actividades extracurriculares. Los niños de estas escuelas también se benefician de un positivo «efecto entre iguales» al estar junto a otros alumnos a menudo seleccionados en función de su rendimiento académico (que, como hemos visto, está influido por el entorno familiar y las oportunidades antes de la escolarización).[31] Para aquellos lo suficientemente afortunados como para recibir una educación privada, la experiencia generalmente conlleva ventajas de por vida: en el Reino Unido, los exalumnos de escuelas privadas ganan un 41% más de media a los treinta años que sus compañeros educados en escuelas públicas. También dominan la mayoría de las profesiones de élite; representan el 63% de los abogados, el 59% de los banqueros y financieros, y el 52% de los periodistas, a pesar de constituir solo el 7% de la población.[32]

¿Cómo deberíamos abordar el impacto de las escuelas de pago en la igualdad de oportunidades? Como mínimo, deberíamos eliminar la financiación pública que las escuelas de pago reciben en muchos países, así como las ventajas fiscales que obtienen por estar registradas como organizaciones benéficas en el Reino Unido. Pero si nos tomamos en serio la igualdad de oportunidades, sería mejor abolir las escuelas de pago por completo. Aquí no se trata de juzgar a los padres por querer lo mejor para sus hijos, sino de diseñar el sistema escolar de una manera coherente con nuestro compromiso de brindar a cada niño un comienzo justo en la vida.[33]

Para descubrir cómo lograrlo, podemos observar el caso de Finlandia, que cambió su constitución a principios de los años setenta para prohibir a las escuelas cobrar tasas de matrícula para la educación «básica» u obligatoria. Antes de la reforma, Finlandia tenía un enorme sector privado en educación, que abarcaba a más de la mitad de los estudiantes de la escuela secundaria superior.[34] Después de la reforma, la mayoría de estas escuelas pasaron a formar parte del sector público (aunque un pequeño número de escuelas finlandesas siguen en manos de empresas privadas, no pueden cobrar matrículas). Hoy, el sistema educativo finlandés es ampliamente considerado como uno de los mejores del mundo, y supera a muchos países en pruebas internacionales en ciencias, matemáticas y comprensión lectora, entre ellos a muchos con grandes sistemas de financiación privada. También es uno de los más equitativos del mundo: un estudio de la OCDE llegó a la conclusión de que «ningún otro país tiene tan poca variación en los resultados entre escuelas, y la brecha dentro de las escuelas entre los estudiantes que tienen los mejores y los peores resultados es extraordinariamente modesta».[35] Por supuesto, la ausencia de escuelas de pago no es la única razón por la cual el sistema educativo de Finlandia es tan exitoso, pero la experiencia de este país muestra que actuar así no tiene por qué ser a expensas de la calidad general; en todo caso, es probable que tenga el efecto contrario.[36]

Aunque la mayoría de nosotros acepta que el Estado puede prohibir o regular actividades obviamente «perniciosas» como la contaminación, la idea de impedir que la gente gaste su dinero en algo «bueno» como la educación puede parecer ilógica. Quienes critican la abolición de las escuelas privadas señalan que esto limitaría las libertades de los padres. Pero ¿acaso la libertad de gastar más dinero en una educación privada es más importante que alcanzar la igualdad equitativa de oportunidades? Aunque Rawls no comentó este aspecto específico, es precisamente el tipo de pregunta que su principio de libertades básicas está diseñado para responder. Este principio destaca algunas libertades económicas, como el derecho a la propiedad personal y a elegir una ocupación, como derechos tan relevantes que tienen prioridad incluso sobre la igualdad de oportunidades. Se trata de libertades básicas porque constituyen un requisito previo realmente esencial para vivir una vida libre y perseguir nuestros sueños y ambiciones. Pero la libertad de gastar grandes sumas de dinero en educación privada o transmitir cantidades ilimitadas de riqueza a través de herencias y regalos sencillamente no tiene la misma importancia.

Una preocupación estrechamente relacionada es que prohibir las escuelas de pago podría facilitar el camino hacia intervenciones más intrusivas y preocupantes. Si estamos dispuestos a evitar que los padres gasten dinero en educación, ¿qué deberíamos hacer con actividades como leer cuentos a los niños antes de dormir o presentar a los adolescentes a amigos con buenos contactos, actividades que brindan ventajas a algunos niños que otros no tienen, pero que ninguna persona sensata querría prohibir? Como vimos en el capítulo 1, el principio de libertades básicas puede ayudarnos a determinar los límites de hasta dónde puede llegar el Estado para promover la igualdad de oportunidades. Los padres deberían tener la libertad de leer cuentos a sus hijos antes de dormir y presentarles a sus amigos, porque, a diferencia de la escolarización privada, tener este tipo de libertades es vital para mantener relaciones saludables entre padres e hijos.[37]

Prohibir las escuelas de pago significaría hacer frente a la forma más directa en que los padres pueden usar su riqueza para garantizar ventajas educativas para sus hijos. Pero incluso en el sistema de educación pública, es habitual que las familias ricas logren acceder a los mejores centros. El problema es especialmente grave en países como Estados Unidos, en el que el 45 % de la financiación para las escuelas públicas procede de fuentes locales (principalmente de impuestos sobre la propiedad). En consecuencia, las escuelas situadas en los barrios más pobres del país invierten un 15 % menos por alumno, lo que aproximadamente equivale a 1.500 dólares al año.[38] Incluso en países como el Reino Unido, en el que la financiación está más centralizada, los padres ricos pueden, efectivamente, «comprar» una plaza en las mejores escuelas al mudarse dentro del «área de captación» escolar relevante, mientras que los hogares más pobres a menudo son excluidos debido a los precios; las viviendas cercanas a las escuelas mejor valoradas cuestan aproximadamente un 12 % más que las viviendas similares cerca de las peores escuelas.[39]

¿Cómo sería un sistema justo de financiación escolar? A primera vista, invertir la misma cantidad en cada niño parece un objetivo atractivo, y en muchos países ya supondría una mejora del *statu quo*. Pero la financiación equitativa no basta para hacer frente a las desventajas que los niños de hogares y barrios más pobres y con un menor nivel educativo afrontan en casa. Si queremos tomarnos en serio la igualdad equitativa de oportunidades, tendremos que gastar más dinero en los niños que viven en entornos más desfavorecidos. Este era el propósito del «premio al alumno» introducido en Inglaterra en 2011, una beca concedida a escuelas con niños procedentes de familias con bajos ingresos, así como la nueva «fórmula de financiación nacional», implementada en Inglaterra en 2018, cuyo objetivo es asignar la financiación educativa de una forma sistemática en todo el país, teniendo en consideración diversas medidas para paliar las necesidades de los más desfavorecidos.[40] Una «fórmula de financiación ponderada» de este estilo es, sin duda, el camino correcto, al ofrecer una forma coherente de destinar los recursos educativos donde más se necesitan.[41] Las estimaciones que usan datos de Estados Unidos sugieren que educar a los estudiantes con desventajas respecto al nivel de sus compañeros más privilegiados requiere una inversión extra de entre el 25 y el 100 % por alumno.[42] En el Reino Unido, las escuelas más necesitadas reciben un 25 % extra por alumno (inferior al 30-35 % que recibían en el curso 2009-2010), y la brecha en el rendimiento escolar sigue siendo grande, lo que indica que el coste real fácilmente podría escorarse hacia el límite superior en este rango.[43]

Cómo se gasta el dinero es tan importante como el nivel de financiación. Se sabe cada vez más cómo diseñar un sistema educativo para apoyar a los niños de ambientes desfavorecidos. Por ejemplo, obligar a los niños que se han quedado atrás a repetir curso parece especialmente pernicioso. También sabemos que segregar a los alumnos por competencias a una edad temprana —como defienden algunos en las escuelas secundarias del Reino Unido, una práctica habitual tanto en Austria como en Alemania, donde la selección académica empieza a los diez años— tiende a tener un impacto negativo en los alumnos con menor rendimiento, que a menudo son los más desfavorecidos, sin que aumente el rendimiento medio. Por el contrario, deberíamos abrazar el modelo «integral», en el que niños de diferentes habilidades acuden a las mismas escuelas, y evitar separar por competencias hasta una edad posterior. También deberíamos fomentar la integración entre diferentes grupos raciales y socioeconómicos, ya que los niños de entornos desfavorecidos suelen tener un mejor rendimiento en escuelas socialmente mixtas.[44] Podríamos, por ejemplo, hacer que fuera más difícil para los padres ricos comprar el acceso a las mejores escuelas ampliando el radio de captación y ofreciendo transporte público a los alumnos que viven en zonas alejadas, y recurrir a sorteos para asignar plazas en escuelas muy demandadas.[45]

La ayuda específica para los alumnos desfavorecidos también resulta esencial. Las clases particulares han demostrado marcar la diferencia a la hora de ayudar a los estudiantes más pobres a desarrollar su potencial. Numerosos estudios señalan lo importante que es tener buenos profesores; uno de ellos calculó que sustituir a un mal profesor por un profesor medio durante un año de escolarización aumentaría los ingresos del estudiante a lo largo de su vida en 80.000 libras.[46] Sin embargo, en la mayoría de los países, es menos probable que los profesores más experimentados trabajen en escuelas con problemas. Con las políticas correctas, sin embargo, podemos llevar a los mejores profesores allí donde son más necesarios; en Corea, una combinación de salarios más altos, una ratio inferior por aula, la reducción del horario lectivo y una promoción más rápida implica que los estudiantes más desfavorecidos tienen más probabilidades de recibir clase de profesores de matemáticas muy cualificados en comparación con sus compañeros más afortunados.[47]

También tenemos que pensar en la educación posterior a la secundaria o educación superior. Aunque esto abarca tanto la capacitación profesional como el aprendizaje académico, la expansión de este último ha dominado la política pública en las últimas décadas, y obtener un título universitario se ha convertido en uno de los determinantes más importantes en la perspectiva económica de las personas. Los licenciados tienden a ganar significativamente más que los que no han ido a la universidad; en la OCDE, las personas con un título que trabajan a tiempo completo ganan un 50 % más de media que aquellos sin título, cifra que sube a casi un 90 % para aquellos con un máster o un doctorado.[48] Asimismo, los trabajos de nivel universitario tienden a ofrecer más autonomía personal y mayor satisfacción laboral.[49]

Tal como están las cosas, los sistemas de educación superior a menudo multiplican las oportunidades desiguales disponibles para los niños en el hogar y en la escuela. No es solo que los alumnos de familias ricas tengan más oportunidades de ir a la universidad, sino que también tienen muchas más posibilidades de ir a las instituciones más selectas, que son la puerta de entrada a los trabajos mejor remunerados y más prestigiosos. En el Reino Unido, alguien perteneciente al 20 % de las familias más ricas tiene más de seis veces más de probabilidades de ir a una universidad renombrada que alguien del 20 % de las familias más pobres.[50] En las universidades Ivy League Plus, las más elitistas de Estados Unidos —instituciones privadas cuyas matrículas anuales pueden ser de hasta 65.000 dólares—, hay más estudiantes del 1 % superior de la distribución de ingresos que de todo el 50 % inferior.[51] El dominio de la educación académica superior por parte de estudiantes de entornos privilegiados es aún más preocupante dado el amplio abandono de la educación y de la formación profesional, y dado que alrededor de la mitad de los jóvenes en la mayoría de los países ricos no van a la universidad, un tema que abordaremos con más detalle en el próximo capítulo.[52]

Si queremos mejorar el acceso a la educación superior para niños de entornos desfavorecidos, necesitamos redoblar nuestros esfuerzos para estrechar las brechas en el rendimiento en la escuela. Pero, aunque pudiéramos cerrar esas brechas por completo, no sería suficiente. En Francia, aproximadamente el 30 % de la diferencia en la participación universitaria entre alumnos de entornos ricos y pobres permanece incluso después de tener en cuenta las diferencias en el rendimiento en la escuela, mientras que los estudiantes de ingresos altos en Estados Unidos tienen un 34% más de probabilidades de asistir a universidades selectas que los estudiantes de ingresos bajos con la misma puntuación en las pruebas.[53] En otras palabras, también necesitamos reformar el sistema de educación superior para que los jóvenes con la misma habilidad al salir de la escuela tengan las mismas oportunidades de obtener una titulación.

Parte del problema reside en que los jóvenes de los entornos más desfavorecidos y que podrían ir a la universidad no lo solicitan, ya sea porque creen que no van a entrar o que no encajan en ese ambiente, o porque la solicitud y los sistemas de financiación son demasiado complicados.[54] E incluso, una vez admitidos, estos estudiantes son más propensos a abandonar. Una combinación de programas de extensión y apoyo extra para estudiantes desfavorecidos contribuiría a paliar esta situación. Pero, más que ninguna otra cosa, la igualdad de oportunidades en la educación superior depende de garantizar que la participación dependa de las habilidades y no de la habilidad para pagar. A medida que en las últimas décadas el número de personas que cursa estudios universitarios y otras formas de educación superior ha crecido, este tema se ha convertido en una importante cuestión política, con una opinión pública polarizada entre quienes defienden una matrícula universitaria «gratuita», cuyos costes estarán sufragados por los impuestos, y un sistema de préstamos o impuesto a los licenciados, lo que supondría que una parte del coste, o su totalidad, pasara a depender de los licenciados individuales.

La matrícula gratuita es la norma en la Europa continental, donde el Estado suele pagar la mayor parte del coste directo de estudiar y a veces concede becas para cubrir el coste de la vida y otros gastos.[55] Aunque es evidente que este sistema permite un acceso equitativo y al margen de los ingresos familiares, es caro; y, como veremos, quizá no sea el planteamiento más justo. Históricamente, la principal alternativa a la matrícula gratuita ha consistido en préstamos concedidos por el Estado y semejantes, con un importe de devolución mensual fijo, como ocurre en Estados Unidos y Canadá. Pero esto hace que ir a la universidad sea muy arriesgado: los licenciados que acaben cobrando un sueldo bajo pueden encontrarse con una deuda que simplemente no pueden permitirse devolver, sobre todo si enferman o están desempleados. En Estados Unidos, en torno al 15% de los préstamos a estudiantes no se devuelven a su debido tiempo en algún momento, lo que afecta a nueve millones de deudores, que a menudo tienen dificultades para comprarse una casa, un coche u obtener una tarjeta de crédito por esta razón.[56] Es habitual que esta perspectiva baste para disuadir de ir a la universidad a los jóvenes de entornos empobrecidos.

Los préstamos estudiantiles con un estilo similar al de una hipoteca son claramente incompatibles con una igualdad equitativa de oportunidades. Pero un número creciente de países han adoptado préstamos contingentes a los ingresos, mediante los cuales los estudiantes reembolsan el coste de su educación con sus futuros ingresos, pero solo si estos superan cierto umbral. Este planteamiento fue pionero en Australia en 1989 y posteriormente se ha implementado en unos diez países, entre ellos Nueva Zelanda, el Reino Unido (excepto Escocia) y los Países Bajos.[57] En agosto de 2022, el presidente Biden anunció planes para adoptar un modelo similar en Estados Unidos.[58] En el Reino Unido, por ejemplo, los licenciados empiezan a pagar una vez que sus ingresos anuales superan las 25.000 libras, con un 9% de los ingresos por encima de este umbral destinado automáticamente al pago de la deuda estudiantil; se trata, en efecto, de un impuesto «temporal» a los licenciados.* Los saldos pendientes de los préstamos se cancelan después de cuarenta años, y se espera que aproximadamente el 70% de los futuros licenciados paguen su préstamo en su totalidad.[59] Los préstamos contingentes a los ingresos eliminan gran parte del riesgo de ir a la universidad, ya que nadie corre el peligro de perder su hogar o ser declarado en bancarrota si no puede pagar sus cuotas.

A diferencia de los préstamos estudiantiles tradicionales, los préstamos contingentes a los ingresos son compatibles con la igualdad de oportunidades. Inglaterra es un ejemplo útil aquí. Después de haber ofrecido previamente educación universitaria gratuita, introdujo las matrículas en 1998, inicialmente a un nivel relativamente bajo, hasta 1.000 libras por año, lo que cubría solo una parte del coste total de ir a la universidad. En 2010, la matrícula máxima

* La diferencia fundamental entre los préstamos contingentes a los ingresos y un impuesto a los licenciados es que este último implicaría que los licenciados pagaran una tasa impositiva más alta perpetuamente. Como resultado, los que más ganan podrían terminar pagando significativamente más, mucho más allá del coste de sus tasas universitarias. Aunque existen buenas razones para imponer impuestos más altos a quienes ganan más, estos deberían aplicarse de manera general, no solo a aquellos que han asistido a la universidad.

se aumentó a 9.000 libras por año, y desde entonces ha aumentado a 9.250 libras, y las tasas de matrícula habituales en Inglaterra son ahora más altas que en casi cualquier otro país del mundo, incluido Estados Unidos.[60] Sin embargo, sorprendentemente, el ritmo de inscripciones ha seguido aumentando, mientras que la brecha en la participación entre estudiantes ricos y pobres ha permanecido estable y, en algunos casos, incluso ha disminuido ligeramente. Por supuesto, la brecha sigue siendo demasiado grande, pero las tasas de matrícula —incluso a este nivel relativamente alto— no parecen haberla empeorado, y no está claro si abolirlas la mejorarían mucho.[61]

¿Cómo podemos decidir entre la matrícula gratuita y los préstamos contingentes a los ingresos? Dado que ambos parecen ser compatibles con la igualdad de oportunidades, podemos buscar orientación en el principio de diferencia. En otras palabras, debemos preguntarnos qué sistema sería mejor para los más desfavorecidos, que en su mayor parte son no licenciados. Por una parte, dado que los licenciados suelen ganar más y tener mejores empleos, parece razonable que contribuyan al coste de su educación, y en lugar de gastar dinero público para financiarlos, podríamos usarlo para beneficiar directamente a los no licenciados. Por otra, las subvenciones públicas que animan a las personas a ir a la universidad ayudan a crear una economía más dinámica y productiva, lo que a su vez tiende a aumentar los ingresos fiscales y puede llevar a un nivel de empleo o a salarios más altos entre los no licenciados. El Reino Unido probablemente haya ido demasiado lejos al poner la carga en los estudiantes: una vez que tenemos en cuenta el hecho de que algunas personas nunca pagarán sus préstamos, la financiación pública representa menos del 25% de todos los gastos en educación superior en el Reino Unido, la más baja de cualquier país de la OCDE y muy por debajo de la media de alrededor del 66%.[62] También sería mejor adoptar un calendario de devolución más progresivo: en lugar de pedirles a todos que paguen el 9% de sus ingresos por encima de 25.000 libras, los pagos podrían empezar en, por ejemplo, el 1% de los ingresos, y luego aumentar gradualmente con las ganancias, como es el caso en Australia.[63] Pero parece probable que el sistema más justo es el que implica dividir el coste entre los estudiantes y el Estado a través de una combinación de matrícula gratuita y préstamos contingentes a los ingresos.

Sea cual sea esta combinación, el apoyo financiero debe ser integral. En primer lugar, debe cubrir los gastos de subsistencia además del coste de las matrículas; de lo contrario, la educación superior seguirá estando fuera del alcance de los alumnos procedentes de entornos con bajos ingresos. En segundo lugar, debería incluir tanto a instituciones públicas como privadas, con límites a las tasas que estas últimas pueden cambiar. En tercer lugar, debe abarcar tanto el estudio profesional como el académico, con lo cual se abordaría la tendencia a descuidar a los que no van a la universidad. En cuarto lugar, el apoyo financiero debería estar disponible para los estudios de posgrado, que se han convertido cada vez más en el camino hacia los mejores empleos remunerados y que a menudo han sido ignorados, con lo cual se ha dejado a los estudiantes individuales cubrir los costes. Por último, todo esto debería estar disponible independientemente de la edad, reconociendo que algunas personas pueden no querer estudiar inmediatamente después de dejar la escuela y que, además, en una economía global en rápida evolución muchas personas querrán o necesitarán reciclarse a lo largo de su vida.

RAZA

Estas reformas de la educación escolar y superior debilitarían radicalmente el vínculo entre la clase social y las oportunidades de los niños. Con todo, las diferencias en cuanto a los recursos de los padres no son los únicos factores que moldean injustamente las oportunidades vitales de las personas hoy en día: nuestras sociedades continúan tolerando graves injusticias raciales cuyas raíces se remontan a historias de explotación y opresión directas. El fracaso de las sociedades liberales para abordar plenamente este legado y la tendencia de algunos liberales a insistir en un enfoque estrictamente «ciego al color» en las políticas públicas —por no mencionar el hecho de que muchos pensadores liberales canónicos desde Hume y Kant hasta Mill respaldaron ideas explícitamente racistas— han llevado a algunos a cuestionar o incluso rechazar el liberalismo por completo.[64] Este escepticismo a veces se ha extendido a Rawls, con críticos que han argumentado que su teoría es simplemente demasiado abstracta y ahistórica como para ayudarnos a afrontar los desafíos de la explotación y la discriminación racial.[65]

Aunque es cierto que Rawls dijo relativamente poco sobre la cuestión de la raza, sus principios nos brindan un marco poderoso e inequívocamente liberal para pensar en lo que entendemos por justicia racial y cómo podemos instaurarla. El principio de libertades básicas afirma que todos los ciudadanos tienen derecho a la libertad individual y a la igualdad política, independientemente del color de su piel.[66] Aunque todos los Estados democráticos reconocen ahora este principio fundamental, las minorías étnicas continúan sufriendo discriminación racial por parte del Estado: la brutalidad policial en América, donde los hombres negros tienen dos veces y media más probabilidades que los hombres blancos de ser asesinados por la policía a lo largo de su vida, es solo el ejemplo más visible.[67] La prioridad más básica para lograr una verdadera justicia racial es garantizar que nuestras instituciones públicas traten «realmente» a los ciudadanos de las minorías étnicas con la misma dignidad y respeto que a todos los demás.

Aunque el principio de libertades básicas proporciona la base para la justicia racial, es el principio de igualdad equitativa de oportunidades de Rawls el que tiene las implicaciones más amplias. En una sociedad organizada según este principio, todos tendrían la misma oportunidad de desarrollar sus talentos y competir por trabajos y cargos, independientemente de su etnia, y no habría desigualdades sistemáticas entre diferentes grupos raciales.[68] Evidentemente, la mayoría de los países aún están muy lejos de este ideal, aunque en diferentes grados, lo que se refleja tanto en las diferentes historias de explotación y discriminación racial como en el grado en que han tratado de abordar ese pasado. Estas desigualdades son quizá más marcadas —y han sido minuciosamente documentadas— en Estados Unidos, donde el ingreso medio de los hogares negros es aproximadamente la mitad que el de los blancos. La brecha de riqueza es aún mayor: el patrimonio del hogar negro medio es solo del 12% del del hogar blanco; un total de alrededor de 16.000 dólares en comparación con 140.000 dólares para un hogar blanco medio. A pesar del progreso en términos de igualdad legal formal y de la protección contra la discriminación, estas diferencias raciales en cuanto a ingresos y patrimonio apenas han cambiado desde antes del periodo de los derechos civiles en la década de los sesenta.[69] También se producen importantes desigualdades raciales en otros países; en el Reino Unido, el ingreso medio de los hogares negros es aproximadamente el 80% del de los blancos, mientras que los hogares paquistaníes tienen el ingreso medio más bajo, solo el 65% de la media de los hogares blancos.[70]

En parte, estas desigualdades reflejan el impacto de la discriminación racial actual. Las creencias y actitudes abiertamente racistas fundamentadas en prejuicios xenófobos conscientes o en creencias flagrantemente falsas sobre la inferioridad biológica han disminuido de forma significativa, aunque no han desaparecido por completo, pero persisten los estereotipos raciales y los prejuicios inconscientes.[71] El resultado es que las minorías étnicas a menudo sufren un trato injusto en la educación, la vivienda, el empleo y en otros aspectos. Los llamados «estudios de CV» —en los que los investigadores envían currículums idénticos con diferentes nombres— constatan de forma sistemática que los solicitantes con nombres tradicionalmente negros o de minorías étnicas tienen muchas menos probabilidades de ser seleccionados para una entrevista. En un estudio ampliamente citado en Estados Unidos, los solicitantes de empleo con «nombres blancos» (Greg Baker y Emily Walsh) tuvieron que enviar una media de diez currículums para asegurarse una llamada, mientras que las personas con «nombres afroamericanos» (Lakisha Washington y Jamal Jones) tenían que enviar alrededor de quince. Los autores calcularon que tener un nombre de sonoridad blanca equivalía a ocho años adicionales de experiencia.[72] Resultados similares se han descubierto en diversas industrias y países.[73] Y, por supuesto, la discriminación racial va mucho más allá del mundo laboral. Un estudio reciente sobre viviendas de alquiler privadas en Boston descubrió que los solicitantes blancos conseguían una visita el 80% de las veces, en comparación con el 48% para los solicitantes negros con las mismas credenciales financieras.[74]

Las leyes antidiscriminación son necesarias. Pero la mayoría de los países las han tenido en vigor durante décadas y la discriminación racial continúa siendo generalizada. Una aplicación más intensa puede ser parte de la solución: deberíamos hacer más para asegurarnos de que las víctimas puedan recibir apoyo legal, e imponer duras sanciones a las personas o empresas culpables. Pero la dificultad intrínseca de probar que una decisión particular es consecuencia de la discriminación racial supone que este enfoque punitivo solo puede hacernos avanzar hasta cierto punto.[75] Deberíamos combinar estas leyes con otras políticas, como exigir a las empresas que publiquen información sobre las brechas raciales en el empleo y el salario, hacer obligatorios los formularios de solicitud sin nombres, y fomentar la aplicación de estrategias y la capacitación para abordar los sesgos raciales inconscientes por parte de las empresas.[76] Junto a regulaciones desde arriba, necesitamos hacer mucho más para empoderar a los trabajadores a fin de abordar problemas específicos de su lugar de trabajo a través de instituciones como sindicatos y comités de empresa (tema que exploraremos con más detalle en el capítulo 8).

Junto a tales intervenciones específicas, el Estado tiene otra tarea pendiente para intentar cambiar las actitudes subyacentes que sostienen las desigualdades raciales. Como vimos en el capítulo 4, el Estado no puede simplemente prohibir ideas racistas; e, incluso si pudiera, no afectaría a las formas más sutiles de prejuicio y estereotipo que son impulsores importantes de la desigualdad racial. Pero puede usar sus poderes «expresivos» para criticar estas ideas y fomentar una identidad patriótica verdaderamente inclusiva y multirracial a través de premios públicos, festividades, monumentos, etc. Como siempre, las escuelas son esenciales y deberían enseñar a los niños la diversidad de las sociedades en las que viven y la historia de la esclavitud, el imperialismo y la segregación. También es igualmente importante (si no más) crear un entorno en las escuelas que permita que diferentes grupos sociales se mezclen. Como hemos visto, el contacto social es una de las mejores formas de reducir los prejuicios, y debemos diseñar políticas de admisión escolar para estimular la integración racial.

Una de las cuestiones más controvertidas en los debates sobre la raza es si existe un lugar para la «discriminación positiva» o la «acción afirmativa». Por «discriminación positiva» me refiero a situaciones en las que la raza (o la clase o el género) se tiene explícitamente en cuenta cuando se asigna una posición determinada, aunque no sea directamente relevante.* Así, por ejemplo, las universidades podrían decretar un umbral académico más bajo para admitir a estudiantes negros o de minorías étnicas, o podrían ir más allá y adoptar una cuota para las plazas de un grupo en particular.

A primera vista, la discriminación positiva parece ir en contra del principio según el cual los puestos se deben asignar en función de una habilidad relevante, y muchos liberales se han opuesto a ella sobre esta base.[77] En una sociedad idealmente justa, los puestos se asignarían en función de la habilidad, y la discriminación positiva sería un error. Pero vivimos en sociedades en las que las milenarias historias de opresión siguen influyendo en las opor-

* La raza puede ser directamente relevante en algunos papeles: un centro comunitario dedicado a apoyar a los niños negros puede tener buenas razones para querer contratar a un profesor negro.

tunidades de la gente de un modo profundo. En este contexto, la discriminación positiva puede estar justificada si nos ayuda a avanzar hacia la igualdad equitativa de oportunidades, rompiendo estereotipos raciales sobre quién va a la universidad o quién hace cierto tipo de trabajos, o aportando referentes a los jóvenes de grupos infrarrepresentados.[78] Aun así, deberíamos usar este tipo de políticas con moderación. A menudo la discriminación positiva es una forma muy burda de equilibrar la balanza: los niños negros que han crecido en hogares más prósperos, por ejemplo, podrían tener más oportunidades que sus equivalentes blancos pobres. El sentido de injusticia que esto puede despertar es susceptible de ser explotado para crear divisiones entre diferentes grupos raciales, como sin duda ha ocurrido en Estados Unidos, donde el uso de la acción afirmativa en admisiones universitarias es profundamente controvertido.[79] Pero cuando otras políticas han fracasado o es probable que requieran un tiempo insoportablemente largo para marcar la diferencia, la discriminación positiva puede estar justificada.

Sin embargo, incluso si pudiéramos eliminar la discriminación por completo, seguirían existiendo grandes desigualdades raciales. El impacto acumulativo de dilatadas y violentas historias de injusticia racial implica que los niños negros y de otros grupos étnicos minoritarios en muchos países tienen más probabilidades de nacer en familias pobres. En Estados Unidos, más de uno de cada cuatro niños negros y uno de cada cinco niños hispanos o nativos americanos crecen en la pobreza, en comparación con menos de uno de cada diez niños blancos.[80] En el Reino Unido, las tasas de pobreza infantil son casi el doble para los niños negros en comparación con los blancos, y aún son más altas para las familias paquistaníes y bangladesíes.[81] Como hemos visto, los niños de familias pobres tienen peores oportunidades para desarrollar sus habilidades y capacidades, y por lo tanto tienen más probabilidades de ser pobres en la vida adulta. En este contexto, poner fin a la discriminación racial simplemente significaría que los niños negros pobres tendrían las mismas escasas oportunidades que los niños blancos pobres. Aunque las brechas raciales en ingresos y riqueza eventualmente desaparecerían, podría llevar mucho tiempo.

Si queremos justicia racial, necesitamos combinar esfuerzos para combatir la discriminación con políticas que puedan romper el vínculo entre la pobreza y las oportunidades vitales, como el acceso universal a la educación en los primeros años, la financiación escolar dirigida a niños desfavorecidos y el apoyo financiero integral para la educación superior. Estas medidas ayudarán a reducir las desigualdades raciales incluso cuando no estén diseñadas explícitamente con ese propósito en mente. Pero podemos y debemos complementar las políticas «racialmente neutras» con aquellas «racialmente proactivas» que estén diseñadas explícitamente para abordar los desafíos específicos que afrontan los niños de grupos étnicos desfavorecidos. Cómo lograrlo, por supuesto, dependerá de las circunstancias de los países y comunidades particulares. En Estados Unidos, donde hay un alto grado de segregación residencial entre las comunidades negras pobres y la población en general, cualquier intento de abordar las persistentes desigualdades raciales tendría que incluir una inversión pública importante en estos vecindarios; no solo en escuelas, sino también en vivienda y servicios locales (como parques), seguridad pública y empleo.

Como hemos visto, los principios de Rawls justifican medidas no solo para abordar la discriminación desde el punto de vista individual, sino también para reformar nuestras instituciones sociales y económicas con el fin de garantizar oportunidades equitativas para todos. Pero ¿es suficiente? Para muchos progresistas, especialmente en Estados Unidos, la noción de «reparación» ocupa cada vez más el centro de los debates sobre justicia racial. Algunos emplean el término para denotar acciones simbólicas que reconocen y piden disculpas por los errores pasados, pero en su mayor parte expresan la convicción de que el Estado debería pagar para compensar a los descendientes de los esclavos y otras víctimas de la violencia racial, la segregación y la discriminación sancionada por el Estado, por las injusticias perpetradas contra sus predecesores.

Los principios de Rawls no parecen tener mucho que decir sobre las reparaciones, y ha sido criticado por su silencio en este sentido. Pero, como ha argumentado el filósofo Tommie Shelby, esta reticencia refleja la naturaleza fundamentalmente «prospectiva» de su proyecto, más que indiferencia u oposición a la idea. El objetivo de Rawls era definir una sociedad idealmente justa a fin de descubrir qué va mal en nuestras instituciones actuales y cómo podemos enmendarlas, lo cual incluye poner fin a la injusticia racial. En cambio, la cuestión de las reparaciones es, en última instancia, «retrospectiva»; tiene que ver con cómo nosotros, en cuanto sociedad, podemos corregir las injusticias pasadas.[82] No equivale a constatar que las reparaciones no son importantes; sin duda, tenemos la obligación moral de reconocer y ofrecer un desagravio por las injusticias pasadas, especialmente cuando estas han sido directamente perpetradas por el Estado.[83] En otras palabras, sin duda es exigible cierta forma de justicia «correctiva» o «compensatoria». Sin embargo, descubrir cómo sería ese tipo de justicia plantea cuestiones morales espinosas sobre el grado en que los ciudadanos que viven hoy deben asumir la responsabilidad por los errores de sus antepasados, y qué habría que hacer para compensarlos. El marco de Rawls simplemente no está diseñado para responder a esas preguntas.[84]

Los críticos de Rawls —en especial el filósofo Charles Mills— a veces han sugerido que, dado que sus principios no abordan directamente la cuestión de las reparaciones, no pueden ayudarnos a superar el legado histórico de la injusticia racial en países como Estados Unidos, y, por lo tanto, en cierto sentido son cómplices de la perpetuación de la injusticia racial. Sin embargo, esto no es cierto. La igualdad equitativa de oportunidades nos exige que, como sociedad, hagamos todo lo necesario para combatir el modo en que la esclavitud, la segregación y la discriminación del pasado siguen arruinando las oportunidades vitales de los jóvenes negros de la actualidad. Un pago sustancial a los ciudadanos negros contribuiría, sin duda, a alcanzar ese objetivo, y podría ser, por ejemplo, la única forma de subsanar la enorme brecha de riqueza racial que existe en Estados Unidos.[85] Sin embargo, allí donde las llamadas a la reparación tienden a concentrarse exclusivamente en el pago en efectivo, la igualdad equitativa de oportunidades demanda un conjunto más amplio de políticas para desmantelar las estructuras que perpetúan la desigualdad racial hoy en día, desde la vivienda a la educación y el empleo. Aunque la igualdad equitativa de oportunidades no equivale a compensar las injusticias raciales del pasado, eliminaría los lastres socioeconómicos que las minorías raciales siguen sufriendo debido a su historia.[86]

GÉNERO

Más allá de las disparidades de clase y raza, persisten las desigualdades entre hombres y mujeres.[87] En el marco del conjunto de la OCDE, las mujeres ganan como media un 25 % menos que los hombres. En parte, esto refleja el hecho de que hay menos mujeres que realicen un trabajo asalariado, pero las que sí lo tienen tienden a recibir una paga inferior por hora trabajada; de hecho, las mujeres tienen tres veces más probabilidades de trabajar a tiempo parcial, empleos en los que se suele cobrar menos, e incluso las mujeres empleadas a tiempo completo ganan en torno a un 15 % menos de media que los hombres.[88] Las mujeres también tienen muchas menos probabilidades de alcanzar puestos de alta dirección o de consejo de administración: solo el 5 % de los directores generales son mujeres, y ellas ocupan alrededor del 20 % de los puestos en los consejos de administración.[89] Aunque la brecha entre hombres y mujeres en términos de empleo total ha seguido cayendo durante la última década, el progreso en términos de salario por hora se ha estancado en gran medida. Como siempre, algunos países lo hacen mejor que otros: la menor brecha se encuentra en Dinamarca, Islandia y Noruega, mientras que Estados Unidos y el Reino Unido se encuentran en el rango medio; esto nos recuerda que estas desigualdades distan mucho de ser inmutables.[90]

Durante la mayor parte del siglo XX, las desigualdades de género en el empleo y el sueldo se podían atribuir principalmente a unas oportunidades educativas profundamente injustas y desiguales para hombres y mujeres y a la discriminación directa en el mercado laboral. En ambos frentes, en la segunda mitad de ese siglo se vivió un enorme progreso. Las reglas y convenciones que solían prohibir que las mujeres fueran a ciertas universidades o desempeñaran ciertas ocupaciones fueron abolidas o prohibidas, y la mayoría de los países promulgaron leyes que imponían «un mismo sueldo por un mismo trabajo». En las democracias más ricas del mundo, en la actualidad las chicas superan a los chicos en alfabetización en la adolescencia y tienen una probabilidad más significativa de ir a la universidad; en 2014, el 57 % de las licenciaturas y los másteres fueron obtenidos por mujeres.[91]

Este es un motivo de celebración, pero el hecho de que las mujeres tengan una educación media superior a los hombres hace que las persistentes brechas en términos de empleo y sueldo sean aún más inquietantes. A fin de cuentas, si nos basamos exclusivamente en la educación, sería de esperar que las mujeres recibieran una remuneración superior a la de los hombres, y no inferior. En parte esto se explica porque, a pesar de la notable mejora en el rendimiento educativo, las oportunidades de las mujeres siguen limitadas por los estereotipos de género. A los quince años, se espera que el doble de chicos trabajen como ingenieros, científicos y arquitectos; y es mucho menos probable que las chicas cursen las lucrativas materias STEM (ciencia, tecnología, ingeniería y matemáticas), a pesar de manifestar destrezas similares en el ámbito científico. En algunos campos, las brechas son muy grandes: en la OCDE, menos del 20% de los nuevos estudiantes en los programas de ingeniería de nivel universitario son mujeres.[92] A su vez, la influencia de estereotipos de género en educación contribuye a explicar por qué ciertos tipos de trabajo —en especial en el ámbito de los cuidados, como enfermería y educación preescolar— siguen siendo abrumadoramente realizados por mujeres, habitualmente con salarios muy bajos.

Es indudable que podemos hacer mucho más como sociedad para garantizar que las oportunidades educativas disponibles para los chicos y las chicas reflejen sus intereses y habilidades individuales, en lugar de las normas de género. Deberíamos empezar por convertirlo en un objetivo explícito del sistema educativo, como se hizo en Suecia, donde el currículum de preescolar se revisó en 2010 para afirmar que los niños «deben tener las mismas oportunidades de desarrollar y explorar sus habilidades e intereses sin las limitaciones impuestas por los roles de géneros estereotipados». Otras medidas podrían ser los incentivos financieros para atraer a profesoras a asignaturas dominadas por los hombres, un esfuerzo concertado para eliminar los sesgos de género de los materiales educativos y una enseñanza más directa de la historia de la discriminación y la desigualdad de género.[93]

Las mujeres siguen sufriendo discriminación en el trabajo. En un célebre estudio, muchas orquestas de Estados Unidos introdujeron las audiciones sin discriminación de género, pidiendo a los músicos que tocaran detrás de una pantalla; el resultado fue un significativo aumento del número de mujeres contratadas.[94] Otros «estudios de currículum» —similares a los que hemos examinado en el contexto de la raza— que se centran en una amplia gama de empleos han confirmado que las mujeres sufren discriminación en ocupaciones dominadas por los hombres, especialmente si tienen hijos.[95] Pero las mujeres también padecen un tratamiento desigual incluso cuando realizan los mismos trabajos que los hombres. Como ha demostrado el movimiento #MeToo, el acoso sexual sigue siendo una realidad muy presente en la vida laboral, y estudios académicos en Estados Unidos han demostrado que más de la mitad de las mujeres lo han experimentado en el trabajo.[96] Como en el caso de la discriminación racial, tenemos que utilizar el conjunto de poderes legales y «expresivos» en manos del Estado para reforzar las leyes antidiscriminación y cambiar las actitudes y creencias que la producen; desde la obligación de informar de las brechas salariales a las cuotas y otras formas de discriminación positiva, cuando sean necesarias.[97]

A medida que la brecha entre hombres y mujeres se ha estrechado e incluso se ha revertido, y a medida que la discriminación explícita ha ido declinando, el foco se ha centrado en la división del trabajo por género en el seno del hogar. En el conjunto de la OCDE, las mujeres invierten dos horas más al día que los hombres en cuidar de los hijos y de los padres y en tareas del hogar. Esto ayuda a su vez a explicar las diferencias en los empleos y salarios que hemos comentado, y que en la mayoría de los países solo surgen cuando las mujeres empiezan a tener hijos.[98] En el Reino Unido, por ejemplo, la diferencia en el salario por hora de hombres y mujeres aumenta desde el 10% a la llegada del primer hijo a casi el 33% después de doce años.[99] Esto refleja en parte el impacto de quitar tiempo del trabajo para criar a los hijos; cuando el primer hijo de una mujer llega a los veinte años, ella habrá pasado una media de cuatro años más sin un empleo remunerado que un hombre equivalente, y buena parte de su vida laboral habrá transcurrido en trabajos a tiempo parcial.[100] Como las mujeres acumulan menos experiencia, acaban perdiendo oportunidades de formación y promoción. El impacto de la crianza de los hijos en la remuneración de las mujeres también refleja el hecho de que las madres tienen más probabilidades de asumir un rol flexible y con menos responsabilidad y salario, y trabajar en ámbitos que permiten la «conciliación familiar», como el sector servicios o el de los cuidados, donde los sueldos son relativamente bajos.

Para reducir la desigualdad de género y salario, o bien los hombres asumen un porcentaje más equitativo del tiempo de crianza de los hijos y otras actividades no remuneradas, o encontramos la forma de mitigar el impacto de la división desigual del trabajo en el salario de las mujeres; o una combinación de las dos. Esto plantea algunas complejas cuestiones filosóficas respecto a cómo debería ser una división equitativa del trabajo en el seno del hogar y qué puede hacer el Estado para incentivarla. Evidentemente, las familias deben ser libres para tomar estas decisiones por sí mismas; nadie piensa seriamente que el Estado deba obligar a hombres y a mujeres a dedicar la misma cantidad de tiempo para criar a sus hijos, ya que esto implicaría una violación de sus libertades básicas. Sin embargo, algunas personas creen que, siempre y cuando estas decisiones se tomen en libertad, en el sentido de no estar sometidas a coerción, no tenemos que preocuparnos por el hecho de que las mujeres dediquen tanto tiempo a los cuidados no remunerados o por la desigualdad económica que esto suscita.

Debemos rechazar esta idea. Como argumentaba Rawls, aunque las decisiones respecto a quién cuida de los hijos son «libres» en este sentido, eso no las hace necesariamente justas.[101] Para ser justas, estas decisiones también se deben tomar en un contexto en el que hombres y mujeres tengan oportunidades realmente equitativas: no hay nada justo en una situación en la que las mujeres «eligen» asumir el peso de los cuidados no remunerados porque padecen discriminación en el trabajo o en la educación, como ha ocurrido con frecuencia. Al mismo tiempo, incluso en una sociedad perfectamente justa, la experiencia del embarazo y del parto podría inducir a las mujeres a querer dedicar más tiempo a la crianza de los hijos, y la lactancia puede aumentar las probabilidades de que las mujeres decidan asumir un rol principal como cuidadoras de niños muy pequeños. Algunas personas también atribuyen compromisos morales o religiosos a los roles de género tradicionales, e incluso en una sociedad en la que hombres y mujeres disfruten de las mismas oportunidades en la educación y en el trabajo, estas creencias influirán en sus decisiones.

Así pues, en principio, la división del trabajo por género puede ser justa sin ser perfectamente equitativa, pero las enormes diferencias en los cuidados no remunerados entre hombres y mujeres están muy lejos de ser justas. Como hemos visto, las decisiones de la gente respecto a quién cuidará de los hijos siguen estando influidas por la discriminación y las normas de género en el sistema educativo y en el trabajo, lo que hace que las mujeres a menudo ganen menos que sus parejas masculinas. Además, las políticas de permisos parentales refuerzan activamente los roles de género tradicionales. En muchos países, mientras que las madres tienen derecho a alrededor de quince a veinte semanas de permiso remunerado, los padres solo disponen de un par de semanas.[102]

Si estamos comprometidos con la igualdad equitativa de oportunidades, los derechos al permiso parental deberían ser neutrales en cuanto al género. En lugar de requerir efectivamente que las mujeres asuman la mayor parte del tiempo necesario para criar a los niños pequeños, deberíamos dejar estas decisiones en manos de las familias. Así, por ejemplo, podríamos ofrecer a las familias una asignación general de permisos parentales y dejar que lo dividan a conveniencia. El mismo principio debería aplicarse a todos los derechos legales al trabajo flexible y a tiempo parcial, que debería ofrecerse sobre una base equitativa tanto a hombres como a mujeres. Más allá de estos derechos legales, la ley debería exigir a los empleadores beneficios adicionales para los progenitores sobre una base neutral en cuanto al género.[103]

Sin embargo, incluso en países con este tipo de permisos parentales compartidos, las mujeres siguen asumiendo la mayor parte.[104] Esto no debería sorprendernos: la división del trabajo por género es consecuencia no solo de derechos y oportunidades desiguales, sino también de normas sociales dominantes que influyen en lo que tanto los hombres como las mujeres quieren hacer y en lo que creen que pueden hacer sin atraerse el oprobio social. Descubrimos el impacto de estas normas en los datos económicos: incluso en un hogar en el que la mujer gana más que su pareja masculina, sigue siendo más probable que sea ella la que reduzca su jornada laboral después de tener hijos.[105] A medida que avanzamos hacia un mundo en el que las mujeres tienen los mismos derechos y oportunidades que los hombres, deberíamos esperar que estas normas evolucionaran en la dirección de la neutralidad de género. Sin embargo, este tipo de cambios culturales suelen suceder con lentitud, y un número creciente de países han adoptado un papel más proactivo a la hora de intentar animar a hombres y a mujeres a compartir el cuidado de los hijos en términos más equitativos. En la actualidad, ocho países europeos ofrecen incentivos para que los padres se tomen más tiempo de su jornada laboral para el cuidado de los hijos pequeños, ya sea a través de políticas de «todo o nada» que conceden un permiso fijo de paternidad, o por medio de un permiso extra para los padres que lo usen de una forma más equitativa.[106]

Este tipo de políticas han sido más eficaces para aumentar los permisos de paternidad y tienen un atractivo obvio para aquellos a los que nos preocupa la igualdad de género.[107] Con todo, ¿realmente es justo penalizar a los hogares en los que las mujeres deciden asumir el peso de la crianza de los hijos? Por un lado, parece correcto que el Estado permita que las familias tomen estas decisiones por sí mismas a la luz de sus circunstancias, preferencias y creencias particulares. Y, sin embargo, existe un argumento a favor de políticas que intenten relajar las rígidas normas de género sobre la crianza de los hijos a la vez que se concede la última palabra a los progenitores. Para empezar, merece la pena recordar que estas normas se formaron en sociedades que negaban a la mujer una oportunidad equitativa de participar en la educación y en el trabajo remunerado, e incluso el derecho al voto. También tenemos que recordar que, en una sociedad en la que las mujeres se ocupan de la práctica totalidad del cuidado de los hijos, quienes no quieren tenerlos —o quienes los quieren tener y seguir trabajando a tiempo completo— pueden sufrir discriminación porque sus empleadores asumirán equivocadamente que se tomarán tiempo para criar a los hijos; y los hombres que quieran hacer efectivo el permiso de paternidad podrán encontrar dificultades para ejercer sus derechos en la práctica.

Junto a las medidas para hacer frente a la injusta carga de los cuidados no remunerados que actualmente recae en las mujeres, debemos hacer más para apoyar a los padres y a sus carreras independientemente del género.[108] Subvenciones más generosas a los primeros años del proceso educativo, en línea con lo que hemos examinado en este capítulo, no solo reducirían la desigualdad de género al permitir trabajar a las madres, sino que también ayudaría a los padres a compaginar la crianza de los hijos con el desarrollo de su carrera. También hemos de garantizar que los cuidadores no remunerados participen plenamente en la vida social, económica y política. A fin de cuentas, como señaló Rawls, «el trabajo reproductivo es un trabajo socialmente necesario», y lo mismo puede decirse del cuidado de los discapacitados, enfermos y ancianos.[109] Por desgracia, los principios de Rawls están diseñados para ayudarnos a pensar en el trabajo remunerado convencional, y una explicación plena de cómo deberíamos organizar y recompensar los cuidados nos llevaría demasiado lejos.[110] Sin embargo, al menos hemos de asegurarnos de que los cuidadores que no reciben un salario mantengan cierta independencia. Es muy habitual que quienes se dedican a los cuidados, en su mayoría mujeres, sean económicamente dependientes de compañeros masculinos y, por lo tanto, vulnerables a la dominación, la violencia y el abuso. Junto a la subvención de la crianza de los hijos, unos derechos generosos para el trabajo flexible facilitarán la combinación de los cuidados no remunerados con el trabajo asalariado; y las leyes de divorcio ayudarán a proteger los derechos de las parejas que han dedicado su vida a criar a los hijos y construir un hogar. También deberíamos intentar cambiar la forma en que organizamos el trabajo, de modo que las personas puedan acceder a empleos a tiempo parcial sin renunciar efectivamente a un sueldo digno y a oportunidades para la promoción profesional, como suele ocurrir hoy. Esto nos ayudará a encontrar un mejor equilibrio entre el trabajo, los cuidados y las otras muchas cosas que queremos hacer con nuestra vida.[111]

Hay mucho trabajo por hacer si queremos cumplir la promesa de la igualdad de oportunidades. Y, sin embargo, para Rawls este es solo el primer paso para crear una economía justa y sostenible. En los dos capítulos finales, analizaremos cómo el principio de diferencia, en combinación con el principio de ahorro justo, nos llevará a un replanteamiento aún más profundo de nuestras instituciones económicas.

Capítulo 7
PROSPERIDAD COMPARTIDA

La desigualdad es una realidad con la que todos estamos familiarizados. La vemos en las enormes diferencias entre barrios ricos y pobres, en la brecha entre los abogados bien remunerados y los operarios de limpieza de salarios bajos, y en la forma en que la sociedad se refleja en la cultura popular. Y, sin embargo, las cifras aún resultan sorprendentes. En Europa, el 30% de toda la renta nacional va a parar a manos del 10% más rico, y solo el 24% se queda en la mitad inferior; y esto después de tener en cuenta el efecto nivelador de los impuestos y las transferencias. La desigualdad es aún más extrema en Estados Unidos, donde el 10% más rico recibe el 39% de la renta nacional, en comparación con el 19% que va a la mitad inferior. Estas diferencias se traducen en enormes disparidades en los niveles de vida. En Estados Unidos, los ingresos de alguien que se encuentra entre el 10% más rico es diez veces superior a la media de los que ocupan la mitad inferior, y los ingresos medios del 1% más rico es de un poco más de un millón de dólares, más de ochenta y cinco veces la media de alguien que se encuentra en el 20% inferior.[1] La desigualdad ha aumentado en la mayoría de las economías más avanzadas desde los años ochenta, y el Reino Unido, Estados Unidos y Canadá han alcanzado máximos no vistos en este sentido desde antes de la Segunda Guerra Mundial.[2]

Actualmente hay mucho debate en torno a la necesidad de hacer frente a la desigualdad y a la importancia de crear un «capitalismo más inclusivo» que ofrezca «prosperidad compartida». Sin embargo, estos términos suelen utilizarse de forma muy laxa, y no está del todo claro lo que significan o qué grado de pobreza y desigualdad deberíamos tolerar como sociedad. Los principios de Rawls pueden ayudarnos a ir más allá de vagos tópicos y ofrecernos una definición más precisa de cómo sería una distribución justa de los recursos. Nuestra principal prioridad debe ser garantizar que todo ciudadano tiene acceso a un nivel mínimo de los recursos materiales que necesita para cubrir sus necesidades básicas. Este es el aspecto más elemental de cualquier sociedad digna. Con todo, la justicia económica no tiene que ver solo con aliviar la pobreza. Según Rawls, una sociedad justa es aquella en la que la distribución de los recursos es justa en su conjunto, en el sentido de que se puede justificar para todos, hasta para el más humilde. Y esto nos lleva de vuelta al principio de diferencia.

Según el principio de diferencia, las desigualdades solo están justificadas si en última instancia todo el mundo se beneficia de ellas; por ejemplo, porque proporcionan incentivos que a su vez estimulan la innovación y el crecimiento económico. Más específicamente, deberíamos organizar nuestra economía de modo que el nivel de vida de los más desfavorecidos sea superior al que sería bajo cualquier sistema alternativo. Como veremos, esto aporta una poderosa justificación para una economía ampliamente basada en el mercado, ya que los mercados —al menos cuando están correctamente regulados— han demostrado ser el sistema más eficaz para generar prosperidad económica. Pero, como la experiencia de las últimas décadas ha dejado meridianamente claro, no hay nada en el funcionamiento intrínseco de los mercados que nos permita deducir que los recursos económicos serán sobradamente compartidos, y menos aún que maximizarán los recursos disponibles para los más desfavorecidos.[3] De hecho, hay pocas dudas de que en la mayoría de los países ricos (si no en todos) la desigualdad supera con mucho el nivel que podría justificarse según el principio de diferencia. A fin de cuentas, dado que ningún país ha pretendido diseñar su sistema económico con este objetivo igualitario en mente, podemos estar seguros de que ninguno lo ha conseguido.

Como expusimos en el capítulo 1, el principio de diferencia no solo proporciona un poderoso argumento para una sociedad más equitativa, sino que también plantea la base para una perspectiva más humana y general de lo que significa la desigualdad. En el debate político y filosófico hay una tendencia a concentrarse en la distribución de ingresos y (en menor medida) de patrimonio, y a veces el principio de diferencia también se ha interpretado bajo esta luz. Evidentemente, disponer de unos ingresos dignos es un requisito indispensable para vivir una vida libre e independiente, y en una economía de mercado el dinero que poseemos determina hasta qué punto compartimos la prosperidad de la sociedad en general. Sin embargo, pensar en la desigualdad únicamente en términos de recursos financieros no permite explicar todo lo que va mal en nuestro sistema económico, y aplicar el principio de diferencia de esta forma limitada equivale a desaprovechar su potencial transformador.

Si se comprende de forma correcta, el principio de diferencia no solo se ocupa de la distribución de los ingresos y del patrimonio, sino también de la concentración del control y del poder económico, y de hasta qué punto las personas tienen oportunidades para cultivar la autoestima, entre otras cosas a través del trabajo.[4] Esto tiene implicaciones prácticas de gran alcance. En realidad, no es una hipérbole plantear que justifica una transformación fundamental de nuestras instituciones económicas; en particular, al situar el poder, el control, la dignidad y la autoestima en el centro de nuestro pensamiento económico, este principio expone las limitaciones del paradigma del estado del bienestar que durante mucho tiempo ha dominado el pensamiento económico liberal y progresista. Este paradigma se basa en la idea de que el problema del capitalismo es la distribución desigual de recursos materiales, un problema que podemos solucionar a través de la redistribución, ya sea en forma de beneficios económicos o con la prestación de bienes y servicios, como educación, vivienda y sanidad. Sin embargo, la redistribución no puede, por sí sola, hacer frente a la extrema concentración de poder en manos de propietarios característica del capitalismo tal como lo conocemos; tampoco puede abordar la importancia del trabajo remunerado como fuente de iniciativa, reconocimiento social y sentido individual. De hecho, Rawls defendía que el «capitalismo del estado del bienestar» jamás podría realizar plenamente sus principios de justicia.[5] Esto no significa que tengamos que desmantelar el estado del bienestar, sino que tenemos que construir a partir de él, haciendo lo posible para equipar a los ciudadanos con las destrezas y recursos que necesitan para tener un papel productivo en la vida económica, y propiciando un cambio fundamental en el equilibrio del poder en el trabajo.

Nuestro debate sobre cómo organizar nuestra economía se suele concebir como una elección entre capitalismo y socialismo. Sin embargo, este enfoque binario a menudo lo oscurece en lugar de iluminarlo. Para empezar, los términos «capitalismo» y «socialismo» se utilizan de una forma tan vaga y contradictoria que es habitual que la gente acabe por no entenderse.

Y lo más crucial, limita falsamente la serie de opciones que tenemos ante nosotros.[6] Los sistemas económicos difieren en múltiples dimensiones, incluyendo el grado en que dependemos de los mercados y cómo están regulados, el equilibrio entre la propiedad pública y la privada, el nivel de la presión fiscal y el papel del Estado a la hora de proporcionar servicios públicos. En lugar de pensar en nuestra economía como en una elección entre «sistemas» alternativos rígidos, como capitalismo o socialismo, debemos ser más creativos y reconocer el potencial de combinar diferentes elementos de una forma completamente nueva.

El principio de diferencia puede ayudarnos a superar esta falsa dicotomía y abrir una conversación más rica y matizada sobre nuestras estructuras económicas. A medida que exploramos cómo sería en la práctica, tendremos que ir más allá de lo que el propio Rawls dijo explícitamente respecto a estas cuestiones; incluso ir más lejos que los capítulos previos.[7] Pero, con el principio de diferencia como guía, podemos empezar a plantear una nueva e inspiradora política económica que se erija en alternativa al socialismo estatal del pasado y al fundamentalismo de los mercados del presente. Que el resultado se describa como una especie de «socialismo liberal» o como una forma de «capitalismo inclusivo» —o con una etiqueta completamente nueva, como la «democracia de propiedad» de Rawls— es, en cierto sentido, irrelevante.

SOSTENIBILIDAD Y EMERGENCIA ECOLÓGICA

Antes de examinar cómo podemos crear prosperidad compartida, tenemos que considerar cómo llevar a cabo la transición a una economía verdaderamente sostenible. Como vimos en el capítulo 1, la justicia no solo tiene que ver con nuestras obligaciones hacia nuestros conciudadanos aquí y ahora, sino con cómo nuestras acciones presentes influyen en las generaciones futuras, y Rawls desarrolló el principio de ahorro justo para abordar esta cuestión. El deber fundamental que tenemos con las generaciones futuras es preservar el clima estable, los diversos ecosistemas y los recursos naturales vitales que constituyen la base de la vida tal como la conocemos. Este compromiso con la sostenibilidad ecológica define los límites naturales en los que debe operar nuestra sociedad y nuestra economía.

Desgraciadamente, dadas las circunstancias, estamos fracasando estrepitosamente a la hora de vivir dentro de esos límites. La eliminación de espacios naturales y la extracción implacable de recursos naturales empujan a los ecosistemas frágiles hacia el colapso: las tasas de extinción son entre 100 y 1.000 veces más altas que la referencia histórica, y muchos científicos creen que estamos en las primeras fases de la sexta extinción masiva de la historia del planeta Tierra.[8] Nuestra adicción a los combustibles fósiles y a la incesante emisión de gases de efecto invernadero ya ha provocado el aumento de 1 °C en la temperatura media global en comparación con los niveles preindustriales. Según la trayectoria actual, todo está dispuesto para que se dispare casi 3 °C, un nivel en el que afrontamos la perspectiva de un colapso climático y ecológico irreversible y realmente catastrófico.[9]

Es difícil exagerar la severidad y la urgencia de estas crisis entrelazadas, puesto que plantean una amenaza no solo a nuestro nivel de vida material, sino también a la paz, la estabilidad y la supervivencia de la propia humanidad. Ya estamos experimentando los efectos del cambio climático en forma de inundaciones severas, tormentas, sequías y olas de calor cada vez más frecuentes. Y esto es solo un adelanto de lo que se avecina. A los 3 °C de calentamiento, hay que añadir un aumento masivo del nivel del mar, que, junto con las temperaturas más elevadas y un clima más extremo, producirán una escasez global de agua y alimentos. Grandes zonas del planeta serán inhabitables, lo que provocará una oleada de conflictos y migraciones masivas que podrían desestabilizar el mundo entero.[10] Aún podemos evitar los peores efectos del cambio climático si limitamos el aumento de la temperatura a no más de 1,5 °C. Pero décadas de inacción significan que esto requerirá reducciones masivas e inmediatas de las emisiones: según el Panel Intergubernamental sobre el Cambio Climático (IPCC), las emisiones de gases de efecto invernadero deben alcanzar su pico en 2025 y luego caer más del 40 % hacia 2030 y alcanzar las emisiones «netas cero» para 2050 si queremos tener una oportunidad de luchar por alcanzar ese objetivo.[11] En la actualidad no existe un plan creíble para reducir las emisiones a ese ritmo.[12]

Transformar nuestra economía y la sociedad de modo que podamos vivir dentro de los límites de nuestro planeta finito es el reto más urgente que afrontamos. Las decisiones que tomemos en los próximos años influirán en el futuro de la vida en la Tierra, y cada uno de nosotros tiene una profunda responsabilidad moral no solo para cambiar su conducta individual, sino también para asumir la acción política de modo que nuestros gobernantes reconozcan la gravedad de esta crisis y hagan todo lo posible por evitarla. Esto exigirá una movilización colectiva de recursos y cambios en la cultura y la conducta a una escala que rara vez se ha visto fuera de las épocas de guerra, equiparable o superior a la que hemos presenciado durante la pandemia de covid. Aunque hay mucho que ganar al establecer una nueva y más armoniosa relación con el mundo natural, es muy posible que, al hacerlo, la producción económica total, tal como la medimos, tenga que crecer más lentamente, o incluso decrecer, especialmente en países ricos que tienen tanto la responsabilidad (por sus emisiones históricas) como la capacidad para asumir la mayor carga.[13] Si esto es necesario para garantizar un futuro sostenible para nuestros hijos y nietos, es lo que debemos hacer.[14]

La dimensión de la crisis ecológica es tan profunda que a veces se ha sugerido que necesitamos un modelo económico completamente nuevo. En cierto sentido es cierto: la transición a una economía sostenible requerirá una transformación no solo de cómo generamos energía, sino también de prácticamente todos los aspectos de nuestras sociedades, desde dónde vivimos y cómo viajamos a qué comemos. Con todo, algunos defensores del medio ambiente han argumentado que tenemos que abandonar nuestro compromiso con los mercados e ir más allá de una economía en la que los beneficios son tan fundamentales. No hay duda de que, en ausencia de una regulación cuidadosa, los mercados tienden a agotar los recursos naturales de una forma insostenible, porque los precios de mercado no recogen el pleno impacto de la actividad económica en el mundo natural; en breve volveremos sobre ello. Pero si aplicamos las regulaciones correctas, no solo garantizaremos que los mercados operen dentro de límites ecológicos seguros, sino que también aprovecharemos su dinamismo y su eficiencia para llevar a cabo esta transición.

¿Cómo podemos crear una economía realmente sostenible? Una respuesta completa a esta cuestión de enorme complejidad requiere un libro en sí misma y se basa en minuciosas cuestiones tecnológicas respecto a las que hemos de mantener una mente abierta. Nos centraremos, en cambio, en las instituciones fundamentales necesarias para sostener esta transición.

Nuestra prioridad debe ser la creación de un marco legal global que defina las fronteras naturales en las que nuestra sociedad debe operar y que obligue al Gobierno a desarrollar una estrategia para vivir sin transgredirlas.[15] La pionera Ley de Cambio Climático aprobada por el Reino Unido en 2008 ofrece un modelo sobre el que trabajar. Esta ley exige al Gobierno restringir la cantidad total de emisiones de carbono por parte de la economía británica en línea con su objetivo a largo plazo de emisiones «netas cero» para 2050, y elaborar «presupuestos de carbono» de cinco años que impongan un límite a las emisiones a corto y medio plazo, respaldados por planes creíbles para alcanzar estos objetivos. El proceso es supervisado e informado por un Comité para el Cambio Climático constituido por expertos y que regularmente presenta informes de progreso al Parlamento. Es importante destacar que la ley incluye un mecanismo para que los ciudadanos puedan exigir responsabilidades al Gobierno: en un fallo histórico de 2022, el Tribunal Supremo decretó que el Gobierno había incumplido sus obligaciones y que tendría que revisar su estrategia climática para demostrar cómo se propone cumplirlas.

La Ley de Cambio Climático tal vez no sea perfecta; el Reino Unido tiene que hacer mucho más para alcanzar sus objetivos climáticos, y en teoría un nuevo Gobierno podría derogar la ley. Sin embargo, este país está más cerca de cumplir sus obligaciones climáticas internacionales que la mayoría de los países europeos; y es indudable que la ley ha sido una razón fundamental a la hora de explicar por qué ha tenido mucho más éxito en reducir las emisiones de gases de efecto invernadero que en afrontar otras cuestiones medioambientales, como la contaminación del agua o la degradación del suelo, donde no hay en vigor ninguna norma equivalente.[16] Deberíamos basarnos en este modelo para introducir algo así como una «Ley de Economía Sostenible», que sea más difícil de ignorar o derogar por parte del Gobierno, y que vaya más allá del clima, hasta abarcar otros aspectos cruciales del medio ambiente natural. Esto suscitaría un necesario debate acerca de qué es lo que nosotros, como sociedad, consideramos límites seguros para la biodiversidad, la contaminación, la explotación de las materias primas finitas, etc., y los mecanismos que serían necesarios para implementarlos.[17]

¿Qué tipo de medidas implicaría algo así? Casi con toda seguridad, los impuestos medioambientales forman parte de la solución. Un «impuesto al carbono», por ejemplo, aumentaría el precio de las actividades que generan dióxido de carbono y otros gases de efecto invernadero. Así se garantizaría la ventaja competitiva de las energías renovables; daría a las empresas de todo el país un incentivo para reducir el consumo de energía y desarrollar innovaciones para su ahorro, y animaría a todos los consumidores a cambiar nuestros hábitos en una dirección más sostenible. Esta idea goza de un apoyo casi universal entre los economistas; y en 2022 hubo treinta y siete impuestos al carbono diferentes en todo el mundo, junto a un número similar de regímenes de límites máximos y comercio (primos hermanos del impuesto al carbono), entre ellos el Régimen de Comercio de Derechos de Emisión de la Unión Europea.[18] Sabemos que ambos planteamientos pueden reducir las emisiones, pero los regímenes existentes no son lo bastante ambiciosos. Según el Fondo Monetario Internacional, necesitamos un precio global del carbono de unos 75 dólares por tonelada en 2030 para tener una oportunidad aceptable de limitar el calentamiento a entre 1,5 y 2 °C, pero cuatro quintas partes de las emisiones globales aún no han sido tasadas y el precio medio de las emisiones es de apenas 3 dólares por tonelada.[19]

Los impuestos al carbono y otros mecanismos «basados en el precio» nos ayudarán a aprovechar los beneficios de los mercados al servicio de una economía más sostenible. Pero los mercados por sí solos son incapaces de producir los cambios que necesitamos en el momento oportuno, por lo que hemos de combinar los impuestos al carbono con una implicación mucho más directa del Gobierno. En algunos casos, esto comporta utilizar la regulación para el abandono gradual de ciertos productos y actividades (como los coches de gasolina y las calderas de gas), a fin de limitar nuestro uso de materias primas finitas o proteger las zonas naturales del desarrollo urbanístico. También tenemos que movilizar los recursos del Estado para invertir en nuevas tecnologías, desde los combustibles de hidrógeno y las baterías eléctricas hasta técnicas agrícolas más eficientes. Por encima de todo es necesario que el Estado se embarque en un programa generacional para transformar la infraestructura básica de nuestra economía y sociedad que incluya la inversión en potencia de energía renovable y la electrificación de la práctica totalidad de los sistemas, la expansión del transporte público, el aislamiento de los hogares y una completa revisión de la producción y distribución de alimentos. Esto exigirá un esfuerzo realmente colectivo y sin precedentes que no puede dejarse en manos de los mercados.

Sin embargo, sin una planificación cuidadosa, la transición hacia una economía más sostenible podría empeorar fácilmente las desigualdades sociales existentes. Tomemos el ejemplo del impuesto al carbono. Aunque las emisiones de carbono tienden a aumentar con los ingresos, lo que significa que los ricos pagarán más en términos absolutos, los hogares más pobres gastan una mayor proporción de su renta en elementos esenciales intensivos en carbono, como la energía y el transporte.[20] En consecuencia, un impuesto al carbono también representará una mayor proporción de sus ingresos, lo que empeorará la desigualdad. Y con o sin impuesto al carbono, avanzar hacia las emisiones «netas cero» requerirá la eliminación prácticamente total de la extracción de combustibles fósiles, así como cambios radicales en sectores como el transporte y la agricultura. Aunque aquí hay oportunidades reales para crear trabajos mejores y más cómodos, tenemos que reconocer los costes humanos muy reales para los granjeros y los trabajadores de las petrolíferas, cuyos empleos desaparecerán o cambiarán completamente, y el impacto que esto tendrá en sus comunidades. Realizar esta transición de una forma justa e inclusiva no es solo un imperativo moral, sino también un requisito previo para crear un movimiento político viable para el cambio.

En el caso del impuesto al carbono, por ejemplo, podríamos redistribuir los ingresos bajo la forma de un «dividendo del carbono» anual a todos los ciudadanos. En Estados Unidos, un impuesto al carbono de unos 50 dólares por tonelada de CO_2 financiaría un dividendo anual de unos 500 dólares. Gracias a este dividendo, aunque el precio de los alimentos, la energía y el transporte creciera, todos, a excepción del 30% más rico, verían aumentar su nivel de vida.[21] Alternativamente, podríamos utilizar parte del dinero recaudado gracias al impuesto sobre el carbono para fomentar programas de reconversión individual y ayudar a las comunidades que en la actualidad dependen de la extracción de combustibles fósiles a desarrollar nuevas industrias sostenibles. Afrontar estos desafíos nos devuelve a la necesidad de una agenda mucho más amplia para abordar la desigualdad y fomentar una prosperidad realmente compartida.

EL ARGUMENTO A FAVOR DE LOS MERCADOS

La desigualdad que en la actualidad desgarra nuestras sociedades refleja, hasta cierto punto, la aceptación de la ideología del libre mercado desde los años ochenta. En la izquierda hay muchos que son escépticos o abiertamente hostiles a los mercados y a la forma en que estos priorizan los beneficios a las necesidades de la gente o el planeta. Algunos acabarían completamente con los mercados, pero eso sería un grave error.

Para empezar, los críticos de la izquierda a veces pasan por alto la vital importancia de los mercados para la libertad individual. Después de todo, un «mercado» es simplemente un espacio en el que la gente es libre de comprar y vender cosas, y esta libertad de intercambio es valiosa por sí misma. Como expresó el economista y filósofo Amartya Sen, «estar "completamente en contra" de los mercados es casi tan raro como estar completamente en contra de las conversaciones entre personas».[22] Los mercados nos permiten ejercer ciertas libertades básicas importantes. La existencia de un «mercado laboral» en el que la gente es libre de vender su trabajo y comprar el de otros (dentro de ciertos límites) es más o menos una condición previa para ejercer nuestra libertad de elección ocupacional, y el principio de libertades básicas rechaza inmediatamente una sociedad en la que el Estado indica a los individuos qué trabajo han de realizar.[23] En un sentido más amplio, nuestro derecho básico a poseer propiedades personales sugiere que deberíamos ser libres para decidir cómo gastar nuestros ingresos: qué comida comer, qué vestir y cómo priorizar entre todas las cosas que queremos o necesitamos. Debemos apoyarnos en los mercados para distribuir la mayoría de los servicios y bienes de consumo porque la alternativa sería alguna forma de racionamiento controlada por el Estado.[24]

El argumento a favor de los mercados también se basa en su eficiencia como forma de coordinar el trabajo y la producción; en otras palabras, en su capacidad para aprovechar las destrezas y recursos disponibles para producir bienes que las personas realmente quieren y necesitan, y para fomentar así el crecimiento y la prosperidad. Desde el año 1800, los ingresos medios en la Europa occidental y Estados Unidos han aumentado en la región entre un 2.000 y un 3.000%, transformando el acceso de la gente a todos los bienes y servicios, desde la alimentación y la vivienda a la educación y la sanidad, la cultura y el arte. Aunque es solo una parte de la historia, no cabe duda de que los mercados han tenido un papel fundamental en esta asombrosa mejora del nivel de vida.[25] Desde la perspectiva del principio de diferencia, si los mercados pueden aumentar el patrimonio total de la sociedad, entonces, con las instituciones adecuadas, también podrán incrementar el nivel de vida de los más desfavorecidos.

¿Por qué los mercados fomentan la eficiencia económica y la prosperidad? En una economía de mercado, la actividad está guiada de forma descentralizada por los precios y los beneficios. Los precios de mercado dan a las empresas una señal de lo que los consumidores desean; por ejemplo, si los ciudadanos deciden comer o comprar más alimentos vegetales, los precios relevantes tenderán a aumentar, lo que a su vez animará a más personas a abrir restaurantes o a los granjeros a dejar de sacrificar animales y a cultivar verduras. De un modo similar, los precios de mercado animan a las empresas a producir con eficacia, economizando recursos relativamente escasos; las materias primas poco abundantes tienden a ser más caras, y las empresas tenderán a buscar alternativas o a desarrollar métodos de producción más austeros. Aunque la mayoría de las empresas están fundamentalmente motivadas por el deseo de obtener beneficios, la competencia ayuda a controlar este aspecto: las empresas que suben excesivamente los precios serán desbancadas por sus competidores, que bajarán los precios al consumidor hacia los costes de producción. La competencia también implica que las empresas ineficaces no sobrevivirán mucho tiempo; asimismo, la oportunidad de ganar más dinero por medio del desarrollo de nuevas tecnologías y productos es un constante estímulo para la innovación, que a su vez es el motor último para el crecimiento económico a largo plazo.

Evidentemente, los mercados solo producen lo que desean los individuos si estos tienen dinero para pagarlo. Esto puede tener el efecto perverso de dirigir la producción hacia el lujo destinado a los ricos —aparatos caros, yates, etcétera—, mientras que los bienes esenciales, como una vivienda digna y unos alimentos nutritivos, quedan sin satisfacer. Sin embargo, el verdadero problema aquí es la distribución desigual de los ingresos, más que un defecto intrínseco de los mercados. Si los ingresos se distribuyeran más equitativamente —como ocurriría en una sociedad organizada según el principio de diferencia—, asistiríamos a un cambio en la producción, que abandonaría los lujos y se centraría en la alimentación y la vivienda, que son las prioridades de la mayor parte de la gente.

La alternativa a una economía de mercado es una economía planificada en la que el Estado coordina directamente la producción a partir de un plan central basado en alguna evaluación de lo que la gente quiere y lo que las empresas son capaces de producir. Durante buena parte del siglo XX, hubo un intenso debate sobre las ventajas de los mercados versus la planificación. Esto se materializó en la vida real en la Unión Soviética, China y, en menor medida, la India, que adoptaron economías planificadas durante buena parte de la segunda mitad del siglo.[26] El hecho de que en el presente ninguno defienda realmente la idea de una economía completamente planificada nos ayuda a entender las ventajas del mercado.

Uno de los problemas de la economía planificada es que deposita un enorme poder en manos del Estado. Como vimos en la Unión Soviética, hay un peligro real de que políticos o burócratas organicen la economía para crear lo que ellos creen que la gente desea o necesita, en lugar de lo que en realidad quiere y necesita. Sin embargo, aunque pudiéramos garantizar que el Estado va a intentar promover los intereses reales de la gente, no es del todo seguro que logre reunir la información que necesita para hacerlo de una manera eficaz y menos aún procesarla y elaborar un plan «óptimo».[27] En general, los individuos están en mejores condiciones de saber lo que quieren, y las empresas suelen saber cómo responder adecuadamente a la demanda del consumidor y cómo producir bienes y servicios minimizando los costes. Las economías planificadas también experimentan dificultades en cuanto a innovación, al no existir los incentivos constantes para la mejora y la innovación que proporciona la competencia en una economía de mercado. Por el contrario, los mercados —al menos cuando funcionan bien— coordinan la actividad para aprovechar el conocimiento descentralizado de millones de consumidores y empresas individuales.[28] El argumento teórico a favor de los mercados y en contra de la planificación se apoya en gran medida en la experiencia real de la Unión Soviética y otras economías planificadas en el siglo XX, que sufrieron escasez crónica, productos de baja calidad y un paupérrimo nivel general de innovación y crecimiento.[29]

Aunque una economía de mercado presenta ciertas ventajas decisivas sobre una economía planificada, deja abierta la cuestión de quién debe poseer los medios de producción. Como hemos visto, el principio de libertades básicas de Rawls garantiza el derecho fundamental a la propiedad personal, pero no existe el derecho a poseer o a trabajar en una empresa privada; y, a pesar de que los mercados se han asociado generalmente a la propiedad privada, esto no necesariamente tiene que ser así. En teoría, las empresas de propiedad estatal podrían competir en el mercado igual que las privadas, y los beneficios irían a parar, en última instancia, al Gobierno, que podría utilizarlos para pagar los servicios públicos o distribuirlos directamente a los ciudadanos; esta es la esencia del socialismo de mercado, que comentamos en el capítulo 3.[30] Según Rawls, la cuestión de si las empresas deben ser propiedad de los accionistas, del Estado o de los trabajadores depende en última instancia de qué modelo es más capaz de equilibrar la prosperidad con la igualdad y de mejorar las perspectivas de los más desfavorecidos.

Aunque el argumento a favor de los mercados descansa en su superior eficiencia, eso no significa que debamos aceptar un enfoque *laissez-faire* de la política económica; muy al contrario. Dejados a su suerte, los mercados distan mucho de ser perfectos incluso desde la limitada perspectiva de la eficiencia económica.[31] El lugar común de unos mercados perfectamente competitivos no es más que una ficción útil, y buena parte de la economía moderna se ocupa de identificar el modo en el que los mercados reales no están a la altura de este estándar y de explorar cómo corregir estos errores.

Para empezar, las propiedades beneficiosas de los mercados dependen de una competencia sana. Pero el auge de los grandes monopolios tecnológicos en los últimos años nos recuerda oportunamente que esta no es una realidad que podamos dar por sentada, sino que la hemos de mantener a través de una regulación meticulosamente diseñada y aplicada con rigor.[32] Y en algunos sectores, como la energía y los ferrocarriles, donde hay enormes economías de escala, una competencia significativa podría no ser posible en absoluto, por lo que a menudo tiene más sentido depender de una provisión pública directa.

Sin embargo, mantener la competencia no es suficiente. Los mercados solo son eficientes cuando los precios son una buena medida del valor social de las diferentes actividades. Pero muchas actividades económicas implican lo que los economistas llaman «externalidades», en las que hay una brecha entre el precio de mercado y el valor social. Quizá el ejemplo más grave es el hecho de que habitualmente no haya un precio de mercado asociado a la emisión de dióxido de carbono u otros gases de efecto invernadero, a pesar de los enormes costes sociales vinculados al cambio climático. Como las empresas no tienen que sufragar estos costes, emiten más de lo que nos gustaría. En otros casos, como la inversión en educación o el desarrollo de nuevas medicinas y tecnologías, los precios de mercado no reflejan todo el valor social positivo generado por estas actividades, lo que significa que acabamos con una peor educación, menos medicinas y una innovación más lenta de lo que sería «eficiente» desde un punto de vista económico. Cuando se trata de «bienes públicos» como la defensa nacional, las carreteras o la calidad del aire, no podemos depender de los mercados.[33] De un modo similar, a pesar de que algunos servicios públicos directos como la recogida de basuras y la limpieza de las calles pueden y han sido suministrados con éxito por el sector privado, los beneficios de la externalización del sector público han sido frecuentemente exagerados. En casos más complejos, como la sanidad, las prisiones o la asistencia social, la subcontratación probablemente hará más mal que bien.[34] Por último, las economías de mercado sufren periodos cíclicos de auge y caída que generan desempleo y dificultades económicas.

Evitar y compensar estos «fallos del mercado» es una de las tareas más importantes de cualquier Gobierno, y hacerlo es un requisito vital para aprovechar al máximo lo que los mercados tienen que ofrecer. De hecho, dado que estos fallos constituyen un aspecto generalizado de la realidad económica, la cuestión no es «si» los mercados se deben dejar a su libre albedrío, sino «cómo» hay que regularlos en los diferentes contextos. Evidentemente, son muchas las cuestiones que hay que debatir: cómo fomentar la competencia en un mundo progresivamente digitalizado; cómo alentar la innovación, que es la fuente del crecimiento económico a largo plazo; cómo abordar las externalidades y ofrecer bienes públicos, desde transporte a sanidad y seguridad nacional; y cómo gestionar las fluctuaciones del empleo. Aunque estos temas son relevantes, en el resto del libro los dejaremos a un lado. A pesar de que el principio de diferencia justifica un papel activo del Estado en la regulación de los mercados —y, por lo tanto, ofrece una alternativa a los dogmas *laissez-faire* del neoliberalismo—, cómo hacerlo exactamente es el núcleo del debate económico moderno. Hemos de adoptar un enfoque pragmático y basado en evidencias que se resista tanto a la fe ingenua en la eficiencia de los mercados, tan común en sectores de la derecha, como a la hostilidad instintiva hacia ellos que encontramos en ciertos ámbitos de la izquierda. Nuestro objetivo aquí no es la conocida cuestión de cómo lograr que nuestra economía sea eficiente. Más bien nos centramos en descubrir cómo puede ser justa.*

CUBRIR LAS NECESIDADES BÁSICAS: EL ARGUMENTO A FAVOR DE UNA RENTA BÁSICA UNIVERSAL

La exigencia fundamental de una economía justa es que todos puedan cubrir sus necesidades básicas, una tarea que no cabe delegar en los mercados. Podemos comprobarlo al observar los ingresos «brutos» o «de mercado» de las personas, es decir, sus ingresos antes de impuestos y transferencias, que para la mayoría de las personas son principalmente ganancias por trabajo. En la mayoría de los países, si las personas tuvieran que depender únicamente de sus ingresos de mercado, entre el 20 y el 30% de los hogares estarían viviendo en una «pobreza de ingresos relativa», definida como disponer de menos del 60% del ingreso medio.[35]

Una forma de hacer frente a esta realidad es ayudar a la gente a aumentar sus ingresos, por ejemplo, invirtiendo en educación o estableciendo un salario mínimo obligatorio; en la próxima sección veremos detalladamente cómo se puede hacer. Sin embargo, existen límites a la subida del salario mínimo sin crear desempleo, y en cualquier sociedad habrá ciudadanos que no se podrán mantener a sí mismos debido a sus responsabilidades como cuidadores o porque están enfermos o padecen alguna discapacidad.

* Por supuesto, las medidas diseñadas para fomentar la eficacia también pueden mejorar la equidad (y viceversa). Hacer frente al monopolio del poder de empresas como Apple y Amazon, por ejemplo, no solo estimulará la competencia y la innovación, sino que también evitará que los accionistas se beneficien económicamente del monopolio y, por lo tanto, reducirá las injustas desigualdades que existen entre ellos y todos los demás. Pero, aunque pudiéramos crear una economía perfectamente eficiente, eso no la haría justa; al menos no si pensamos en la equidad en los términos del principio de diferencia.

En consecuencia, siempre necesitaremos algún sistema para ampliar los ingresos de mercado de los ciudadanos.

¿Cómo debería ser este sistema? La mayoría de los países ricos han adoptado alguna combinación de «seguridad social» y de prestaciones «en función de los recursos». La idea básica de la seguridad social es que los individuos pagan impuestos (o «contribuciones» a la seguridad social) a cambio de recibir ingresos durante periodos en los que son incapaces de trabajar por enfermedad, desempleo involuntario o vejez.[36] En cambio, la prestación en función de los recursos se paga sobre la base de las necesidades y no de las contribuciones anteriores, normalmente a personas cuyos ingresos son inferiores a determinado umbral. Suele estar condicionada a que el receptor demuestre que está dando pasos activos para buscar empleo o que es incapaz de trabajar. El equilibrio entre estos dos sistemas varía de un país a otro; la seguridad social tiene un papel primordial en la mayoría de los países de la Europa continental, mientras que en el Reino Unido, Estados Unidos y otras naciones anglófonas, las prestaciones en función de los recursos tienden a ser más relevantes.[37]

El problema más acuciante de los sistemas de bienestar actuales es que las prestaciones normalmente están por debajo de lo que la gente necesita para cubrir sus necesidades básicas. En el Reino Unido, la prestación estándar por desempleo para un adulto soltero es de unas 75 libras a la semana, apenas por encima de lo que se considera un ingreso «miserable» de 70 libras, y muy por debajo de las 230 libras a la semana que la mayoría de la gente considera el mínimo para un nivel de vida socialmente aceptable.[38] En el conjunto de la OCDE, las prestaciones de ingreso mínimo para un individuo soltero, incluyendo prestaciones para vivienda, representan en torno al 35% de los ingresos medios por hogar.[39] Como resultado, incluso después de tener en cuenta los impuestos y las transferencias, en torno al 17% de la población vive en una relativa pobreza de ingresos tanto en el Reino Unido como en la Unión Europea, y esta cifra asciende a una cuarta parte de la población en Estados Unidos.[40] El nivel de pobreza tiende a ser mayor en hogares con hijos; en el Reino Unido, aproximadamente el 23% de los niños viven actualmente en la pobreza, una cifra que aumenta al 30% una vez que tenemos en cuenta los costes de la vivienda.[41] Como examinamos en el capítulo anterior, la pobreza infantil no solo perjudica la salud y el bienestar de los niños, sino que les impide desarrollar sus talentos y habilidades, lo que hace imposible la igualdad de oportunidades.

Así pues, como mínimo hemos de aumentar la generosidad de las prestaciones existentes para cumplir con estándares de pobreza ampliamente aceptados. Esto supondría una mejora significativa del *statu quo*. Sin embargo, sería mejor aspirar a una transformación fundamental de la cobertura de las necesidades básicas por medio de la introducción de una renta básica universal e incondicional. Como veremos, aplicarla supondría poner en práctica la poderosa visión de la justicia económica de Rawls en una dimensión aún mayor.[42]

La renta básica universal se define como un pago regular a todos los ciudadanos que incluye dos aspectos clave: es «universal» en el sentido de que todos la reciben, no importa si son ricos o pobres; y es «incondicional» en el sentido de que se entrega sin la exigencia de estar trabajando o buscando empleo. Parte del atractivo de la renta básica universal reside en que podría sustituir a la mayor parte de transferencias y prestaciones, pero no tiene por qué ser necesariamente suficiente como para cubrir las necesidades básicas de la población, y la cantidad de dinero que habría que desembolsar depende de cómo definamos las necesidades básicas y de qué otros sistemas existen para ayudar a los ciudadanos a cubrir esas necesidades.[43] Como mínimo, necesitaremos un apoyo adicional para quienes sufren una discapacidad severa, y el Estado seguirá financiando servicios esenciales como la educación y la sanidad, dado su papel esencial para garantizar la igualdad de oportunidades.

A primera vista, la renta básica universal parece un método caro y despilfarrador de cubrir las necesidades básicas. Si nuestro objetivo es simplemente asegurar que todos tienen acceso a un mínimo nivel de ingresos, siempre podremos hacerlo de forma más barata canalizando la ayuda hacia los pobres y exigiendo que aquellos que puedan trabajar lo hagan. De hecho, el principio de diferencia parece sugerir precisamente este tipo de planteamiento; a fin de cuentas, si podemos cubrir las necesidades básicas de la gente a un coste global inferior, podremos bajar los impuestos, lo que estimulará el dinamismo económico y un crecimiento que beneficiará a todos.

La justificación de la renta básica universal se basa en reconocer la importancia no solo de los ingresos, sino también de la dignidad y la autoestima. Aunque las prestaciones condicionadas y en virtud de los recursos pueden ser una forma eficaz de mejorar la renta de los más desfavorecidos, pueden minar profundamente la autoestima de la gente. Es inevitable que estas prestaciones establezcan una distinción entre quienes las reciben y quienes no, y quienes dependen de ellas son frecuentemente demonizados en la política y en la cultura popular.[44] Al mismo tiempo, tener que cumplir los diversos requisitos de estas prestaciones puede resultar indiscreto y humillante, lo que despoja a los ciudadanos de ingresos más bajos de su iniciativa e independencia y deja a la parte más vulnerable de la sociedad en manos de una burocracia impersonal. Para quienes son capaces de trabajar, esto implica demostrar que has intentado conseguir un trabajo digno y has fracasado, lo que en nuestra cultura obsesionada por el trabajo puede resultar degradante.[45] Para quienes no pueden trabajar, a menudo implica soportar preguntas personales e intrusivas, como «¿Eres capaz de ir solo a lugares que conoces?» o «¿Cómo va tu incontinencia?».[46]

Un creciente corpus de investigación demuestra el impacto devastador que este proceso tiene en la salud mental de las personas: la amenaza de que nos quiten las prestaciones produce ansiedad, miedo e inseguridad; y cuando las prestaciones desaparecen, rara vez esto lleva a la gente a encontrar trabajo, lo que suele empeorar las enfermedades físicas y mentales preexistentes.[47] Como expresó un asesor de prestaciones británico en una conmovedora petición de un planteamiento más humano, este sistema «pisotea la privacidad y la autoestima de una manera inconcebible para cualquier persona fuera del sistema de prestaciones. Crea una niebla nociva de sospecha que oscurece el entendimiento entre vecinos y envenena sus relaciones. Deja a las personas —conciudadanos, seres humanos— sumidas en un miedo perpetuo... Para individuos a menudo aislados, ¿qué miedos podrían ser más insidiosos que la incapacidad para pagar la comida, la calefacción y la vivienda ante los ojos sospechosos de los vecinos?».[48]

Los beneficios en función de los recursos también pueden dificultar que las personas con los ingresos más bajos acepten empleos remunerados. Por un lado, crean las conocidas «trampas de la pobreza», por las que las prestaciones se retiran rápidamente en cuanto la gente empieza a ganar más, de modo que quienes tienen ingresos más bajos pueden perder entre ochenta y noventa peniques en prestaciones reducidas por cada libra de ingresos extra. Si tenemos en cuenta los costes de los desplazamientos y el cuidado de los hijos, pueden acabar con menos recursos que si se hubieran quedado en casa. Junto a esta realidad encontramos la conocida como «trampa de la precariedad».[49] Para muchos ciudadanos con ingresos bajos, las oportunidades laborales suelen ser a corto plazo, y aún más en los últimos años con el desarrollo de la «economía del empleo a tiempo parcial». La complejidad de la mayoría de los sistemas de bienestar, junto con el retraso en los pagos, induce a algunas personas a rechazar trabajos que de otro modo aceptarían, ya que incluso un breve periodo sin ingresos puede resultar catastrófico.

La renta básica universal eliminaría estos problemas de un plumazo al cubrir las necesidades básicas y apoyar en lugar de socavar la independencia y la autoestima de los más desfavorecidos. Dado que se concedería a todo el mundo, la renta básica universal desterraría el estigma asociado a la recepción de prestaciones y proscribiría la necesidad de evaluaciones intrusivas y degradantes. También facilitaría y haría económicamente más atractivo el trabajo de quienes tienen los ingresos más bajos, con todas las ventajas que esto puede reportar. En palabras de Philippe van Parijs y Yannick Vanderborght, filósofos y defensores de la renta básica, mientras que un sistema del bienestar vinculado a los recursos ofrece «una red de seguridad que no logra atrapar a muchas personas que debería atrapar y en la que muchas otras quedan enredadas», la renta básica universal «proporciona un suelo en el que todos pueden sostenerse con seguridad».[50]

Una renta básica universal también transformaría las relaciones de poder en la sociedad en un sentido amplio, especialmente entre trabajadores y empleadores. En nuestro actual sistema del bienestar, los desempleados tienen que aceptar el primer trabajo que se les ofrece o, si no, perderán sus prestaciones. Y aunque teóricamente quienes trabajan pueden amenazar con renunciar a su puesto, esta amenaza rara vez es creíble, ya que en muchos países a quienes abandonan voluntariamente su trabajo se les niegan las prestaciones, y a menudo tienen que aceptar otro trabajo con las mismas condiciones deplorables. Todo esto cambiaría con una renta básica universal: nadie estaría obligado a aceptar un trabajo solo para sobrevivir, e incluso los peor pagados podrían decir «no» a un empleo degradante o a un empresario abusivo.[51]

A veces los críticos argumentan que una renta básica universal es una amenaza al reconocimiento de la importancia del trabajo como fuente de autoestima y reconocimiento social, y que su implementación llevaría a un abandono del esfuerzo por mejorar la disponibilidad o calidad del empleo y simplemente implicaría pagar a la gente para que se quedara en casa. Sin embargo, en todo caso, lo contrario es lo cierto: la renta básica universal es tan deseable en gran medida por su potencial para transformar el trabajo. Gracias a ella, los empleadores tendrían que pagar un salario más alto por los trabajos menos atractivos (nadie limpiará retretes a menos que reciba un salario digno por ello) o encontrar otra forma de hacer esos trabajos más atractivos. A su vez, la perspectiva de pagar sueldos más altos llevaría a las empresas a buscar que sus empleos fuesen más productivos, por ejemplo, invirtiendo en formación laboral o nuevas tecnologías. Una renta básica universal facilitaría que la gente estudiara fuera del trabajo, lo que implicaría grandes beneficios en términos de productividad, y sería una ayuda para quienes quisiesen crear su propia empresa, fomentando la innovación. Por último, una renta básica universal permitiría a la gente decir «sí» a un trabajo intrínsecamente satisfactorio o socialmente útil pero no muy bien remunerado, como el trabajo creativo o los cuidados. Así, aumentaría el trabajo significativo, especialmente para quienes tienen salarios más bajos, a la vez que se deja a los individuos decidir exactamente qué significa eso y hasta qué punto les importa.

La necesidad de una renta básica universal se ve fortalecida únicamente por las últimas tendencias del mercado laboral. Permitiría a las personas aprovechar al máximo la flexibilidad que conlleva la economía del empleo a tiempo parcial, al mismo tiempo que garantizaría un nivel básico de seguridad financiera para todos. Mirando más adelante, aunque el camino futuro de las nuevas tecnologías como la inteligencia artificial es difícil de predecir, existe una posibilidad real de que la automatización conduzca a una disminución a largo plazo de los salarios o del empleo a medida que las máquinas sustituyan a los humanos en un rango más amplio de tareas.[52] En un mundo en el que un gran número de personas no pudieran satisfacer sus necesidades básicas a través del trabajo, una renta básica universal sería esencial.

Una renta básica universal también transformaría las relaciones de poder mucho más allá del ámbito del trabajo remunerado. Sería una fuente de independencia económica para aquellos que no pueden cumplir con un empleo asalariado, ya sea porque tienen responsabilidades de cuidados o debido a enfermedades o discapacidades. Y permitiría a las personas escapar de relaciones dañinas de todo tipo, proporcionando una vía de salida para jóvenes gais o trans cuyas familias o comunidades no pueden aceptar su sexualidad, o para mujeres que sufren violencia doméstica o son obligadas a casarse a la fuerza.

¿Es justa?

Por lo tanto, hay mucho que decir a favor de la renta básica universal. Con todo, como los críticos han señalado, tiene una obvia y bastante seria desventaja moral: que algunas personas puedan dejar de trabajar y simplemente aprovecharse del trabajo de otros. La mayoría de la gente considera esto injusto, y va contra el espíritu de reciprocidad situado en el centro del planteamiento de la justicia económica de Rawls. De hecho, el propio Rawls era crítico con la renta básica universal por esta razón, y argumentaba que en una sociedad justa todos deberían «cumplir con su parte en la sociedad» y que «no debemos beneficiarnos de los esfuerzos de los demás sin cumplir con nuestra parte».[53]

Aunque es una preocupación lícita, no implica que debamos abandonar la idea.[54] Tenemos que analizar la renta básica universal en su conjunto: ninguna institución o política económica es perfecta, y como dijo el propio Rawls, «el mejor acuerdo a nuestro alcance puede incluir un equilibrio de imperfecciones, un ajuste para compensar las injusticias».[55] Ciertamente, en ausencia de condiciones relacionadas con el trabajo, una renta básica universal permitiría que algunas personas dejaran de trabajar por completo. Sin embargo, como veremos, probablemente este número sería reducido, y tenemos que recordar que, debido al carácter incondicional de la renta básica universal, esta tiene un potencial enorme para reforzar la autoestima de los más desfavorecidos en la sociedad por medio de la eliminación de evaluaciones intrusivas y humillantes, y alterando de un modo fundamental el equilibrio de poder en el trabajo. No podemos tenerlo todo: los beneficios transformadores de la renta básica universal dependen en gran medida del hecho de que todo el mundo, y no solo los ricos, podrá decir «no» a un trabajo degradante o denigrante. El riesgo de que un pequeño número de personas decidan dejar de trabajar es un precio que vale la pena pagar.

¿Cómo podemos estar seguros de que la mayoría de las personas harían una contribución justa a la sociedad a través del trabajo remunerado, incluso con una renta básica universal vigente?[56] A pesar de los temores de los críticos, no hay razón para pensar que las personas vayan a abandonar el trabajo en masa. Algunas de las mejores evidencias provienen de una serie de experimentos reales con los llamados «impuestos negativos a la renta» en Estados Unidos y Canadá entre 1968 y 1980.*[57] Un impuesto negativo a la renta es un pariente cercano de la renta básica universal que implica aumentar los ingresos de las personas a un nivel mínimo garantizado, independientemente de si están trabajando o buscando empleo. Los estudios de estos ensayos deberían ayudar a disipar las preocupaciones sobre el oportunismo: los participantes solo redujeron ligeramente la cantidad de tiempo dedicado al trabajo, una media de aproximadamente dos a cuatro semanas de empleo a tiempo completo por año. Además, cuando las personas trabajaban menos, a menudo era porque tardaban un poco más en encontrar un nuevo empleo o porque estaban estudiando o cuidando niños. No hay evidencia de que las personas se retiren permanentemente del empleo remunerado.[58]

Estos hallazgos son coherentes con una gran cantidad de investigaciones sobre programas de «transferencias de efectivo incondicionales» en todo el mundo. Una revisión reciente de esta literatura concluyó que este tipo de programas no tienen ningún impacto en la cantidad de trabajo que realizan las personas o solo provocan una pequeña disminución, mientras que están asociados con mejoras significativas en una amplia gama de ámbitos, incluyendo la salud mental y la física, el rendimiento educativo, la crianza de los hijos y la delincuencia.[59] Nada de esto debería sorprendernos: la mayoría de las personas desean tener algo más que un ingreso básico; y, como ya hemos debatido, el trabajo remunerado es algo más que una fuente de ingresos: es una fuente de significado, identidad y autoestima. Muchas de las personas más ricas de la sociedad, que podrían optar fácilmente por una vida de ocio, trabajan por esas mismas razones.

* El presidente Richard Nixon casi logró introducir una versión del impuesto negativo a la renta a principios de los setenta. El conocido como Plan de Asistencia a las Familias fue aprobado de forma abrumadora en la Cámara de Representantes, pero no obtuvo el respaldo del Senado y fue finalmente abandonado.

Aunque el temor al oportunismo parece exagerado, podríamos considerar formas híbridas de renta básica universal que mantengan un elemento de condicionalidad, pero alejado de los regímenes rigurosos y punitivos que existen en muchos países hoy en día. El economista Tony Atkinson propuso un «ingreso de participación» básico a cambio de realizar una contribución social mínima, definida de manera amplia para incluir no solo el trabajo remunerado, sino también otras actividades de cuidados o beneficencia.[60] La elección entre esto y una renta básica universal completa no es fácil: un ingreso de participación mitigaría la inquietud ante el oportunismo, pero añadiría una costosa capa de complejidad administrativa y llevaría al Estado a cuestiones polémicas sobre qué actividades merecerían ser subvencionadas.

¿Nos lo podemos permitir?

El principal reto práctico de la implementación de una renta básica universal es el coste. No hay forma de eludir el hecho de que sería caro. La mayoría de los debates se centran en cálculos simples de coste bruto: la cantidad pagada a cada persona multiplicada por el número de habitantes del país. El total dependerá, obviamente, de la cuantía de la renta básica universal, que a su vez dependerá de cómo se ajusta con otras prestaciones y servicios públicos. Para simplificar, consideremos el tipo más generoso de renta básica universal, es decir, la que sea suficiente para eliminar la pobreza por sí sola. Como regla general aproximada, el coste bruto podría ascender al 20-25% del PIB.[61] Pero, por supuesto, una renta básica universal también reemplazaría a muchas prestaciones y deducciones fiscales existentes, y este ahorro podría reducir el coste entre un tercio y la mitad, llevando el coste adicional neto en torno al 10-15% del PIB.[62]

Así pues, una renta básica universal al nivel de pobreza requeriría un aumento significativo de los impuestos. Pero es importante recordar que, aunque todos pagarían más impuestos, también recibirían una renta básica a cambio. De hecho, la mayor parte del coste principal de una renta básica universal implica dar y tomar dinero de las mismas personas. Una vez que tenemos en cuenta el efecto combinado del ingreso adicional y los impuestos más altos necesarios para sufragarlo, la mayoría de las personas serían «beneficiarias netas»: recibirían más de la renta básica universal de lo que pagarían en impuestos adicionales, mientras que solo una minoría serían «contribuyentes netos» y pagarían más de lo que reciben.[63]

Desde una perspectiva económica, el verdadero «coste» de una renta básica universal se mide en función de la reducción del patrimonio total, o PIB, y, por lo tanto, en función de si empobrecerá a la sociedad en general. Este cálculo depende de cómo responde la gente tanto al recibir un ingreso incondicional como al aumento de impuestos necesario para pagarlo. Como ya hemos visto, la mayoría de las personas seguirían trabajando incluso si recibieran una renta básica universal; y como veremos más adelante en este capítulo, aumentar los impuestos tiende a tener un impacto mucho menor en cuánto trabajan las personas de lo que comúnmente pensamos. Pero la verdad es que las consecuencias económicas de una renta básica universal son difíciles de predecir, y por eso tendría sentido proceder a su implementación gradual mientras se eliminan las prestaciones existentes.[64]

También deberíamos estar abiertos a posibilidades que podrían lograr algunos de los objetivos de una renta básica universal de una manera más económica. Para empezar, una renta básica universal no necesariamente tiene que ser a todo o nada. Incluso una parcial, que por sí sola no fuera suficiente para vivir, podría proporcionar una fuente vital de estabilidad y poder de negociación para las personas más pobres de la sociedad. Otra opción sería una renta básica universal temporal, que las personas podrían utilizar, por ejemplo, durante cinco años a lo largo de su vida, proporcionando un colchón en momentos de necesidad real. También podríamos mantener un elemento vinculado a los recursos, subvencionando solo a personas cuyos ingresos caen por debajo de cierto nivel. Como hemos visto, si pagamos una renta básica universal y aumentamos los impuestos sobre los ingresos, terminamos con un toma y daca donde la mayoría de las personas terminan pagando parte de ella con impuestos más altos. Pero podríamos saltarnos todo esto y simplemente hacer un único pago a los beneficiarios netos mientras gravamos a los contribuyentes netos. Esta es la idea que subyace al impuesto negativo a la renta que mencionamos antes.[65] Podríamos diseñarlo de manera que el impacto general en los ingresos y los incentivos laborales de las personas fuera el mismo que con una renta básica universal, pero, dado que solo necesitaríamos hacer pagos a los beneficiarios netos, esto requeriría un aumento mucho menor de las tasas de impuestos principales.[66] Desde un punto de vista político, esta es una gran ventaja; aunque, dado que los pagos estarían destinados a los pobres, podría no fomentar el mismo espíritu de universalidad y solidaridad que una renta básica verdaderamente universal.

Es evidente que la renta básica universal no es la única herramienta para garantizar que todo ciudadano pueda cubrir sus necesidades básicas. Sin embargo, en su conjunto, es la forma más atractiva, dada su capacidad de reforzar la independencia y autoestima de quienes tienen menos, y en virtud de su potencial para transformar el equilibrio de poder entre trabajadores y empleados. Y aunque no adoptemos una renta básica universal plenamente desarrollada, hemos de avanzar hacia un sistema del bienestar más universal y menos condicional.

PROSPERIDAD COMPARTIDA Y PREDISTRIBUCIÓN

Aunque cubrir las necesidades básicas es la exigencia fundamental de la justicia económica, el principio de diferencia se ocupa de diseñar un sistema económico en el que los beneficios de la prosperidad son ampliamente compartidos y en el que el nivel de vida de los más desfavorecidos es superior al que sería bajo cualquier otro sistema. Es fundamental entender que para alcanzar este objetivo no podemos depender exclusivamente de la redistribución. Como ya hemos visto, Rawls rechazó de forma explícita el «capitalismo del estado del bienestar», que se centraría en la «redistribución de ingresos para quien tiene menos al final de cada periodo» en favor de una «democracia de propiedad» en la que el Estado garantizaría «la propiedad generalizada de los activos productivos y el capital humano (es decir, la educación y las competencias adquiridas) al inicio de cada periodo».[67]

En efecto, Rawls argumentó a favor de lo que hoy se conoce como «predistribución»; la idea de que hemos de intentar evitar la aparición de desigualdades de mercado, en lugar de depender de impuestos y transferencias para mitigarlas. Esta forma de pensar ha atraído un creciente interés de académicos y políticos, y por buenas razones.[68] El aumento de la desigualdad de ingresos globales desde la década de los ochenta ha sido impulsado sobre todo por un fuerte incremento de los ingresos brutos o ingresos del mercado, en lugar de por una disminución de la redistribución.[69] Las diferencias en la desigualdad de ingresos brutos también son clave para entender por qué algunos países son mucho más desiguales que otros, más que las diferencias en la progresividad de los impuestos o la generosidad de la redistribución.[70]

De hecho, estas diferencias en la desigualdad de ingresos de mercado pueden ser muy grandes. En Estados Unidos, el ingreso bruto del 50% más pobre es solo de 21.000 dólares de media, en comparación con los 29.000 dólares en Dinamarca, a pesar de que ambos países tienen ingresos per cápita similares en líneas generales. Del mismo modo, el 10% más rico de los estadounidenses gana una media de 353.000 dólares, en comparación con los 237.000 dólares de sus homólogos daneses.[71] Como resultado, Estados Unidos tendría que hacer mucha más redistribución que Dinamarca si quisiera lograr el mismo nivel de desigualdad de ingresos finales o «disponibles»; en otras palabras, dinero en manos de las personas, que es lo que realmente importa. Sin embargo, el hecho de que la desigualdad de ingresos brutos sea mucho menor en Dinamarca sugiere que países desiguales como Estados Unidos o el Reino Unido podrían hacer mucho más para abordar este problema en su origen. A fin de cuentas, no hay una razón económica profunda por la cual el 50% más pobre deba ganar mucho más en Dinamarca que en Estados Unidos; ambos países están en niveles de desarrollo similares y tienen acceso a tecnologías muy parecidas. Esto no significa que sea fácil para Estados Unidos aumentar las ganancias de la mitad inferior al nivel de Dinamarca; estas diferencias hunden sus raíces en sistemas educativos diferentes, sistemas de regulación económica heterogéneos, diferencias en cuanto al poder de negociación de los trabajadores y, sin duda, otros muchos aspectos. Pero no hay duda de que la política pública puede influir en los ingresos del mercado, y de eso va la «predistribución».

Antes de analizar cómo podemos aumentar los ingresos brutos de los más desfavorecidos, quiero decir algo más sobre por qué deberíamos hacerlo. Parte del interés en la predistribución de los últimos años refleja la idea de que ofrece una forma de reducir la desigualdad de manera económica, sin tener que aumentar los impuestos para sufragar una mayor redistribución. No cabe duda de que esto es políticamente atractivo y, en igualdad de condiciones, los impuestos más bajos son mejores para la eficiencia económica y el crecimiento,[72] pero no podemos agitar sencillamente una varita mágica y lograr una distribución más equitativa de los ingresos del mercado. Aunque hay algunas formas de conseguirlo sin aumentar los impuestos (como salarios mínimos más altos y sindicatos más fuertes), la mayoría de las cosas que podemos hacer para aumentar los ingresos brutos de los más desfavorecidos —desde invertir en formación y educación hasta lograr una distribución más equitativa del patrimonio— también exigirán impuestos más altos.

Desde la perspectiva de los principios de Rawls, la importancia de la predistribución surge de la relevancia de la reciprocidad y la autoestima en el contexto del trabajo. Al centrarse en los crecientes ingresos del mercado, especialmente los salarios, la predistribución contribuye a mantener una saludable conexión entre la contribución y la recompensa, que se perdería si dependemos mucho de la redistribución. Al mismo tiempo, se toma muy en serio la importancia del trabajo para la autoestima de las personas: ahí donde la redistribución solo tiene como objetivo aumentar el sueldo de los individuos, la predistribución se centra en equiparlos con las habilidades y recursos para desarrollar un papel activo en la vida económica.[73] La importancia de la predistribución para la reciprocidad y la autoestima ayuda a explicar no solo su intuitivo atractivo moral, sino también su potencial político: aunque mucha gente es escéptica respecto a aumentar los impuestos para pagar la redistribución, suele haber un mayor apoyo para el salario mínimo, la formación profesional y otras políticas que aumentarían los ingresos a través del trabajo.[74]

Aumentar los salarios

Hay dos fuentes clave de ingresos brutos o ingresos del mercado: el ingreso del trabajo, o salario, y el ingreso del capital (beneficios, rentas e intereses, entre otros). Para la mayoría de las personas, y especialmente para aquellas con los ingresos más bajos, los ingresos son lo más importante, por lo que debemos mirar primero cómo podemos aumentarlos.

En una economía de mercado, cuánto puede ganar alguien depende sobre todo de sus habilidades, o «capital humano», y cualquier estrategia para aumentar los salarios de los más desfavorecidos tiene que empezar por aquí. Esto nos lleva de vuelta al sistema educativo, del cual ya hemos hablado en relación con la igualdad equitativa de oportunidades.[75] Asegurarnos de que todos tengan las mismas oportunidades para desarrollar sus habilidades conduciría a una distribución mucho más equitativa de las competencias y, por lo tanto, de los salarios: si todos los que tienen la capacidad potencial para ir a la universidad pudieran hacerlo, aumentaría la oferta de licenciados y reduciría la prima salarial que suelen recibir. Pero también debemos pensar en el sistema educativo desde la perspectiva del principio de diferencia. En otras palabras, ¿cómo puede promover mejores perspectivas de vida para los más desfavorecidos?[76]

Esto es especialmente relevante cuando se trata de pensar en la educación y formación profesional, un tema que solo hemos abordado en el capítulo 6. Aunque ha habido una expansión masiva de la educación académica superior desde la década de los setenta, las oportunidades educativas para la mitad o más de la población que no va a la universidad han sido en gran medida ignoradas. Esto no es universalmente válido; algunos países, como Alemania, tienen una larga tradición de excelente formación profesional. Sin embargo, en naciones como el Reino Unido y Estados Unidos, la formación profesional está fragmentada y tiene una calidad variable, y a menudo padece una seria infrafinanciación. Un estudio de 2012 descubrió que la financiación pública media por estudiante a tiempo completo en el Reino Unido era de unas 2.150 libras al año para cursos profesionales, en comparación con casi 8.400 libras para estudiantes universitarios.[77]

Este sesgo hacia la educación académica en lugar de la formación profesional a veces se justifica sobre la base de que producirá un mayor retorno en términos de crecimiento económico. Sin embargo, no todo el mundo coincide en si esto es realmente cierto.[78] Y aunque las subvenciones públicas para titulaciones académicas tengan un impacto mayor en el crecimiento, no excusaría la actual negligencia hacia la formación profesional. Esto es, en efecto, el equivalente educativo del «efecto goteo»: justifica políticas que benefician principalmente a aquellos con mayores ingresos, mientras que simplemente asume que algunas de las recompensas también llegarán a los estudiantes con ingresos más bajos. Aunque invertir en educación académica superior puede tener beneficios indirectos para los estudiantes en forma de mayor empleo o una redistribución más generosa, si realmente queremos aumentar los ingresos de este grupo, deberíamos hacerlo invirtiendo «directamente» en su formación y, por lo tanto, en su potencial de ingresos.

Como mínimo, quienes desean seguir rutas profesionales deberían tener acceso a financiación en las mismas condiciones que aquellos que optan por el camino académico. Por ejemplo, podríamos conceder a todos los estudiantes un presupuesto educativo de por vida que pudieran gastar en aprendizaje académico o formación profesional a lo largo de su carrera.[79] El Reino Unido parece estar avanzando en esta dirección con planes para dar acceso universal a un «Derecho de Préstamo de por Vida» a partir de 2025 que se podría usar para financiar tanto la formación académica como la profesional.[80] Desde la perspectiva del principio de diferencia, incluso podríamos querer ofrecer subvenciones más generosas para las rutas profesionales que para las académicas, dado que las primeras son más propensas a beneficiar a los trabajadores de ingresos más bajos.

Más allá de la financiación, necesitamos reformas institucionales para elevar el estatus y la calidad de la formación profesional, siguiendo el ejemplo de países como Alemania. Los modelos más exitosos combinan diversas características clave: un conjunto bien definido de itinerarios para los estudiantes que conducen a titulaciones ampliamente reconocidas; una fuerte inclinación por la formación y otras formas de aprendizaje basadas en el trabajo; una fuerza laboral altamente cualificada, con habilidades tanto de enseñanza como de experiencia en la industria; y un estrecho compromiso de los empleadores para asegurar que las personas están aprendiendo habilidades realmente útiles.[81] Deberíamos proporcionar generosas subvenciones públicas para la formación en el trabajo y centrarnos en los trabajadores con menos habilidades: mientras las organizaciones actualmente gastan más en capacitar a empleados altamente cualificados, mayores subvenciones para trabajadores con menor formación podrían ayudar a revertir este patrón.[82]

Invertir en educción ayudaría a aumentar los salarios para quienes ganan menos. Pero los salarios no solo dependen de las destrezas, también del relativo poder de negociación de los trabajadores ante los empleadores.[83] Admitir esto nos lleva a un programa más ambicioso para reformar las instituciones del mercado laboral, las más importantes de las cuales son el salario mínimo y los sindicatos.

El salario mínimo legalmente vinculante ha demostrado ser una poderosa herramienta para aumentar los ingresos de los más desfavorecidos, y en muchos países hay margen para una subida aún mayor. Un artículo independiente, realizado por el Gobierno del Reino Unido y redactado por el célebre economista y experto en salario mínimo Arindrajit Dube en 2019, llegó a la conclusión de que un salario mínimo relativamente alto —unos dos tercios del salario medio— probablemente «aumentaría significativamente los ingresos de los trabajadores con salarios más bajos», a la vez que tendría un impacto «modesto» en el empleo general, si es que llegaba a tener alguno.[84] Algunos países, entre los que se cuentan Francia, Nueva Zelanda y Portugal, ya tienen un salario mínimo fijado en torno al 60% de los ingresos medios, y en 2020, el Gobierno del Reino Unido se comprometió a aumentarlo hasta los dos tercios del salario medio. Sin embargo, en países como Estados Unidos, donde el salario mínimo federal representa actualmente en torno al 30% del sueldo medio, esto implicaría un cambio radical en la política pública, con enormes beneficios para quienes menos ganan.[85]

Sin embargo, hay un límite más allá del cual el salario mínimo nacional empieza a tener un impacto negativo en el empleo. Esto se explica en parte a que debe fijarse a un nivel funcional para los sectores menos productivos. Si queremos subir los salarios más allá de este mínimo común denominador, necesitamos reforzar urgentemente el papel de los sindicatos y otras instituciones de negociación salarial que puedan reclamar salarios más altos sin perder la sensibilidad a las circunstancias de empresas e industrias específicas. Esto es especialmente importante en países como el Reino Unido y Estados Unidos, donde, desde los años ochenta, los sindicatos han recibido un ataque concertado que les ha hecho perder parte de su poder y de sus afiliaciones; un cambio ampliamente considerado como un factor clave para explicar el aumento de la desigualdad en el mundo.[86]

Reforzar el poder de los sindicatos no significa entrar en un mundo de constante conflicto industrial; en muchos países, los sindicatos desempeñan un papel fundamentalmente constructivo, y la evidencia sugiere que la negociación colectiva —si está bien planteada— puede reducir la desigualdad sin perjudicar la productividad.[87] Quizá el aspecto más importante que los sistemas de mayor éxito tienen en común es que las negociaciones se celebran a nivel de sector o industria, y no en el seno de empresas individuales, como ocurre actualmente en dos terceras partes de los países de la OCDE, entre ellos el Reino Unido y Estados Unidos.[88] La negociación salarial a nivel sectorial es habitual en la Europa continental, y hace poco se ha reintroducido en Nueva Zelanda.[89] En este sistema, los sindicatos se reúnen con organizaciones empresariales y negocian aumentos de sueldo que se aplican a una amplia gama de empleos en una determinada industria, como la distribución o el sistema bancario, a la vez que deja espacio a las empresas para que adapten estos acuerdos a sus circunstancias específicas.[90] Según la OCDE, con este tipo de modelo «parecen alcanzarse los mejores resultados en términos de empleo, productividad y salarios».[91] Su ventaja clave es que crea un escenario equilibrado para todas las empresas de un mismo sector: dado que los salarios son relativamente fijos en empresas similares, estas se centran en aumentar la productividad, en lugar de en reducir los salarios, a fin de lograr una ventaja competitiva.[92] Otra ventaja consiste en que los acuerdos sobre salarios se aplican automáticamente a todos los trabajadores en una industria relevante, algo especialmente importante dado el reciente aumento del trabajo a tiempo parcial y otras formas de empleo no estándar, que dificulta la tarea de los sindicatos.

Una mejor formación, un salario mínimo más alto y sindicatos más fuertes contribuirán a aumentar significativamente los ingresos de los trabajadores peor remunerados. Pero también tenemos que asegurarnos de que, para empezar, la gente encuentre trabajo. Sabemos que el desempleo involuntario tiene un coste muy alto en el bienestar de la persona, mucho más allá de lo que significa la pérdida de un sueldo.[93] Como señala Rawls, «carecer de la sensación de seguridad a largo plazo y de la oportunidad de tener una ocupación y un trabajo significativos no solo destruye la autoestima de los ciudadanos, sino también la sensación de pertenecer a una sociedad y no a estar meramente atrapados en ella». La especial relevancia del empleo remunerado como fuente de independencia, identidad y reconocimiento social implica que el Estado debería considerarse a sí mismo «el empleador de último recurso».[94]

Hay varias formas de poner esto en práctica. Como mínimo, debemos utilizar las conocidas herramientas de política fiscal y monetaria —el gasto público y los tipos de interés— para mantener un elevado nivel general de demanda de trabajo y para mitigar el impacto del descenso del empleo.[95] Junto a un planteamiento de la política fiscal y monetaria orientado al empleo, necesitamos más ayuda destinada a quienes tienen dificultades para encontrar un trabajo. La vía más directa sería una «garantía de empleo», gracias a la cual el Estado ofrecería trabajo a cualquiera que no pudiera conseguirlo por los medios habituales, si es necesario creando puestos que no existirían de otra forma. Aunque esto implica significativos desafíos prácticos, un análisis de estos programas ha descubierto que, si se diseñan cuidadosamente, parecen capaces de «aumentar el empleo [...] y producir un rendimiento realmente valioso».[96]

Sin embargo, nuestra principal preocupación debe ser ayudar a los desempleados a encontrar trabajo donde ya existe una demanda. En este sentido, algunos países son más eficaces que otros. Muchos países europeos ya invierten intensamente en la transición laboral o en programas de «mercado laboral activo», que incluyen ayudas para la recualificación. Probablemente Dinamarca sea el país con un sistema más desarrollado, al que dedica el 2% de su PIB, y la velocidad a la que los trabajadores desplazados encuentran nuevos empleos en Dinamarca es significativamente mayor que en otros países de la OCDE. Por el contrario, el gasto en programas de mercado laboral activo es del 1% del PIB en Francia y solo del 0,11% en Estados Unidos.[97] Aunque existiera una renta básica universal para ofrecer a los trabajadores con bajos sueldos un respiro económico para volver a formarse y encontrar el empleo apropiado, seguiría habiendo margen para el apoyo a las personas que pasan de un trabajo a otro, especialmente para las que necesitan una recualificación significativa. A la luz del vertiginoso ritmo de los cambios tecnológicos en la actualidad y de la urgente necesidad de sustituir las industrias contaminantes por otras sostenibles, este tipo de políticas son más importantes que nunca.

Patrimonio compartido

Es evidente que podríamos hacer mucho más para aumentar los salarios de los trabajadores peor remunerados, pero si pretendemos reducir las enormes desigualdades en nuestras sociedades, también tenemos que atender a la distribución del patrimonio, que es y siempre ha sido aún más desigual que la de los ingresos. El 10% más rico de la población acapara el 61% de todo el patrimonio personal en Europa, y el 71% en Estados Unidos. Por el contrario, el 50% más pobre no tiene prácticamente nada: tan solo un 3% del total en Europa y un 1,5% en Estados Unidos.[98] Estas enormes desigualdades se reflejan en la distribución del «ingreso de capital» —procedente de beneficios, intereses, rentas, dividendos, etc.—, que en la mayoría de los países representa en torno al 30-40% de los ingresos brutos totales.[99] Si nos tomamos la predistribución en serio, tendremos que aumentar el patrimonio del 50% de la población más pobre y producir una distribución del patrimonio más equitativa en términos generales.* Esto no solo tiene que ver con aumentar el poder adquisitivo de la gente; el patrimonio también puede ser una fuente esencial de seguridad y estabilidad, puesto que ofrece un colchón en tiempos difíciles y un trampolín para probar nuevas cosas, como ir a la universidad o crear una empresa.

Hay cierto margen para aumentar el patrimonio del 50% de la población más pobre fomentando el ahorro privado; por ejemplo, podemos limitar las tarifas de los intermediarios financieros, ofrecer tipos de interés a un mínimo garantizado a los pequeños ahorradores o introducir un tipo impositivo reducido a los ahorradores con menos ingresos del capital.[100] Pero si queremos cambiar de verdad la distribución general del patrimonio, tenemos que hacer algo más radical.

Una opción sería una «herencia mínima universal», una única transferencia de riqueza a todo ciudadano que llegara a la edad adulta, financiada con impuestos a las grandes fortunas y a las grandes herencias. Esta idea fue propuesta por primera vez en 1796 por Thomas Paine, una figura relevante de los movimientos revolucionarios francés y estadounidense, que de-

* Otra forma de reducir la desigualdad sería aumentar la proporción total de los ingresos que se pagan en salarios (la participación de los ingresos del trabajo) y reducir los ingresos que se pagan a los propietarios (la participación de los ingresos del capital). Una combinación de políticas que aumenten el poder de negociación de los trabajadores junto con una aplicación más sólida de las leyes antimonopolio probablemente lo conseguiría. Sin embargo, al final, la distribución de ingresos entre el trabajo y el capital —o entre los trabajadores y los propietarios— depende principalmente de fuerzas tecnológicas que están en gran medida fuera de nuestro control, como la creciente importancia de las máquinas debido a la automatización. Si queremos construir una sociedad más igualitaria, nuestro esfuerzo principal debería ser cambiar la distribución subyacente del capital en sí mismo para que todos compartan los beneficios que actualmente van a una reducida clase de propietarios.

fendía que todo ciudadano debería recibir una suma fija al llegar a los veintiún años.[101] Aunque su propuesta jamás se aplicó y cayó en un largo olvido, en los últimos años ha vuelto a despertar interés. En el Reino Unido, el Gobierno del Nuevo Laborismo introdujo una forma de herencia mínima a principios de los años 2000, conocida como Child Trust Fund [Fondo de Fideicomiso para los Hijos]. Con este programa, el Gobierno pagaba 250 libras a una cuenta de ahorro libre de impuestos por cada niño al nacer, con otras 250 libras extra para familias más pobres, y el fondo recibía otras 250 libras cuando el niño cumplía siete años. Aunque supuso una interesante aplicación práctica del concepto, el Fondo de Fideicomiso para los Hijos fue abandonado a partir de 2011, y en todo caso las sumas implicadas eran tan pequeñas que no suponían una diferencia relevante.

La primera propuesta de un programa de herencia mínima sustancial fue desarrollada en los años noventa por los expertos en derecho Bruce Ackerman y Anne Alstott, que defendieron que todo ciudadano estadounidense debería recibir un pago único de 80.000 dólares al cumplir los dieciocho años, financiado por el 2% del impuesto anual al patrimonio personal.[102] Más recientemente, el economista Thomas Piketty ha propuesto una herencia mínima equivalente al 60% del patrimonio adulto medio —unos 120.000 euros en Europa occidental—, financiada por una combinación del impuesto de sucesiones y un impuesto al patrimonio anual, que conjuntamente podrían elevar en un 5% la renta nacional por año.[103]

Una herencia mínima universal de estas dimensiones alteraría fundamentalmente la distribución del patrimonio en la sociedad. Además de lograr que los ingresos del capital fueran más equitativos, sería una poderosa herramienta para impulsar la iniciativa e independencia de los más desfavorecidos, en el mismo sentido que una renta básica universal. Una herencia mínima sería universal y, por lo tanto, también estaría libre del estigma asociado a las prestaciones en función de los recursos; y, en principio, permitiría que cada cual se mantuviera a sí mismo, al menos durante cierto tiempo; supondría un colchón para las personas que quisieran dejar su trabajo o tomarse su tiempo para encontrar uno nuevo. También abriría la posibilidad de realizar grandes inversiones, como crear una empresa o comprar una casa, de una forma que no sería posible con una renta básica universal. Sin embargo, incluso con una herencia mínima generosa, seguiríamos necesitando algún tipo de sistema parar cubrir las necesidades básicas, tanto para apoyar a quienes no pueden trabajar debido a una discapacidad o a su responsabilidad como cuidadores como para intervenir si quienes han agotado su herencia mínima tienen dificultades.[104]

Una alternativa que se ajusta mejor a la propuesta de una renta básica universal sería establecer un «fondo de inversión de los ciudadanos», que sería propiedad de la población en su conjunto y estaría gestionado en su beneficio. Como ocurre con la herencia mínima, los recursos para crear este fondo provendrían de impuestos progresivos al patrimonio, pero, en lugar de transferir los ingresos directamente a los ciudadanos, el Estado compraría acciones de empresas privadas y otros activos, que a su vez generarían ingresos. Esto podría ser una fuente de renta para los gastos generales, pero, dado que la motivación implícita es crear una distribución más equitativa del patrimonio —y de la seguridad e independencia que ofrece su posesión—, tendría más sentido que lo pagaran directamente los ciudadanos sobre la base de la igualdad, bajo la forma de «dividendos ciudadanos» anuales. Si se utilizara de esta forma, el fondo contribuiría a pagar efectivamente la renta básica universal.

Un fondo de inversión ciudadana ofrecería un mecanismo automático a través del cual todos los ciudadanos podrían compartir los ingresos que de otro modo irían a parar a manos de una minoría de inversores ricos; y con un fondo más grande, podríamos permitirnos relajarnos respecto a los cambios inevitables en el equilibrio de ingresos entre el capital y el trabajo que acontecen a medida que la tecnología evoluciona con el tiempo. Además de contribuir al coste de una renta básica universal, un fondo de inversión presenta ciertas ventajas económicas relevantes en comparación con la herencia mínima. Con esta última existe el riesgo de que, si la mayoría de las personas deciden gastar su dinero en lugar de ahorrarlo, habrá menos capital disponible para la inversión, lo que a su vez reducirá la productividad y el crecimiento de los salarios a largo plazo. En cambio, un fondo de inversión ciudadana ofrece una forma de distribuir más equitativamente el patrimonio a la par que se mantiene un considerable nivel de ahorro.

¿Qué dimensión debería tener el fondo que el Estado intenta acumular? En última instancia la respuesta depende de las consecuencias de una gran participación estatal en la economía y de la subida de los impuestos para pagar el fondo. Pero deberíamos mostrarnos receptivos a la idea de que el Estado acumule un fondo muy cuantioso. James Meade, economista y ganador del Premio Nobel, cuyo trabajo influyó notablemente en Rawls, sugirió que a largo plazo debemos aspirar a crear un fondo equivalente al 50% de la riqueza nacional.[105] Aunque probablemente requeriría muchas décadas crear un fondo de esas dimensiones, eventualmente sufragaría buena parte del coste de una renta básica universal, lo que reduciría la carga del impuesto de la renta.

Aunque un fondo de inversión ciudadana sin duda afrontaría una feroz resistencia política por parte de los ricos, no hay dificultades prácticas serias para crearlo. De hecho, ya tenemos un modelo de trabajo en forma de los «fondos soberanos de inversión» que operan en más de ochenta países.[106] Algunos de estos son muy grandes: el fondo soberano de inversión de Noruega, creado en 1990 y ahora el mayor del mundo, se valoró en casi 1,4 billones de dólares en 2021, casi tres veces el PIB anual noruego.[107] El programa cuyo diseño se acerca más al fondo de inversión ciudadana es el Fondo Permanente de Alaska, que fue creado en 1976 a través de una enmienda a la constitución estatal que requería que el 25% de la renta y los royalties de los recursos minerales, petroleros y de gas del Estado se depositaran en un fondo. Cada año, una parte de los ingresos del fondo se distribuye directamente entre los residentes de Alaska en igual proporción, con pagos medios de unos 1.500 dólares en años recientes, y el resto se reinvierte para que el fondo siga creciendo.[108] El fondo es enormemente popular y ha ayudado a Alaska a desafiar la tendencia de la creciente desigualdad actual: es el único estado de Estados Unidos donde los ingresos se volvieron más, y no menos, equitativos durante las décadas de 1990 y 2000.[109]

Aunque un fondo de inversión ciudadana representaría una expansión significativa de cierto tipo de propiedad pública, no sería un retorno a la nacionalización centralizada de la posguerra. Las empresas continuarían siendo administradas y gestionadas de forma privada, tomarían sus propias decisiones sobre qué productos crear, qué tecnología utilizar, a quién contratar y despedir, y así sucesivamente. De esta manera, el fondo de inversión sería compatible con la toma de decisiones descentralizada, que es la esencia de una economía de mercado sana y dinámica. Aunque el Estado podría afrontar presiones políticas para utilizar su influencia como accionista, podemos introducir garantías para evitar una interferencia excesiva; por ejemplo, al fondo soberano de inversión de Noruega se le prohíbe poseer más del 10% de las acciones con derecho a voto en cualquier empresa individual.[110]

Aunque es importante evitar una excesiva intromisión en las empresas individuales, el fondo no tiene por qué ser un inversor completamente pasivo. De hecho, el fondo de inversión ciudadana puede ser una poderosa herramienta para dirigir inversiones hacia importantes prioridades públicas que de otro modo serían desdeñadas por el mercado; podría invertir en energías renovables, áreas geográficas desfavorecidas o medicinas que salvan vidas. A diferencia de la mayoría de los fondos soberanos de inversión de la actualidad, cuya estrategia de inversión es opaca y solo están sometidos a una tenue supervisión democrática (cuando hay alguna), un fondo de inversión ciudadana debe ser plenamente transparente y someterse al control democrático.[111]

IMPUESTOS

Como muchas de las propuestas planteadas en este libro, un fondo de inversión ciudadana sería caro. Si queremos establecer un sistema propiamente dicho de financiación pública del proceso democrático para invertir más en educación y formación y crear una renta básica universal, la necesidad de subir los impuestos es casi ineludible. La dimensión de este aumento depende de la combinación exacta de políticas que decidamos implementar, pero probablemente exigiría unos impuestos en torno al 40-50% de la renta nacional.[112]

Se trata de una cantidad elevada tanto para los estándares históricos como internacionales. En el conjunto de la OCDE, los impuestos representan en torno al 34% de la renta nacional. En el Reino Unido, se sitúan justo por debajo de esa media, en el 33%, mientras que Estados Unidos es de las naciones ricas con una menor tasa impositiva, de solo el 25% del PIB.[113] Pero lo que proponemos no carece de precedentes. Ya hay siete países europeos en los que el Gobierno recauda más del 40% del PIB en impuestos; tanto en Francia como en Dinamarca, los ingresos fiscales superan el 45% del PIB.[114] Aunque una tasa impositiva global del 45-50%

del PIB supondría un aumento significativo en la mayoría de los países ricos, cambios a esta escala han tenido lugar antes. Al inicio del siglo XX, los impuestos solían equivaler a menos del 10% de la renta nacional, y el nivel fiscal que hoy damos por sentado sin duda se habría considerado algo inimaginable. Y, sin embargo, hacia 1980 este porcentaje se había triplicado hasta alcanzar aproximadamente el nivel actual.[115]

Recabar el apoyo para unos impuestos más altos es un proyecto político a largo plazo. Solo tendrá éxito si somos capaces de articular una visión positiva del tipo de sociedad que queremos crear, ya sea corrigiendo los defectos de nuestro destrozado sistema político o alcanzando la igualdad de oportunidades. También hemos de afrontar el espectro del socialismo autoritario que surge inevitablemente en los debates sobre la subida de impuestos; en otras palabras, dejar claro que el objetivo no es conceder al Estado más poder sobre nuestra vida, sino garantizar que cada uno de nosotros dispone de una cuota equitativa de los recursos que necesitamos para dar forma a esa vida.

¿Aumentar los impuestos al 45-50% de la renta nacional no erosionará la prosperidad y el dinamismo económico? La idea de que los impuestos son perjudiciales para el crecimiento fue la fuerza motriz implícita en las rebajas de impuestos introducidas por Ronald Reagan, Margaret Thatcher y otros en los ochenta, y más recientemente por Donald Trump y Liz Truss; y sigue siendo uno de los argumentos más intuitivos y poderosos contra toda propuesta de subida de impuestos. Hemos de tomarnos en serio este temor: todos nos podemos beneficiar del crecimiento de la economía, y los incentivos financieros desempeñan un importante papel para impulsar la innovación y la prosperidad. Con todo, hay que tener esto en mente: aun cuando unos impuestos más altos reduzcan el crecimiento —y, como veremos a continuación, no es seguro que ocurra—, este no sería un argumento concluyente contra ellos. Siempre tenemos que equilibrar el coste potencial de unos impuestos más altos en términos de eficiencia económica con sus beneficios en términos de igualdad y justicia. Desde la perspectiva del principio de diferencia, lo que en última instancia importa no es el tamaño de la tarta económica global, sino la porción absoluta que va a parar a los más desfavorecidos.

Por lo tanto, ¿cuál es la relación entre impuestos y prosperidad económica? El masivo aumento de las tasas fiscales a lo largo del siglo XX y el hecho de que diferentes países hayan incrementado sus impuestos en momentos y grados diferentes aportan una rica fuente de evidencias; y la realidad es más compleja y menos preocupante de lo que normalmente nos hacen creer. Si los impuestos fueran lesivos para el crecimiento, cabría esperar que los países que los hubieran subido más experimentaran tasas inferiores de crecimiento a largo plazo. Sin embargo, el crecimiento económico ha sido el mismo en Estados Unidos y en países como Bélgica, Dinamarca y Finlandia, que, si bien mantuvieron niveles similares de impuestos e ingresos per cápita que Estados Unidos en los años sesenta, posteriormente aumentaron la presión fiscal un 10-15% del PIB más que Estados Unidos.[116] Esto no es el mero resultado de escoger algunos ejemplos favorables: en un influyente estudio sobre veinte países durante más de ciento cuarenta años, el historiador de la economía Peter Lindert llegó a la conclusión de que no había evidencias de que un gasto social más elevado y, por lo tanto, una mayor recaudación fiscal se asociaran sistemáticamente con un crecimiento inferior o un menor rendimiento económico; una conclusión que ha sido ampliamente corroborada.[117] Aunque sin duda llegaría un momento en el que los impuestos más altos tendrían tal impacto nocivo en los incentivos al trabajo y la innovación que acabarían por reducir el crecimiento, no hay evidencia de que ni siquiera países con una alta presión fiscal, como Francia o Dinamarca, hayan alcanzado ese punto.

El hecho de que unos impuestos más altos no tengan un coste en cuanto a crecimiento económico tal vez sorprenda a muchos. De hecho, sorprendió a Lindert, que se refería a ello como al «enigma de la comida gratis», ya que parece que podemos obtener todos los beneficios de un mayor gasto social —mejor sanidad, educación, infraestructuras, etc.—, sin pagar el coste en términos de prosperidad de la sociedad en su conjunto.[118] Parte de la respuesta reside en que los países con impuestos más altos han buscado deliberadamente diseñar sus sistemas fiscales y de prestaciones a fin de minimizar el impacto negativo en los incentivos financieros al trabajo (volveremos sobre esto). Sin embargo, cada vez es más evidente que estos incentivos no son tan importantes como solemos asumir o como los defensores de los impuestos bajos y la economía del goteo pretenden hacernos creer. La motivación de la gente para trabajar no solo tiene que ver con ganar dinero; una perspectiva avalada por un amplio corpus de literatura económica que estudia cómo los impuestos influyen en la decisión de la gente de trabajar duro, cuánto ahorrar o si se deciden a crear una nueva empresa. Aunque hay algunas evidencias de que la gente trabaja menos en respuesta a unos impuestos más altos, destaca la escasa relevancia de ese efecto, lo cual es especialmente cierto en el caso de individuos con altos niveles de educación e ingresos cuya decisión sobre trabajar y en qué grado hacerlo parecen casi por completo insensibles a los cambios en la tasa impositiva.[119] Esto no equivale a decir que podemos subir los impuestos sin preocuparnos por las consecuencias: los individuos que se encuentran en los márgenes del mercado laboral, los que reciben una remuneración inferior, así como las madres solteras y los que aportan menores ingresos en el hogar (quienes ganan menos en una pareja, normalmente las mujeres) son más sensibles a los cambios en su sueldo neto; y esto hay que tenerlo en cuenta al diseñar el sistema fiscal (y de prestaciones).[120] Sin embargo, es poco probable que los aumentos de las tasas impositivas, siguiendo las líneas que estamos analizando, tengan un efecto dramático en si la mayoría de las personas deciden trabajar o en qué medida lo hacen.

Así pues, en parte, la explicación del «enigma de la comida gratis» consiste en que los economistas han sobrevalorado sistemáticamente la importancia de los incentivos financieros a la actividad económica. Ahora bien, es igual de importante señalar que el foco habitual en los incentivos solo tiene en cuenta un aspecto de esta historia. En particular, ignora el hecho de que los ingresos fiscales a menudo se invierten en aspectos que realmente aumentan la productividad y el crecimiento. En un sentido bastante obvio, se pueden utilizar para financiar infraestructuras que mejoran la productividad, como las viarias y las energéticas, y la investigación y el desarrollo, que de otro modo quedarían infrafinanciados por el mercado.[121] Asimismo, las políticas cuyo objetivo principal es fomentar la equidad y la igualdad —como invertir más en escuelas en zonas desfavorecidas y aumentar los recursos disponibles para las familias con bajos ingresos— también tienden a ser buenas para el crecimiento, ya que contribuyen a que la gente adquiera las habilidades y la buena salud necesaria para desempeñar un papel pleno y productivo en la vida económica.[122] Todo esto es fundamental para entender por qué los países con una mayor tasa impositiva no se han quedado atrás: independientemente de los efectos negativos de una presión fiscal más alta sobre los incentivos al trabajo en países como Francia y Dinamarca, estos han sido compensados por los beneficios derivados de invertir más en ámbitos como la sanidad y la educación.[123]

Impuestos sobre la renta

Incrementar los impuestos hasta un 45-50% del PIB nos permitiría transformar nuestra sociedad y aumentar el nivel de vida de los más desfavorecidos sin perjudicar gravemente el crecimiento económico; de hecho, con las políticas adecuadas, podríamos incluso aumentarlo. Pero ¿cómo subir los impuestos a este nivel?

El lugar más obvio por el que empezar es subir los impuestos a quienes tienen los ingresos más altos: el 10% de la franja superior, y especialmente el 1% más alto. Sin embargo, desde los años ochenta la tendencia ha sido la opuesta: en el conjunto de la OCDE, el impuesto medio sobre la renta cayó del 62% en 1981 al 35% en 2015.[124] Estos recortes se justificaron aduciendo que quienes más ganan son los impulsores de la innovación, de ahí que una menor presión fiscal para ellos desencadenaría una nueva era de crecimiento económico del que todo el mundo podría beneficiarse. Aunque en teoría esto es plausible, en la realidad la reducción de impuestos a quienes más ganan ha coincidido con una ralentización del crecimiento; en Estados Unidos, que fue testigo de uno de los mayores recortes de impuestos a los ricos, la tasa de crecimiento medio cayó del 1,7% anual en los años sesenta al 1,4% anual en los ochenta.[125] Es posible que el crecimiento hubiera sido aún más bajo sin esa reducción de impuestos, pero hay pocas evidencias que lo avalen; los países que realizaron los recortes de impuestos más grandes a los ricos durante ese periodo no experimentaron un crecimiento económico más rápido.[126] De hecho, la afirmación de que recortar la tasa impositiva superior estimulará el crecimiento es un ejemplo primordial de lo que el economista y ganador del Premio Nobel Paul Krugman llamó «economía zombi»: «ideas que en la práctica han fracasado reiteradamente y que deberían estar muertas, pero que de algún modo siguen arrastrándose, devorando el cerebro de los políticos».[127]

En realidad, la mayoría de las estimaciones sugieren que tasas impositivas elevadas pueden aumentar significativamente los ingresos sin dañar el crecimiento. Hasta qué punto podemos llegar no está claro. Las estimaciones creíbles para la tasa impositiva máxima que rentabiliza los ingresos oscila entre el 55 y el 80%; esto refleja la incertidumbre respecto al grado en que quienes más ganan reducirían su ingreso gravable.[128] Sin embargo, tras un examen más detenido, no hay tanta incertidumbre como parece. De hecho, hay un consenso general de que los impuestos tienen relativamente poco efecto sobre la actividad económica real entre los que más ganan, es decir, cuánto trabajan y ahorran, o la probabilidad de montar una empresa. En una encuesta autorizada y ampliamente citada, Emmanuel Saez, Joel Slemrod y Seth Giertz —tres de los principales especialistas en fiscalidad del mundo— llegaron a la conclusión de que «hasta la fecha no hay evidencia convincente de respuestas económicas reales a las tasas impositivas en la parte superior de la distribución de ingresos».[129] El problema es que, cuando los impuestos aumentan, quienes más ganan empiezan a hacer todo lo posible para evitar pagarlos, desde redefinir los ingresos como dividendos (que se benefician de tasas impositivas más bajas) hasta ocultar el dinero. Sin embargo, la buena noticia es que el alcance de la evasión fiscal no es un hecho inmutable de la naturaleza económica, sino algo que depende de cómo diseñamos el sistema tributario. Emmanuel Saez y su colega, el economista Gabriel Zucman, argumentan que, si hiciéramos todo lo posible para evitar las oportunidades de evasión fiscal, la tasa impositiva marginal que maximiza los ingresos del 1% superior en Estados Unidos se encontraría en torno al 75% y se aplicaría a ingresos por encima de un umbral de alrededor de 500.000 dólares al año. Con este impuesto, el 1% superior pagaría aproximadamente el 60% de sus ingresos totales en impuestos, alrededor del doble de la tasa impositiva media actual. Saez y Zucman consideran que esto aumentaría en torno a cuatro puntos porcentuales el ingreso nacional o más de 900.000 millones de dólares en 2021.[130]

El éxito de esta propuesta depende sobre todo de frenar la evasión fiscal (legal) y el fraude fiscal (ilegal). Se trata, por lo tanto, de hacer cumplir la ley. Los reguladores públicos a menudo están seriamente infrafinanciados; en Estados Unidos, el Internal Revenue Service (Servicio de Impuestos Internos) empleó a menos de 10.000 inspectores en 2017 —menos que en cualquier otro momento desde mediados de la década de los cincuenta, cuando la población del país era la mitad de la actual—, y quienes se sitúan en el 1% superior han visto cómo sus posibilidades de ser sometidos a inspección han disminuido en más del 70% desde 2010. En palabras de Saez y Zucman, «cuando se trata de regular la industria de evasión de impuestos, el IRS lleva un cuchillo a una pelea con armas de fuego».[131] Incluso con recursos adicionales, los reguladores se enfrentan a una lucha constante para mantenerse al tanto de las nuevas estratagemas ideadas por asesores fiscales astutos y bien remunerados. Por esta razón, debemos inclinar la ley a favor de las agencias de cumplimiento fiscal: debería haber una presunción de que cualquier transacción con el único propósito de evadir impuestos es ilegal, y las empresas deberían estar obligadas por ley a informar sobre nuevos productos de planificación fiscal, bajo pena de grandes multas.[132] Finalmente, debemos eliminar los paraísos fiscales que los más ricos utilizan para ocultar su riqueza y evadir impuestos, llegando a facultar a los reguladores para imponer sanciones o impuestos punitivos sobre transacciones con países o instituciones financieras opacos.[133]

El desafío fundamental, sin embargo, es simplificar el propio sistema tributario y eliminar lagunas. Y esto nos lleva al segundo aspecto clave para crear un sistema fiscal más justo y progresivo, a saber, la necesidad de aumentar los impuestos sobre los ingresos del capital. En las últimas décadas, muchos países ricos han reducido las tasas impositivas sobre las ganancias empresariales y los ingresos individuales del capital, de modo que a menudo son inferiores a los ingresos del trabajo.[134] En el Reino Unido, por ejemplo, la tasa impositiva más alta sobre los ingresos es del 40%, en comparación con el 32,5% para los ingresos pagados en forma de dividendos y el 20% para los ingresos procedentes de ganancias del capital.[135] Estas diferencias en cómo se gravan los ingresos del trabajo y del capital han animado a arquitectos, abogados, médicos y otros profesionales bien remunerados a reducir sus facturas fiscales registrándose como empresas y recibiendo dividendos en lugar de un salario. También tienden a aumentar la desigualdad, ya que las personas ricas son mucho más propensas a tener ingresos del capital significativos, y esa es la razón por la que nos encontramos con situaciones ridículas como la de Warren Buffett, que paga una tasa impositiva total más baja que su secretaria a pesar de ser uno de los hombres más ricos del mundo.[136] Las tasas impositivas más bajas sobre los ingresos del capital a menudo se han justificado con el argumento de que fomentan la inversión y el crecimiento, pero la evidencia es débil.[137] A la luz de esto, hay un creciente apoyo entre los economistas para gravar los ingresos del trabajo y del capital a una tasa similar o idéntica.[138] Cualquier estrategia seria para aumentar los impuestos sobre los ingresos del capital también debe incluir un plan para gravar las ganancias empresariales.*[139]

Aumentar los impuestos a las empresas y a quienes más ganan contribuiría en gran medida a financiar los programas predistributivos y redistributivos que hemos analizado previamente en este capítulo. Pero si queremos aumentar el nivel general de la presión fiscal al 45-50% del ingreso nacional, debemos pensar en los impuestos más allá del 1% o el 10% más rico. Después de todo, incluso en Estados Unidos, donde el 1% superior percibe una gran parte de los ingresos brutos, gravarlos probablemente pueda aumentar alrededor del 10% del ingreso nacional como máximo; y, como principio general, los impuestos generales a una tasa más baja tienden a beneficiar el crecimiento económico.

Algunos economistas, incluidos Saez y Zucman, argumentan que los impuestos sobre la renta deberían asumir la mayor parte o toda la carga de recaudar ingresos fiscales, porque pueden diseñarse de manera «progresiva» (en el sentido técnico de que la tasa impositiva aumenta con los ingresos). Según este punto de vista, si queremos aumentar los ingresos fiscales más allá de los muy ricos, también deberíamos gravar con tasas impositivas más altas los ingresos de los trabajadores de bajos y medianos ingresos. Pero debemos explorar asimismo el potencial para aumentar los ingresos a través de impuestos sobre el consumo. Los impuestos generales sobre el consumo, como el Impuesto sobre el Valor Añadido (IVA), ya tienen un papel importante en la mayoría de los países ricos; en el conjunto de la

* Idealmente, esto implicaría una cooperación internacional, y en los últimos años hemos asistido a cierto progreso en este ámbito; 136 países, que representan más del 90% del PIB global, han acordado imponer un impuesto sobre sociedades mínimo del 15% a las grandes empresas, aunque parece que Estados Unidos no lo va a acatar. Sin embargo, los países pueden hacer mucho de forma unilateral. Por ejemplo, el Reino Unido podría imponer un impuesto mínimo sobre sociedades del 25% a las empresas «domésticas». Si una empresa británica como BP decidiera registrar 1.000 millones de dólares de sus ganancias en un paraíso fiscal como Barbados, donde la tasa del impuesto sobre sociedades es solo del 5%, el Reino Unido podría gravar con un impuesto del 20% esas ganancias para compensar la diferencia. También podría gravar a las empresas que se trasladan a paraísos fiscales. Supongamos, por ejemplo, que BP trasladara su sede a Barbados, pero continuara realizando el 10% de sus ventas globales en el Reino Unido. El Reino Unido podría decidir gravar con su propia tasa impositiva sobre sociedades el 10% de las ganancias globales de BP.

OCDE, representan alrededor del 30% de los ingresos fiscales totales.[140] Muchos economistas argumentan que representan una forma más «eficiente» o favorable al crecimiento para recaudar grandes cantidades de ingresos.[141] También hay un fuerte argumento a favor de los impuestos sobre el consumo que tienen como objetivo desalentar actividades socialmente perniciosas, como un impuesto al carbono, que comentamos anteriormente en el capítulo. Aquí no necesitamos entrar en detalle sobre si los impuestos sobre el consumo son más eficientes que los impuestos sobre la renta, pero con impuestos tan altos como del 45 al 50% las preguntas sobre la eficiencia económica son claramente importantes. Aunque los impuestos como el IVA son menos progresivos que los impuestos sobre la renta, e incluso pueden ser regresivos, en el sentido de que las personas de bajos ingresos terminan pagando una proporción más alta de su renta, siempre debemos pensar en el sistema tributario en su conjunto. Al final, lo que importa no es si un impuesto individual es progresivo o regresivo, sino el impacto combinado de los impuestos y el gasto en general. Pensar en el sistema tributario en su conjunto nos lleva a una fuente crucial, y a menudo ignorada, de ingresos fiscales: el patrimonio.

Impuestos sobre el patrimonio

Si queremos aplicar las ambiciosas políticas que hemos explorado en este capítulo, necesitaremos una mayor tasa impositiva sobre el patrimonio en sí mismo, además de la gravada sobre los ingresos generados por la posesión del patrimonio, como los dividendos y beneficios. Allí donde los impuestos sobre los ingresos del capital forman parte de un sistema justo y progresivo de recaudación tributaria, los impuestos sobre el patrimonio nos ayudan a evitar la acumulación de grandes fortunas que amenazan con erosionar el sistema democrático y a garantizar que todo el mundo disfrute de una participación equitativa en los beneficios que proceden de la posesión de patrimonio, a través de una herencia mínima universal o un fondo de inversión ciudadana.

Existen dos tipos principales de impuestos sobre el patrimonio: el impuesto de sucesiones y los impuestos anuales sobre el patrimonio. Los impuestos sobre sucesiones gravan las transferencias de riqueza cuando alguien fallece. Afectan fundamentalmente a las grandes fortunas y, por lo tanto, ayudarían a reducir la desigualdad: en la OCDE, las herencias y donaciones realizadas por el 20% de hogares más ricos es casi cincuenta veces superior a las del 20% más pobre.[142] También representan una forma relativamente eficiente de recaudar ingresos, en el sentido de que parecen tener un efecto mínimo en las decisiones relativas a cuánto ahorrar o cuánto trabajar.[143] Aunque la mayoría de las economías más avanzadas tienen algún tipo de impuesto de sucesiones, como ocurre con otros impuestos que afectan principalmente a los ricos, estos se han reducido con el tiempo, pasando del 1,1% de los ingresos fiscales en los países de la OCDE en 1970 al 0,4% en la actualidad.[144]

Nuestra prioridad debe ser revertir esta tendencia. Mientras que el impuesto sobre sucesiones debe gravar con una tasa baja a la mayor parte de la población, la tasa debe incrementarse sustancialmente cuando se trata de grandes fortunas. Thomas Piketty ha propuesto un impuesto que empieza en el 5% para las fortunas por un valor de la mitad de la riqueza media nacional (actualmente, en torno a 150.000 libras en el Reino Unido), aumenta hasta el 50% para herencias cinco veces superiores a la media (en torno a 1,5 millones de libras) y llega al 80 o 90% para los milmillonarios.[145] A la vez que se aumentan las tasas del impuesto de sucesiones, hay que reformar la base impositiva. En la mayoría de los países, estos impuestos gravan las transferencias tras el fallecimiento de un individuo, mientras que las transferencias realizadas en vida están exentas. Esto crea oportunidades obvias para eludir los impuestos, especialmente entre los ricos, que se pueden permitir «donar» casas y ahorros a sus hijos mientras aún están vivos. Sería mucho más justo instaurar un impuesto sobre la recepción de donaciones en vida, como sucede en Irlanda desde 1976; todos tendrían derecho a una asignación libre de impuestos de, por ejemplo, 150.000 libras por persona, pero las donaciones más allá de este nivel serían gravadas, y la tasa impositiva aumentaría según la cuantía total recibida.[146]

Junto a un impuesto sobre sucesiones más progresivo, debemos introducir un impuesto anual sobre el patrimonio para las grandes fortunas. Esto ofrecería una forma más rápida de hacer frente a la extrema concentración de la riqueza, y significaría un progreso notable para pagar una herencia mínima o un fondo de inversión ciudadana. Al mismo tiempo, nos permitiría limitar eficazmente el patrimonio que un único individuo puede acumular a lo largo de su vida. Más allá de cierto punto, concentraciones muy grandes de patrimonio no solo son difíciles de justificar desde la perspectiva del principio de diferencia, sino que plantean una amenaza directa a la igualdad política democrática. Aunque no resulta evidente dónde poner el límite, es difícil justificar la existencia de milmillonarios, y mucho menos de los 203.000 millones de dólares acumulados por Elon Musk, cofundador y director de Tesla y el hombre más rico del mundo en el momento de escribir estas líneas, o el fundador de Amazon, Jeff Bezos, con 126.000 millones de dólares.[147] Un impuesto anual sobre el patrimonio debería gravarse con una tasa que hiciera efectivamente imposible que alguien acumulara tanto.

Al calcular la tasa impositiva apropiada, debemos recordar que los impuestos sobre el patrimonio idealmente deberían complementarse con impuestos sobre los ingresos del capital. Una vez que tengamos en cuenta sus efectos combinados, incluso un impuesto anual aparentemente bajo sobre el patrimonio, del 1 al 2%, podría hacer que algunas personas pagaran la mayoría de sus ingresos del capital en impuestos, si no todos.[148] Esto no es necesariamente un problema, a fin de cuentas, uno de los objetivos de los impuestos sobre el patrimonio es reducir el tamaño de las mayores fortunas. No obstante, ello significa que estos impuestos deberían reservarse para los muy ricos. El patrón propuesto por la senadora Elizabeth Warren, una destacada candidata a la nominación presidencial demócrata de 2020, sería un buen comienzo: un impuesto anual del 2% sobre fortunas de más de 50 millones de dólares, aumentado al 6% para activos por encima de 1.000 millones de dólares.[149] Y hay razones para ir más allá: podríamos extenderlo para incluir al 1% más rico (en Estados Unidos, aquellos con unos 4 millones de dólares o más) y podríamos imponer tasas aún más altas en la cima.[150]

¿Amortiguarían estos impuestos el espíritu de innovación e iniciativa tan importante para el crecimiento económico a largo plazo? Por ejemplo, ¿habrían disuadido a Mark Zuckerberg de invertir en Facebook? No lo sabemos a ciencia cierta, pero no parece probable. Muchos emprendedores tienen otras motivaciones aparte del dinero, y desde la perspectiva de quien funda una nueva empresa, las posibilidades de convertirse en multimillonario son tan pequeñas que la perspectiva de tener que soportar una mayor carga fiscal probablemente no merece mucha consideración. Aunque las evidencias sólidas son limitadas, los estudios que existen no encuentran trazas de un efecto negativo sustancial.[151] Los impuestos sobre el patrimonio podrían tener un efecto positivo en la innovación, al animar a los superricos a invertir en *start-ups* de alta rentabilidad en lugar de gastar su dinero en bienes de lujo.[152] A los críticos también les preocupa que los impuestos sobre el patrimonio inciten a no ahorrar, lo que reduciría la inversión empresarial, pero la mayoría de los estudios tan solo han constatado un efecto mínimo en este sentido, y podemos compensar cualquier caída por medio de los ingresos fiscales para fomentar otras formas de ahorro, como un fondo de inversión ciudadana.[153]

Sin embargo, el éxito del impuesto sobre el patrimonio depende de minimizar la evasión.[154] Históricamente, los impuestos sobre el patrimonio han estado plagados de exenciones, mientras que la fiscalización ha sido laxa y ha dependido en gran medida de lo que cada cual ha querido declarar.[155] En consecuencia, han recaudado unos ingresos relativamente bajos, y desde los años noventa el número de países con impuestos sobre el patrimonio ha pasado de doce a tan solo tres (Suiza, Noruega y España). Sin embargo, en lugar de abandonar la idea debemos aprender de estas experiencias. Es evidente, por ejemplo, que estos impuestos deberían aplicarse a todo tipo de patrimonio, con pocas o nulas exenciones, y que la fiscalización debería depender de informes de terceros; es decir, que a los bancos e instituciones financieras se les debe exigir que declaren el patrimonio a las autoridades fiscales. Por último, los impuestos significativos sobre el patrimonio harán aún más importante empoderar a los reguladores y actuar con contundencia contra los paraísos fiscales opacos.

¿Y qué hay de la posibilidad de que los ricos se vayan a otro país? A pesar de algunos ejemplos de perfil alto, como Eduardo Saverin, el cofundador de Facebook que renunció a su ciudadanía de Estados Unidos a favor de la de Singapur no mucho antes de que las acciones de Facebook salieran a la venta en 2012, hay pocas evidencias de que los ricos se muden a otros países para eludir estos impuestos.[156] Evidentemente, podría ser más habitual si aumentan significativamente, pero podemos mitigar esta situación imponiendo «impuestos de salida» a los muy ricos. Esto es lo que ocurre en Estados Unidos, donde se considera que cualquier individuo con más de 2 millones de dólares que renuncia a su ciudadanía lo hace para evadir impuestos, por lo que se le somete a una carga impositiva adicional.[157] Otros han propuesto ir más lejos, como restringir el derecho de regreso a los exiliados fiscales salvo por razones humanitarias.

Aunque ninguna de estas políticas está exenta de desafíos, no hay un obstáculo económico o práctico fundamental para elevar el nivel impositivo general al 45-50% del ingreso nacional, ni para aumentos significativos en las tasas fiscales más altas sobre los ingresos y el patrimonio; la mayoría de la gente se beneficiaría de ello. Y, sin embargo, las ideas que hemos comentado hasta ahora tan solo representan la mitad de la transformación económica que necesitamos urgentemente. No contribuirán a afrontar la terriblemente injusta concentración de control y poder económico en manos de los accionistas que constituye uno de los rasgos distintivos del capitalismo tal como lo conocemos. Tomarnos esto en serio nos llevará a un cambio aún más profundo en la estructura de nuestro sistema económico: un cambio que transformará el mundo del trabajo para beneficio de todos.

Capítulo 8
DEMOCRACIA LABORAL

La idea de que las empresas deben estar controladas por sus propietarios y no por sus empleados está tan arraigada que somos pocos los que nos paramos a cuestionarla. En la mayoría de los países, la prioridad de los propietarios y accionistas —el «modelo de primacía del accionista»— está consagrada por la ley.* Bajo este sistema, los accionistas tienen el derecho legal exclusivo no solo a los beneficios generados por la empresa, sino también a nombrar al consejo de administración, que a su vez es el responsable último de todas las decisiones clave sobre la gestión de la empresa. En las empresas más grandes, los accionistas suelen delegar la mayor parte de sus poderes de toma de decisiones en un director general (CEO) y otros altos directivos. Pero como los directivos informan al consejo de administración y son nombrados por los accionistas, son estos últimos los que tienen la última palabra.[1] Y dado que la propiedad empresarial está tan fuertemente concentrada en manos de los ricos, esto significa que una clase relativamente reducida de individuos pudientes (y los expertos financieros que administran su riqueza) tienen un control enorme sobre la organización de la actividad económica y la naturaleza del trabajo, y, por lo tanto, sobre cómo la mayoría de nosotros pasamos buena parte de nuestras vidas.

Las decisiones adoptadas por los propietarios suelen tener consecuencias muy directas para sus empleados. Son los propietarios, y no los trabajadores, quienes deciden si los centros de trabajo están organizados en fun-

* Utilizaré los términos «propietario» y «accionista» de forma intercambiable. En las empresas que cotizan en bolsa, las acciones pueden ser compradas y vendidas en el mercado de valores. Sin embargo, la mayoría de las empresas son «privadas». Estas pueden ser propiedad de un fundador, que podría ser el único accionista (y también podría ser director y gerente) o de inversores privados que han comprado acciones de la empresa.

ción del espíritu de colaboración o de la competencia más despiadada; si los empleados son tratados con dignidad en cuanto seres humanos o como meros *inputs* cuyo coste ha de ser minimizado; y si los empleos individuales aportan oportunidades para la creatividad, la variedad y la autonomía o son desalentadoramente tediosos. En un nivel más práctico, los propietarios no solo determinan los salarios, sino también la duración de la jornada laboral, la existencia o no de oportunidades para la formación y la promoción, y mucho más. Y, fundamentalmente, tienen el poder de despedir a los trabajadores, con todas las consecuencias que esto puede tener para los ingresos, la sensación de tener un propósito en la vida y la identidad de los empleados. Por supuesto, las decisiones de los propietarios están limitadas por la realidad de la competencia de los mercados —también los trabajadores tienen que aceptar los salarios y las condiciones laborales—, pero en la medida en que exista alguna discrecionalidad sobre estos asuntos, esta recae en los propietarios.

La concentración casi total de poder formal en manos de los accionistas implica que las empresas son, en efecto, y en palabras de la filósofa Elizabeth Anderson, una especie de minidictadura: «La gran mayoría [de trabajadores] están sometidos a un gobierno privado y autoritario no por elección propia, sino gracias a leyes que han concedido prácticamente toda la autoridad a sus empleadores».[2] Evidentemente, la analogía no es perfecta. Para empezar, la legislación laboral impone ciertos límites básicos al control de los propietarios sobre los trabajadores. Y aunque la estructura de poder formal de una empresa moderna se asemeja a una dictadura, eso no significa que el trabajo sea terrible para todos o que los empleados sean totalmente vulnerables. Muchas empresas están gestionadas como dictaduras más o menos benévolas y se jactan de tratar bien a sus empleados, bien porque realmente se preocupan por ellos, bien porque es bueno para el negocio o, a menudo, por alguna razón intermedia. Esto es especialmente cierto en las empresas que emplean a trabajadores altamente cualificados: Google es célebre por ofrecer una significativa autonomía a sus empleados —animándolos a emplear el 20% de su tiempo en trabajar en «aquello que creen que será más beneficioso para la empresa»—, junto a una nutrida serie de ventajas, desde comida gratis y «cabinas para siestas» a seguros generosos y permisos parentales.[3] Y muchas empresas deciden implicar a sus empleados en la toma de decisiones a través de foros y comités dedicados a tal efecto. También es más fácil dejar tu trabajo que abandonar tu país de forma permanente; y si los propietarios tratan mal a sus empleados, no solo les costará motivar a la fuerza laboral, sino también encontrar a alguien que quiera trabajar para ellos.

Aunque la analogía entre empresas y dictaduras no sea perfecta, nos recuerda que en la mayoría de los países hemos decidido entregar a un reducido grupo de propietarios un poder extraordinario sobre nuestra vida laboral, un poder que son libres de ejercer en la búsqueda de sus propios intereses y sin que las personas más afectadas por sus decisiones puedan exigir una explicación o una rendición de cuentas significativa. Incluso con los sindicatos, que históricamente han proporcionado una fuente fundamental de poder compensatorio para los trabajadores, los propietarios siguen acaparando todas las palancas del control formal; y, en muchos países, décadas de legislación antisindical los ha dejado en un estado de gran debilidad. El resultado es que para mucha gente el lugar de trabajo es un ámbito de servilismo e impotencia completamente diferente a cualquier otro en una sociedad democrática moderna. Tanto en Europa como en Estados Unidos, menos de la mitad de los empleados afirman ser consultados la mayor parte de las veces sobre decisiones importantes que afectan a su trabajo o incluso acerca de sus propios objetivos laborales.[4] Muchos trabajadores quieren ejercer una influencia mayor: en el Reino Unido, menos de la mitad se sienten satisfechos con su nivel de implicación en la toma de decisiones de su empresa; y una reciente encuesta en Estados Unidos descubrió que, en una amplia gama de cuestiones, desde los beneficios y el sueldo hasta el impacto de la nueva tecnología, una mayoría desea más influencia de la que tiene actualmente.[5] No es una sorpresa que las personas con un menor salario y una menor cualificación tiendan a tener menos voz; en Europa, solo una tercera parte de los trabajadores menos cualificados aseguran estar implicados en las decisiones que afectan a su trabajo, en comparación con las cuatro quintas partes de los administradores.[6]

Esta falta de influencia es un problema en sí mismo y además va en detrimento de la salud y el bienestar de la gente. No es solo que los trabajadores peor remunerados sufran frecuentemente la falta de realización en el trabajo, sino que muchos viven en un estado de perpetua inseguridad que provoca ansiedad y estrés crónicos; un problema que se agrava con la ruptura de las relaciones laborales tradicionales y el auge de la economía a tiempo parcial.[7] Otros están obligados a aceptar condiciones laborales degradantes, como los trabajadores de almacén de Amazon, supuestamente sometidos a unas exigencias de rendimiento tan agotadoras que acaban por orinar en botellas en lugar de tomarse un descanso para ir al baño, o los camioneros sometidos rutinariamente a seguimiento y vigilancia las veinticuatro horas.[8] En algunos casos, el resultado es un abuso directo: un tercio de los empleados en el Reino Unido dicen sentir miedo en el trabajo; y uno de cada cinco trabajadores estadounidenses asegura haber sufrido violencia verbal, humillación, amenazas, acoso sexual u hostigamiento.[9]

Aunque la concentración de poder en el lugar de trabajo nos afecta a todos, ha sido una cuestión en gran medida ausente del debate político dominante, y la discusión más seria sobre alternativas más democráticas ha quedado confinada fundamentalmente en la izquierda socialista.[10] Y, sin embargo, aunque han mantenido vivas tales ideas, la asociación con el socialismo ha conllevado que las propuestas para una mayor democracia en el trabajo a menudo hayan sido desestimadas como fundamentalmente antiliberales o inviables. Pero no hay nada inviable en la democracia en el lugar de trabajo, y los liberales harían bien en prestar atención a las preocupaciones de los socialistas sobre estas cuestiones.

En todo caso, la cuestión es cada vez más difícil de ignorar. El malestar que existe en las democracias liberales en el presente no solo se centra en el dinero, sino que también refleja una crisis de dignidad y sentido más profunda y estrechamente vinculada a los cambios en la naturaleza del trabajo de las últimas décadas, que van desde la pérdida de empleos en la industria y en las comunidades al auge de la automatización y el trabajo a tiempo parcial.[11] Y en el horizonte se entrevén nuevas perturbaciones, como el desarrollo de formas de vigilancia cada vez más intrusivas y el potencial de la inteligencia artificial para producir una automatización masiva. Aunque los empleados peor remunerados están en primera línea, estos cambios nos afectarán a todos.

En el principio de diferencia de Rawls, tenemos la base para una solución matizada e inconfundiblemente liberal a este dilema.[12] Como vimos en el capítulo 1, en lugar de exigirnos abolir las jerarquías laborales (como han hecho algunos socialistas), reconoce que cierto grado de jerarquía entre propietarios y empleados, y entre gerentes y trabajadores, puede estar justificado, pero solo si hay beneficios compensatorios para los más desfavorecidos, por ejemplo, en términos de una mayor productividad y, por lo tanto, de salarios más altos. Como veremos, esto exige un mayor papel de la democracia en el trabajo. Con «democracia en el trabajo» no me refiero tan solo a resucitar a los sindicatos, por valiosos que estos sean. Tampoco me refiero a transformar las empresas privadas en públicas, ya que con esto nos limitamos a transferir el poder de los accionistas privados al Estado, olvidándonos de empoderar a los trabajadores. Por el contrario, debemos reinventar la estructura interna de las propias empresas, de modo que los trabajadores tengan el derecho legal a participar en la toma de decisiones en términos mucho más equitativos.

Una mayor democracia en el mundo laboral también multiplicará las oportunidades para realizar un trabajo significativo, que, como indicaba Rawls, es una fuente esencial de autoestima. Evidentemente, mucha gente es perfectamente feliz trabajando solo por dinero y buscando el sentido y la satisfacción en otro lugar. Pero, como hemos visto, el trabajo remunerado tiene una importancia especial porque pasamos una parte importante de nuestra vida realizándolo y porque es la forma más relevante por medio de la cual la mayoría de nosotros hace una contribución productiva a la sociedad. Esto no es filosofía de sillón: cuando se preguntó a individuos de diecisiete economías avanzadas qué es lo que daba sentido a sus vidas, «ocupación y carrera» ocupó la segunda plaza después de «familia e hijos», por delante de otras muchas cosas, entre ellas «salud física y mental», «amigos y comunidad» o «espiritualidad, fe y religión».[13] Otros estudios demuestran que las experiencias de la gente en su trabajo son realmente importantes para su sensación general de bienestar; según el distinguido economista y experto en «felicidad» Richard Layard, «la calidad del trabajo» es el segundo factor más importante a la hora de explicar las diferencias en el grado de felicidad que experimentan los ciudadanos del Reino Unido, después de la enfermedad mental y por encima del sueldo y la salud física.[14] Aunque muchas personas se realizan en su trabajo, estas oportunidades tienden a concentrarse entre los sujetos de un mayor nivel educativo y mejor remunerados.[15] Una reciente encuesta europea descubrió que los empleos peor pagados presentaban los «niveles más bajos de creatividad [...] y de variedad en las tareas», y que casi la mitad de los trabajadores están atrapados en empleos monótonos y repetitivos.[16]

Muchas personas están de acuerdo instintivamente en que la disponibilidad de un trabajo significativo es algo de lo que deberíamos ocuparnos como sociedad, pero no resulta inmediatamente evidente qué podemos hacer al respecto o, más específicamente, qué pueden hacer nuestros Gobiernos. Mientras que los políticos y comentaristas dicen que quieren aumentar la disponibilidad de «buenos empleos», las medidas prácticas serias son escasas; con demasiada frecuencia, sus soluciones se reducen poco más que a apelar a la buena conciencia y el interés propio informado de los empleadores. Pero tampoco podemos imponer simplemente el trabajo significativo desde arriba hacia abajo. A fin de cuentas, lo que hace que el trabajo sea significativo diferirá de una persona a otra —algunas buscan variedad, mientras que otras quieren desarrollar una experiencia profunda—, y las personas también difieren en cuanto a la prioridad que atribuyen al significado en comparación con, por ejemplo, un salario más alto. En todo caso, los detalles prácticos de reconfigurar los trabajos para que sean más gratificantes dependerán específicamente de las empresas individuales, y no es deseable ni factible que el Estado microgestione estas cuestiones; nadie desea un Departamento de Trabajo Significativo que explique a los empleados cómo lograr que sus trabajos sean más variados y creativos.[17]

Aunque no podemos crear trabajo significativo a través de los dictados del Gobierno, alcanzaremos este objetivo empoderando a los empleados para que influyan en sus centros de trabajo de modo que estos reflejen mejor sus prioridades. Para ello, necesitamos combinar el poder de la «salida» y el poder de la «voz».[18] Podemos pensar que la propuesta de una renta básica universal en el capítulo anterior concede a los empleados la opción de una «salida» con sentido; cuando incluso los peor remunerados puedan amenazar con abandonar su puesto, será más probable que los empleadores se tomen en serio sus reivindicaciones. Sin embargo, sería un error depender únicamente de la «salida», y este capítulo se centrará en cómo reforzar la «voz» de los trabajadores, lo que les permitirá cambiar las empresas desde dentro. De hecho, la palabra «voz» podría ser un término débil: sugiere que los trabajadores tendrán que apoyarse en la persuasión, cuando hemos de ir más lejos y otorgarles los derechos formales para influir en las decisiones que les afectan en el trabajo.

Para Rawls, cambiar la naturaleza del trabajo era fundamental para crear una sociedad más justa. En una sociedad organizada sobre la base de sus principios, argumentaba, «nadie dependería servilmente de otros ni tendría que elegir entre ocupaciones monótonas y rutinarias que envilecen el pensamiento y la sensibilidad humana. A cada cual se le ofrecerá una variedad de tareas, de modo que los diferentes elementos de su naturaleza encuentren su expresión adecuada».[19] Y, sin embargo, apenas dijo nada de cómo sería esto en la práctica, limitándose a unos fugaces comentarios sobre la posibilidad de las cooperativas de trabajadores; así que este aspecto de su teoría se ha pasado por alto con frecuencia.[20] En el transcurso de este último capítulo, expondremos cómo el cumplimiento de este ideal podría revolucionar el mundo del trabajo.

DERECHOS LABORALES

Si queremos cambiar el trabajo para mejor, nuevas formas de democracia laboral deberán estar respaldadas por leyes que garanticen un nivel mínimo de seguridad, decencia y dignidad para todos. Así como la constitución establece ciertos derechos básicos como la libertad de expresión, que pone límites al proceso democrático, las leyes laborales deben definir ciertos derechos que todos los centros de trabajo —incluso los democráticos— deben respetar. No hay necesidad de que los trabajadores negocien estos estándares mínimos en cada empresa, y un punto de referencia que todas las empresas tengan que respetar ayudará a evitar el deterioro de estos derechos.[21]

Como mínimo hemos de poner en marcha regulaciones sobre salud y seguridad que protejan a los trabajadores de riesgos evitables, así como el derecho a descansos remunerados durante la jornada laboral. Todos los empleados deberían beneficiarse de la protección contra el acoso y la discriminación que abordamos en el capítulo 6. En un sentido más amplio, las leyes laborales deberían limitar el poder de empleadores y administradores sobre los empleados a situaciones que contribuyan a un propósito empresarial legítimo. En Estados Unidos, es habitual que los empleadores tengan libertad para despedir a un trabajador por cosas que hace o dice fuera del trabajo —entre otras, actividades políticas, la elección de una pareja sexual, fumar, beber alcohol o consumir drogas recreativas—, y en muchos países hay un debate candente respecto a si los empresarios deberían poder despedir a sus empleados por lo que suben a sus redes sociales.[22] Como regla general, este tipo de atribuciones deberían limitarse a las raras situaciones en las que las acciones de los trabajadores supongan un serio perjuicio a la reputación de la empresa, lo que en general solo se daría con las figuras de rangos más superiores; o en aquellos casos en los que se rechazara flagrantemente la igualdad civil básica de los compañeros o conciudadanos, por ejemplo, al subir material neonazi. También debería haber una prevención general contra las cláusulas anticompetencia que impiden a los trabajadores entrar en una empresa de la competencia o fundar una durante cierto periodo de tiempo después de dejar su empleo. Y necesitamos urgentemente un marco legal para regular el rápido crecimiento de la vigilancia en los centros de trabajo; como mínimo, la ley debe exigir a los empleadores que notifiquen y consulten a sus trabajadores, antes de introducirla, cualquier nueva forma de vigilancia, que evidentemente debería limitarse al horario laboral.[23]

Las leyes laborales desempeñan un papel esencial en la protección de los derechos a tener tiempo de ocio y una vida digna fuera del trabajo. Deben incluir vacaciones pagadas y un subsidio por enfermedad; una regulación razonable del horario de trabajo, las horas extras o los horarios extemporáneos; y el derecho a una jornada laboral flexible y a bajas parentales (que, como vimos en el capítulo 6, tienen un papel vital en el fomento de la igualdad de oportunidades al garantizar que todos los progenitores, y no solo los ricos, puedan pasar tiempo con sus hijos). Este tipo de protecciones son habituales en la mayoría de las democracias avanzadas, con la excepción de Estados Unidos, donde la mayor parte de los trabajadores no tiene un derecho legal a vacaciones pagadas, permisos parentales o un horario flexible.[24]

Una de las preguntas más relevantes y difíciles de responder por parte de las leyes laborales es hasta qué punto debe ser fácil despedir a los trabajadores. Los diferentes países han adoptado enfoques diversos, desde el modelo estadounidense de «despido libre», en el que los empleadores pueden echar al trabajador casi por cualquier razón y sin avisar, al modelo francés, donde deben justificar los despidos según criterios específicos y a menudo tienen que desembolsar cuantiosas indemnizaciones. Deberíamos tomarnos muy en serio la importancia que la mayoría de la gente, especialmente los peor remunerados, conceden a la estabilidad laboral. Los trabajadores de la OCDE tienen una probabilidad tres veces mayor de afirmar que la estabilidad laboral es «muy importante» en comparación con los salarios altos y las oportunidades de promoción.[25] Además, sabemos que la inestabilidad laboral puede contribuir a la ansiedad y la depresión, con efectos colaterales en la productividad.[26] Y, por supuesto, la estabilidad laboral es algo más que tener un salario estable: la sensación de comunidad e identidad que muchas personas encuentran en el trabajo suele estar vinculada a un centro laboral específico y a las destrezas y relaciones que se desarrollan en él. En consecuencia, incluso con prestaciones de desempleo generosas o una renta básica universal, querremos seguir manteniendo cierto grado de estabilidad laboral. Pero también tenemos que reconocer la importancia de la flexibilidad para la productividad y el dinamismo económicos: todos ganamos si vivimos en una sociedad en la que los empleadores pueden cambiar la fuerza de trabajo para que esta se ajuste a sus necesidades, y en la que las empresas con éxito puedan crecer y las que fracasan reduzcan su tamaño. Probablemente la mejor solución sea el modelo de la «flexiguridad», estrechamente asociado a Dinamarca. En otras palabras, debe ser razonablemente fácil despedir a los trabajadores (sin acercarse al modelo estadounidense), pero quienes pierden su empleo recibirán un apoyo económico generoso y oportunidades para la recualificación.

COGESTIÓN

Una vez que disfrutamos de los derechos laborales básicos, podemos empezar a pensar en cómo mejorar la democracia en los centros de trabajo. La concentración de poder en manos de los propietarios suele aceptarse sin ningún cuestionamiento, como si sencillamente se derivara de la definición de propiedad. A fin de cuentas, en el habla cotidiana, decir que alguien «posee» algo implica que goza de un derecho más o menos exclusivo a decidir lo que quiere hacer con eso. Por ejemplo, decir que «soy dueño de mi coche» significa que soy libre de decidir qué hacer con él sin consultar a nadie más: puedo conducir hasta Escocia, pintarlo de color rosa, alquilarlo o venderlo a otra persona, que a su vez se convertirá en su propietario, con los derechos que ahora son míos. Por supuesto, la ley siempre establece límites a lo que puedo hacer con mi propiedad: no puedo ir en sentido contrario en la carretera ni atropellar a una persona. Pero dentro de esos límites, la idea común de propiedad implica que los propietarios pueden hacer más o menos lo que quieran con el objeto de su posesión, y los demás carecen de esos derechos: mi vecino no puede decidir pintar mi coche de otro color, por mucho que le disguste el rosa.

Los defensores del modelo de primacía de los accionistas a veces apelan a estas ideas de sentido común sobre la propiedad para afianzar su postura. Argumentan que, así como los propietarios de un coche pueden decidir qué hacer con él, los accionistas, o «propietarios» de una empresa, deberían tener el derecho exclusivo a decidir cómo gestionarla. Desde esta perspectiva, sería un error dar la palabra a los trabajadores, ya que esto violaría los derechos de propiedad de los accionistas. Sin embargo, una reflexión más detenida revela que la propiedad es un concepto más complejo. Para empezar, la perspectiva del sentido común implica que la propiedad es un fenómeno más o menos binario: o posees algo o no lo posees. Ahora bien, tiene más sentido pensar en la propiedad como en un concepto sometido a diversos grados y que implica un conjunto de derechos legales diferentes, que difieren en función de la naturaleza del objeto en cuestión. En el caso de la mayor parte de la «propiedad personal», que incluye los coches, pero también la ropa, la comida, la vivienda, etc., realmente tenemos derechos de control casi exclusivos, y hay buenas razones para ello.[27] Sin embargo, ser el titular de acciones de una empresa es bastante diferente. Incluso en países que siguen el modelo de primacía de los accionistas, sus derechos están mucho más limitados que los que generalmente se atribuyen a nuestra propiedad personal: los accionistas de Ford no pueden presentarse y pedir entrar en una fábrica de Ford cuando lo desean, ni coger uno de los vehículos y conducir hasta Escocia.

Al pensar en los derechos de los trabajadores versus los propietarios, es útil distinguir dos aspectos distintos de la propiedad. El primero son los derechos sobre los ingresos o «propiedad efectiva». Los propietarios efectivos de una empresa tienen derecho a todo beneficio o rentabilidad residual una vez satisfechos los compromisos con los trabajadores, proveedores, etc. El segundo son los derechos de control, o el derecho a decidir cómo gestionar una empresa. El rasgo distintivo del modelo de primacía de los accionistas es que combina los derechos sobre los ingresos y los derechos de control en manos de los inversores. Hay algunas buenas razones por las que podemos querer que sea así: dado que los accionistas están legitimados para percibir los beneficios de la empresa (y son responsables de sus pérdidas), tienen poderosos incentivos para utilizar sus derechos de control para maximizar la rentabilidad; y, como vimos en el capítulo anterior, la búsqueda de beneficios es un aspecto clave que hace que los mercados funcionen bien.[28] Por otro lado, si se privara a los accionistas de todo control, probablemente no estarían dispuestos a invertir. Pero, al menos en principio, estos diferentes aspectos de la propiedad —derechos sobre los ingresos y derechos de control— pueden separarse. De hecho, ya hemos encontrado un ejemplo de ello en el análisis del fondo de inversión ciudadana, en el que el Estado se convertiría en el beneficiario activo al comprar acciones de muchas empresas, pero sin tener, o al menos sin ejercer, los derechos de control sobre ellas.

El objetivo de este análisis no es declarar la obviedad de que poseer un coche es diferente a tener acciones en una empresa, sino subrayar que el significado de poseer algo no es tan simple como parece y que los derechos que nos atribuimos como propietarios —ya sea de un vehículo o de una empresa— son decisiones sociales. Tiene poco sentido defender el modelo de los accionistas limitándonos a decir que los accionistas «poseen» empresas, dado que esto simplemente plantea la pregunta de qué derecho deberían tener los propietarios de una empresa. Por último, nos compete a todos nosotros, como sociedad, decidir cómo distribuir los derechos sobre los ingresos y el control entre empleados y accionistas, y el principio de diferencia puede guiarnos en estas cuestiones. Desde esta perspectiva, el equilibrio apropiado depende en última instancia de lo que mejor fomente el interés a largo plazo de los más desfavorecidos no solo en términos de ingresos y patrimonio, sino en cuanto al acceso a puestos de autoridad y oportunidades de realizar un trabajo significativo.

En cuanto aplicamos esta forma de pensar, hay un fuerte argumento a favor de una distribución más equitativa del poder entre trabajadores y propietarios.

El modelo más prometedor para lograrlo se conoce como «cogestión», que, como el nombre sugiere, implica que propietarios y trabajadores comparten ciertos derechos de control sobre una empresa determinada.* Adoptar este modelo en su forma plena transformaría el equilibrio de poder en el centro de trabajo y ofrecería a todos los ciudadanos una influencia significativa sobre su vida laboral.

La cogestión apareció por primera vez como consecuencia de la Primera Guerra Mundial en Alemania, que sigue teniendo el sistema más amplio y consolidado de poder compartido entre propietarios y trabajadores.[29] De hecho, el término «cogestión» procede de la palabra alemana *Mitbestimmung*, que a menudo se traduce como «codeterminación». En la segunda mitad del siglo XX, otros países —especialmente Austria y Estados nórdicos como Suecia, Dinamarca, Noruega y Finlandia— siguieron esta senda, y en la actualidad la mayoría de las naciones europeas tienen alguna forma de cogestión, aunque menos generalizada que Alemania.[30]

El modelo de cogestión europea presenta dos aspectos clave. En primer lugar, concede a los trabajadores el derecho a elegir cierto número de puestos en el consejo de administración, que, como hemos visto, es el responsable de fijar la visión y estrategia general de la empresa —qué producir y dónde, cuánto invertir en nueva maquinaria, la conveniencia de fusiones y absorciones, etc.— y de designar al director general y a otros ejecutivos responsables de aplicar esta estrategia.[31] Así, la cogestión rompe el dominio exclusivo de los accionistas sobre las empresas y crea un mecanismo a través del cual los empleados pueden influir en las decisiones a nivel estratégico.

En Alemania, los empleados tienen derecho a elegir a un tercio del consejo de administración de las empresas con más de quinientos empleados, y a medio consejo en las que superan los dos mil.[32] En total, quince países europeos —más de la mitad de los veintisiete Estados de la Unión Europea, más Noruega— ofrecen a los trabajadores amplios derechos para elegir a los representantes del consejo de administración tanto en el sector privado como en el público, y otros cuatro conceden a los empleados derechos más limitados, especialmente en las empresas de propiedad estatal. La dimensión

* Nos centraremos en cómo puede funcionar en el sector privado, pero un modelo similar también debe aplicarse a organizaciones del sector público, en el que los trabajadores compartirían los derechos de control con su empleador, es decir, el Estado.

de la representación de los trabajadores varía; el acuerdo más habitual estipula un tercio de los puestos del consejo, aunque en Francia solo uno o dos de los puestos están reservados para este propósito, y Alemania es el único país en el que se exige a algunas empresas que confieran a los empleados una representación en pie de igualdad con los accionistas.[33] En la mayoría de los países, los derechos de representación en el consejo de administración están limitados a empresas que superan cierto tamaño, con un umbral que varía desde los veinticinco empleados en Suecia a los mil en Francia.[34]

Además de que los trabajadores formen parte de los consejos de administración —que se centran en cuestiones estratégicas y pueden parecer bastante remotos—, necesitamos asegurarnos de que los empleados puedan influir en sus centros de trabajo a un nivel más cotidiano. Esto nos lleva a la segunda característica del modelo de cogestión europea y lo que habitualmente se denominan «comités de empresa». Bajo el modelo de primacía de los accionistas, las empresas a menudo establecen foros y comités de empleados, pero esto suele quedar a discreción de los empleadores, que pueden optar por ignorarlos. Y aunque los trabajadores pueden intentar aumentar su influencia afiliándose a sindicatos, en la mayoría de los países la cobertura es desigual y los sindicatos tienen derechos limitados. En cambio, con los comités de empresa podremos establecer inmediatamente un órgano en cada centro de trabajo con un mandato legal para representar los intereses de los empleados en discusiones y negociaciones con su dirección. Además, mientras que los sindicatos solo son responsables ante sus miembros, los comités de empresa podrían ser democráticamente responsables ante toda la fuerza laboral, otorgando a cada trabajador un derecho igual para elegir a sus representantes y, por lo tanto, para influir en la política de la empresa.*

A diferencia de los foros de empleados voluntarios, los comités de empresa tendrían derechos y poderes explícitos establecidos por ley. En Alemania, donde estos organismos tienen los poderes más amplios, los em-

* Incluso con comités de empresa en activo, los sindicatos seguirán teniendo un papel importante tanto en el apoyo a los comités dentro de empresas individuales como en la negociación de acuerdos salariales. De hecho, como veremos más adelante, la cogestión parece funcionar mejor cuando los sindicatos asumen el liderazgo en la negociación de acuerdos salariales para todo el sector industrial, mientras que los comités de empresa se centran en otros aspectos de las condiciones laborales, como ocurre en Alemania.

pleadores deben compartir una considerable gama de información sobre la situación económica y financiera de la empresa, desde la rentabilidad y los planes de inversión hasta las propuestas de fusión.[35] Cuando se trata de la composición de la fuerza laboral y del diseño de puestos de trabajo individuales, los empleadores deben consultar a los comités de empresa, pero en última instancia tienen la potestad de rechazar sus sugerencias. Los derechos más amplios están reservados para decisiones relacionadas con las condiciones laborales, incluidas cuestiones que van desde las disposiciones salariales y el uso de bonificaciones hasta las horas de trabajo, las vacaciones y las instalaciones laborales como los comedores. En estos casos, los comités de empresa a menudo tienen plenos derechos de cogestión, lo que significa que los propietarios no pueden actuar sin su aprobación. En situaciones que implican cambios importantes en la fuerza laboral, como el cierre de una planta, los comités de empresa pueden elaborar un «plan social» para compensar a los empleados, incluidas las indemnizaciones por despido. Si un comité de empresa y un empleador no pueden llegar a un acuerdo sobre un tema en el que comparten derechos de cogestión, el asunto lo decide un comité de conciliación con un presidente neutral y el poder de hacer cumplir una decisión vinculante para ambas partes.

Se ha escrito mucho sobre cómo funciona la cogestión en la práctica y, como cabría esperar, las empresas cogestionadas generalmente tienen mejores condiciones laborales.[36] Quizá el aspecto más destacado es que tienden a ofrecer una mayor estabilidad laboral. Durante la recesión de 2008-2009, por ejemplo, las empresas cogestionadas tenían menos probabilidades de despedir trabajadores y eran más propensas a encontrar otras formas de superar la situación, como reducir salarios u horas de trabajo. La cogestión también está asociada a políticas más favorables a la familia, como el trabajo flexible, los permisos parentales y la prestación de cuidados infantiles. Estudios recientes han descubierto que los trabajadores de empresas cogestionadas en Finlandia tienen una mejor calidad laboral en general, teniendo en cuenta factores como el interés en el trabajo, los niveles de estrés y si los individuos se sienten respaldados por los directivos, y que en Alemania, las empresas con trabajadores en su consejo de administración tenían menos probabilidades de subcontratar mano de obra y más probabilidades de aumentar el nivel de cualificación de los empleados que las que no los incorporaban.[37] Aunque la cogestión parece no tener ningún efecto o un reducido impacto positivo en la media de los salarios, tiende a reducir la desigualdad dentro de las empresas, principalmente aumentando los salarios de los peor remunerados.[38]

Desde la perspectiva del principio de diferencia, la principal preocupación con la cogestión —al menos en teoría— es que podría reducir la productividad y el crecimiento, y, por lo tanto, propiciar con el tiempo una disminución de los niveles de vida. Sin duda, existen algunos costes directos asociados a la cogestión, como pagar a los representantes de los trabajadores por su tiempo, y existe el riesgo de que buscar la aprobación de los trabajadores dificulte que las empresas tomen decisiones rápidas, por ejemplo, si conviene expandirse a un nuevo mercado o cómo responder a una crisis. Más importante aún, a los detractores les preocupa que, si los trabajadores presionan por salarios más altos, beneficios más amplios o condiciones laborales más relajadas, los beneficios disminuirán y la inversión caerá, lo que supondrá una reducción a largo plazo de la productividad que en última instancia perjudicaría a todos.[39]

Sin embargo, en la práctica estos temores no se han materializado. Lo que destaca la literatura académica sobre cogestión es que el impacto general en el rendimiento de la empresa —en cuanto a inversión, productividad, beneficios o longevidad— parece ser pequeño, ya sea en positivo o en negativo.[40] Los estudios más rigurosos tienden a ser más positivos: un examen reciente de los trabajadores en los consejos de administración en Alemania descubrió que su presencia produjo más inversión y mayor productividad, sin perjudicar los ingresos o la rentabilidad.[41] Esta imagen alentadora se refuerza con encuestas que demuestran que la mayoría de los directores y gerentes de empresas cogestionadas muestran una actitud positiva con relación a sus experiencias.[42]

Para comprender mejor estos hallazgos, necesitamos apreciar los posibles beneficios de la cogestión para las empresas. Compartir información y poder puede fomentar una mayor confianza y colaboración entre empleadores y trabajadores, y al hacerlo puede mejorar la productividad en beneficio de todos.[43] Si un empleador controla qué información comparte, es posible que sus trabajadores no le crean cuando, por ejemplo, afirme que los recortes son necesarios para que la empresa sobreviva, aunque esto sea cierto. Por el contrario, si un empleador tiene el deber legal de compartir información con los trabajadores, es más probable que ambas partes trabajen juntas para encontrar una salida a una crisis. Del mismo modo, los trabajadores son más propensos a compartir ideas sobre cómo hacer que su lugar de trabajo sea más productivo o a participar en formaciones específicas de la empresa (como dominar una nueva máquina o un software personalizado) si están seguros de que se beneficiarán de cualquier aumento del rendimiento. La evidencia sugiere que estos beneficios de productividad son muy reales y compensan con creces cualquier coste.

Mientras las ventajas de la cogestión a menudo han sido subestimadas, las ventajas del modelo de primacía de los accionistas se han magnificado. La justificación principal para ello es que los accionistas maximizarán la rentabilidad a largo plazo de sus empresas, lo que a su vez promoverá la productividad y el crecimiento económico. Sin embargo, hay un consenso emergente entre economistas y líderes empresariales de que la primacía de los accionistas, al menos en su forma actual, puede estar teniendo el efecto opuesto.[44] En realidad, los accionistas a menudo saben muy poco sobre las empresas de las que poseen acciones, y tienen una tendencia preocupante a priorizar los beneficios a corto plazo sobre el éxito a largo plazo, optando, por ejemplo, por recibir grandes dividendos en lugar de invertir en nuevos productos y tecnologías. En un contexto donde el periodo medio de propiedad de las acciones en la Bolsa de Nueva York es de solo cinco meses y medio, los trabajadores pueden tener más interés en el éxito duradero de una empresa determinada que sus propietarios.[45]

A la luz de esta evidencia, el argumento para sustituir el modelo de los accionistas por alguna forma de cogestión es muy concluyente, al menos desde la perspectiva del principio de diferencia; a fin de cuentas, la cogestión, por lo menos en su forma actual, aumenta el poder de los trabajadores sin ningún coste significativo en términos de productividad y crecimiento. De hecho, deberíamos ir más allá y adoptar un modelo máximo de cogestión, con la presunción general de que los propietarios compartirán el poder con los trabajadores en términos equitativos o casi equitativos.[46] En la práctica, esto equivale a entregar a los empleados la mitad de los asientos en el consejo de administración de la mayoría de las empresas, si no de todas ellas.*

* Podríamos eximir a las empresas más pequeñas o de reciente creación de la plena exigencia de cogestión equitativa para evitar frenar la iniciativa y garantizar que las nuevas empresas puedan actuar con rapidez y agilidad; volveremos sobre este tema en el apartado sobre las cooperativas de trabajadores.

Después de todo, si los trabajadores tienen una minoría de asientos en el consejo —como actualmente ocurre en todas partes salvo en las mayores empresas alemanas—, los accionistas siempre los superarán en votos.[47] También implicaría empoderar a los comités de empresa con un poder de toma de decisiones significativo en áreas como las condiciones laborales, por ejemplo, en lugar de tener meramente derecho a ser informados o consultados, como ocurre tan a menudo.[48]

También podemos explorar variaciones de este modelo. Así, por ejemplo, en lugar de pedir a trabajadores y accionistas que elijan a representantes por separado, podrían elegir conjuntamente a un único consejo de administración en una «asamblea mixta» en la que tanto a los trabajadores como a los accionistas les correspondería el 50% de los votos.[49] Dado que los trabajadores y los accionistas elegirían de la misma lista de candidatos, los posibles directivos tendrían un incentivo para resultar atractivos para ambos bandos, lo que contribuiría a fomentar un planteamiento más colaborativo. Otro modelo, propuesto por la politóloga y socióloga Isabelle Ferreras, propone una estructura dual o «bicameral» en el consejo de administración, con una junta compuesta por representantes de los trabajadores y otra compuesta por representantes de los accionistas: las decisiones empresariales importantes tendrían que ser acordadas por ambas partes.[50]

Independientemente de los detalles, para que la cogestión funcione bien se necesitarían algunas garantías. Dado que el objetivo principal es democratizar el centro de trabajo, los representantes de los trabajadores en los consejos de administración y en los comités de empresa deberían ser elegidos sobre la base de «un trabajador, un voto». También deberían ser remunerados por su tiempo y tener una protección legal contra el despido para que puedan hacer su trabajo sin temor a represalias. Además, debemos pensar en un contexto más amplio. Por ejemplo, el éxito de la cogestión en Europa parece descansar, al menos en parte, en el hecho de que la negociación salarial se lleva a cabo principalmente a nivel sectorial o industrial, en lugar de en el seno de empresas individuales.[51] Eliminar la cuestión de los salarios del orden del día parece facilitar que los consejos de administración y los comités de empresa se centren en áreas mutuamente beneficiosas. Esto no solo refuerza el argumento a favor de la negociación salarial sectorial, que exploramos en el capítulo anterior, sino que también es un recordatorio útil de que siempre necesitamos pensar en cómo interactúan políticas e instituciones.

Asumir una forma tan completa de cogestión sería, hasta cierto punto, adentrarse en lo desconocido. Incluso en Alemania, derechos actualmente reservados para las empresas más grandes se verían ampliados a la mayoría de la fuerza laboral. Para países como el Reino Unido y Estados Unidos, sería poco menos que una revolución económica.[52] Como con cualquier cambio de esta magnitud, el conjunto de consecuencias —tanto positivas como negativas— es difícil de predecir.[53] Dada esta incertidumbre, tendría sentido introducir estas políticas de forma gradual, quizá extendiendo los poderes más plenos a los trabajadores de las empresas más grandes en primer lugar o a los de determinadas industrias.

Reparto de beneficios y propiedad de acciones por parte de los empleados

Aunque hay pocas evidencias de que la cogestión socave la productividad y el crecimiento económico, si pretendemos implementar una versión máxima tendremos que considerar esta posibilidad en serio. Una forma de reducir las posibilidades de que esto suceda sería asegurar que los empleados se beneficien directamente del rendimiento económico de su empresa. Esto daría a los trabajadores un incentivo financiero para implicarse y compartir nuevas ideas con la dirección, y, al lograr una mayor sintonía entre los intereses de los trabajadores y los propietarios, podría ayudar a fomentar las relaciones colaborativas que son vitales para el éxito de la cogestión.

Hay dos modelos en los que podemos basarnos. El primero es alentar a los empleados a ser propietarios de acciones de su empresa, de modo que se beneficien de su éxito a través de dividendos y del aumento del valor de las acciones. En Estados Unidos, por ejemplo, un número creciente de empresas ha adoptado un Plan de Propiedad de Acciones para Empleados, o ESOP, por el que a los trabajadores se les otorgan acciones de la empresa —que se mantienen en un fideicomiso administrado en nombre de los empleados en su conjunto—, generalmente a cambio de exenciones fiscales.[54] En parte como resultado de ello, en la actualidad Estados Unidos tiene una de las tasas mundiales más altas de propiedad de acciones por parte de empleados: alrededor del 20% de los empleados del sector privado son propietarios de algún modo de acciones de empresa, en comparación con menos del 5% en Europa.[55]

El segundo modelo consiste en fomentar acuerdos formales de «participación en beneficios», donde los propietarios acuerdan pagar una fracción de sus beneficios a sus empleados, generalmente según una fórmula previamente acordada, lo cual tiene un papel especialmente importante en Francia, donde, desde 1967, las empresas con más de cincuenta empleados están obligadas por ley a implementar dicho régimen. Los bonos relacionados con los beneficios entran en juego solo cuando los beneficios anuales superan el 5% del capital de la empresa, y las corporaciones conservan cierto poder de decisión sobre si estos se pagan de manera equitativa a todos los empleados o en proporción al salario. En 2018, nueve millones de empleados franceses —que representan el 50,9% de los trabajadores del sector privado— tuvieron acceso a algún tipo de régimen de participación en beneficios, y las empresas pagaron un total de 19.400 millones de euros, equivalente al 3,4% del total de los salarios del sector privado.[56]

Existen numerosas evidencias que demuestran que estas formas colectivas de «participación financiera» o «capitalismo compartido» tienden a beneficiar tanto a los trabajadores como a los propietarios. Desde la perspectiva de los trabajadores, estos regímenes están asociados a una mayor estabilidad laboral, mayor satisfacción y bienestar, más inversión en formación y actitudes más positivas hacia sus empresas. También parece aumentar el ingreso total de los trabajadores, con pagos adicionales que se realizan además (y no en lugar de) de los salarios ordinarios.[57] Estos regímenes también parecen mejorar —o al menos no reducir— la productividad. Una revisión de más de cien estudios, que abarcan catorce países y casi 60.000 empresas diferentes, descubrió que la propiedad de acciones por parte de los empleados estaba asociada a un impacto positivo limitado pero estadísticamente significativo en el rendimiento de la empresa, y una síntesis de estudios similar reveló que las empresas con un régimen de participación en beneficios tenían una productividad media más elevada.[58] Parte de la explicación de esto es que los centros de trabajo que adoptan estos regímenes parecen desarrollar una cultura que fomenta mayores niveles de esfuerzo y compromiso, y donde haraganear suele estar mal visto.[59]

La propiedad de acciones por parte de los empleados y la participación en beneficios funcionan mejor en empresas que involucran a sus trabajadores en las decisiones y que priorizan la formación y la estabilidad laboral.[60] Como tal, deberíamos pensar en la cogestión y la participación financiera como parte de un conjunto mutuamente reforzado. En la mayoría de los países, esto último es voluntario y se fomenta a través de subvenciones públicas y exenciones fiscales, algunas de las cuales pueden ser muy sustanciales: en Estados Unidos, las subvenciones fiscales pueden cubrir el 30-40% del coste total de transferir acciones a un Plan de Propiedad de Acciones para Empleados.[61] Pero si avanzamos hacia un sistema de cogestión extensiva, deberíamos considerar un modelo obligatorio como el vigente en Francia, donde las empresas estarían obligadas a implementar algún tipo de régimen de participación en beneficios o propiedad de acciones, cuyos detalles estarían sujetos al acuerdo mutuo entre trabajadores y propietarios.

COOPERATIVAS DE TRABAJADORES

Hay muchas posibilidades para empoderar a los trabajadores incluso dentro de las empresas «capitalistas» o propiedad de los accionistas. Pero ¿por qué no sustituir a los accionistas por trabajadores?[62] Esta es la idea de las cooperativas de trabajadores. Desde la perspectiva del principio de diferencia, las cooperativas de trabajadores tienen un evidente atractivo, dado que el poder formal y el control son compartidos equitativamente a partir de la base de «un trabajador, un voto».[63] En pequeñas cooperativas, los miembros pueden reunirse para tomar decisiones en persona, una especie de democracia laboral directa; en las grandes cooperativas, normalmente es necesario elegir a los representantes para un consejo que ejerce el control en beneficio de los empleados (tal y como los accionistas eligen a los directivos en una empresa convencional). En ambos casos, corresponde a los trabajadores en su totalidad llegar a un acuerdo sobre la estrategia general de su empresa y sobre cómo ponerla en práctica.

Mientras que los accionistas tienden a centrarse exclusivamente en las ganancias, teniendo en cuenta cuestiones de calidad laboral en la medida en que ayuden a respaldar el resultado final, las cooperativas de trabajadores suelen adoptar una perspectiva más amplia. Cuando se les pidió definir el éxito, los encuestados en un estudio de cooperativas de Canadá mencionaron no solo salarios dignos y rentabilidad, sino también trabajo significativo, desarrollo personal y creación de productos que sirvan a algún tipo de propósito social.[64] Algunas cooperativas organizan el trabajo de manera radicalmente diferente a las empresas convencionales, como la cooperativa británica de alimentos integrales Suma, cuyos 200 empleados reciben el mismo salario y realizan una variedad de trabajos diferentes cada semana, desde conducir camiones o cocinar hasta llevar la contabilidad.[65] Otras cooperativas, especialmente las más grandes, parecen más convencionales, con estructuras jerárquicas de pago y gestión y una especialización significativa a nivel del trabajo individual. Lo importante es que los trabajadores deciden cómo se hacen las cosas. En todo caso, las cooperativas de trabajadores ofrecen una mayor estabilidad laboral, y los salarios tienden a ser más equitativos, mientras que la propiedad de los empleados en un sentido más amplio se asocia con más autonomía, una mejor cualificación, un sentido más intenso de lealtad y orgullo, mayor satisfacción laboral y una menor rotación de personal.[66]

Desde una perspectiva puramente económica, las cooperativas de trabajadores presentan algunas ventajas importantes en comparación con la cogestión. La más importante es que combinan tanto los derechos sobre los ingresos como los de control en manos de los trabajadores, de manera similar a como las empresas convencionales los combinan en manos de los accionistas. En consecuencia, el riesgo de las empresas cogestionadas de que los trabajadores prioricen salarios y beneficios más altos y no consideren las implicaciones a largo plazo para el negocio prácticamente desaparece. Aunque los trabajadores en una cooperativa pueden decidir mejorar sus condiciones, también tienen que asumir los costes de hacerlo. Al mismo tiempo, las cooperativas pueden llevar a la práctica las ventajas que provienen de la cogestión y el reparto de beneficios en un grado aún mayor, ya que sus trabajadores tienen incentivos aún más fuertes para trabajar duro, compartir información e invertir en habilidades específicas de la empresa.

Evidentemente, las cooperativas no son perfectas, y los escépticos a menudo destacan una serie de problemas potenciales. Al igual que con la cogestión, les preocupa que las cooperativas se vean afectadas por reuniones interminables y una enojosa toma de decisiones. Otras preocupaciones son más específicas del modelo cooperativo. Una preocupación central es que las cooperativas serán menos propensas a hacer inversiones a largo plazo, como abrir una nueva planta, ya que los trabajadores a menudo no esperan estar en la empresa el tiempo suficiente como para cosechar beneficios (aunque, como hemos visto, los accionistas con frecuencia también tienen este tipo de cortoplacismo). De manera similar, las grandes inversiones a menudo son arriesgadas —los nuevos productos pueden no tener éxito; la nueva maquinaria quizá no sea tan buena como se esperaba—, y es probable que los trabajadores sean más cautelosos con este tipo de riesgos que los inversores ricos, que pueden diversificar su dinero en múltiples inversiones. Por último, existe el peligro de que los miembros actuales de cooperativas exitosas sientan la tentación de contratar nuevos trabajadores con contratos de empleo estándar, en lugar de como miembros plenos y con derecho a una parte de las ganancias, para acaparar los ingresos adicionales, hasta el punto de que estas empresas dejen de ser cooperativas en un sentido significativo (esto se conoce como «degeneración»).

Afortunadamente, pocos de estos temores se materializan en la realidad. La mayoría de los estudios constatan que las cooperativas funcionan bien en comparación con las empresas convencionales.[67] No hay evidencia de que sean sistemáticamente menos productivas; de hecho, en sectores donde existen ambos tipos de empresas, las cooperativas tienden a ser más productivas y sobreviven más tiempo que sus equivalentes capitalistas convencionales. Tampoco parece que las cooperativas adopten una perspectiva a corto plazo en las decisiones de inversión. Y aunque algunas cooperativas han «degenerado» al contratar a no miembros o incluso se han vendido a inversores privados, esto ocurre en raras ocasiones, y, en la mayoría de los casos, las cooperativas están regidas por reglas que evitan que esto suceda.

El potencial del sector cooperativo tiene su mejor ejemplo en el enorme éxito del grupo de cooperativas Mondragon en el País Vasco y la federación cooperativa Lega en la región italiana de Emilia-Romaña. El grupo Mondragon, fundado en 1854, es probablemente el colectivo cooperativo más famoso del mundo. En la actualidad consta de noventa y cinco cooperativas que emplean en torno a ochenta mil personas, incluyendo un banco cooperativo de gran éxito, una gran red de tiendas de alimentos y comercios minoristas, una universidad y empresas que fabrican todo tipo de productos de consumo e industriales, desde ropa deportiva hasta conductores eléctricos.[68] La federación Lega fue fundada en

1886 y opera como una flexible organización paraguas para varias sociedades cooperativas. Al igual que Mondragon, Lega tiene empresas que operan en una impresionante variedad de sectores, desde la agricultura y la producción de vino hasta la vivienda y los servicios sociales, y hoy en día alrededor del 6% de la fuerza laboral en Emilia-Romaña forma parte de cooperativas de trabajadores.[69] Aunque están lejos de ser habituales, estas dos organizaciones son la prueba de que las cooperativas pueden florecer a gran escala y en una gran variedad de sectores.

Así pues, si las cooperativas son tan buenas, ¿por qué son tan escasas?[70] Aunque es difícil conseguir datos, representan una exigua fracción del empleo en la mayoría de los países. En el Reino Unido, había unas quinientas cooperativas en 2012, que empleaban a unas ochenta mil personas, o un 0,3% del empleo total (gran parte del cual está representado por la Asociación John Lewis, que, estrictamente hablando, no es una cooperativa porque los trabajadores no ejercen un control completo sobre la gestión).[71] En Estados Unidos, tan solo existen entre trescientos y cuatrocientos centros de trabajo plenamente democráticos, que dan empleo a unas siete mil personas.[72] Sin embargo, algunos países europeos tienen un sector cooperativo más desarrollado: hay aproximadamente dos mil seiscientas cooperativas en Francia, diecisiete mil en España y veinticinco mil en Italia, aunque incluso en este país representan menos del 1% de las empresas.[73]

Los críticos argumentan que el reducido número de cooperativas evidencia que los trabajadores no quieren desempeñar su labor en ellas o que sus aparentes ventajas productivas son intrínsecas a pequeñas empresas o a sectores específicos. Sin embargo, un minucioso examen de las evidencias apunta a una explicación diferente. Según el economista Gregory Dow —quizá la mayor autoridad mundial en la economía de las cooperativas—, la escasez de cooperativas hunde su raíz en la dificultad para fundarlas. Un estudio centrado en la creación de nuevas empresas en Francia descubrió que, entre 1979 y 2002, solo se creaba una media de 167 nuevas cooperativas al año, en comparación con las más de doscientas cincuenta mil empresas convencionales.[74]

El primer y más obvio obstáculo es recaudar dinero para la inversión.[75] Fundar una nueva empresa es caro: incluso una empresa pequeña y con un capital bajo como una tienda requiere una considerable suma de dinero para alquilar el espacio, comprar ordenadores y crear un stock de productos, y por supuesto para contratar al personal, todo ello mientras se consolida una reputación y una clientela. La inversión requerida será obviamente superior en el caso de trabajadores que quieran crear una empresa en un sector de capital intensivo como la producción de aerogeneradores, por ejemplo. Rara vez los trabajadores tienen recursos para financiar una empresa por sí mismos, pero es habitual que a las cooperativas les resulte especialmente difícil garantizarse una financiación externa. Un emprendedor que quiera crear una empresa capitalista convencional puede recaudar dinero emitiendo acciones para los inversores, pero esta opción no está disponible para las cooperativas, ya que los inversores solo quieren comprar acciones si tienen derecho a voto y, por definición, las cooperativas solo conceden ese derecho a los empleados. Así que solo queda la opción de pedir un préstamo bancario. Sin embargo, a las cooperativas les suele costar conseguirlo. En parte esto refleja la falta de familiaridad de bancos y entidades crediticias con el funcionamiento de las cooperativas, pero hay un problema más profundo: quienes prestan el dinero suelen querer algún tipo de depósito o garantía como seguridad en caso de fracaso, especialmente ante inversiones de riesgo como una nueva empresa, pero los trabajadores que quieren fundar una cooperativa rara vez disponen de estas garantías. Los empleados que quieren adquirir la empresa a sus propietarios y convertirla en una cooperativa afrontan dificultades similares a la hora de garantizarse la financiación necesaria.

Un segundo desafío estriba en que la mayor parte de los emprendedores quiere crear empresas convencionales en lugar de cooperativas. La perspectiva de tener el control de su propio negocio es una de las razones por las cuales muchas personas quieren crear una empresa. Y para las nuevas empresas en particular, concentrar el control en manos de un solo propietario facilita definir una visión clara y ser ágil y decisivo en la fase crucial de inicio de creación de un nuevo negocio. Los emprendedores también tienen fuertes incentivos financieros para optar por una estructura convencional donde posean todas o la mayoría de las acciones, ya que pueden vender estas acciones si la empresa tiene éxito. Por el contrario, en una cooperativa, los emprendedores tendrán que contratar a nuevos trabajadores como socios con capacidad de control y derechos sobre los ingresos desde el mismo inicio.

Por último, los emprendedores que quieren fundar una cooperativa o los trabajadores que pretendan convertir una empresa existente en una cooperativa tendrán que superar problemas de coordinación que no afrontan las corporaciones convencionales. Si quieres crear un negocio convencional, tendrás que encontrar los empleados e inversores adecuados, lo que, en sí mismo, no es una tarea fácil. Pero si pretendes crear una nueva cooperativa, tendrás que encontrar a un grupo de personas afines que no solo tengan la cualificación necesaria, sino que también compartan una visión particular para la empresa, sean capaces de trabajar juntas y dispongan del dinero suficiente como para poner en marcha el proyecto; es un esfuerzo mucho más complejo. Un conjunto de dificultades similares afrontan quienes pretenden organizar la adquisición por parte de los trabajadores. Esta suele depender de un pequeño grupo de individuos comprometidos que están dispuestos a tomar la iniciativa. Sin embargo, aun cuando todos los empleados se beneficien de transformar una empresa convencional en una cooperativa, e incluso si hay financiación disponible, podría no llevarse a cabo porque nadie desea asumir la ingrata tarea (al menos financieramente) de organizar la adquisición de la empresa.

Expandir el sector cooperativo

Los desafíos que afrontan las cooperativas a la hora de fundarse no solo son el mero resultado de la inercia o de una falta de familiaridad con el modelo cooperativo, sino que también reflejan ciertos retos intrínsecos que afrontan las empresas propiedad de los trabajadores.[76] En consecuencia, no representan una alternativa viable a la empresa convencional y propiedad de accionistas, a pesar de sus muchas ventajas. Pero esto no significa que tengamos que resignarnos al papel marginal que las cooperativas desempeñan en la actualidad. Fomentar el sector cooperativo es un aspecto importante a la hora de conceder a los trabajadores una oportunidad real de influir en el tipo de empresa para la que trabajan, y debemos aspirar a una economía en la que todo el mundo tenga una oportunidad razonable de trabajar en un lugar realmente democrático.

Afortunadamente, si se aplican las políticas adecuadas, podemos esperar un florecimiento de las cooperativas.[77] El primer paso consiste en crear un marco legal de apoyo, que puede aprender las lecciones de países como Italia y España. La ley puede exigir a las cooperativas que reinviertan un porcentaje mínimo de sus beneficios; en Italia, donde ocurre así, no hay evidencias de una inversión deficiente, de hecho, a menudo las cooperativas invierten más allá del mínimo requerido.[78] La ley también debe establecer un límite superior a la proporción de no miembros de la fuerza laboral para evitar que las cooperativas más rentables «degeneren» en empresas convencionales, así como para impedir que sean vendidas a inversores privados.

Estas reformas ayudarían a sobrevivir a las cooperativas que ya existen, pero la verdadera clave para expandir este sector es estimular la creación de nuevas cooperativas. Lo más importante que podemos hacer para ello es facilitar la recaudación de financiación externa. El grupo Mondragon y la federación Lega pueden enseñarnos a hacerlo. Parte de su éxito radica en el desarrollo de instituciones financieras dedicadas a prestar dinero a las cooperativas: la corporación Mondragon fundó su propio banco cooperativo, que ahora es la tercera cooperativa de crédito más grande de España, y la federación Lega creó un consorcio financiero especializado en la financiación de inversiones cooperativas. En ambos casos, una de las fuentes más importantes de capital radica en exigir a los miembros de la cooperativa que depositen un porcentaje de sus beneficios y reservas en un fondo utilizado para prestar dinero a otras cooperativas. Hay mucho que decir de este modelo, que en sí mismo limita severamente la disponibilidad general de financiación y, por lo tanto, el ritmo al que podría crecer el sector cooperativo. Tenemos que ir más allá y establecer un banco de inversión cooperativa financiado con capital privado y público (un fondo de inversión ciudadana sería una fuente ideal para esto último). Este banco debería adoptar un enfoque más proactivo que una entidad tradicional, como el banco del grupo Mondragon, que supervisa estrechamente el rendimiento de las cooperativas individuales y que incluso tiene el poder de sustituir a sus gestores o imponer un plan de recuperación cuando surgen dificultades.[79]

Junto al banco cooperativo, también deberíamos crear una red de federaciones cooperativas con el objetivo de proporcionar otros servicios, entre ellos apoyo legal, contabilidad, recursos humanos y consultoría de gestión. Esto ha sido tan fundamental en el éxito de las federaciones de Mondragon y Lega que un estudio llegó a la conclusión de que «si hay que aislar un factor como responsable del éxito de las cooperativas Mondragon es que incluso la más pequeña está asistida y disciplinada por una batería de servicios de gestión a una escala apropiada a una empresa tan grande como el grupo en su conjunto».[80] Las federaciones podrían adoptar modelos diferentes —algunas podrían operar bajo un fuerte control central, como en el caso de Mondragon, y otras decantarse por seguir el modelo más descentralizado y flexible de Lega—, y cada una podría contar con suficiente financiación inicial para tener un impacto significativo en la dimensión global del sector.[81]

Incluso con la aplicación de estas reformas, parece probable que la mayoría de las nuevas empresas continuarán sometidas a la dirección y propiedad de un emprendedor respaldado por accionistas y otros inversores externos. Esto no necesariamente es un problema: todos nos beneficiamos de la innovación y el dinamismo empresarial, y debemos tener cuidado de no poner demasiados obstáculos en el camino de las personas que desean fundar nuevas empresas. Ahora bien, aunque el modelo corporativo convencional tiene ventajas específicas en las primeras etapas de la vida de una empresa, estas son menos evidentes para negocios consolidados donde, como hemos visto, las cooperativas tienden a funcionar tan bien como sus equivalentes tradicionales. Si queremos expandir el sector cooperativo de forma significativa, también deberíamos facilitar mucho más la conversión de empresas propiedad de accionistas en empresas propiedad de los trabajadores.

La clave para lograrlo es otorgar a los trabajadores el derecho legal de iniciar adquisiciones por parte de los empleados. Una versión limitada de esto ya existe en Italia con la Ley Marcora, aprobada en 1985, que concede a los trabajadores la opción de comprar su empresa si está amenazada con el cierre y les permite reclamar una suma global de hasta tres años de prestaciones por desempleo futuro para ayudar a financiar la adquisición. Pero no es necesario restringir esta posibilidad a empresas en dificultades. Deberíamos dar a los empleados el derecho de iniciar una adquisición en cualquier momento, de manera que si un número suficiente (digamos el 10%) está a favor, esto precipitaría un referéndum vinculante sobre el tema.[82] Dadas las ventajas del modelo convencional para las nuevas empresas, tendría sentido limitar este derecho a empresas de cierto tamaño en términos de empleo o ingresos.

Sin embargo, este derecho solo marcará una diferencia significativa si lo combinamos con un mecanismo práctico para financiar las adquisiciones.[83] Como regla general, a los propietarios existentes se les debería pagar el valor de mercado de sus acciones o una cantidad muy similar; esto es crucial para mantener el incentivo financiero para que los emprendedores creen nuevas empresas.[84] Además, dado que la mayoría de los beneficios de trabajar en una cooperativa son disfrutados por sus empleados, ellos deberían cubrir la mayor parte del coste total. Esto también ayudaría a garantizar que las empresas se conviertan en cooperativas solo si los empleados actuales realmente creen que habrá alguna ventaja global para ellos. Los propietarios podrían hacer contraofertas, como aumentar los salarios, mejorar las condiciones o instituir otras formas de democracia en el centro de trabajo, por lo que la amenaza de convertirse en una cooperativa aumentaría el poder de negociación de los trabajadores. En general, los trabajadores no tendrán suficiente dinero para comprar la empresa de una vez, y necesitarán adquirirla gradualmente mediante una combinación de préstamos y deducciones salariales a una tasa acordada con la fuerza laboral. También hay un fuerte argumento a favor de ciertas subvenciones públicas, por ejemplo, en forma de préstamos baratos, para reflejar los beneficios más amplios para los trabajadores derivados de una opción significativa para trabajar en un entorno democrático. Como hemos visto, las subvenciones fiscales para los propietarios que transfieren sus acciones a un Plan de Propiedad de Acciones para Empleados en Estados Unidos pueden alcanzar el 30-40 % del coste. Un nivel de subvenciones similar podría estar fácilmente justificado para la transición hacia cooperativas dirigidas por trabajadores.

El impacto combinado de estas medidas podría, con el tiempo, aumentar sustancialmente el tamaño del sector cooperativo. Junto a las propuestas de cogestión, revolucionarían el mundo del trabajo, lo cual implicaría beneficios para todos. Al hacerlo, se afrontaría nuestro persistente fracaso como sociedad a la hora de asumir la responsabilidad de las estructuras que gobiernan nuestras vidas laborales; un fracaso que ha contribuido a la profunda crisis a la que se enfrentan las democracias liberales ricas hoy en día. «Podemos» cambiar estas estructuras y tenemos un interés vital en hacerlo.

Con estas reformas, podemos asegurarnos de que todos los trabajadores sean tratados con la dignidad y el respeto que merecen, y también que cada uno de nosotros tenga la oportunidad de encontrar un significado, una sensación de comunidad y de logro personal a través del trabajo. De hecho, al reconocer la importancia vital del trabajo, estas ideas no solo colman un hueco fundamental en el pensamiento económico liberal, sino que también inauguran una nueva y emocionante frontera en el camino hacia una sociedad verdaderamente justa.

CONCLUSIÓN

> Un mapa del mundo que no incluya Utopía no merece ni una ojeada, ya que excluye el único país al que la humanidad siempre está llegando. Y cuando la humanidad arriba allí, echa un vistazo y, al ver un país mejor, vuelve a zarpar. El progreso es la realización de Utopías.
>
> Oscar Wilde, «El alma del hombre bajo el socialismo»[1]

A lo largo de la historia, los sueños utópicos de una sociedad mejor han sido una fuerza esencial para el progreso. Muchas de las cosas que hoy damos por sentadas —la erradicación de la esclavitud, el sufragio universal, la existencia del estado del bienestar— no fueron sino producto de la imaginación de reformadores sociales idealistas. Aunque no podemos cambiar el mundo solo con sueños, las ideas morales sobre la justicia, la libertad y la igualdad, respaldadas por ideas prácticas sobre cómo cambiar nuestras instituciones, pueden ser y han sido una fuente de inspiración, guía y coraje que han contribuido a unir a la gente para mejorar la sociedad.

Ahora que el mundo democrático se sitúa en una encrucijada, estas ideas son más necesarias que nunca. Y, sin embargo, en un momento que exige creatividad y audacia, a menudo no vemos sino timidez o, aún peor, escepticismo y cinismo; se extiende la sensación de que la política democrática es desesperadamente corrupta y que el capitalismo está más allá de toda reforma. El resultado ha sido el auge del apoyo a los populistas antiliberales y autoritarios, lo que ha creado una palpable sensación de incertidumbre ante el futuro de la propia democracia liberal.

Así pues, existe una urgente necesidad de una visión atractiva que renueve la fe en los ideales liberales y democráticos y anime a la gente a construir una sociedad mejor. Las ideas de Rawls encarnan un recurso incomparable para afrontar este desafío. Sus obras constituyen un conjunto asombrosamente coherente y constructivo que ha transformado la filosofía y que puede reinventar la política progresista en el siglo XXI.

En el transcurso de este libro, hemos visto cómo sus ideas pueden aportarnos una crítica penetrante de las instituciones existentes y —más importante aún— una inspiradora reflexión para hacerlo mejor. Hemos visto cómo el principio de libertades básicas de Rawls y su compromiso con un liberalismo inequívocamente «político» puede ayudarnos a proteger nuestras libertades básicas a la vez que hacemos frente a las denominadas «guerras culturales»; entre otras cosas, consagrando estas libertades en constituciones escritas, reforzando la independencia del poder judicial y fomentando un sentido de la identidad patriótica realmente inclusivo. Este mismo principio, con su afirmación de nuestro derecho esencial a la igualdad política significativa, también puede guiarnos en el camino hacia el fortalecimiento de la democracia si conseguimos adoptar una representación proporcional, sacar el dinero de la política y abrazar nuevas formas de participación directa.

Aunque el principio de libertades básicas nos muestra cómo reinventar la democracia liberal, la combinación de la igualdad equitativa de oportunidades, el principio de diferencia y el principio de ahorro justo nos sitúa en el camino para transformar, o incluso trascender, el capitalismo tal como lo conocemos. Para ello, hay que empezar asumiendo una acción inmediata para afrontar la emergencia climática y ecológica y reestructurar nuestra economía para operar dentro de límites ecológicos seguros. Crear un marco legal para imponer estos límites es un primer paso crítico, y desarrollar un plan más detallado para reducir las emisiones y proteger los ecosistemas frágiles es la prioridad política más urgente e imperativa de nuestra época.

Con todo, la sostenibilidad debe ir de la mano de la tarea, de mayor envergadura, de hacer frente a la desigualdad y alcanzar la justicia social. Si queremos una igualdad de oportunidades significativa, necesitamos aceptar grandes cambios en nuestro sistema educativo —desde la expansión de la educación en los primeros años a la abolición de las escuelas privadas— y redoblar nuestros esfuerzos para afrontar las arraigadas desigualdades raciales y de género. Más allá de todo esto, nuestro objetivo debe ser crear una sociedad no solo más equitativa, sino más humana; una sociedad en la que incluso los trabajadores peor remunerados sean tratados con dignidad y respeto, y donde cada uno de nosotros tenga una verdadera oportunidad de encontrar un empleo que sea una fuente de creatividad, comunidad y realización personal. Una renta básica universal proporcionaría un fundamento esencial de seguridad e independencia para todos. Ahora bien, no podemos limitarnos a compensar las desigualdades del mercado a través de impuestos y transferencias, sino que hemos de cambiar la estructura subyacente de la propia economía. Es imprescindible empoderar a los trabajadores para que aumenten sus salarios, conceder a todos la misma porción de la riqueza de la sociedad mediante un fondo de inversión ciudadana y abrazar nuevas formas de democracia en el trabajo.

Al explorar estas propuestas nos hemos tomado en serio el compromiso de Rawls de construir una «utopía realista», considerando a la gente por lo que es y a las instituciones por lo que deberían ser.[2] Ninguna de estas ideas depende de cambios especulativos en la tecnología o de una transformación de la «naturaleza humana». Y aunque he defendido políticas y reformas específicas, no deben interpretarse como un programa rígido, sino como una contribución a un debate público más abierto e imaginativo sobre cómo debemos organizar nuestra sociedad. Hemos de intentar mantener una mente abierta, evitando el dogmatismo que tan a menudo frena el debate fructífero sobre estas cuestiones, y adoptar una actitud experimental respecto a la tarea de la reforma institucional: hay que probar nuevas ideas y ajustar nuestro enfoque a la luz de la evidencia.

Aunque la agenda desarrollada en este libro es realista en el sentido de que las propuestas prácticas son factibles, es utópica en el sentido de que hemos imaginado lo mejor a lo que nuestras sociedades pueden aspirar y hemos dejado a un lado la cuestión de cómo podríamos conseguirlo. Teníamos que hacerlo así para desarrollar una idea clara de adónde queríamos llegar. Sin embargo, en última instancia, para que todo esto se convierta en realidad necesitamos crear un movimiento político de base amplia capaz de ganar elecciones y utilizar el poder del Estado para cambiar nuestras instituciones políticas y económicas.

¿Cuál es la perspectiva para un movimiento semejante? En las democracias avanzadas del mundo, existe la sensación de que nuestras sociedades están más divididas que nunca. Incluso los valores liberales y democráticos básicos están bajo amenaza, y las perspectivas electorales de los partidos progresistas dominantes —que son el vehículo más probable para desarrollar un programa de este tipo— suponen un desafío, por expresarlo suavemente. En este contexto, es fácil ser pesimista respecto a la posibilidad de una reforma, aunque sea parcial, y mucho menos respecto a la del cambio radical que necesitamos. Vivimos en una de esas raras épocas en las que las normas y lealtades establecidas están siendo cuestionadas, un periodo en el que, según la frase célebre del filósofo Antonio Gramsci, «lo viejo está muriendo y lo nuevo aún no acaba de nacer».[3] Así como los años ochenta del siglo pasado fueron testigo del triunfo del neoliberalismo por encima del acuerdo socialdemócrata de la posguerra, ahora vivimos otro periodo de transición, un periodo de intenso enfrentamiento ideológico cuyo resultado definirá la forma del discurso político y de las políticas públicas durante una generación. Así pues, por todos estos desafíos, este momento representa una oportunidad para romper con el neoliberalismo de una vez por todas y encauzar con firmeza a la sociedad en la senda de la justicia, la equidad, la libertad y la igualdad.[4]

Aprovechar esta oportunidad requerirá de un liderazgo moral y político que se ha echado en falta en los últimos años. Ante los graves reveses electorales, los principales partidos progresistas han tendido a caer en la triangulación, guiados por las encuestas de opinión y los cálculos a corto plazo y no por un sentido más profundo de la orientación y los valores. Este planteamiento ha fomentado una política transaccional en la que las políticas individuales tienden a asemejarse a sobornos —o, como dirían los políticos, a «ofertas»— destinados a un grupo particular y no parecen formar parte de un programa coherente. En consecuencia, muchos votantes no tienen claro qué es lo que realmente defienden los partidos progresistas, que han tenido dificultades para forjar vínculos fuertes con los votantes individuales y los grupos sociales, abandonándolos a una situación de vulnerabilidad en un clima político cada vez más volátil.

No hay duda de que los partidos tienen que responder a las preocupaciones actuales de sus votantes y pensar en sus propias e inmediatas perspectivas electorales; a fin de cuentas, solo podrán cambiar la sociedad si ganan elecciones. Pero si se lleva demasiado lejos, este enfoque reduce a los partidos a meras organizaciones tácticas que persiguen una ventaja electoral, en lugar de ser organizaciones realmente políticas que intentan ofrecer un conjunto específico de valores o una determinada visión de la sociedad.[5] También subestima hasta qué punto pueden influir en las condiciones políticas en las que están inmersos, en lugar de limitarse a responder a ellas. Las divisiones que atraviesa nuestra política en la actualidad, representadas en las llamadas «guerras culturales», no son el resultado inevitable de inexorables fuerzas económicas y sociales. Son producto, en un sentido amplio, de nuestra propia política y de la forma en que los políticos deciden (o se sienten obligados a) plantear las diversas cuestiones que afrontamos como sociedad.[6]

Los partidos políticos necesitan liderar y no resignarse; han de recuperar el sentido de la iniciativa política y proponer un argumento fundamentalmente moral sobre cómo y por qué podemos cambiar la sociedad para mejor. No cabe duda de que habrá quien desprecie la apelación a valores morales como incurablemente idealista, pero los valores siempre han sido importantes en política y tal vez ahora lo sean más que nunca. Aunque en general los partidos progresistas fueron capaces de granjearse el apoyo consistente de los votantes de la «clase obrera», y más recientemente los votos de grupos marginados como las minorías étnicas y la comunidad LGTBQ+, el vínculo entre cómo vota la gente y sus circunstancias económicas objetivas —y, de hecho, sus otras identidades sociales, como la raza, el género o la sexualidad— se ha debilitado con el tiempo.[7] En las democracias ricas del mundo, los partidos progresistas han llegado a estar dominados por profesionales con formación universitaria y se han alejado de los votantes de ingresos bajos y sin estudios superiores, lo que dificulta cada vez más ganar elecciones. En este contexto, poner los valores en el centro del escenario no es un idealismo vacío, sino una parte esencial de cualquier estrategia política seria, dado que proporcionan el pegamento que puede unir a grupos dispares. Las ideas de Rawls aportan una visión moral realmente universal con el potencial de trascender las divisiones sociales y culturales y de abordar, de una vez por todas, las preocupaciones económicas de los votantes de bajos ingresos, durante tanto tiempo ignorados.

Situar los valores en el centro de la política no equivale a diluirlos en una abstracción irreal. No es probable que los políticos ganen elecciones por medio de discursos que expliquen el experimento mental de la posición original. El arte de la política consiste en conectar los valores abstractos con las realidades tangibles de la vida cotidiana de la gente: con el deseo de practicar su religión libremente y decidir a quién amar; con el imperativo que todo progenitor siente de garantizar una educación digna para sus hijos, y con el anhelo, que todos compartimos, de ser tratados con dignidad y respeto en el trabajo, y así sucesivamente. Y aunque necesitamos una idea clara de adónde queremos llegar, no debemos permitir que lo mejor sea enemigo de lo bueno. Las ideas de Rawls no solo nos ofrecen un destino, sino también una orientación para el viaje; y aunque nuestro momento actual parece maduro para una política ambiciosa y transformadora, el cambio progresivo suele ser mejor que ningún cambio en absoluto.

Por último, aunque los partidos políticos tienen un papel fundamental, no podemos retirarnos y dejárselo todo a ellos. Es improbable que los políticos adopten una agenda tan ambiciosa por propia voluntad; y, aunque lo hicieran, se enfrentarían a la feroz oposición de quienes se benefician del *statu quo*, ya sean grandes donantes políticos adinerados, empresas poderosas o magnates de monopolios de medios de comunicación. Debemos denunciar este comportamiento interesado por lo que es, pero nuestras sociedades solo cambiarán cuando nosotros, la gente, lo exijamos. Cada uno de nosotros tiene la responsabilidad de que esto suceda no solo por medio del voto, sino afiliándose a partidos políticos y presentándose a las elecciones, ocupando las calles y uniéndose para crear un movimiento social más amplio.

No hay garantía de que las ideas expuestas en este libro se conviertan en realidad. De hecho, no hay garantía de que la propia democracia liberal vaya a sobrevivir. Esto no es motivo de pesimismo o desesperación, sino un recordatorio de que está en nuestro poder cambiar el mundo, para mejor y para peor. Mi objetivo ha sido ayudar a que recuperemos la sensación de posibilidad para el futuro, pero crear una sociedad en la que seamos, al fin, realmente libres e iguales depende de nosotros tanto individual como colectivamente.

Epílogo

DEL QUÉ AL CÓMO

En el año transcurrido desde la publicación de este libro, su recepción me ha hecho consciente de hasta qué punto la gente es receptiva a una visión galvanizadora de una sociedad mejor. Y, sin embargo, en las muchas conversaciones que he mantenido, a menudo el debate pasa de centrarse en el aspecto que debería tener esa sociedad a cómo podemos implementarla.

Con el «cómo» no me refiero a qué normas necesitamos, sino a la política: cómo construir un movimiento capaz de ganar elecciones y aplicar un programa. En realidad, este tema requeriría un libro entero; a fin de cuentas, Rawls nos proporciona una teoría de la justicia, no una teoría del cambio. Y hay buenas razones para abordar el «qué» y el «cómo» de forma independiente: a menudo nuestra capacidad para imaginar cómo sería una sociedad realmente justa se ve obstaculizada por la inevitable autocensura derivada de pensar en las realidades electorales a corto plazo. El resultado es una política que carece de la ambición necesaria para inspirar a la gente y producir una reforma significativa.

Sin embargo, si nos tomamos en serio el cambio de la sociedad, tendremos que comprometernos con estas realidades. Como vimos en la conclusión, los partidos progresistas o de centroizquierda dominantes —que son los que tienen más probabilidades de asimilar las ideas incluidas en este libro— han conquistado importantes victorias en los últimos años. Con todo, esta resurrección aún parece incierta, y se basa más en la insatisfacción con las alternativas que en una oleada de entusiasmo popular. Y sucede después de una década en la que los partidos de centroizquierda en todo el mundo han visto cómo decaía su porcentaje de voto, a veces hasta mínimos históricos. Este colapso del apoyo ha sido más notable en Europa, empezando por el PASOK en Grecia, que perdió tres cuartas partes de sus votos en las elecciones de mayo de 2012, seguido cinco años después por el Partido Laborista Holandés y el Partido Socialista Francés, que fueron testigos de cómo su apoyo caía hasta cifras de un solo dígito, y los socialdemócratas de Alemania, que tuvieron su peor resultado en la era posterior a la guerra. Incluso en el Reino Unido, donde el sistema electoral mayoritario uninominal deja pocas alternativas a los votantes, el Partido Laborista vivió una firme pérdida de apoyo a lo largo de la década del 2000 y ganó menos escaños en las elecciones de 2019 que en cualquier otro momento desde 1935.[1]

Junto a esta caída en el porcentaje de voto, se ha producido un cambio desestabilizador entre quienes votan a los partidos de centroizquierda no solo en Europa, sino también en las democracias avanzadas de todo el mundo: una pérdida del apoyo procedente de los votantes de clase trabajadora, con menos ingresos y un nivel educativo inferior, y un aumento de la importancia de los votantes de clase media, con un mayor nivel educativo y un poder adquisitivo superior, especialmente el de aquellos con títulos universitarios.[2] También existe la creciente sensación de que los partidos progresistas están dominados por sectores de población urbana y más joven, con valores socialmente liberales, y desconectados de los ciudadanos de más edad que viven en pueblos y áreas rurales con una visión más tradicional.

Las afiliaciones y lealtades a los partidos también son más débiles: el porcentaje de habitantes que en Europa occidental afirman sentirse cerca o muy cerca de un partido político ha bajado de en torno al 70% en 1960 a aproximadamente el 30%; y en el Reino Unido, casi la mitad del censo electoral no ha votado al mismo partido en las elecciones generales celebradas entre 2010 y 2017.[3]

En este contexto cambiante e incierto, ¿cómo pueden los partidos de centroizquierda construir una coalición electoral de base realmente amplia? La respuesta dependerá inevitablemente de las oportunidades y los desafíos específicos de cada país. Pero cuanto más hablo del libro, más evidente me resulta que, aunque las ideas de Rawls no nos hayan proporcionado un mapa de carreteras para ganar elecciones, pueden ayudarnos a responder algunas de las grandes cuestiones estratégicas que afrontan los partidos progresistas dominantes, sentando las bases para un movimiento político popular que podría cambiar nuestras sociedades para mejor.

En parte lo hacen orientándonos hacia políticas con ciertas características distintivas. En primer lugar, como hemos abordado en la conclusión, los partidos progresistas deberían guiarse por valores fuertes y por una visión transformadora a largo plazo. En otras palabras, han de tener principios. Esto podría parecer muy alejado de las realidades de la política electoral, pero no deja de ser cierto. La gente suele decidir a quién votar no evaluando los detalles de las políticas individuales, sino sobre la base de una sensación más nebulosa de lo que cada partido o candidato representa y cómo esto sintoniza con sus propios valores, intereses e identidades.[4] A medida que las lealtades a los viejos partidos se erosionan y emergen las nuevas generaciones, situar los valores en el corazón de la política es esencial para construir vínculos afectivos con los votantes, fundamentales para el éxito electoral.

En términos prácticos, esto implica que los partidos políticos no pueden presentarse simplemente como gestores más competentes que sus adversarios, con mejores soluciones para problemas específicos. Aunque la competencia es relevante, este enfoque tecnocrático no entusiasma a muchos votantes y conduce a una política exclusivamente centrada en responder a la última crisis, en lugar de avanzar hacia la visión de una sociedad mejor. Los políticos tampoco pueden contemporizar para atraerse a los votantes «centristas». Esta estrategia puede arrojar beneficios a corto plazo y fue en parte responsable del éxito de los partidos de la «tercera vía» en los años noventa y dos mil, como el Nuevo Laborismo de Tony Blair en el Reino Unido, el Partido Demócrata con Bill Clinton en Estados Unidos y los socialdemócratas de Gerhard Schröder en Alemania. Sin embargo, al diluir su ideología y sus valores distintivos, estos partidos alejaron a muchos votantes leales sin llegar a formar un vínculo duradero con los nuevos, lo que a menudo se tradujo en una pérdida de apoyo electoral.[5]

Aunque los partidos políticos progresistas deberían guiarse por valores inequívocos y una visión a largo plazo, también han de ser *pragmáticos* en relación con el ritmo en el que esto resulta factible y los compromisos que a menudo son necesarios para ganar elecciones. Esto no equivale a abandonar los principios, sino a ser serios a la hora de ponerlos en práctica en las democracias en las que vivimos actualmente, aunque sea de forma lenta o imperfecta. Evidentemente, ganar no lo es todo: los partidos y facciones radicales con pocas oportunidades de formar gobierno pueden espolear a los partidos dominantes para ir más lejos y a más velocidad. Pero, en una democracia, el éxito electoral es una condición previa para cambiar nuestras instituciones básicas, y esto significa priorizar las políticas que tendrán un impacto razonablemente rápido en la vida de los ciudadanos y aceptar que el cambio generalmente llegará a través de la búsqueda de reformas que no cumplen completamente nuestros objetivos finales.

Debemos plantear cuestiones sobre la estrategia electoral basadas en evidencias. Esto implica evitar dos trampas. Por una parte, hemos de rechazar la idea, común entre los políticos radicales, de que disponer de un programa político de gran alcance es necesariamente una señal de un compromiso más profundo con los valores progresistas, o que los políticos que defienden una agenda más gradual han traicionado la causa. No tiene mucho sentido mantener una plataforma transformadora si esta envía al partido al olvido electoral. Por otra, como hemos visto, no debemos simplemente asumir que adoptar una plataforma más «moderada» es el camino más probable al poder. Los partidos progresistas deben aprovechar y ampliar el apoyo para realizar un cambio de mayor calado allí donde sea posible, como es evidente que ocurre hoy: una reciente encuesta en diecisiete democracias avanzadas ha descubierto que, de media, más de la mitad de los ciudadanos considera que el sistema político y económico necesita grandes reformas o una renovación completa.[6]

El argumento a favor de la reforma en lugar de la revolución no solo tiene que ver con la política electoral, sino también con la política a secas. A los políticos populistas les gusta sugerir que hay soluciones obvias para nuestros problemas. Pero muchos de los retos que afrontamos —desde mejorar el rendimiento de los niños desfavorecidos hasta abordar la emergencia climática— son realmente complicados. Esto no significa que debamos mantener las cosas como están, y en algunos casos, como la emergencia climática, no tenemos otra opción que buscar un cambio radical, aunque no podamos comprender plenamente las consecuencias. Sin embargo, un enfoque más gradual y basado en la experiencia a menudo nos servirá mejor y pondrá a prueba nuevas políticas e instituciones, ajustándolas a la luz de la evidencia, algo que podemos fomentar otorgando poder real a los Gobiernos regionales y locales.[7]

Abrazar el reformismo no significa abandonar el objetivo de la transformación social: con el tiempo, los cambios progresivos pueden equivaler a algo realmente revolucionario. Para que esto suceda, debemos perseguir lo que el filósofo André Gorz llamó las «reformas no reformistas», las que abren el camino para un cambio fundamental en nuestras estructuras políticas y económicas.[8] Así, por ejemplo, aunque el impacto inmediato de poner a uno o dos trabajadores en los consejos de administración de las grandes empresas o crear un pequeño fondo de inversión ciudadana puede parecer modesto, si lo ampliamos tal y como se describe en este libro, podría transformar realmente el funcionamiento de nuestra economía.

En una sociedad democrática siempre habrá un desacuerdo razonable en el ámbito político, tanto en lo relativo a nuestros valores básicos como a las políticas necesarias para desarrollarlos. Esto nos lleva al tercer aspecto de una política rawlsiana efectiva: debe ser *pluralista*.

Quizá la mejor forma de comprender la idea del pluralismo sea compararla con su opuesto, el populismo. La esencia del populismo es la afirmación de que los partidos populistas, y especialmente sus con frecuencia carismáticos líderes, representan la verdadera voz «del pueblo» contra las élites y los intrusos políticos. Como hemos visto, en la mayoría de las sociedades democráticas los ricos ejercen una enorme influencia política. Pero, al insistir en que «el pueblo» tiene un único punto de vista —el que expresan este tipo de políticos—, los populistas socavan la creencia en el desacuerdo político legítimo, que es la esencia de una democracia sana.

En la actualidad esta actitud es muy evidente en los demagogos de derechas, como Donald Trump en Estados Unidos, Marine Le Pen en Francia y Jair Bolsonaro en Brasil, que suelen despreciar las críticas tildándolas de «*fake news*» y que se basan en una estrecha concepción «del pueblo» —normalmente fundamentada en la raza o la religión— para deslegitimar otras perspectivas. En el Reino Unido, los defensores populistas del Brexit como Boris Johnson y Nigel Farage a menudo han asegurado representar la auténtica voz del pueblo británico, desdeñando a los «opositores» como una élite metropolitana escasamente informada, aunque suponían el 48 % de los votantes en el referéndum. Sin embargo, liberales y progresistas no son inmunes a esta forma de pensar: la idea de que quienes votaron por el Brexit son estúpidos o fanáticos es un ejemplo de ello. En un sentido más amplio, en parte de la izquierda hay una inquietante tendencia a asumir que quienes votan a los partidos de centroderecha están equivocados o son egoístas o perversos, en lugar de ser personas con creencias políticas y morales diferentes pero razonables.

Es preocupante constatar que estas actitudes intolerantes parecen estar en auge. Una reciente encuesta global ha descubierto que los jóvenes de las democracias avanzadas son más propensos a pensar que «se puede saber si una persona es buena o mala conociendo sus ideas políticas» o que «la gente con la que no estoy de acuerdo está mal informada».[9] Y existen ciertas evidencias de que esta actitud puede ser más habitual entre las personas de izquierdas: en el Reino Unido, quienes apoyan a los laboristas son más propensos que los conservadores a decir que la otra parte es egoísta, hipócrita e intolerante, y que les resultaría muy difícil establecer lazos de amistad con ellos.[10]

Esta arrogancia moral resulta muy poco atractiva; como señala Rawls, «son dogmáticos o poco reflexivos quienes suponen que sus juicios son siempre sólidos; no es inhabitual que sean ideólogos y fanáticos».[11] En lugar de despreciar o condenar a quienes no están de acuerdo con nosotros, hemos de reconocer que las cuestiones morales y políticas son genuinamente complejas, y que las buenas personas llegarán a conclusiones diferentes respecto a ellas. Además, es un serio obstáculo para el éxito electoral: si anhelamos la oportunidad de mejorar nuestra sociedad, debemos tener la voluntad de implicarnos en el proceso de escucha y persuasión que resulta fundamental para cambiar las mentes y ganar votos.

Aunque la gente siempre mostrará su desacuerdo en cuanto a la política, hemos de perseguir una visión *unificadora* de la sociedad basada en valores verdaderamente universalistas, como la justicia, la libertad y la igualdad. Como hemos visto, el compromiso con el universalismo se sitúa en el centro de la filosofía de Rawls; también aporta una alternativa a las formas polarizadoras de «política identitaria» tanto a la izquierda como a la derecha.

Quiero aclarar que al criticar las políticas de la identidad no estoy cuestionando la importancia fundamental de las luchas por la igualdad y la justicia de grupos a los que les han sido negadas por sus creencias o características físicas. Superar estas injusticias es una parte fundamental de la filosofía de Rawls y debe ocupar el centro de toda agenda progresista. Mi propósito no es cuestionar estos objetivos, sino una forma específica de conseguirlos.

La forma más extrema de política identitaria, y la que debería preocuparnos, es la idea de que la democracia es una mera batalla por defender los intereses de grupos específicos —la raza negra, la raza blanca, las mujeres, los cristianos—, en lugar de la búsqueda de una justicia equitativa para todos. Aunque la acusación de perseguir políticas identitarias se dirige a la izquierda, esta suerte de «tribalismo» siempre ha sido una ideología de la derecha radical.[12] Sus raíces se encuentran en las filosofías racistas que surgieron en Europa y Estados Unidos en los siglos XVIII y XIX para justificar el imperialismo y la esclavitud frente a los ideales universalistas de la Ilustración.[13] En el presente, a nacionalistas religiosos como Donald Trump en Estados Unidos y Narendra Modi en la India les une la idea de que la identidad es la verdadera base de la comunidad y de la autoridad política.

Y, sin embargo, existen paralelismos inquietantes en ciertos círculos progresistas, donde se ha puesto de moda rechazar el universalismo de la Ilustración como «blanco» o «eurocéntrico» y como poco menos que una herramienta para enmascarar el poder y legitimar la injusticia.[14] Si bien es importante señalar cómo se ha abusado de estos ideales desde su concepción, no debemos confundir nuestra incapacidad para aplicarlos con su poder emancipador o su validez ética. Y debemos recordar que, históricamente, subrayar la brecha entre los ideales proclamados y la realidad ha sido una fuerza poderosa para el progreso, desde la Revolución haitiana de 1791-1804, cuyos líderes llevaron la lógica de la Declaración de los Derechos del Hombre francesa a su conclusión radical al rechazar el imperialismo y la esclavitud, hasta la interpretación de Martin Luther King de la Constitución de Estados Unidos en 1963 como un «pagaré» que Estados Unidos había «incumplido».[15]

La mayor parte de los ciudadanos que apoyan movimientos como #MeToo y Black Lives Matter sin duda se conciben a sí mismos como luchadores por el cumplimiento de la promesa de justicia social hacia aquellos a quienes les ha sido negada. En contraste con los nacionalistas de extrema derecha, suelen apoyar lo que podríamos llamar una política identitaria «estratégica»: la idea de que, así como podríamos pensar que los individuos con un salario más bajo deberían liderar el combate contra la pobreza y la explotación, los grupos que han sufrido discriminación han de situarse al frente de sus propias reivindicaciones. De hecho, es lo que tenía en mente Combahee River Collective —un grupo de feministas negras socialistas— cuando popularizó el término «políticas de la identidad» en 1977, argumentando que «las únicas personas que se preocupan lo suficiente como para trabajar sistemáticamente por nuestra liberación somos nosotras».[16]

Organizarse en torno a nuestras identidades distintivas ha sido esencial para que las minorías logren justicia, no pocas veces ante la indiferencia o la hostilidad explícita de los sindicatos y partidos políticos dominantes, y en la actualidad sigue teniendo un papel relevante. Pero hemos de ser cuidadosos y evitar que esta forma de organizarse se convierta en un fin en sí mismo o un obstáculo para formar coaliciones que trasciendan estos grupos. Aunque las personas negras, las mujeres, el colectivo LGTBQ+ y otros tienen una perspectiva única sobre sus experiencias de discriminación y las estructuras que las permiten, hemos de rechazar la idea cada vez más popular de que la identidad personal es el aspecto más importante —o el único— de la autoridad política, así como la tendencia a relegar a quienes no comparten una identidad determinada al estatus de meros «aliados», en lugar de participantes iguales en una lucha común.

La base para una política verdaderamente unificadora —y lo que la distingue de la política identitaria— es un compromiso con los valores compartidos y no tanto la clase, raza, género o cualquier otra identidad. La tarea de los partidos progresistas —en la que Rawls puede iluminar el camino— consiste en vincular las luchas de las minorías con los valores genuinamente universales y fomentar un modo de organización que estimule la solidaridad entre grupos con diferentes prioridades.

Una de las cosas que más me gustan de las ideas de Rawls es que son fundamentalmente *esperanzadas*. Esta es la quinta y última característica que debemos insuflar en nuestro planteamiento político si queremos que sobrevenga un cambio real. Evidentemente, debemos realizar un análisis esclarecedor de los problemas que persisten en las instituciones vigentes, y los principios de Rawls pueden ayudarnos a desarrollar esa crítica. Pero también nos hace falta una visión positiva, sostenida por una firme creencia en la posibilidad del progreso.

Esto nos permitiría acceder a una clara alternativa a los discursos apocalípticos de la decadencia social tan a menudo difundidos por los populistas de derechas. Pero también serviría para contrarrestar el profundo pesimismo que se ha instalado en ciertos sectores de la izquierda, especialmente entre los críticos radicales del *statu quo*. Esto suele manifestarse como una tendencia a minimizar los logros históricos o a sugerir que jamás podremos superar las injusticias más profundas, como ocurre con la afirmación de que el racismo «forma parte del ADN de Estados Unidos».[17] Evidentemente, la mayoría de los activistas creen que el cambio es posible (de lo contrario, no se dedicarían al activismo), y este tipo de declaraciones suelen estar motivadas por el deseo de mostrar hasta qué punto los tranquilizadores relatos del progreso se han utilizado para disimular la existencia permanente de injusticias sociales. Con todo, el pesimismo generalizado respecto a la posibilidad de progreso es susceptible de transformarse en una profecía autocumplida.

Al animarnos a poner el foco en la visión de una sociedad realmente justa, la filosofía de Rawls nos aporta un antídoto vital contra esta forma de pensar. Esto no implica aceptar la creencia ingenua de que el progreso hacia los ideales liberales y democráticos sea inevitable o que el cambio vaya a ser fácil. La esperanza no equivale a optimismo: allí donde los optimistas creen que es más probable que acontezcan cosas buenas, la esperanza consiste en creer que lo bueno *puede* suceder, aunque sea improbable, y que es posible aumentar las probabilidades asumiendo las acciones correctas.

Aunque el optimismo puede sonar hueco, la esperanza es una llamada nítida que motiva a las personas a participar en la política. Fue un mensaje de esperanza lo que inspiró a millones a hacer campaña para que Barack Obama se convirtiera en presidente de Estados Unidos en 2008. Y fue la misma creencia en la posibilidad de un futuro mejor lo que motivó a tantos a finales de la década de 2010 a la hora de apoyar a socialistas democráticos como Jeremy Corbyn en el Reino Unido y Bernie Sanders en Estados Unidos. Y, sin embargo, la retórica inspiradora de Obama no siempre estuvo acompañada de una ambición práctica, mientras que Corbyn y Sanders no lograron convencer a un electorado escéptico de que sus ambiciosas políticas eran creíbles. El desafío que afrontamos es combinar una visión audaz y esperanzadora con una agenda realista para el cambio. En muchos aspectos, ese es el propósito de este libro.

En resumen, una política rawlsiana tendrá principios y será pragmática, plural, integradora y esperanzada. Pero por sí solas estas cualidades no bastarán para que los partidos progresistas y de centroizquierda superen las divisiones culturales y recuperen a los votantes desafectos de bajos ingresos. Para conseguirlo, también hay que adoptar un programa político que afronte la desigualdad y cree una sociedad realmente inclusiva.

Es fácil interpretar la caída electoral de los partidos de centroizquierda de los años ochenta como evidencia de la menguante defensa de una sociedad más equitativa. Pero esto tergiversa la cuestión. No es que la gente haya dejado de preocuparse por la desigualdad o de apoyar el estado del bienestar; de hecho, en la mayoría de las naciones ricas la preocupación pública por la desigualdad ha crecido significativamente desde los años ochenta, y en la actualidad en torno al 80% de los ciudadanos de los diversos países piensan que la brecha entre ricos y pobres es demasiado grande.[18] Lo que ha cambiado es que los partidos progresistas dominantes (y buena parte de los medios de comunicación) han dejado de hablar de estos temas. Ahora disponemos de un cuerpo sustancial de evidencias que apuntan a que este giro a la derecha ha alejado a los votantes de estos partidos tradicionales, muchos de los cuales simplemente se han refugiado en la abstención.[19] Y el rechazo de los populistas de derechas a la economía de libre mercado en favor de políticas más intervencionistas ha sido responsable del auge del apoyo que han recibido a partir de la década de 2010, especialmente entre los votantes más pobres y con un menor nivel educativo.[20]

Esto no quiere decir que haya que volver a las ambiciones estatistas del socialismo de posguerra, con su énfasis en la propiedad pública y la planificación centralizada. Ni invita a resucitar la fórmula de la «tercera vía» del crecimiento impulsado por el mercado y un sistema impositivo redistributivo. Por el contrario, Rawls apunta a una economía moderna y progresista, una economía que se sienta cómoda celebrando las aspiraciones, el carácter emprendedor y los beneficios de una economía de mercado, pero que se comprometa a encauzar los beneficios para todos, y no fundamentalmente a través de la redistribución, sino gracias a la inversión en habilidades, creando nuevas instituciones como los fondos de inversión ciudadana y fomentando una «economía colaborativa» en la que trabajadores y propietarios compartan el poder en términos mucho más equitativos. Esta agenda económica abordaría las justificadas reivindicaciones de los votantes de bajos ingresos, por tan largo tiempo ignorados, no solo por unos salarios más altos (por muy importante que esto sea), sino también por la dignidad, el respeto y la oportunidad de contribuir a la sociedad.[21]

¿Y qué ocurre con las presuntas «cuestiones socioculturales» —género, raza, inmigración, sexualidad, clima— que han llegado a dominar el debate político? Los partidos políticos progresistas han defendido estas cuestiones en las recientes décadas, logrando grandes victorias legislativas, desde leyes antidiscriminación a salarios equitativos y el matrimonio gay. Y, sin embargo, con cierta frecuencia se oye que al actuar así han abierto una brecha entre los votantes de clase media y los de clase obrera, arrojando a estos últimos en brazos de la derecha populista.[22] Algunos parecen querer rebajar o incluso ignorar estas cuestiones, como si pudiéramos remontarnos a una época más sencilla dominada por una única dimensión económica izquierda-derecha; y otros han argumentado que los partidos progresistas deberían adoptar un enfoque socialmente más conservador.

Creo que cualquiera de estos enfoques sería un tremendo error. Las cuestiones relativas a la libertad sexual y reproductiva, la igualdad racial y de género, y la sostenibilidad no son preocupaciones frívolas de una élite urbana, sino aspectos fundamentales de la justicia social. La importancia de estos asuntos en el debate político no es una moda pasajera, sino una consecuencia del empoderamiento democrático de los grupos desfavorecidos, y renunciar a este espacio permitirá el dominio de las voces antiliberales. El problema no es que los partidos de centroizquierda hayan apoyado la justicia para las minorías, sino que no hayan logrado combinarla con una agenda económica igualitaria que pueda unir a estos grupos. Uno de los puntos fuertes de la filosofía de Rawls es que proporciona un marco unificado para abordar cuestiones tanto económicas como socioculturales y, por lo tanto, para afrontar las múltiples dimensiones de la política moderna.

Afortunadamente, la idea de que defender estas cuestiones representa un obstáculo para el éxito electoral no viene avalada por la evidencia. No es solo que, como vimos en el capítulo 4, grandes y crecientes mayorías en buena parte de las democracias avanzadas apoyen posturas liberales en cuestiones como la sexualidad, el género, la raza y la identidad nacional. El relato popular de que las posturas de los partidos progresistas en estos temas han llevado a los votantes de la clase trabajadora a abrazar a los extremistas de derecha se ve claramente refutado por la evidencia: solo una pequeña minoría de antiguos votantes de centroizquierda se ha desplazado hacia la extrema derecha; la mayoría se ha ido a los partidos verdes, a otros partidos de izquierda o a la derecha tradicional; y los partidos de extrema derecha todavía se quedan solo con una pequeña parte del voto de la clase trabajadora.[23] Además, la tendencia generalizada a representar a los votantes de menores ingresos y con menos educación como un bloque monolítico, habitualmente blanco, masculino y autoritario, está cada vez más desvinculada de la realidad. La clase trabajadora moderna incluye a muchas mujeres y minorías étnicas, y aunque a menudo sus integrantes son escépticos sobre los beneficios de la inmigración, muchos mantienen actitudes liberales en cuestiones morales y culturales.[24] De hecho, un creciente corpus de investigación ha descubierto que una estrategia «de izquierda autoritaria» que combine políticas económicas de izquierda con posturas antiliberales en cuestiones socioculturales corre el riesgo de alejar a posibles votantes progresistas, mientras que los programas «de izquierda liberal» suscitan mayor apoyo.[25]

Esto no implica negar que la creciente primacía de los aspectos socioculturales cree desafíos para los partidos de centroizquierda. No pocas veces los potenciales votantes progresistas están más divididos en torno a estas cuestiones que en las que tienen que ver con la economía; y los partidos de derechas han creado nuevas y exitosas coaliciones de votantes socialmente conservadores que de otro modo estarían en desacuerdo en cuestiones económicas. Sin embargo, hay que rechazar la idea de que afrontamos una decisión binaria entre posturas liberales y autoritarias. Aunque curar nuestras sociedades fracturadas requerirá una considerable pericia política, las actitudes de la mayoría de los ciudadanos son más matizadas de lo que podría sugerir nuestro debate político polarizado, y, como hemos visto en cuestiones que van desde los derechos de los gais a la libertad religiosa, la inmigración y el patriotismo liberal, las ideas de Rawls ofrecen un camino fundamentado para reconciliar aparentes divisiones.[26]

Evidentemente, hay mucho más que decir sobre la construcción de un movimiento político de base amplia para el cambio, sobre cómo afrontar la política en la era de las redes sociales y la desinformación, sobre el papel de los movimientos y las organizaciones sociales como los sindicatos, y sobre cómo contrarrestar el poder de los intereses empresariales y los mercados financieros que pone trabas a las reformas económicas. Hemos de empezar, sin embargo, por el desarrollo de una clara visión moral y un programa práctico transformador. Esto nos ayudará, a su vez, a superar las divisiones —ideológicas, tácticas y personales— que tan a menudo han frenado las políticas progresistas y a convencer a nuestros conciudadanos de que una sociedad mejor no solo es deseable, sino factible.

AGRADECIMIENTOS

Quiero empezar dando las gracias a mi brillante agente Georgina Capel, así como a Irene Baldoni, Rachel Conway y al resto del equipo, por darme una oportunidad y poner mi propuesta en manos de los editores ideales en Allen Lane. Significa mucho para mí saber que siempre puedo descolgar el teléfono y encontrar aliento, entusiasmo y sentido del humor al otro lado. Me siento extraordinariamente afortunado de tener a Chloe Currens como editora y no puedo agradecerle lo suficiente su fe en mí y en este proyecto, su paciencia y perspectiva durante los largos debates sobre las ideas, su cuidadosa edición y sus sugerencias bellamente escritas, y por animarme siempre a escribir el libro que yo quería escribir. La meticulosa revisión del texto de Kit Shepherd ha contribuido a afilar mis argumentos y a dinamizar mi prosa, mejorando cada párrafo, y me emociona trabajar con Isabel Blake y Julie Woon. También le doy las gracias a Jim Stoddart por el hermoso diseño de la portada, y a todos los que en Penguin Press han contribuido a este libro, entre ellos Thea Tuck, Thi Dinh, Anna Wilson y David Bond.

En las fases iniciales de este proyecto, me beneficié enormemente de los consejos de Alice Whitwham, Will Hammond, David Evans, Susannah Otter y Jack Ramm sobre cómo empezar. A lo largo del proceso, varios amigos y compañeros me han brindado su tiempo para hablar del libro, entre ellos Will Attenborough, Alex Bryson, Pawel Bukowski, Emma Hogan, Michael Jacobs, Soumaya Keynes, Martin O'Neill, Oscar Rickett, Jonathan Rutherford, Martha Spurrier y Johann Hari; todos ellos me han ofrecido valiosísimos consejos en momentos de crisis. Gracias especialmente a Toby Regbo, Ricky Power Sayeed, Cain Shelley, Daniel Susskind, Florence Sutcliffe-Braithwaite, Mike Webb y Tommy Wide, que aportaron comentarios detallados al manuscrito y debatieron en profundidad las ideas expuestas en él. Mi agradecimiento a Nikhil Krishnan, que generosamente organizó un taller sobre el libro, y a todos los que participaron en él, como Harry Kingdon, John Maier, Geraldine Ng, Veronica Salazar-Restrepo y especialmente Callum MacRae y Jack Hume, que me enviaron su *feedback* por escrito. Estoy especialmente agradecido a Samuel Freeman por estar de acuerdo en revisar formalmente el manuscrito, y a Angus Deaton y Stuart White, que fueron más allá de lo esperado al ofrecer comentarios de gran utilidad al borrador del texto.

Empecé este libro a mitad de mi doctorado en Economía en la London School of Economics, y quiero agradecer a Tim Besley, mi supervisor, por alentarme a pausar mi doctorado para perseguir esta idea y por proporcionarme un modelo inspirador de lo que puede ser un economista. A lo largo de los años, he tenido grandes profesores, entre ellos Lynne Gavin, Richard Blanch, Jillian Ledra y Catherine Manson, cada uno de los cuales tuvo un impacto profundo en mi época en la escuela y como adolescente. Conocí a Rawls por primera vez como estudiante de Historia en Cambridge en un curso liderado por la inspiradora Melissa Lane, y tuve la suerte de tener otros supervisores fantásticos como Richard Drayton, Jon Parry y Simon Szreter, que reforzaron mi confianza y moldearon mi manera de pensar de una forma relevante. Pude explorar mis intereses en filosofía política y economía durante un año en Harvard —donde tuve el increíble privilegio de estudiar con uno de mis mayores héroes intelectuales, Amartya Sen—, y luego en la LSE, primero a través de un máster, bajo la guía de Richard Bradley, y luego durante mi doctorado, donde Kai Spiekerman y Chandran Kakuthas me dieron la bienvenida al grupo de teoría política.

La redacción de este libro a veces parecía imposible, y me siento muy afortunado de tener amigos maravillosos que me han escuchado con paciencia y me han ofrecido su apoyo, especialmente Grace Chatto, Max Colson, Matt Knott, Jesse Nicolls, Jack Patterson y Bea Phillips. Quiero expresar mi profundo agradecimiento a Liam Smith y a Luba Shkabara, que me han ayudado de forma vital y en un sentido práctico, y a todos lo que a lo largo de los años me han ofrecido su guía psicológica y espiritual, como Rohan Barua, Anna Bhushan, Meredith Churchill, Wainwright Churchill, el doctor ALV Kumar, Sarah Litton, Publio Valle, Priyanka

Wali y a los maestros Damian Pacaya, Rojelia Gonzalez, Anita Tananta, Tony Lopez e Ida Pacaya en el Temple of the Way of Light, así como a mi tío David Bateman, que tuvo una importancia decisiva en mi vida, y a Moses, a quien quiero mucho.

Nada de todo esto habría sido posible sin mi maravillosa familia: mi brillante y sincero hermano Leo y su estupendo compañero Frankie Reid, mi inspiradora y generosa hermana Jess, mi atento cuñado Geirmund, mis espléndidos sobrina y sobrino Martha y Charlie, y mis increíbles padres, Nicki y Simon, que me han ofrecido tantas oportunidades y cuyo amor y apoyo incondicional es el fundamento de todo cuanto he hecho en mi vida. Mi más sincero agradecimiento a mi compañero Simon, por su increíble paciencia al escucharme dar vueltas en círculos a cada uno de los aspectos de este libro, por sus ideas para mejorarlo, por hacer posible que me tome mi tiempo y, más allá del libro, por ayudarme a crecer y a mejorar de muchas maneras. Me siento muy afortunado de haberte encontrado, y te quiero más de lo que puedo expresar aquí. Gracias.

NOTAS

Introducción

1. Roberto Mangabeira Unger, *What Should the Left Propose?*, Londres, Verso, 2005,
2. Cas Mudde, «The Real Threat to Liberal Democracy Isn't the Right. It's the Ideological Vacuum at Its Own Heart», *Prospect*, 6 diciembre, 2019.
3. Con la posible excepción del economista Thomas Piketty, cuyo trabajo ha contribuido a impulsar un nuevo debate sobre cómo afrontar las enormes desigualdades que desfiguran nuestras sociedades, véase *Capital in the Twenty-First Century*, Cambridge, MA, Harvard University Press, 2014 (trad. cast.: *El capital en el siglo XXI*, Madrid, Fondo de Cultura Económica, 2014), y *Capital and Ideology*, Cambridge, MA, Harvard University Press, 2020 (trad. cast.: *Capital e ideología*, Barcelona, Planeta, 2019).
4. Aunque Rawls no utilizó esta frase exacta, en diversas ocasiones describió su teoría como una «utopía realista». Véase, por ejemplo, John Rawls, *Justice as Fairness: A Restatement*, Cambridge, MA, Harvard University Press, 2001, págs. 4-5. (trad cast.: *La justicia como equidad: una reformulación*, Paidós, Barcelona, 2002).
5. Joshua Cohen, «The Importance of Philosophy: Reflections on John Rawls», *South African Journal of Philosophy* 23:2, 2004, págs. 114-115.
6. El siguiente análisis de la biografía de Rawls se inspira en Samuel Freeman, *Rawls*, *Abingdon*, Routledge, 2007, págs. 1-12, y Thomas Pogge, *John Rawls: His Life and Theory of Justice*, Oxford, Oxford University Press, 2007, págs. 3-27.
7. Pogge escribe que Tommy también murió después de contraer neumonía tras contagiarse del joven Rawls, véase Pogge, Rawls, págs. 5-6. Pero según

la esposa de Rawls, Margaret (según la correspondencia personal que mantuvo con el professor Samuel Freeman en diciembre de 2021 y de la que el autor ha tenido conocimiento), aunque Rawls pudo haber pensado que era responsable de la muerte de Tommy, y tal vez así se lo hizo saber a Pogge, ella no cree que esto sea cierto.

8. Pogge, *Rawls*, 7.
9. Para una visión detallada de la evolución del pensamiento de Rawls, véanse Andrius Gališanka, *John Rawls: The Path to a Theory of Justice*, Cambridge, MA, Harvard University Press, 2019, y Katrina Forrester, *In the Shadow of Justice: Postwar Liberalism and the Remaking of Political Philosophy*, Princeton, Princeton University Press, 2019, págs. 1-39.
10. Forrester, *In the Shadow of Justice*, pág. 104.
11. Marshall Cohen, «The Social Contract Explained and Defended», *The New York Times*, 16 de julio de 1972; «Five Signifcant Books of 1972», *The New York Times*, 3 de diciembre de 1972.
12. Véanse, por ejemplo, Cohen, «The Social Contract Explained and Defended», y Robert Nozick, *Anarchy, State, and Utopia*, Nueva York, Basic Books, 1974, pág. 183. Para un debate más amplio de cómo fueron recibidas las ideas de Rawls y del impacto que han tenido en el pensamiento político contemporáneo, véase Forrester, *In the Shadow of Justice*, pág. 104, así como Sophie Smith, «Historicizing Rawls», *Modern Intellectual History*, 18:4, 2021, págs. 906-939.
13. Cohen, *Rescuing Justice and Equality*, Cambridge, MA, Harvard University Press, 2009, pág. 11.
14. Forrester, *In the Shadow of Justice*, pág. 104; Ian Malcolm, «A Theory of Justice, 1971», *Harvard University Press Blog*, 15 de abril de 2013, <https://harvardpress.typepad.com/hup_publicity/2013/04/john-rawls-a-theory-of-justice-1971.html>.
15. «Remembering Rawls», en Michael J. Sandel, *Public Philosophy: Essays on Morality in Politics*, Cambridge, MA, Harvard University Press, 2006, pág. 251. Para sentimientos y anécdotas similares, véanse Samuel Freeman, «John Rawls: Friend and Teacher», *Chronicle of Higher Education*, 13 de diciembre de 2002, y Joshua Cohen, «The importance of Philosophy», pág. 113.
16. Peter Laslett, «Introduction», en Peter Laslett (comp.), *Philosophy, Politics and Society: First Series*, Oxford, Basil Blackwell, 1956, pág. vii. Aunque es

indudable que Rawls modificó fundamentalmente la filosofía política, afirmar que esta estaba «muerta» tal vez sea una exageración, y obviamente sus ideas no surgieron del vacío; véase Smith, «Historicizing Rawls».

17. Samuel Freeman, «A New Theory of Justice», *New York Review of Books*, 14 de octubre de 2010. Véase también Kymlicka, que en su muy respetada introducción a la filosofía política escribió que «en líneas generales es una verdad aceptada que el reciente renacimiento de la filosofía política normativa empezó con la publicación de *Teoría de la justicia*, de John Rawls, en 1971»: Will Kymlicka, *Contemporary Political Philosophy: An Introduction*, segunda edición, Oxford, Oxford University Press, 2002, pág. 10.
18. Nozick, *Anarchy, State, and Utopia*, pág. 183. En un artículo que celebraba el cincuenta aniversario de la publicación de *Teoría de la justicia*, el analista Dylan Matthews escribió: «Una vez un filósofo describió la filosofía europea como "en esencia, una serie de notas a pie de página de Platón"; no sería exagerado describir la historia de la filosofía política del último medio siglo como una serie de respuestas y notas al pie a la obra de John Rawls»; Dylan Matthews, «The Most Influential Work of Political Philosophy in the Last 50 Years, Brief y Explained», *Vox*, 9 de diciembre de 2021.
19. Freeman, *Rawls*, pág. 457.
20. Para ejemplos de pensadores de la «tercera vía» en el Reino Unido comprometidos con las ideas de Rawls, véanse *Socialism and Freedom*, Londres, Macmillan, 1985, de Bryan Gould, exdiputado y miembro del gabinete en la sombra, y *Choose Freedom: The Future for Democratic Socialism*, Londres, Penguin, 1987, de Roy Hattersley, segundo líder del Partido Laborista en aquella época.
21. Esto no quiere decir que Rawls no influyera en la política. Muchos políticos descubrieron sus ideas en su época de estudiantes, y Barack Obama, por ejemplo, parece haber sido influido por ellas (véase, por ejemplo, «Obama's Rawlsian Vision», *The Economist*, 19 de febrero de 2013). Pero es realmente excepcional oír a un político referirse directamente a Rawls como fuente de inspiración.
22. La aversión de Rawls a los premios públicos era tan obvia que su esposa, Mary, aparentemente rechazó el Premio Kioto, que incluía una dotación económica de medio millón de dólares, sin ni tan siquiera consultarle. Véase Freeman, «John Rawls: Friend and Teacher». Según la filósofa Martha Nussbaum, para quien Rawls fue un mentor, su aversión a interpretar el

papel de intelectual público se basaba en su creencia de que carecía de las habilidades necesarias como orador y escritor, en lugar de una falta de interés en la política, y le dijo que quienes poseían ese talento tenían el deber de utilizarlo para el bien público. Véase *Martha Nussbaum, Philosophical Interventions: Reviews, 1986-2011*, Oxford, Oxford University Press, 2012, pág. 1.

23. Aunque en la actualidad Rawls suele ser criticado por ser demasiado abstracto, estuvo muy comprometido con el trabajo en economía y psicología moral, y fue muy cuidadoso a la hora de demostrar que sus ideas eran compatibles con las teorías dominantes en estas disciplinas, una realidad que lo alejó de buena parte de sus contemporáneos. Véase, por ejemplo, Marshall Cohen, «The Social Contract», que elogió a Rawls por «resucitar la tradición inglesa de Hume y Adam Smith, de Bentham y John Stuart Mill, que insiste en relacionar sus especulaciones políticas con la investigación fundamental en psicología moral y economía política».
24. Las ideas de Rawls han sido malinterpretadas a menudo, especialmente desde la izquierda, como, en el mejor de los casos, una justificación de un estado del bienestar expandido y, en el peor, como una apología del neoliberalismo o la economía del goteo. Sin embargo, como Rawls explicó en los noventa: «Me resulta muy difícil entender que alguien que haya vivido [en Estados Unidos] durante la última década pueda pensar que es una sociedad justa o aproximadamente justa, tal y como yo entiendo la idea de justicia». Y desde entonces la mayoría de los países ricos se han alejado mucho más del ideal de Rawls. Véase a Rawls citado en Martin O'Neill, «Social Justice and Economic Systems: On Rawls, Democratic Socialism, and Alternatives to Capitalism», *Philosophical Topics*, 48:2, 2020, pág. 161. Rawls también ha sido criticado por decir relativamente poco sobre cuestiones como la raza, el género, la discapacidad o la justicia climática, pero, como veremos, con la posible excepción de la discapacidad, su teoría también ofrece un poderoso marco para abordar todas estas cuestiones.
25. Freeman, *Rawls*, pág. 458.
26. En menor medida, estas críticas también se aplican a la tradición «liberal clásica» de larga tradición que se remonta a pensadores como John Locke y Adam Smith. Con frecuencia los neoliberales se han posicionado como herederos de esta tradición, pero, al actuar así, a menudo la han distorsionado gravemente. Smith, por ejemplo, estaba muy lejos de ser el ideólogo

anti-Estado con el que se le retrata hoy en día, y su pensamiento se basaba en una comprensión matizada y sofisticada de la naturaleza humana. Jesse Norman, *Adam Smith: What He Thought, and Why It Matters*, Londres, Penguin, 2018.

27. Así como Friedman y Hayek pueden apuntar a un largo y respetado linaje de pensadores liberales clásicos que se remonta a Locke y a Smith, los «liberales igualitarios» (como se los conoce habitualmente en los círculos académicos) pueden señalar un linaje intelectual que se origina en John Stuart Mill —el gran liberal progresista del siglo XIX— y abarca a los «nuevos liberales» británicos (también conocidos como «socioliberales») de finales del XIX y principios del siglo XX, como Thomas Greene, Leonard Hobhouse y John Hobson, y a John Dewey, el gran filósofo estadounidense de principios del siglo XX (por mencionar tan solo aquellos incluidos en la tradición anglófona). Véase Samuel Freeman, «Capitalism in the Classical and High Liberal Traditions», *Social Philosophy and Policy* 28:2, 2011, págs. 19-55.

28. Como veremos, a menudo los principios de Rawls apuntan hacia políticas similares a las defendidas por los socialistas democráticos de hoy, como impuestos más altos para los ricos y la mejora de los procesos democráticos. Y, sin embargo, aunque a veces Rawls llegaba a conclusiones similares, lo hacía apoyándose en valores y conceptos claramente liberales y no socialistas. Véase Pablo Gilabert y Martin O'Neill, «Socialism», en Edward N. Zalta (comp.), *The Stanford Encyclopedia of Philosophy* (edición otoño 2019), sect. 3.2.5, <https://plato.stanford.edu/cgi-bin/encyclopedia/archinfo.cgi?entry=socialism>. Rawls solía dar conferencias sobre Marx, y se esforzó en demostrar que su propia teoría podía responder a la crítica de Marx al capitalismo. Véanse «Lectures on Marx», en John Rawls, *Lectures on the History of Political Philosophy*, Cambridge, MA, Harvard University Press, 2008 (trad. cast.: *Lecciones sobre la historia de la filosofía política*, Barcelona, Paidós, 2006), y «Addressing Marx's Critique of Liberalism», en Rawls, *Justice as Fairness*, págs. 176-179.

29. Sin duda, en la reciente tradición socialista no hay nada que pueda rivalizar con la teoría de Rawls en términos de alcance y ambición. Durante buena parte del siglo XX, los socialistas mantuvieron una visión razonablemente clara del aspecto que debería tener una sociedad socialista: inspirándose en Marx, la mayoría abogaban por sustituir los mercados por una planificación central, y la propiedad privada por propiedad pública. Pero son pocos los

que hoy defienden ese programa. El foco tiende a centrarse en reformas que reduzcan la desigualdad a la vez que se conserva intacta la estructura básica de una economía de mercado capitalista, como impuestos progresivos o titularidad pública de ciertos servicios. Aunque se suelen describir estas políticas como los primeros pasos hacia una transformación fundamental, el objetivo último está lejos de ser algo seguro. Para un interesante análisis de las ideas y políticas socialistas, así como de las nociones para reformular el socialismo en el siglo XXI, véanse Axel Honneth, *The Idea of Socialism: Towards a Policy of Renewal*, Cambridge, Polity Press, 2017 (trad. cast.: *La idea del socialismo: una tentativa de actualización*, Madrid, Katz, 2017), y John E. Roemer, «What Is Socialism Today? Conceptions of a Cooperative Economy», *International Economic Review* 62:2, 2021, págs. 571-598.

30. David Goodhart, *The Road to Somewhere: The New Tribes Shaping British Politics*, Londres, Penguin, 2017. Para un análisis de cómo los partidos progresistas han llegado a ser progresivamente dominados por votantes con un mayor nivel educativo, véanse Amory Gethin y otros, «Brahmin Left Versus Merchant Right: Changing Political Cleavages in 21 Western Democracies, 1948-2020», *Quarterly Journal of Economics* 137:1, 2021, págs. 1-48.
31. Thomas Nagel, «Rawls on Justice», *Philosophical Review* 82:2, 1973, pág. 234. Nagel continúa: «Sin embargo, la esperanza tiene un fundamento, ya que Rawls posee un profundo sentido de las múltiples conexiones entre las instituciones sociales y la psicología individual. Describe sin ilusión un orden social plural que suscitará el apoyo de los hombres libres y evocará lo que es mejor para ellos. Es un logro memorable haber conseguido que esa visión sea precisa, viva y convincente».

1. ¿Qué es justo?

1. John Rawls, *A Theory of Justice*, Cambridge, MA, Harvard University Press, 1999, pág. 3.
2. *Ibidem*, pág. 88.
3. Rawls formula sus dos principios de forma ligeramente distinta en diversas publicaciones. El texto citado procede de John Rawls, *Political Liberalism*, edición ampliada, Nueva York, Columbia University Press, 2005, págs. 5-6 (trad. cast.: *El liberalismo político*, Barcelona, Crítica, 1996), con la excepción

de la cláusula final, «en coherencia con el principio de ahorro justo», que procede de la enunciación de los dos principios en *Teoría de la justicia* (pág. 266), donde Rawls declara que las ventajas sociales y económicas deberían establecerse «en beneficio de los menos favorecidos, en coherencia con el principio de ahorro justo». Lo he añadido porque, aunque Rawls no siempre incluye explícitamente el principio de ahorro justo al enunciar sus dos principios fundamentales, se asume que está ahí de forma implícita. Para una perspectiva general de las formulaciones y aspectos clave de los dos principios, véase Pablo Gilabert, «The Two Principles of Justice (in Justice as Fairness)», en Jon Mandle y David Reidy (comps.), *The Cambridge Rawls Lexicon*, Cambridge, Cambridge University Press, 2015, págs. 845-850.

4. «Si Rawls no hubiera logrado nada más, sería importante por haberse tomado en serio la idea de que el sujeto de la justicia es lo que llama "la estructura básica de la sociedad" [...]. La incorporación por parte de Rawls de la noción de una estructura social a su teoría representa la mayoría de edad de la filosofía política liberal». Brian Barry, citado en Robert E. Goodin y otros (comps.), *A Companion to Contemporary Political Philosophy*, Oxford, Blackwell, 2007, pág. 100.
5. Rawls, *Justice as Fairness: A Restatement*, Cambridge, MA, Harvard University Press, 2001, pág. 11.
6. El estatus de la familia, y si se la debe considerar parte de la estructura básica, ha sido sometido a cierto debate. El propio Rawls afirmó que la familia forma parte de la estructura básica debido a su rol en la «producción y reproducción ordenada de la sociedad y su cultura de una generación a la siguiente», Rawls, *Political Liberalism*, pág. 467. Esto significa que el Estado detenta el rol legítimo de reconocer y apoyar a la familia en cierto modo, y esto se aplica a toda unidad familiar capaz de criar hijos, ya sea heterosexual, homosexual, monoparental, etc. Sin embargo, es evidente que los principios de Rawls no pretenden determinar la dinámica interna de la vida familiar, y los padres no tienen que distribuir recursos en el seno de la familia de acuerdo con el principio de diferencia. Véase S. A. Lloyd, «The Family», en Mandle y Reidy (comps.), *The Cambridge Rawls Lexicon*, págs. 279-283.
7. Rawls desarrolló una teoría independiente y otro conjunto de principios para afrontar estas cuestiones, que llamó «la Ley de los Pueblos»; véase John Rawls, *The Law of Peoples*, Cambridge, MA, Harvard University Press, 1999. Sin embargo, sus ideas sobre este tema gozan de una menor acepta-

ción, incluso entre los muy convencidos por el pensamiento rawlsiano. De hecho, cierto número de filósofos han argumentado, contra Rawls, que sus principios, entre ellos el principio de diferencia, deberían aplicarse directamente en un nivel global, lo que implica que tenemos la obligación de maximizar las perspectivas de los más desfavorecidos no solo dentro de nuestro propio país, sino también en el mundo en su conjunto. Para un análisis más general de los debates sobre la justicia global, incluyendo las ideas e influencia de Rawls, véase Gillian Brock, «Global Justice», en Edward N. Zalta (comp.), *The Stanford Encyclopedia of Philosophy*, edición verano 2022, <https://plato.stanford.edu/entries/justice-global/>.

8. Podríamos preguntarnos si realmente podemos separar la justicia global de la doméstica. En su mayor parte, creo que sí se puede. Aunque la justicia global exija una transformación sistemática de las estructuras económicas internacionales y aunque esto implique un significativo coste económico para los países ricos, el argumento a favor de los derechos básicos, la democracia y las estructuras económicas justas *dentro* de esos países seguiría siendo, en un sentido amplio, el mismo.
9. El propio Rawls tendía a dividir las libertades básicas en cinco categorías: libertad de conciencia y libertad de pensamiento; libertad de asociación; derechos y libertades que protegen la integridad y libertad de la persona; libertades políticas equitativas, y derechos y libertades asociados al Estado de derecho. Véase Rawls, *Political Liberalism*, pág. 291. He agrupado las tres primeras bajo la rúbrica de libertades «personales», y me refiero a las otras dos como libertades «políticas» y «procesales», respectivamente.
10. Rawls definió el «valor justo» de esta forma: «Los ciudadanos con una motivación y un talento similar tienen aproximadamente una oportunidad equitativa de influir en la política gubernamental y alcanzar posiciones de autoridad, al margen de su clase económica y social», Rawls, *Justice as Fairness*, pág. 46. Para una explicación de por qué Rawls solo garantizó el valor justo de las libertades políticas y no de todas las libertades básicas, véase *ibidem*, págs. 150-153.
11. Como comentó Rawls: «Históricamente, uno de los principales defectos de los gobiernos constitucionales ha sido el fracaso a la hora de asegurar el valor justo de la libertad política. No se han dado las necesarias acciones correctivas; de hecho, parece que nunca se han tenido seriamente en cuenta. En líneas generales, el sistema legal ha tolerado disparidades en la distribución

de la propiedad y el patrimonio que exceden lo que resulta compatible con la igualdad política». Rawls, *A Theory of Justice*, págs. 198-199.

12. Del mismo modo que el primer principio (el de las libertades básicas) tiene prioridad sobre el segundo, la igualdad equitativa de oportunidades también tiene prioridad sobre el principio de diferencia. Esta clasificación de los principios es un rasgo distintivo de la teoría de Rawls y una contribución relevante en sí misma. Véase, por ejemplo, el análisis de *Teoría de la justicia* que en 1972 realizó Bernard Williams, reimpreso en sus *Essays and Reviews, 1959-2002*, Princeton, Princeton University Press, 2015, pág. 82-86. Como explicó Williams, antes de Rawls, la filosofía se dividía en dos campos: teorías pluralistas que reconocían múltiples valores morales como la libertad, la oportunidad y la igualdad, pero cuyos equilibrios dependían de estrategias *ad hoc* (lo que Rawls llamaba «intuicionismo»); y el utilitarismo, que lo reducía todo a un único valor, es decir, la utilidad. Para Williams, el mérito del planteamiento de Rawls consistió en que, al dar cabida a múltiples valores y ofrecernos una forma sencilla de jerarquizarlos, era «a la vez completo y lo suficientemente humano como para satisfacer las exigencias morales, y unificado con el rigor suficiente como para cumplir con los imperativos racionales de quien busca algo más que una intuición deslavazada» (*ibidem*, pág. 83).
13. Freeman, *Rawls*, pág. 51.
14. Rawls, *Justice as Fairness*, pág. 2. Para una historia reciente de este tipo de debates, véase Annelien de Dijn, *Freedom: An Unruly History*, Cambridge, MA, Harvard University Press, 2020.
15. Para un análisis de la resistencia liberal al sufragio universal, véase Edmund Fawcett, *Liberalism: The Life of an Idea,* Princeton, Princeton University Press, 2014, págs. 146-159. De Dijn sostiene que la oposición liberal a la democracia a menudo se basaba en el deseo de proteger la propiedad privada y evitar la redistribución económica, y no en una preocupación por las libertades personales de religión y conciencia. Véase De Dijn, *Freedom*, págs. 3-5.
16. Con frecuencia los pensadores neoliberales han sido escépticos o han manifestado una franca oposición a la democracia parlamentaria. Como señala Thomas Piketty, Hayek rechazó el sufragio universal en favor de una «asamblea legislativa» compuesta por individuos mayores de cuarenta y cinco años y con habilidades por todos conocidas, que serían elegidos por asociaciones

profesionales «como los Rotary Clubs». Véase Thomas Piketty, *Capital and Ideology*, Cambridge, MA, Harvard University Press, 2020, págs. 706-709. En los últimos años, un creciente número de pensadores han pedido abiertamente límites a la democracia para frenar la influencia de votantes supuestamente ignorantes e irracionales, como el filósofo libertario Jason Brennan, que ha propuesto sustituir la democracia por la «epistocracia» o «gobierno de los entendidos», concediendo votos extra a la población educada. Véase Jason Brennan, *Against Democracy*, Princeton, Princeton University Press, 2016. Para un debate y crítica de Brennan y el contexto más amplio en el que se insertan estas ideas, véase Nathan Robinson, «Democracy: Probably a Good Thing», *Current Affairs*, 27 junio 2017.

17. El politólogo Yascha Mounk llama a esto «derechos sin democracia», y señala que las agencias independientes, y no los órganos legislativos elegidos, son ahora responsables de la gran mayoría de las nuevas leyes, reglamentos y regulaciones que actualmente se aprueban en Estados Unidos. Véase Yascha Mounk, *The People vs. Democracy: Why Our Freedom Is in Danger and How to Save It*, Cambridge, MA, Harvard University Press, 2018, pág. 65.
18. Amy Gutmann, «Rawls on the Relationship between Liberalism and Democracy», en Samuel Freeman (comp.), *The Cambridge Companion to Rawls*, Cambridge, Cambridge University Press, 2003, págs. 168-199.
19. Freeman, *Rawls*, pág. 46.
20. Para un análisis detallado, véase Rawls, *Political Liberalism*, págs. 289-371.
21. Rawls también se refiere a estas capacidades con el nombre de «racionales» y «razonables». Ser racional es saber lo que queremos en la vida y cómo conseguirlo, y ser razonable es estar predispuesto y ser capaz de cooperar con otras personas en términos justos. Una sociedad democrática depende de ciudadanos con ambas capacidades, ya que «agentes meramente razonables no tendrían fines propios que quisieran promover mediante una cooperación justa», mientras que «agentes meramente racionales carecerían de un sentido de la justicia y no reconocerían la validez independiente de las reivindicaciones de los demás». Rawls, *Political Liberalism*, pág. 52.
22. Como ya hemos comentado, necesitamos las libertades «procesales» —los derechos y libertades asociados con el Estado de derecho— para ejercer nuestras libertades personales y políticas.
23. Volveremos a las razones públicas en el capítulo 2, pero, en pocas palabras, se trata de justificaciones basadas en valores políticos que gozan de un am-

plio apoyo, y no en creencias morales o religiosas de naturaleza personal. Aunque las libertades no básicas como la publicidad comercial —o (probablemente) cosas como la pornografía, el nudismo público o el uso recreativo de las drogas— se pueden limitar por motivos de, por ejemplo, salud pública, no se pueden restringir simplemente porque ofendan la sensibilidad estética, moral o religiosa de algunas personas (o incluso de la mayoría).

24. Frank Michelman, «Rawls on Constitutionalism and Constitutional Law», en Freeman (comp.), *The Cambridge Companion to Rawls*, págs. 394-425.

25. Hay espacio para el debate respecto a la extensión de nuestro derecho a las posesiones personales para garantizar nuestro interés básico de vivir libremente y desarrollar nuestras capacidades morales, así como con relación a qué se entiende por «posesiones personales» en este sentido. Véase, por ejemplo, Katy Wells, que defiende que podemos alcanzar los mismos objetivos subyacentes con un conjunto de derechos más limitado, comparable al que tenemos sobre las cosas que alquilamos. Véase Katy Wells, «The Right to Personal Property», *Politics, Philosophy & Economics* 15:4, 2016, págs. 358-378.

26. Al explicar la relación entre su primer y su segundo principio, Rawls distinguió entre la libertad y el «valor» de la libertad. El primer principio ha sido concebido para garantizarnos ciertas libertades equitativas básicas, entendidas como libertades legales formales para hacer o ser ciertas cosas sin la intromisión del Estado o de otros ciudadanos. Pero el valor de estas libertades formales para nosotros, en cuanto ciudadanos, depende, en esencia, de nuestro acceso a recursos como ingresos y riqueza. El objetivo del segundo principio es asegurarse de que cada cual tiene acceso a una porción justa de los recursos que necesitamos para ejercer nuestras libertades básicas y perseguir nuestros sueños y objetivos en la vida. Como explica Rawls: «Tomando en cuenta los dos principios juntos, la estructura básica debe organizarse para maximizar el valor para los menos favorecidos del esquema completo de libertad equitativa compartida por todos. Esto define el fin de la justicia social». Rawls, *A Theory of Justice*, pág. 179.

27. En otras palabras, estos países tienen una «elasticidad de ingresos intergeneracional» de 0,5; véase Miles Corak, «Income Inequality, Equality of Opportunity, and Intergenerational Mobility», *Journal of Economic Perspectives* 27:3, 2013, págs. 79-102.

28. Raj Chetty y otros, «Race and Economic Opportunity in the United Sta-

tes: An Intergenerational Perspective», *Quarterly Journal of Economics*, 135:2, 2020, pág. 730.

29. Rawls resumió esta idea de este modo: «Quienes poseen el mismo nivel de talento y habilidad, y tienen la misma voluntad de usarlos, deberían gozar de idénticas expectativas de éxito independientemente del lugar que originariamente ocupaban en el sistema social». Rawls, *A Theory of Justice*, pág. 63.
30. R. H. Tawney, *Equality*, Londres, George Allen & Unwin, 1952, pág. 109.
31. La sanidad universal es importante no solo para la igualdad de oportunidades, sino también para garantizar que todos pueden ejercer sus libertades básicas y para mejorar el futuro de los más desfavorecidos. Véanse Rawls, *Justice as Fairness*, págs. 173-175, y Norman Daniels, «Health and Health Care», en Mandle y Reidy (comps.), *The Cambridge Rawls Lexicon*, págs. 332-335. Para un examen más detallado de un planteamiento ampliamente rawlsiano sobre el sistema de salud, que Rawls comentó y al que dio su aprobación, véanse Norman Daniels, «Health-Care Needs and Distributive Justice», Philosophy & Public Affairs 10:2, 1981, págs. 146-179, y Norman Daniels, *Just Health Care*, Cambridge, Cambridge University Press, 1985.
32. Como señaló Rawls, «en todos los sectores de la sociedad deberían existir unas perspectivas aproximadamente equitativas con relación a la cultura y a la realización personal para todos aquellos similarmente motivados y dotados». Rawls, *A Theory of Justice*, pág. 63.
33. Nava Ashraf y otros, «Mind the Gap: What Gender Differences in Pay Tell Us about Untapped Talent», *Hub for Equal Representation in the Economy working paper*, mayo 2021. Véase también Robert Lynch, «The Economic Benefits of Equal Opportunity in the United States by Ending Racial, Ethnic, and Gender Disparities», Washington Center for Equitable Growth, junio 2021.
34. El propio Rawls dijo relativamente poco sobre los derechos de los padres. Las ideas que planteamos aquí se inspiran en el destacado trabajo de los filósofos Harry Brigthouse y Adam Swift, cuyo enfoque se adecúa perfectamente a un amplio marco rawlsiano. Véase Harry Brighouse y Adam Swift, *Family Values: The Ethics of Parent-Child Relationships*, Princeton, Princeton University Press, 2014.
35. Michael J. Sandel, *The Tyranny of Merit: What's Become of the Common Good?*, Londres Penguin, 2020, pág. 119 (trad. cast.: *La tiranía del mérito: ¿qué ha sido del bien común?*, Barcelona, Debate, 2020).

36. Según el *Oxford English Dictionary* (edición *en línea*), el término «meritocracia» fue usado por primera vez por Alan Fox en el periódico *Socialist Commentary*, pero el libro de Young llevó la palabra al discurso público. Más tarde Young expresó su consternación por la amplia tergiversación que había sufrido el término. Véase Michael Young, «Down with Meritocracy», *Guardian*, 29 de junio de 2001.
37. El libro de Young está escrito en la voz de un autor ficticio que en 2033 explora la historia de la sociedad meritocrática en la que vive. Hacia el final del libro, el narrador detecta cierta inquietud social entre las clases «menos inteligentes». El relato se interrumpe poco después, y una nota a pie de página nos informa de que el autor fue asesinado en los disturbios violentos de mayo de 2034. Véase Michael Young, *The Rise of the Meritocracy*, Londres, Thames & Hudson, 1958.
38. En una sociedad meritocrática, argumentó Rawls, «existe una marcada disparidad entre las clases superior e inferior tanto en medios de vida como en derechos y privilegios de una autoridad organizativa. La cultura de los estratos más pobres se ve depauperada, mientras que la élite gobernante y tecnocrática se afianza en el servicio a los objetivos nacionales de poder y riqueza. La igualdad de oportunidades [en este contexto] implica las mismas oportunidades de dejar atrás a los menos afortunados en la búsqueda personal de influencia y posición social». Rawls, *A Theory of Justice*, pág. 91.
39. Sandel, *The Tyranny of Merit*, págs. 24-31.
40. Rawls, *A Theory of Justice*, pág. 64. La idea de que no «merecemos» nuestras habilidades naturales en un sentido moral profundo era, para Rawls, «una obviedad moral. ¿Quién podría negarlo? —declaró—. ¿La gente cree realmente que merecían (moralmente) nacer con más talento que los otros? ¿Creen que merecían (moralmente) nacer hombre en lugar de mujer, o viceversa? ¿Creen haber merecido nacer en una familia acomodada y no en otra más pobre? No». Rawls, *Justice as Fairness*, págs. 74-75.
41. Rawls, *A Theory of Justice*, pág. 65.
42. *Ibidem*, págs. 64-65. Hasta qué punto las personas pueden y deben ser consideradas responsables por el nivel de esfuerzo que invierten en una tarea provoca acalorados debates incluso en el seno de la tradición liberal ampliamente igualitaria. De hecho, esta pregunta se sitúa en el corazón de los debates en torno al así llamado «igualitarismo de la suerte»; la idea de que las desigualdades están justificadas solo si son el producto de decisiones de las

que los individuos son responsables, y no el resultado de circunstancias no elegidas. Para un análisis de estas ideas y su relación con Rawls, véase Samuel Scheffler, «What Is Egalitarianism?», *Philosophy & Public Affairs* 31:1, 2003, págs. 5-39.

43. A primera vista, esta línea de razonamiento parece culminar en la conclusión más bien extrema de que no podemos ser considerados responsables de ninguna de nuestras acciones. Pero no es eso a lo que apunta Rawls. Su objetivo es demostrar que, si queremos organizar la sociedad a partir del ideal meritocrático, necesitamos alcanzar algún acuerdo sobre lo que significa el «mérito» o lo que la gente merece moralmente. Y como la gente solo merece aquello de lo que es responsable en cierto sentido, esto nos arroja rápidamente a las arenas movedizas de uno de los dilemas filosóficos más inextricables de todos los tiempos: el debate sobre la naturaleza de la responsabilidad individual y el libre albedrío. Rawls no pretendió resolverlo. En cambio, argumentó que, como no existe la perspectiva de lograr un consenso, deberíamos buscar un principio alternativo para la justicia económica.
44. Rawls, *Justice as Fairness*, págs. 75-77.
45. Los otros principios de Rawls también tienen implicaciones en relación con el nivel de desigualdad que deberíamos tolerar como sociedad. El principio de libertades básicas justifica limitar la desigualdad al nivel necesario para que todos los ciudadanos tengan una influencia aproximadamente igual en la toma colectiva de decisiones; aunque podemos regular las donaciones a los partidos políticos, existe un claro límite a nuestra capacidad para aislar el proceso democrático de desigualdades de más calado. De un modo similar, si realmente pretendemos aspirar a la igualdad equitativa de oportunidades, también necesitamos reducir la pobreza y la desigualdad directamente, ya que existe un límite a la capacidad del sistema educativo para compensar las diversas experiencias que los niños viven en sus hogares. Por sí mismos, estos principios ya justifican políticas que aborden las desigualdades más notorias en nuestras sociedades, y establecen un límite superior al nivel de desigualdad que puede justificarse sobre la base del principio de diferencia.
46. La idea de que tenemos un deber moral colectivo para utilizar el poder del Estado para ayudar a los pobres está reconocida en buena parte del espectro de perspectivas filosóficas y, políticas, entre ellas las de los principales pensadores de la tradición liberal, incluso aquellos, como Friedrich Hayek, inclinados a la derecha. Sin embargo, aunque a veces se ha considerado este

deber como una cuestión de caridad pública, Rawls dejó claro que era una cuestión de justicia social. Véase Freeman, *Rawls*, pág. 86.

47. Como explicó Rawls, «por debajo de cierto nivel de bienestar material y social, y de formación y educación, las personas sencillamente no pueden participar en la sociedad como ciudadanos, y menos como ciudadanos iguales». Rawls, *Political Liberalism*, pág. 166.
48. El principio de libertades básicas «podría estar precedido por un principio léxicamente anterior que exigiera que las necesidades básicas fueran cubiertas, al menos en la medida en que su satisfacción es una condición necesaria para que los ciudadanos comprendan y puedan ejercer fructíferamente las libertades y derechos básicos». Rawls, *Justice as Fairness*, pág. 44. Para un análisis detallado, véase Rodney G. Peffer, «Basic Needs», en Mandle y Reidy (comps.), *The Cambridge Rawls Lexicon*, págs. 50-54.
49. El principio de diferencia se preocupa por maximizar los estándares de vida de los más desfavorecidos en la presente generación, lo cual no significa, como han sugerido rawlsianos de derechas como John Tomasi y Jason Brennan, que necesitemos maximizar las perspectivas de los más desfavorecidos en generaciones futuras. Esto implicaría que tenemos la obligación de maximizar el nivel (sostenible) de crecimiento económico en el futuro. Para un debate sobre estos temas y una crítica a Tomasi y Brennan, véase Andrew Lister, «The Difference Principle, Capitalism, and Property-Owning Democracy», *Moral Philosophy and Politics* 5:1, 2018, págs. 151-172. Allí donde el principio de diferencia se aplica en el seno de una generación, el principio de ahorro justo —que estudiaremos al final de este capítulo— se preocupa por la justicia entre generaciones y puede ayudarnos a pensar en el nivel de crecimiento al que deberíamos aspirar para el patrimonio general de la sociedad.
50. Como comentó Rawls, podemos pensar que el principio de diferencia aporta «una interpretación del principio de fraternidad», que, comparado con la libertad y la igualdad, ha sido en gran medida ignorado en la teoría democrática. Argumentó que, de esta manera, sus principios expresaban los tres conceptos asociados a la Revolución francesa y la tradición democrática más amplia: «La libertad corresponde al primer principio, la igualdad a la idea de igualdad en el primer principio junto a la igualdad equitativa de oportunidades, y la fraternidad al principio de diferencia». Evidentemente, la «fraternidad» también se refiere a una noción más amplia de solidaridad

social y amistad cívica, con implicaciones respecto a cómo tratamos a nuestros conciudadanos en un nivel más personal. Para Rawls, el principio de diferencia era una forma de aplicar este concepto a la cuestión de cómo organizar nuestras instituciones básicas. Véase Rawls, *A Theory of Justice*, págs. 90-91.

51. Como veremos en el capítulo 3, es difícil encontrar que respalden efectivamente esta idea en su forma más fuerte.
52. Rawls, *Justice as Fairness*, pág. 139.
53. Philippe van Parijs, «Difference Principles», en Freeman (comp.), *The Cambridge Companion to Rawls*, págs. 213-214.
54. A menudo Rawls ha sido criticado por su incapacidad para afrontar estas cuestiones. Para una explicación y defensa del planteamiento de Rawls, véase Freeman, *Rawls*, págs. 106-108. Para un resumen de cómo filósofos recientes han abordado esta cuestión, incluyendo intentos de modificar el planteamiento de Rawls, véase Daniel Putnam y otros, «Disability and Justice», en Edward N. Zalta (comp.), *The Stanford Encyclopedia of Philosophy*, edición de otoño de 2019, <https://plato.stanford.edu/archives/fall2019/entries/disability-justice/>.
55. Van Parijs, «Difference Principles», págs. 211-216.
56. Rawls, *A Theory of Justice*, pág. 74.
57. Esta es la esencia de una de las críticas más conocidas a Rawls por parte de Robert Nozick, el conocido como argumento «Wilt Chamberlain». Véase Robert Nozick, *Anarchy, State, and Utopia*, Nueva York, Basic Books, 1974, págs. 160-164. Para la respuesta de Rawls a esta crítica, véase *Political Liberalism*, pág. 283.
58. Thomas Nagel, «Rawls and Liberalism», en Freeman (comp.), *The Cambridge Companion to Rawls*, pág. 71.
59. Esta brecha es aún más sorprendente si nos centramos en Norteamérica (Estados Unidos y Canadá), donde el 1% se quedó con el 35% del crecimiento, en comparación con el 2% de la mitad inferior. Si contemplamos este dato en el mundo en su conjunto, el 1% más rico se apoderó del 27% del incremento total de la renta, en comparación con el 13% de la mitad inferior. Los «ingresos brutos» se definen como los ingresos sin impuestos ni transferencias, pero después de la operación del sistema de pensiones. Facundo Alvaredo y otros, *World Inequality Report*, 2018, París, World Inequality Lab, 2018, pág. 48.

60. Rawls, *A Theory of Justice*, pág. 87.

61. Este aspecto del principio de diferencia ha sido frecuentemente ignorado en los debates populares sobre la obra de Rawls, incluso en los académicos. Como señala Samuel Arnold, Rawls es en parte responsable de ello, pues tendía a ilustrar su exposición del principio de diferencia recurriendo a los niveles de renta; véase Samuel Arnold, «The Difference Principle at Work», *Journal of Political Philosophy* 20:1, 2012, págs. 94-118. Pero una lectura atenta de la obra de Rawls evidencia que se trata de un mero dispositivo heurístico —una simplificación para ayudarnos a pensar en las implicaciones del principio— y que, si se comprende correctamente, el principio de diferencia no solo se aplica a la distribución de la renta y el patrimonio, sino también a la distribución de puestos de poder y responsabilidad y a las bases sociales de la autoestima. Véase, por ejemplo, el comentario de Rawls según el cual este principio «se aplica, en una primera aproximación, a la distribución de la renta y el patrimonio y al diseño de organizaciones que recurren a diferencias en el nivel de autoridad y responsabilidad» (*A Theory of Justice*, pág. 53), y que «eventualmente, al aplicar el principio de diferencia, queremos incluir entre las perspectivas de los más desfavorecidos el bien primordial de la autoestima» (*ibidem*, 312). Entre los estudiosos de Rawls hay un amplio consenso en este punto. Véanse, por ejemplo, Freeman, *Rawls*, págs. 105-106, 113; Van Parijs, «Difference Principles», págs. 211-212; y Martin O'Neill, «Free (and Fair) Markets without Capitalism: Political Values, Principles of Justice, and Property-Owning Democracy», en Martin O'Neill y Thad Williamson (comps.), *Property-Owning Democracy: Rawls and Beyond*, Chichester, Blackwell, 2012, págs. 89-90.

62. Por desgracia, Rawls dijo muy poco sobre este bien primordial vital. Para un minucioso análisis de las posibles interpretaciones de esta idea basándose en los breves comentarios de Rawls, véase Arnold, «The Difference Principle at Work».

63. Para un análisis detallado de las ideas de Rawls sobre la autoestima, véase Jeffrey Moriarty, «Rawls, Self-Respect, and the Opportunity for Meaningful Work», *Social Theory and Practice* 35:3, 2009, págs. 441-459.

64. Rawls, *A Theory of Justice*, pág. 386.

65. El comentario más detallado de Rawls sobre la autoestima aparece en *A Theory of Justice*, págs. 386-392. He dividido este concepto en tres partes distintas: trabajo significativo, reconocimiento social e iniciativa. El propio

Rawls no estableció estas distinciones precisas, pero están implícitas en su análisis. Afirmó que la autoestima consta de «dos aspectos». En primer lugar, «incluye la sensación que la persona tiene de su propio valor, su convicción de que su bienestar, su plan de vida, merecen la pena». A su vez, esta idea de la valía personal depende de «(1) tener un plan de vida racional, y en particular uno que satisfaga el principio aristotélico [tal como se define en el texto principal]; y (2) que nuestra persona y nuestros actos sean apreciados y confirmados por otras personas igualmente estimadas y cuya asociación está reconocida»; en otras palabras, tener la oportunidad de ejercitar las propias competencias y capacidades, a lo que yo me refiero como «trabajo significativo» y «reconocimiento social». En segundo lugar, Rawls argumentó que, junto a la sensación de la propia valía, la autoestima depende de la sensación de autoconfianza; «confianza en la propia capacidad [...] para cumplir nuestro objetivo» o lo que he llamado «iniciativa» o «independencia».

66. *Ibidem*, págs. 377, 386.
67. Moriarty, «Rawls, Self-Respect, and the Opportunity for Meaningful Work», págs. 449-453.
68. Rawls, *A Theory of Justice*, pág. 386.
69. *Ibidem*, págs. 387-388.
70. Rawls se refirió a esto como el «problema del índice», ya que plantea la cuestión de cómo equilibrar los diferentes elementos en un índice de bienes primordiales sociales y económicos (*A Theory of Justice*, pág. 113). Véase también Arnold, «The Difference Principle at Work», págs. 113-114. Como sugiere Arnold, parece muy plausible que la mayoría de los empleados con bajos salarios estén dispuestos a intercambiar un poco de su sueldo por más poder y control, con todos los beneficios que eso puede tener en términos de calidad del trabajo. Esto sería aún más probable si los más desfavorecidos dispusieran de un sueldo mucho mayor del que tienen en la actualidad, algo que se haría realidad si implementáramos las políticas necesarias para aplicar el principio de diferencia.
71. Rawls, *Justice as Fairness*, págs. 137-138. Para una discusión detallada de la crítica de Rawls al «capitalismo del estado del bienestar», véanse Freeman, *Rawls*, págs. 219-235, y O'Neill, «Free (and Fair) Markets without Capitalism».
72. Lukas Meyer, «Intergenerational Justice», sect. 4.4, en Edward N. Zalta (comp.), *The Stanford Encyclopedia of Philosophy*, edición verano de 2020,

<https://plato.stanford.edu/archives/sum2020/entries/justiceintergenerational/>.

73. Como resume Freeman, el principio de ahorro justo «requiere que las generaciones actuales ahorren para el futuro tanto como les habría racionalmente gustado que sus predecesores ahorraran para ellos, conscientes de que ellos [la generación actual] están obligados a ofrecer la misma cantidad a sus sucesores»; véase Freeman, *Rawls*, pág. 139.

74. Rawls, *Justice as Fairness*, pág. 159.

75. Evidentemente, tenemos que equilibrar el patrimonio de la generación actual con el objetivo de garantizar la justicia en el futuro, por lo que la tasa de ahorro —la proporción de ingresos o riqueza que reservamos para el ahorro— no debería ser muy elevada, especialmente en niveles bajos de desarrollo. Pero si no existiera la obligación de ahorrar de ningún modo, entonces las sociedades pobres jamás alcanzarían el nivel de prosperidad mínima necesaria para sostener instituciones justas y democráticas. El propio Rawls defendía que «es imposible ser muy específico respecto al calendario de la tasa [de ahorro]» que estaría justificada según este principio, y solo buscaba establecer algunos límites generales sobre el rango de ahorro que se requiere como cuestión de justicia. Véase Lister, «The Difference Principle, Capitalism, and Property-Owning Democracy». Véase Rawls, *A Theory of Justice*, pág. 255.

76. Como dijo Rawls, «es un error creer que una sociedad buena y justa deba esperar un elevado nivel de vida material»: Rawls, *A Theory of Justice*, pág. 257.

77. «El principio de diferencia [...] no demanda un crecimiento económico continuo a lo largo de las generaciones para maximizar indefinidamente las expectativas de los más desfavorecidos (evaluadas en términos de ingresos y riqueza). Eso no sería una concepción razonable de la justicia. No deberíamos descartar la idea de Mill de una sociedad situada en un estado estacionario justo, en la que la acumulación de capital (real) haya cesado». Véase Rawls, *Justice as Fairness*, págs. 63-64.

78. Meyer, «Intergenerational Justice», sec. 4.4. Aunque el principio de ahorro justo nos pide claramente mantener las condiciones mínimas necesarias para la existencia de una sociedad justa a lo largo del tiempo, existe cierto debate respecto a sus implicaciones más allá de esto.

79. Aunque no dijo mucho sobre el medio ambiente, Rawls admitía que era

una parte fundamental de la cuestión de la justicia intergeneracional, y comentó que este tema incluía tanto «la cuestión de la tasa apropiada de ahorro de capital como la conservación de los recursos naturales y el medio ambiente». Rawls, *A Theory of Justice*, págs. 118-119. Cierto número de pensadores han utilizado, y en algunos casos ampliado, las ideas de Rawls para desarrollar una explicación más exhaustiva de la justicia medioambiental y la sostenibilidad. Véanse, por ejemplo, Russ Manning, «Environmental Ethics and Rawls' Theory of Justice», *Environmental Ethics* 3:2, 1981, págs. 155-165; Catriona McKinnon, *Climate Change and Future Justice: Precaution, Compensation and Triage,* Abingdon, Routledge, 2012; John Töns, *John Rawls and Environmental Justice: Implementing a Sustainable and Socially Just Future*, Abingdon, Routledge, 2022.

80. Esta es la definición clásica de desarrollo sostenible expresada por primera vez en el Informe Brundtland. Véase Comisión Mundial sobre el Medio Ambiente y el Desarrollo, *Our Common Future*, Oxford, Oxford University Press, 1987.

81. El principio de ahorro justo implica un compromiso hacia una sostenibilidad «fuerte» y no «débil». La sostenibilidad «débil» pretende mantener el patrimonio general de la sociedad de una generación a la siguiente, permitiendo un aumento del patrimonio material (como el stock de maquinaria industrial o la vivienda) para compensar la pérdida de riqueza natural (como los stocks de minerales esenciales o combustibles fósiles). La sostenibilidad «fuerte», por el contrario, admite que hay aspectos críticos del mundo natural que no se pueden sustituir por medio de un incremento del patrimonio material. La sostenibilidad fuerte implica que nuestras sociedades deben operar dentro de ciertos límites ecológicos estrechos, y en el capítulo 7 veremos cómo poner en práctica esta idea. Para un análisis de estos conceptos, véase Eric Neumayer, *Weak Versus Strong Sustainability: Exploring the Limits of Two Opposing Paradigms*, Cheltenham, Edward Elgar Publishing, 2013.

2. Un nuevo contrato social

1. John Rawls, *Justice as Fairness: A Restatement*, Cambridge, MA, Harvard University Press, 2001, págs. 14-15.

2. Rawls defendía que, incluso entre personas inteligentes y con una buena

formación y que sinceramente quieren perseguir la verdad, el desacuerdo respecto a este tipo de cuestiones es inevitable. Esto es consecuencia de lo que llamó «los lastres del juicio», entre los que se incluyen la complejidad de las evidencias, la vaguedad de los conceptos, el modo en que nuestras experiencias dan forma a nuestra comprensión y el pluralismo de los valores básicos. La única forma de eliminar este desacuerdo, argumentaba, es a través del uso opresivo del poder estatal, como en la Europa medieval, donde la conformidad religiosa era impuesta por la Iglesia católica, y en regímenes religiosos autoritarios como la actual Arabia Saudí. Véase Rawls, *Justice as Fairness*, págs. 32-38.

3. John Rawls, *Lectures on the History of Political Philosophy*, Cambridge, MA, Harvard University Press, 2008, pág. 13; Fred D'Agostino y otros, «Contemporary Approaches to the Social Contract», en Edward N. Zalta (comp.), *The Stanford Encyclopedia of Philosophy*, edición otoño de 2019, <https://plato.stanford.edu/archives/fall2019/entries/contractarianism-contemporary/>.
4. En el prefacio a *Teoría de la justicia*, Rawls dijo que su objetivo era «generalizar y llevar a un orden superior de abstracción la teoría tradicional del contrato social tal como fue representada por Locke, Rousseau y Kant», de modo que «no fuera vulnerable a las objeciones más obvias y que a menudo se consideraban fatales para ella», y ofrecer así «una explicación sistemática y alternativa de la justicia que fuera superior al utilitarismo». Véase John Rawls, *A Theory of Justice*, edición revisada, Cambridge, MA, Harvard University Press, 1999, págs. xvii-xviii.
5. *Ibidem*, págs. 30-35. Rawls fue capaz de trascender esta división desarrollando una clara jerarquía de los diferentes principios o valores. Véase el análisis en el capítulo 1, n. 12, más arriba.
6. Michael J. Sandel, *Justice: What's the Right Thing to Do?*, Nueva York, Farrar, Straus and Giroux, 2009, pág. 141 (trad. cast: *Justicia: ¿hacemos lo que debemos?*, Barcelona, Debate, 2011).
7. Las partes en la posición original ignoran no solo los hechos sobre sí mismas, sino también la mayor parte de los hechos relativos a la sociedad en la que viven, como si existe una religión o grupo étnico dominante. Para una descripción detallada de la posición original, véanse Rawls, *Justice as Fairness*, págs. 80-89, y Samuel Freeman, *Rawls*, Abingdon, Routledge, 2007, págs. 141-198.

8. Este ejemplo se inspira en Adam Swift, *Political Philosophy: A Beginners' Guide for Students and Politicians*, Cambridge, Polity, 2014, págs. 24-25.
9. Desde la perspectiva de la posición original, los sujetos saben que, a menos que ellos y sus conciudadanos tengan la capacidad para desarrollar una concepción del bien y un sentido de la justicia, la sociedad no será más que una lucha por el poder y el control, y que, al margen de sus objetivos en la vida, tendrán más probabilidades de perseguirlos en una sociedad estable y cooperativa. Para un análisis más detallado de la motivación de los sujetos en la posición original, véase John Rawls, *Political Liberalism*, Nueva York, Columbia University Press, 2005, págs. 304-324.
10. Para un examen de por qué los bienes primarios son una «métrica» apropiada para pensar en la justicia, véanse *A Theory of Justice*, págs. 78-81, y *Justice as Fairness*, págs. 57-61, 88. El análisis más detallado de Rawls sobre estas cuestiones aparece en «Social Unity and Primary Goods'», 1982, en John Rawls, *Collected Papers*, Cambridge, MA, Harvard University Press, 2001, págs. 359-387.
11. Rawls, *Justice as Fairness*, págs. 84-85.
12. Rawls, *A Theory of Justice*, pág. 514.
13. Rawls se refirió a esto como a las «tensiones del compromiso». Véanse *Justice as Fairness*, págs. 102-104, y Freeman, *Rawls*, págs. 182-185.
14. Como señala Rawls, la posición original «modela lo que consideramos —aquí y ahora— como condiciones justas bajo las que los representantes de los ciudadanos libres e iguales van a especificar los términos de la cooperación social en lo que atañe a la estructura básica de la sociedad», y, en consecuencia, los principios que los sujetos adoptarán «[identificarán] la concepción de la justicia que consideramos —aquí y ahora— como justa y avalada por las mejores razones». John Rawls, *Political Liberalism*, Nueva York, Columbia University Press, 2005, págs. 25-26.
15. Rawls, *Justice as Fairness*, págs. 29-32. Para un análisis más detallado del «equilibrio reflexivo» y un planteamiento más general de Rawls para justificar sus principios, véanse Freeman, *Rawls*, págs. 142-147, y T. M. Scanlon, «Rawls on Justification», en Samuel Freeman (comp.), *The Cambridge Companion to Rawls*, Cambridge, Cambridge University Press, 2003, págs. 153-155. Gracias a Samuel Freeman por sus útiles sugerencias sobre este pasaje.
16. Rawls, *Justice as Fairness*, págs. 94-95.
17. El siguiente análisis refleja la versión «madura» del argumento de Rawls

respecto a por qué los sujetos en la posición original elegirían estos principios, tal como se presentó en su obra posterior *Justice as Fairness*, págs. 80-134. Para un examen de cómo la presentación de este argumento por parte de Rawls evolucionó con el tiempo, véase Freeman, *Rawls*, págs. 167-197. Véase también el comentario en la nota 54, que subraya uno de los cambios más significativos.

18. Para un resumen detallado de estas críticas y la respuesta de Rawls a ellas, véase Freeman, *Rawls*, págs. 167-180. Para la propia respuesta de Rawls, véase *Justice as Fairness*, págs. 106-110.

19. Rawls argumentó que la regla maximin es una forma racional de que la gente tome decisiones cuando se dan tres condiciones: primera, cuando no tengan ni idea de la probabilidad de los diferentes resultados, lo que implica que carecen de una estimación calculada del mejor camino que seguir; segunda, hay una opción en la que el peor escenario es digno; y tercera, algunas opciones podrían llevar a resultados completamente intolerables. Argumentó que estas tres condiciones se aplican a la decisión que afrontan los sujetos en la posición original: primero, como desconocen qué papel desempeñarán en la sociedad, o incluso el tamaño relativo de sus diversos grupos, no pueden asignar probabilidades a la evolución de los acontecimientos bajo diferentes principios; segundo, el peor resultado bajo la «justicia como equidad» —esto es, estar en la peor situación en una sociedad regulada por los principios de justicia de Rawls— es un resultado digno; y tercero, como hemos comentado en el texto principal, el peor resultado bajo el utilitarismo sería realmente intolerable. Véase *Justice as Fairness*, págs. 97-101.

20. Rawls, *Justice as Fairness*, pág. 105. Rawls solo se refiere a la libertad religiosa, pero es evidente que el mismo argumento se aplica a otras libertades básicas.

21. La argumentación a favor de la equidad en la oportunidad desde la posición original ha sido bastante descuidada tanto por Rawls como por los comentadores posteriores. Véase Anthony Simon Laden, «The Original Position», en Jon Mandle y David Reidy (comps.), *The Cambridge Rawls Lexicon*, Cambridge, Cambridge University Press, 2015, pág. 583.

22. Como hablamos en el capítulo 1, aunque el principio de ahorro justo se aplica claramente a cuestiones sobre el medio ambiente natural, el propio Rawls se centró fundamentalmente en la acumulación de recursos materiales. Véase Rawls, *A Theory of Justice*, págs. 251-258.

23. Rawls reconoció que *Teoría de la justicia* no era del todo clara en este punto, y más tarde describió este aspecto como un «error grave» (*Justice as Fairness*, pág. 95 n., pág. 17). En *Justice as Fairness*, reformuló el argumento en el marco de la posición original en dos «comparaciones fundamentales»: una centrada en el principio de libertades básicas, que se basa en el argumento maximin, y una segunda basada en el principio de diferencia, que no lo hace. El análisis del texto principal sigue el planteamiento revisado de Rawls.
24. Para la argumentación contra el utilitarismo restringido, véanse Rawls, *Justice as Fairness*, págs. 119-130, y Freeman, *Rawls*, págs. 188-198.
25. Véase Anthony Simon Laden, «Difference Principle», en Mandle y Reidy (comps.), *The Cambridge Rawls Lexicon*, págs. 211-216.
26. Rawls creía que era fundamental que toda teoría de la justicia fuera compatible con un relato razonable de los hechos de la psicología moral humana, y este tema se sitúa en el centro de la (a menudo ignorada) tercera parte de *Teoría de la justicia*. Aquí, Rawls desarrolló una explicación de cómo los ciudadanos llegan a desarrollar un sentido de la justicia, que en parte se inspira en el trabajo del psicólogo evolutivo Lawrence Kohlberg, que empieza con la forma en que los niños cultivan un sentido de la reciprocidad a través de sus interacciones con su familia y, más tarde, con una comunidad más amplia. Véanse Walter J. Riker, «Kohlberg, Lawrence», en Mandle y Reidy (comps.), *The Cambridge Rawls Lexicon*, págs. 405-406, y David A. Reidy, «Moral Psychology», en *Ibidem*, págs. 520-527.
27. Rawls, *Justice as Fairness*, págs. 192-195. Evidentemente, este tipo de compromiso podría llevar fácilmente a la limitación de nuestras libertades básicas.
28. Para una definición de «consenso superpuesto», véase *ibidem*, págs. 32-38; y para un debate de cómo podría llegar a implementarse y por qué no es simplemente «utópico», *ibidem*, págs. 192-194.
29. Rawls, *Political Liberalism*, pág. 459.
30. *Ibidem*, págs. 11-15. Estos tres aspectos son comunes a cualquier conjunto de principios «políticos» o a cualquier «concepción política de la justicia», de la que Rawls es solo un ejemplo (véase el análisis sobre la familia de principios políticos razonables en la pág. 85).
31. Para los utilitaristas «integrales», el principio de maximizar la felicidad total o «utilidad» no es solo un principio para justificar las instituciones políticas, sino también una regla que deberíamos seguir en todo lo que hacemos: al

elegir nuestra carrera, al decidir cuánto dinero entregar a organizaciones benéficas e incluso en cómo tratar a nuestra familia y amigos.

32. Rawls explicó que los ciudadanos apoyarían principios políticos razonables por dos razones. La primera porque, como veremos, estos principios se fundamentan en ideas inspiradas en la «cultura política pública», que reconocen como el único punto de partida razonable para desarrollar una teoría de la justicia compartida. En segundo lugar, también adujo que los ciudadanos podrían apoyar estos principios por razones basadas en su propia doctrina integral. Así, por ejemplo, los cristianos podrían apoyar los principios políticos liberales porque se derivan de su compromiso con la igual dignidad de todos los seres humanos a ojos de Dios; y los liberales laicos podrían defenderlos porque fomentan el ideal de autonomía. Así, ciudadanos con diferentes perspectivas morales y religiosas pueden defender los mismos principios políticos, si bien por razones diferentes. Podemos pensar que el consenso superpuesto es como un diagrama de Venn en el que las diversas perspectivas integrales de los ciudadanos son los círculos, y los principios políticos compartidos, el lugar en el que se superponen. Véase Rawls, *Justice as Fairness*, págs. 184-195.
33. *Ibidem*, págs. 5-7.
34. *Ibidem*, pág. 5.
35. «La cultura política pública no es unívoca: contiene cierta diversidad de posibles ideas organizativas que podrían utilizarse, diversas ideas sobre la libertad y la igualdad, y otras ideas sobre la sociedad. Todo lo que necesitamos afirmar es que la idea de la sociedad como un sistema justo de cooperación está profundamente arraigada en esa cultura, por lo que no es irrazonable examinar sus méritos como una idea organizativa central». Rawls, *Justice as Fairness*, págs. 25-26.
36. En primer lugar, se pide a las partes en la posición original que elijan los principios para organizar la estructura básica de la sociedad; no se les pide que acuerden unos principios más amplios sobre cómo vivir. En segundo lugar, ignoran sus creencias religiosas o morales, lo que implica que los principios que elijan estarán justificados al margen de esas creencias. Por último, la construcción de este experimento mental encarna ideas familiares e intuitivas extraídas de la cultura política pública de las sociedades democráticas: la descripción de las partes refleja la idea de ciudadanos libres e iguales, y el hecho de que busquen principios con los que todos puedan

estar de acuerdo refleja la idea de la sociedad como un sistema justo de cooperación.

37. Aristóteles, *The Politics*, libro VII, 1323a, traducido por Ernest Barker, Nueva York, Oxford University Press, 1946, citado en Sandel, *Justice*, pág. 21 (trad. cast.: *Justicia: ¿hacemos lo que debemos?*, Barcelona, Debate, 2011).
38. Rawls admitió que no podemos desarrollar una teoría sustantiva de la justicia sin tener alguna idea de los intereses de la gente y, por lo tanto, cierta idea de lo que significa la «buena vida» (a veces abreviada, sencillamente, como «la buena»). Pero argumentó que podemos ampararnos en una idea «ligera» y característicamente política de la buena vida (tal como es definida en la noción de «bienes primarios»), compatible con las ideas más «densas» sobre la buena vida defendidas por la gente en la vida real. Véase Rawls, *Justice as Fairness*, págs. 140-145.
39. Este análisis se inspira en la reseña que Thomas Nagel hizo al libro de Michael Sandel, *Public Philosophy: Essays on Morality in Politics*, Cambridge, MA, Harvard University Press, 2006, «Progressive but Not Liberal», *New York Review of Books*, 25 de mayo 2006. Véase la respuesta de Sandel en Michael J. Sandel, «The Case for Liberalism: An Exchange», *New York Review of Books*, 5 de octubre de 2006.
40. Hay que tener en cuenta que esta es una crítica al hecho de fundamentar los principios políticos en el liberalismo integral, más que al liberalismo integral en sí. Es perfectamente posible ser un liberal integral, en el sentido de que valoras la autonomía como el bien más elevado en la vida, y ser un liberal político, en el sentido de que crees que las instituciones liberales deben justificarse sobre la base de ideas políticas que la mayoría de los ciudadanos puedan compartir, en lugar de en un ideal de autonomía que muchas personas no comparten.
41. Richard Dawkins, *The God Delusion*, Londres Bantam Press, 2006 (trad. cast.: *El espejismo de Dios*, Barcelona, Espasa, 2007).
42. Rawls, *Political Liberalism*, págs. 190-200.
43. Se critica a Rawls y a otros liberales a veces por ser excesivamente «universalistas», en el sentido de que apelan a valores abstractos en lugar de a los valores de una comunidad en particular. Si bien estas críticas pueden aplicarse en cierta medida a *Teoría de la justicia*, en *El liberalismo político* Rawls dejó claro que deberíamos pensar en sus ideas como aplicables a las democracias constitucionales modernas y que expresan valores que se encuentran

en su cultura pública. Para un análisis de esta crítica, véase Stephen Mulhall y Adam Swift, «Rawls and Communitarianism», en Freeman (comp.), *The Cambridge Companion to Rawls*, págs. 460-470.

44. Amartya Sen, *Human Rights and Asian Values*, Decimosexto Discurso Anual Conmemorativo Morgenthau sobre Ética y Política Exterior, Nueva York, Carnegie Council on Ethics and International Affairs, 1997.

45. Para el tratamiento más extenso y elaborado de las ideas de civismo y razón pública, véase *Political Liberalism*, págs. 435-490. Para un análisis detallado, véanse Freeman, *Rawls*, págs. 381-401, y Jonathan Quong, «On the Idea of Public Reason», en Jon Mandle y David Reidy (comps.), *A Companion to Rawls*, Chichester, Wiley Blackwell, 2014, págs. 265-280.

46. Quong, «On the Idea of Public Reason», pág. 267.

47. Rawls, *Political Liberalism*, págs. 243 n. 32 y 479.

48. La idea de lo «razonable» tiene un papel central en la filosofía de Rawls. Según nuestro autor, las personas razonables quieren vivir con los demás en unos términos que todos puedan aceptar como justos, y los principios políticos razonables son aquellos que toda la gente razonable podría aceptar. Para un análisis más detallado, véase Freeman, *Rawls*, págs. 345-351.

49. Rawls, *Political Liberalism*, págs. xlvi-xlvii, 6.

50. La idea de que existe una familia de principios políticos razonables, o «concepciones políticas de la justicia», desempeña un papel importante a la hora de poner en práctica una distinción que Rawls establece entre legitimidad y justicia. Según Rawls, las leyes y las instituciones son «legítimas» cuando están justificadas según cualquier miembro de la familia de principios políticos razonables, y tenemos un deber moral razonable de obedecer leyes legítimas. Este es un estándar más débil que la justicia, en el sentido de que las leyes pueden ser legítimas sin ser completamente justas. Para Rawls, las leyes son completamente justas solo si están fundamentadas en la concepción de justicia «más razonable», es decir, sus propios principios de «justicia como equidad». Así, por ejemplo, una sociedad que respeta las libertades básicas, pero no hace nada para apoyar a los más desfavorecidos más allá de garantizar un mínimo básico, puede ser legítima aunque no sea completamente justa. Desde un punto de vista práctico, esta distinción explica por qué debemos obedecer algunas leyes incluso cuando creemos que son injustas, ya que, mientras las leyes cumplan con el estándar mínimo de legitimidad, tenemos un deber razonable de obedecerlas. Esto es esencial porque, si

cualquiera pudiera desobedecer cualquier ley que no considerara justa, una democracia estable sería imposible. Véase Freeman, *Rawls*, págs. 371-381.

51. Rawls señalaba a los jueces como un ejemplo de razón pública en la práctica. Al juzgar los casos, los jueces tienen que apelar a principios y precedentes legales comúnmente aceptados, en lugar de a sus propias creencias morales y religiosas de índole personal. Así, la ley proporciona a los jueces una fuente de razones públicas (y no privadas). Véase Rawls, *Political Liberalism*, págs. 231-240.
52. Rawls argumentaba que, cuando los ciudadanos revelan las razones religiosas o no públicas por las cuales apoyan ciertas posiciones políticas de esta manera, ello puede ayudar a asegurar a otros que están comprometidos con un conjunto compartido de valores políticos. Rawls, *Political Liberalism*, págs. 462-466.

3. Rawls y sus críticos

1. Samuel Freeman, «Capitalism in the Classical and High Liberal Traditions», *Social Philosophy and Policy* 28:2, 2011, págs. 19-55.
2. Robert Nozick, *Anarchy, State, and Utopia*, Nueva York, Basic Books, 1974, pág. 230.
3. Según el obituario de Nozick en el *Guardian*, su libro, que a su muerte había sido traducido a siete idiomas, «respaldaba filosóficamente el libre mercado, la actitud contraria al estado del bienestar de [...] la era Reagan-Thatcher». Véase Jane O'Grady, «Robert Nozick», *Guardian*, 26 de enero de 2002.
4. Nozick, *Anarchy, State, and Utopia*, pág. ix.
5. *Ibidem*, pág 169.
6. Rawls argumentó que el libertarismo de Nozick no era realmente una forma de liberalismo en absoluto. Para Rawls, cualquier punto de vista liberal debía tener las características que analizamos en el capítulo 2: la prioridad de ciertas libertades básicas y una garantía de que todos podrían satisfacer sus necesidades básicas. Dado que Nozick no logró garantizar lo último, esto hace que sus ideas sean libertarias en lugar de liberales. Como señaló Rawls, esto no es un argumento contra la teoría de Nozick, simplemente es una manera útil de categorizarla y destacar lo que la hace diferente de otras teo-

rías más reconociblemente liberales. Véase John Rawls, *Lectures on the History of Political Philosophy*, Cambridge, MA, Harvard University Press, 2008, pág. 13. Para un análisis más detallado para distinguir al liberalismo del libertarismo, véase Samuel Freeman, «Illiberal Libertarians: Why Libertarianism Is Not a Liberal View», *Philosophy & Public Affairs* 30:2, 2001, págs. 105-151.

7. Milton Friedman, por ejemplo, estaba dispuesto a respaldar algunas políticas gubernamentales que harían que los mercados fueran más eficientes e incluso algunas medidas para abordar la extrema pobreza, pero se oponía a la legislación de derechos civiles que prohibía la discriminación basada en la raza, argumentando que los empleadores deberían tener la libertad de contratar a quien quisieran en los términos que fueran de su preferencia. Véase Freeman, «Capitalism in the Classical and High Liberal Traditions», págs. 44-45. De un modo similar, a Hayek también le preocupaba que cualquier intento del Estado por establecer una particular distribución de los recursos acabara por socavar la libertad. Véase Michael J. Sandel, *Justice: What's the Right Thing to Do?*, Nueva York, Farrar, Straus and Giroux, 2009, pág. 61.
8. Según Jason Brennan, la mayoría de los libertarios de hoy en día rechazan el enfoque de los derechos naturales de Nozick y en cambio están de acuerdo con Rawls y con una larga tradición filosófica que se remonta a David Hume, según la cual los derechos son fundamentalmente convencionales o sociales en lugar de naturales; en otras palabras, son el producto de decisiones humanas y, por lo tanto, deben justificarse en lugar de simplemente ser declarados. Veáse Jason Brennan, «Libertarianism after Nozick», *Philosophy Compass* 13:2, 2018. Como lo expresó Milton Friedman: «La noción de propiedad [...] se ha asumido hasta tal punto que tendemos a darla por sentada, y no reconocemos en qué medida lo que constituye la propiedad y qué derechos confiere la propiedad son creaciones sociales complejas en lugar de proposiciones evidentes por sí mismas», citado en Freeman, «Capitalism in the Classical and High Liberal Traditions», pág. 34. Un enfoque diferente, defendido por John Tomasi, consiste en argumentar que la propia teoría de Rawls justifica un conjunto más extenso de libertades económicas que las que el propio Rawls propuso; véase John Tomasi, *Free Market Fairness*, Princeton, Princeton University Press, 2012 (trad. cast.: *Equidad de libre mercado*, Madrid, Tecnos, 2022). Para una poderosa crítica a Tomasi y una defensa de

la posición rawlsiana más convencional, véase Thad Williamson y Martin O'Neill, «Free Market Fairness», *Boston Review*, 5 de noviembre de 2012.

9. Para una defensa contemporánea de este tipo de posición, véase N. Gregory Mankiw, «Spreading the Wealth Around: Reflections Inspired by Joe the Plumber», Documento de Trabajo del National Bureau of Economic Research 15846, marzo de 2010.
10. Hayek, citado en Michael J. Sandel, *The Tyranny of Merit: What's Become of the Common Good?*, Londres, Penguin, 2020, págs 126-128. Véase también Andrew Lister, «Mankiw on Just Deserts», post en el blog, 12 de mayo de 2014, <https://andrewlister.blog/2014/05/12/mankiw-on-just-deserts/>.
11. Aunque ni Hayek ni Friedman se describieron a sí mismos como utilitaristas, un examen más atento parece revelar que ambos creían que la justificación última para un compromiso más fuerte con los derechos de propiedad se basa en la idea de que estos fomentarían la eficiencia económica, que a su vez redundaría en el patrimonio social. Véase Freeman, «Capitalism in the Classical and High Liberal Traditions», 23 n. 5, págs. 35, 52.
12. Laura Spinney, «Will Coronavirus Lead to Fairer Societies? Thomas Piketty Explores the Prospect», *Guardian*, 12 de mayo de 2020. Piketty también se refiere a esto como al argumento de la «caja de Pandora»: «es decir, que cualquier desafío a la propiedad privada desencadenará inevitablemente un caos incontrolable, por lo que es mejor no abrir nunca esa caja». Véase Thomas Piketty, *Capital and Ideology*, Cambridge, MA, Harvard University Press, 2020, pág. 990.
13. Andrew Lister, «The "Mirage" of Social Justice: Hayek Against (and For) Rawls», *Critical Review* 25:3-4, 2013, pág. 431. Como señala Lister, aunque las opiniones de Hayek son difíciles de reconstruir, a nivel de principios abstractos su posición parece ser notablemente similar a la de Rawls. Hayek explicaba frecuentemente que el argumento a favor del libre mercado y la propiedad privada era que, en comparación con las alternativas factibles, beneficiarían a todos. En otro lugar afirmó que los extensos derechos de propiedad estaban justificados porque maximizarían las oportunidades de cualquier miembro de la sociedad seleccionado al azar de la sociedad. Según Lister, la mayoría de las diferencias entre Rawls y Hayek provienen del extremo optimismo de este último sobre el funcionamiento de los mercados, y de afirmaciones «resbaladizas» y poco fundamentadas en el sentido en que se analizan aquí.

14. Véase André Azevedo Alves y John Meadowcroft, «Hayek's Slippery Slope, the Stability of the Mixed Economy and the Dynamics of Rent Seeking», *Political Studies* 62:4, 2014, págs. 843-861. Los autores concluyen que, lejos de apoyar la hipótesis de Hayek, la evidencia «demuestra de forma concluyente que la economía mixta ha demostrado ser notablemente estable, mientras que el *laissez-faire* y los regímenes totalitarios son inherentemente inestables».
15. Raymond Geuss, citado en Brian Leiter, «Geuss on Political Philosophy, Rawls, and the Circumstances of Philosophy», *Leiter Reports: A Philosophy Blog*, 14 de agosto de 2014, <https://leiterreports.typepad.com/blog/2014/08/geuss-on-political-thought-rawls-and-the-circumstances-of-philosophy.html>.
16. Paul Mason, «The Left, the Party and the Class: An Essay on the Future of the Labour Left», *Medium*, 25 de julio de 2020. Para un análisis (y refutación) de otras críticas más académicas a Rawls procedentes de la izquierda, véase Arthur DiQuattro, «Rawls and Left Criticism», *Political Theory* 11:1, 1983, págs. 53-78.
17. Para un examen de las críticas feministas dirigidas a Rawls y de las potenciales respuestas rawlsianas, véase Martha C. Nussbaum, «Rawls and Feminism», en Samuel Freeman (comp.), *The Cambridge Companion to Rawls*, Cambridge, Cambridge University Press, 2003, págs. 488-520. Para una perspectiva crítica sobre Rawls y la raza, véase Charles W. Mills, «A Critique of Tommie Shelby», *Critical Philosophy of Race* 1:1, 2013, págs. 1-27. Y para una defensa de Rawls, véanse Tommie Shelby, «Race and Social Justice: Rawlsian Considerations», *Fordham Law Review*, 72:5, 2004, págs. 1697-1714, y la respuesta de Shelby a Mills, «A Reply to Charles Mills», *Critical Philosophy of Race* 1:2, 2013, págs. 145-162.
18. John Rawls, *Justice as Fairness: A Restatement*, Cambridge, MA, Harvard University Press, 2001, págs. 170-171. Para un examen de cómo diferentes pensadores han intentado afrontar estas cuestiones, véase Daniel Putnam y otros, «Disability and Justice», en Edward N. Zalta (comp.), *The Stanford Encyclopedia of Philosophy*, otoño de 2019, <https://plato.stanford.edu/archives/fall2019/entries/disability-justice/>, y Linda Barclay, *Disability with Dignity: Justice, Human Rights and Equal Status*, Abingdo, Routledge, 2018.
19. El término «socialismo», al igual que «liberalismo» —y de hecho cualquier otro «-ismo»—, significa cosas diferentes para diferentes personas. Muchos

individuos que se describen a sí mismos como «socialistas» utilizan el término simplemente para indicar un compromiso con la igualdad y una oposición moral al capitalismo tal como lo conocemos, y, a nivel filosófico, a menudo es difícil distinguir este tipo de socialismo del liberalismo igualitario de Rawls. En el resto de esta sección, me he centrado en argumentos socialistas que siguen a Marx al centrarse en la injusticia de la propiedad privada de los medios de producción. El análisis se basa en el capítulo «Marxism» en Will Kymlicka, *Contemporary Political Philosophy: An Introduction*, Oxford, Oxford University Press, 2002, págs. 166-207.

20. Esto parafrasea a Kymlicka, *Contemporary Political Philosophy*, pág. 176. Thomas Nagel hace una observación similar en «Rawls and Liberalism», en Freeman (comp.), *The Cambridge Companion to Rawls*, pág. 70.
21. «La igualdad simple, que significa que todos estén provistos del mismo nivel material de bienes y servicios [...] generalmente se rechaza como insostenible [...] ni el comunismo ni el socialismo [...] abogan por la igualdad económica absoluta»; Stefan Gosepath, «Equality», en Edward N. Zalta (comp.), *The Stanford Encyclopedia of Philosophy*, verano de 2021, sect. 3.1, <https://plato.stanford.edu/archives/sum2021/entries/equality/>.
22. Brian Leiter, «Why Marxism Still Does Not Need Normative Theory», *Analyse & Kritik* 37, 1-2, 2015, pág. 29. Según Leiter, el fracaso a la hora de cuestionar las relaciones de producción capitalistas es la característica definitoria de lo que él desestima como «filosofía práctica burguesa».
23. Para un ejemplo de este argumento, véase William A. Edmundson, *John Rawls: Reticent Socialist*, Cambridge, Cambridge University Press, 2017. Edmundson argumenta que, aunque en principio Rawls deja abierta la elección entre el capitalismo o el socialismo, en la práctica, el principio de libertades básicas lo compromete con el socialismo, ya que, según Edmundson, es imposible asegurar la igualdad política en una sociedad con propiedad privada de los medios de producción.
24. Aquí la discusión sigue la interpretación propuesta en Kymlicka, *Contemporary Political Philosophy: An Introduction*, págs. 177-187. Para una visión general del debate sobre cómo interpretar este concepto marxista clave, véase Matt Zwolinski y Alan Wertheimer, «Exploitation», en Edward N. Zalta (comp.), *The Stanford Encyclopedia of Philosophy*, verano de 2017, <https://plato.stanford.edu/archives/sum2017/entries/exploitation/>.
25. Por supuesto, algunos «capitalistas» o propietarios también realizan trabajo;

por ejemplo, en empresas gestionadas por sus propietarios, donde estos realizan labores de «gestión». Estrictamente hablando, desde la perspectiva de la teoría marxista de la explotación, no hay nada de malo en que los propietarios reciban un salario por este tipo de trabajo. El problema radica en que los propietarios también reciben ingresos en forma de ganancias simplemente porque son propietarios.

26. Incluso si aceptamos la explicación marxista convencional de la explotación, aún podríamos respaldar algo similar a la idea de Rawls de una «democracia de propiedad», donde la propiedad es privada pero su titularidad se comparte ampliamente en lugar de ser un socialismo total. En una sociedad así, la mayoría de los ciudadanos tendrían una participación sustancial, o incluso aproximadamente igual, del patrimonio de la sociedad, y, en consecuencia, ya no habría una clase de capitalistas que vivieran del «trabajo excedente» de todos los demás. Esto abordaría en gran medida, si no completamente, las preocupaciones marxistas sobre la explotación, dependiendo precisamente de cómo definamos ese término. Agradezco a Stuart White por enfatizar este punto.
27. Kymlicka, *Contemporary Political Philosophy*, pág. 179.
28. Branko Milanovic expone este argumento en su «Ricardo, Marx, and Interpersonal Inequality», *Global Inequality and More 3.0* (Substack), 18 de octubre de 2021, <https://branko2f7.substack.com/p/ricardo-marx-and-interpersonal-inequality?mc_cid=ae01f8df66&mc_eid=78087e0c17>. Para un examen de la importancia relativa de la desigualdad de ingresos versus renta, véase Thomas Piketty, *Capital in the Twenty-First Century*, Cambridge, MA, Harvard University Press, 2014, pág. 263. Véase también Maura Francese y Carlos Mulas-Granados, «Functional Income Distribution and Its Role in Explaining Inequality», IMF Working Papers 2015, nº. 244, que señalan que la mayor parte del aumento de la desigualdad en las últimas décadas es resultado de una creciente disparidad entre trabajadores y no tanto a un cambio en los ingresos generales derivados del trabajo al capital.
29. Rawls también ha sido criticado —no sin razón— por haber dicho relativamente poco sobre estas cuestiones.
30. Will Kymlicka, *Contemporary Political Philosophy*, pág. 180, y G. A. Cohen, «Marxism and Contemporary Political Philosophy, or, Why Nozick Exercises Some Marxists More Than He Does Any Egalitarian Liberals», *Canadian Journal of Philosophy Supplementary* 16, 1990, págs. 363-387. La inter-

pretación de Marx por parte de Cohen se pone en entredicho. Para un relato alternativo, véase Stuart White, «Needs, Labour, and Marx's Conception of Justice», *Political Studies* 44:1, 1996, págs. 88-101.

31. La explotación no es el único concepto del que los socialistas disponen para pensar en la justicia. Otro concepto importante es la máxima de Marx: «De cada cual según sus capacidades, a cada cual según sus necesidades». Para un análisis de las dificultades de esta noción y su potencial conflicto con la explicación marxista de la explotación, véase Kymlicka, *Contemporary Political Philosophy*, págs. 187-190.

32. Cierto número de pensadores socialistas, entre ellos Cohen y Roemer, han propuesto un principio de igualdad de oportunidades radical o «socialista» según el cual las desigualdades son justas si (y solo si) reflejan decisiones por las que razonablemente se puede atribuir responsabilidad, y no la mera suerte. Como vimos en el capítulo 1, n. 12, la misma idea suele denominarse «igualitarismo de la suerte», y ha sido defendida por otros filósofos, muchos de los cuales rechazan la etiqueta «socialista». Para una panorámica de estos desarrollos en la filosofía socialista, véase John Roemer, «Socialism Revised», *Philosophy & Public Affairs* 45:3, 2017, págs. 297-303.

33. Como ocurre con la idea de explotación, hay cierto debate en torno a lo que Marx quería decir cuando hablaba de alienación y a si existen otras formas, más idóneas, de pensar en ello. Para un análisis sobre la perspectiva de Marx, véanse Kymlicka, *Contemporary Political Philosophy*, pág. 190, y Jonathan Wolff, «Karl Marx», en Edward N. Zalta (comp.), *The Stanford Encyclopedia of Philosophy,* invierno de 2017, sect. 2.3, <https://plato.stanford.edu/archives/win2017/entries/marx/>.

34. Estas ideas no han sido ignoradas por completo. Adam Smith también escribió sobre los efectos perniciosos de la especialización excesiva («la división del trabajo») en los obreros, y John Stuart Mill defendía las cooperativas de trabajadores. Recientemente, ha habido un resurgimiento del interés en estas cuestiones desde una amplia variedad de perspectivas liberales. Para un resumen de estas, Nien-Hê Hsieh, «Survey Article: Justice in Production», *Journal of Political Philosophy* 16:1, 2008, págs. 72-100.

35. Véase Jeffrey Moriarty, «Rawls, Self-Respect, and the Opportunity for Meaningful Work», *Social Theory and Practice* 35:3, 2009, págs. 441-459.

36. Rawls, *Justice as Fairness*, pág. 177, en respuesta directa a la crítica de Marx al liberalismo.

37. El comunitarismo y su crítica al liberalismo están más estrechamente asociados a filósofos como Michael Sandel (cuyas ideas debatiremos con más detalle en el texto principal), así como a Alasdair MacIntyre, Charles Taylor y Michael Walzer, todos los cuales escribieron libros relevantes sobre este tema en la década de los ochenta. Para una excelente visión general de estas ideas y de las respuestas variadas que recibieron, véase Daniel Bell, «Comunitarismo», en Edward N. Zalta (comp.), *The Stanford Encyclopedia of Philosophy,* verano de 2016, <https://plato.stanford.edu/archives/sum2016/entries/communitarianism/>. Ejemplos recientes de esta amplia línea de argumentación incluyen el libro de Francis Fukuyama, *Liberalism and Its Discontents*, London Profile, 2022, y Patrick J. Deneen, *Why Liberalism Failed*, New Haven Yale University Press, 2018. Aunque el libro de Fukuyama es en última instancia una defensa del liberalismo, argumenta que «la creencia en la soberanía del individuo profundiza la tendencia del liberalismo a debilitar otras formas de compromiso comunitario, y en particular aleja a las personas de virtudes como el espíritu público, que son necesarias para sostener una política liberal en general» (pág. 63). El libro de Deneen es una crítica directa, que afirma que el objetivo del liberalismo es «la liberación del individuo de lugares particulares, relaciones, adhesiones e incluso identidades, a menos que hayan sido elegidas», y que ha «homogeneizado el mundo a su imagen» con consecuencias devastadoras (págs. 16-17). Mientras que, para Fukuyama, la tendencia moderna hacia el individualismo excesivo es en cierto sentido una perversión de valores liberales importantes, para Deneen estos defectos son inherentes al liberalismo y la razón por la que debemos abandonarlo por completo.
38. Para un análisis detallado y una respuesta a la crítica comunitarista a Rawls, véase Stephen Mulhall y Adam Swift, «Rawls and Communitarianism», en Freeman (comp.), *The Cambridge Companion to Rawls*, págs. 460-487.
39. Michael J. Sandel, «The Procedural Republic and the Unencumbered Self», *Political Theory* 12:1, 1984), págs. 81-96; Fukuyama, *Liberalism and Its Discontents*, pág. 54.
40. Mulhall y Swift, «Rawls and Communitarianism», pág. 461.
41. John Rawls, *A Theory of Justice*, Cambridge, MA, Harvard University Press, 1999, pág. 104. En la medida en que la posición original no refleja una visión subyacente de la psicología humana, deriva de una concepción política de los ciudadanos y de las capacidades que necesitan para participar en sociedad.

42. John Rawls, *Political Liberalism*, Nueva York, Columbia University Press, 2005, pág. 27.
43. La descripción de las partes en la posición original, así como las razones que tienen para elegir los principios de Rawls, también reflejan la importancia de la comunidad, aunque de manera bastante abstracta. Como vimos en el capítulo 1, el sentido de pertenencia a una comunidad que comparte nuestra perspectiva vital es, para Rawls, una fuente crucial de autoestima y, por lo tanto, un «bien primario» importante. Además, las partes eligen dar prioridad a ciertas libertades básicas, incluida la libertad de asociación, porque saben que para la mayoría de las personas alguna forma de comunidad es uno de los aspectos más importantes de la vida.
44. Rawls, *A Theory of Justice*, pág. 229. El hecho de que nuestro contexto social dé forma a nuestros valores y a nuestra percepción de nosotros mismos es una de las razones por las que Rawls está tan preocupado por la estructura básica de la sociedad en primer lugar, ya que no podemos escapar a sus efectos en quiénes somos y en qué queremos en la vida. Véase Rawls, *Justice as Fairness*, pág. 22.
45. Rawls añadió que «[los ciudadanos] podrían considerar sencillamente impensable considerarse a sí mismos al margen de ciertas convicciones religiosas, filosóficas y morales, o de ciertas adhesiones o lealtades duraderas»; Rawls, *Political Liberalism*, pág. 31.
46. Para un análisis sobre esta distinción, véase Bell, «Communitarianism», sect. 2, «The Debatge Over the Self».
47. Rawls también desarrolló su propia visión del sentido de la comunidad, o «unión social», como a menudo se refería a ella, y la definió como una cooperación con los demás para alcanzar objetivos compartidos; véase Rawls, *A Theory of Justice*, págs. 456-464. La distinguía de la cooperación mutuamente beneficiosa, que se da cuando cooperamos con los demás simplemente para alcanzar nuestros objetivos individuales. Rawls puso el ejemplo de una orquesta: aunque a los músicos individuales les resulte agradable tocar sus partes individuales, una orquesta es una comunidad porque todos sus miembros quieren crear juntos una hermosa pieza musical. Esta idea de comunidad como la búsqueda de objetivos compartidos es intencionadamente amplia: abarca el valor no solo de las orquestas, sino también de la religión, la cultura, la amistad y la vida familiar. Una familia es una comunidad no porque permita a sus integrantes perseguir sus objetivos individuales,

por ejemplo, compartiendo el coste de la vivienda y la alimentación, sino porque les permite buscar objetivos compartidos, como criar a los hijos. La participación en estas comunidades es, para Rawls, una parte esencial de la existencia humana, «pues solo en la cooperación activa con los demás nuestras verdaderas capacidades llegan a fructificar. El individuo solo se completa en una unión social», *A Theory of Justice*, pág. 460. Para un análisis de las ideas de Rawls sobre la comunidad, véase Sibyl A. Schwarzenbach, «Social Union», en Jon Mandle y David Reidy (comps.), *The Cambridge Rawls Lexicon*, Cambridge, Cambridge University Press, 2015, págs. 788-790.

48. Rawls también argumentó que, aunque una sociedad liberal no puede ser una comunidad en el sentido de perseguir una idea compartida específica sobre cómo vivir, sus ciudadanos siguen compartiendo el objetivo común de crear una sociedad justa, y esto, a su vez, es la base para un sentido de la «comunidad política».
49. Esto se inspira en Bell, «Communitarianism», sect. 3, «The Politics of Community».
50. El argumento a favor de un enfoque proactivo para apoyar diversos tipos de comunidades, incluso a través de subsidios públicos, se basa en las dificultades generalizadas que tienen los ciudadanos para poner en marcha estas formas de asociación voluntaria. En particular, refleja la tendencia de algunas personas a abstenerse de contribuir a los costes de establecer, por ejemplo, un grupo local o religioso si en su lugar pueden aprovecharse del trabajo duro de otras personas.
51. Raymond Geuss, *Philosophy and Real Politics*, Princeton, Princeton University Press, 2008, págs. 23-30. Para un análisis detallado de las críticas de Guess y una respuesta exhaustiva a estas, véase Samuel Freeman, «Review: Philosophy and Real Politics», *Ethics* 120, 2009, págs. 175-184.
52. Por ejemplo, Geuss rechaza la posición original por parecer presuponer la idea «muy ingenua» de «que de alguna manera se puede tener una mejor comprensión de las relaciones de poder en la sociedad y cómo funcionan al encubrirlas, ignorarlas o simplemente desear que desaparezcan»; Geuss, *Philosophy and Real Politics*, pág. 90. Pero, como señala Freeman, el objetivo de Rawls no es «entender el mundo», sino articular un ideal de justicia. Véase Freeman, «Review: Philosophy and Real Politics», págs. 180-181.
53. Evidentemente, es posible que, cuando los políticos apelan a principios morales, en realidad se trate de una máscara para conseguir sus propios intere-

ses. Pero, como señaló Rawls, «la gente no es tan estúpida como para no discernir cuándo [...] ciertos grupos y sus líderes invocan las normas de una forma puramente manipuladora e interesada». Véase Rawls, *Lectures on the History of Political Philosophy*, pág. 7.

54. Véase, por ejemplo, Jonathan Haidt, *The Righteous Mind: Why Good People Are Divided by Politics and Religion*, Londres Penguin, 2012.

55. El egoísmo y el altruismo existen junto a la reciprocidad, y el equilibrio entre estas motivaciones depende en gran medida del contexto. Esto apunta a la importancia de diseñar nuestras instituciones económicas y políticas de modo que sean sensibles y fomenten nuestra capacidad básica para la reciprocidad, por ejemplo, garantizando que cada cual tiene una oportunidad equitativa de contribuir a la vida económica, y que lo que la gente gana depende hasta cierto punto de lo duramente que trabajen. Para una panorámica de la evidencia de reciprocidad tanto en la psicología como en la antropología, véanse Samuel Bowles y Herbert Gintis, «Reciprocity, Self-Interest, and the Welfare State», *Nordic Journal of Political Economy* 26:1, 2000, págs. 33-53, así como Samuel Bowles y Herbert Gintis, *A Cooperative Species: Human Reciprocity and Its Evolution*, Princeton, Princeton University Press, 2013.

56. Véanse Amartya Sen, *The Idea of Justice*, Cambridge, MA, Harvard University Press, 2009 (trad. cast.: *La idea de justicia*, Barcelona, Taurus, 2009), y Amartya Sen, «What Do We Want from *a Theory of Justice*?», *Journal of Philosophy* 103:5, 2006, págs. 215-238. Para un examen detallado de las ideas de Sen y una defensa de Rawls, véase Laura Valentini, «A Paradigm Shift in Theorizing about Justice? A Critique of Sen», *Economics and Philosophy* 27:3, 2011, págs. 297-315.

57. Sen, *The Idea of Justice*, págs. 52-53.

58. *Ibidem*, pág. 9.

59. Rawls, *A Theory of Justice*, pág. 8. Según Rawls, el rasgo distintivo de la teoría ideal es que asume una «conformidad perfecta»; en otras palabras, todos los miembros de la sociedad acatan las reglas y cumplen su parte. La tarea de la teoría ideal es identificar los principios para una sociedad así y descubrir el esquema general de las instituciones políticas y económicas que mejor se avengan a su cumplimiento. Por el contrario, la teoría no ideal se ocupa de los problemas que derivan de nuestro fracaso a la hora de crear instituciones justas, como la pobreza que existe debido a las deficiencias del

estado del bienestar existente, o las injusticias que surgen cuando las personas se niegan a obedecer a las instituciones justas, lo que constituye el núcleo de las teorías de la justicia criminal. Para un análisis detallado de la explicación de Rawls de la teoría ideal y no ideal, véase John A. Simmons, «Ideal and Nonideal Theory», *Philosophy & Public Affairs* 38:1, 2010, págs. 5-36.

60. John Rawls, *The Law of Peoples*, Cambridge, MA, Harvard University Press, 1999, pág. 89 (trad. cast.: *El derecho de gentes*, Barcelona, Paidós, 2001).
61. Para un examen de los roles «objetivo» («urgencia») en la teoría ideal, véase Zofia Stemplowska y Adam Swift, «Ideal and Nonideal Theory», en David Estlund (comp.), *The Oxford Handbook of Political Philosophy*, Oxford, Oxford University Press, 2012, págs. 373-390. Para un examen de los diferentes elementos de la teoría no ideal y un brillante ejemplo de este tipo de trabajo, véase Tommie Shelby, *Dark Ghettos: Injustice, Dissent, and Reform*, Cambridge, MA, Harvard University Press, 2016, págs. 10-14.
62. En otras palabras, aunque Sen tiene razón en que el mero hecho de disponer de una imagen de una sociedad perfectamente justa no es necesario ni suficiente para hacer los juicios comparativos a los que normalmente nos enfrentamos, la teoría de Rawls nos ofrece mucho más que esto. Véase Valentini, «A Paradigm Shift in Theorizing about Justice?», págs. 304-309, para un argumento similar. Volviendo a la analogía del Everest, no necesitamos conocer la altura de esta montaña para descubrir cuál de dos picos más pequeños es más alto que el otro. Pero, para ampliar la analogía, la teoría ideal de Rawls no se limita a decirnos qué montaña es más alta; para empezar, nos indica qué tipo de montaña deberíamos buscar. Después de todo, las montañas tienen otras características, al margen de su altura: algunas son más bellas, otras tienen un mejor clima o una fauna más variada. El propósito de la teoría ideal no es solo describir la montaña perfecta, sino ayudarnos a descubrir qué características de la montaña —o de la sociedad— deberían preocuparnos en primer lugar.

4. Libertad

1. Economist Intelligence Unit, *Democracy Index 2021: The China Challenge*, London Economist Intelligence Unit, 2022, págs. 25-66. Los datos recopi-

lados por Freedom House reflejan una situación similar, con casi todas las regiones afectadas por una decadencia de la «libertad de expresión y creencia» y de la «autonomía personal y los derechos individuales» en los últimos quince años. Véase Sarah Repucci y Amy Slipowitz, *Freedom in the World 2021: Democracy under Siege*, Washington, DC, Freedom House, 2021, pág. 16.

2. Graeme Reid, «Hungary's Path Puts Everyone's Rights in Danger», Human Rights Watch, 6 de octubre de 2021, <https://www.hrw.org/news/2021/10/06hungarys-path-puts-everyones-rights-danger>.
3. Yascha Mounk, *The People vs. Democracy: Why Our Freedom Is in Danger and How to Save It*, Cambridge, MA, Harvard University Press, 2018, pág. 47.
4. Ian Millhiser, «Where Will Abortion Still Be Legal Now That Roe v. Wade Has Been Overruled?», *Vox*, 11 de abril de 2022; Joan E. Greve, «Contraception, Gay Marriage: Clarence Thomas Signals New Targets for Supreme Court», *Guardian*, 24 de junio de 2022.
5. Para las tendencias globales sobre la actitud hacia la homosexualidad, véase Jacob Poushter y Nicholas O. Kent, *The Global Divide on Homosexuality Persists*, Washington, DC, Centro de Investigación Pew, 2020. Para un resumen de la opinión sobre la expresión religiosa, véase Richard Wike y Katie Simmons, *Global Support for Principle of Free Expression, but Opposition to Some Forms of Speech*, Washington, DC, Pew Research Center, 2015.
6. Laura Silver y otros, *Diversity and Division in Advanced Economies*, Washington, DC, Pew Research Center, 2021.
7. El siguiente análisis se inspira en Thomas Nagel, «Progressive but Not Liberal», *New York Review of Books*, 25 de mayo de 2006, y Thomas Nagel, «Rawls and Liberalism», en Samuel Freeman (comp.), *The Cambridge Companion to Rawls*, Cambridge, Cambridge University Press, 2003, págs. 74-75.
8. Esto prácticamente parafrasea a Nagel, «Rawls and Liberalism», pág. 74.
9. Por supuesto, hay mucho más que decir sobre este complejo asunto, y los propios comentarios de Rawls aparecen en una breve nota a pie de página en su libro *Political Liberalism*, Nueva York, Columbia University Press, 2005, pág. 243 n. 32. En esta nota —que debe de ser una de las notas a pie de página más debatidas en la historia de la filosofía política— defiende que toda mujer debería tener un «derecho debidamente cualificado a decidir si interrumpir o no su embarazo en el primer trimestre» (es decir, durante las doce primeras semanas). Para un examen, reformulación y defensa de la posición de Rawls, véase Robbie Arrell, «Public Reason and Abortion:

Was Rawls Right After All?», *Journal of Ethics* 23:1, 2019, págs. 37-53. La postura de Rawls se corresponde con la ley en la mayoría de los países europeos, donde los abortos suelen limitarse a las doce semanas, salvo circunstancias específicas como un riesgo para la salud o la vida de la madre. En Inglaterra, Escocia y Gales, el límite son veinticuatro semanas, aproximadamente el punto de viabilidad fetal (esto es, cuando el feto puede sobrevivir fuera de la matriz), que hasta hace poco era la base para el derecho al aborto en Estados Unidos. Véase «Legal Time Frames Surrounding Access to Abortion in Selected European Countries in 2020», *Statista*, visitado el 9 de agosto de 2022, <https://www.statista.com/statistics/1268439/legalabortion-time-frames-ineurope/>.

10. Nos referimos a la declaración *Dignitatis Humanae* («Sobre la dignidad del ser humano») promulgada por el Concilio Vaticano II en 1965. Véase Rawls, *Political Liberalism*, pág. 477 n. 75. Para ejemplos históricos del respeto a la libertad religiosa bajo gobernantes budistas e islámicos en el subcontinente indio, véase Amartya Sen, *Human Rights and Asian Values*, Decimosexto Memorial Anual Morgenthau sobre Ética y Política Exterior, Nueva York, Carnegie Council on Ethics and International Affairs, 1997. Para un reciente examen de la libertad religiosa en la tradición islámica y una comparación con la experiencia católica, véase Daniel Philpott, *Religious Freedom in Islam: The Fate of a Universal Human Right in the Muslim World Today*, Oxford, Oxford University Press, 2019.
11. El jurista y filósofo Andrew Koppelman también ha criticado la tendencia hacia el absolutismo en los debates sobre los derechos de los gais versus libertad religiosa, y ha argumentado a favor de un enfoque que reconozca los legítimos intereses que hay en juego en ambas partes. Véase Andrew Koppelman, *Gay Rights vs. Religious Liberty? The Unnecessary Conflict*, Oxford, Oxford University Press, 2020.
12. «LGBT Rights», encuesta Gallup, 3-18 mayo 2021, <https://news.gallup.com/poll/1651/gay-lesbian-rights.aspx>.
13. Hay que señalar que estas estadísticas proceden de fuentes diferentes y que, por lo tanto, no son directamente comparables. Para un análisis de estas encuestas en el contexto de tendencias a más largo plazo en la opinión pública, véase Ben Clements y Clive D. Field, «The Polls – Trends: Public Opinion Toward Homosexuality and Gay Rights in Great Britain», *Public Opinion Quarterly* 78:2, 2014, págs. 523-547 (las encuestas

citadas en el texto se pueden encontrar en las págs. 526, 537 y 529, respectivamente).

14. La distinción entre aplicaciones verticales y horizontales del principio de las libertades básicas de Rawls proviene de Frank Michelman, en lugar de Rawls. Véase Frank Michelman, «Rawls on Constitutionalism and Constitutional Law», en Freeman (comp.), *The Cambridge Companion to Rawls*, págs. 415-420.

15. En Estados Unidos, el caso relevante es *Masterpiece Cakeshop versus Colorado Civil Rights Commission*, que, según el experto en jurisprudencia Erwin Chemerinsky, «recibió más atención o planteó problemas más importantes» que cualquier otro caso ante el Tribunal Supremo en la sesión 2017-2018. La Comisión de Derechos Civiles de Colorado había determinado que Masterpiece Cakeshop había violado las leyes contra la discriminación al negarse a diseñar y hornear un pastel para una boda gay. El Tribunal Supremo finalmente revocó esa decisión, pero por ajustados motivos procesales: los jueces afirmaron que la comisión había expresado una hostilidad no permisible hacia la religión al tomar sus decisiones. El fallo ha dejado abierta la pregunta subyacente sobre si las creencias religiosas son una base legítima para negarse a atender a ciertos tipos de clientes, y es casi seguro que volverá al tribunal en un futuro cercano, con consecuencias potencialmente de gran alcance. Para un breve resumen, véase Erwin Chemerinsky, «Not a Masterpiece: The Supreme Court's Decision in Masterpiece *Cakeshop v. Colorado Civil Rights Commission*», *Human Rights* 43:4, 2017, págs. 11-15. Para un examen minucioso de las cuestiones morales subyacentes, véase T. M. Scanlon, «A Framework for Thinking about Freedom of Speech, and Some of Its Implications», 2018, <https://www.law.berkeley.edu/wp-content/uploads/2018/10/Freedom-of-Speech-Berkeley.pdf>. Un caso similar en el Reino Unido (*Lee versus Ashers Baking Company Ltd*) implicó a una pastelería de Irlanda del Norte que se negó a hornear un pastel con un mensaje en apoyo al matrimonio gay. Al final, el Tribunal Supremo del Reino Unido se puso del lado de la pastelería, argumentando que tenía derecho a no tener que promover una opinión política con la que no estaba de acuerdo; sostuvo que la pastelería no había violado las leyes contra la discriminación, ya que se habría negado a hornear dicho pastel incluso si los clientes no hubieran sido homosexuales. Véase «"Gay Cake" Row: What Is the Dispute About?», *BBC News*, 6 de enero de 2022.

16. Estas breves citas están tomadas de Nelson Tebbe, *Religious Freedom in an Egalitarian Age*, Cambridge, MA, Harvard University Press, 2017, pág. 2. El libro de Tebbe es quizá el intento más exhaustivo y detallado de abordar la tensión entre libertad religiosa y protección de la igualdad con un espíritu ampliamente rawlsiano.
17. Tebbe señala un extendido escepticismo entre los juristas, especialmente en la derecha, que afirman que «un acercamiento racional a las libertades religiosas es necesariamente imposible»; y argumenta que a su vez esto está estrechamente vinculado con la creciente sensación de conflicto político y polarización en torno a estas cuestiones. Véanse Nelson Tebbe, «McElroy Lecture: How to Think about Religious Freedom in an Egalitarian Age», *University of Detroit Mercy Law Review* 93:3, 2016, págs. 353-368, y el análisis en el prefacio a Tebbe, *Religious Freedom in an Egalitarian Age*.
18. Véase, por ejemplo, Tebbe, *Religious Freedom in an Egalitarian Age*.
19. Estas restricciones deberían ser eficaces para proteger otras libertades básicas y necesarias, en el sentido de que hemos agotado otras posibilidades que no requieren limitar nuestras libertades básicas. Para un examen detallado de estas cuestiones, véase Joshua Cohen, «Freedom of Expression», *Philosophy & Public Affairs* 22:3, 1993, págs. 207-263.
20. El análisis más extenso de la libertad de expresión por parte de Rawls, especialmente en relación con la libertad de expresión política, puede hallarse en *Political Liberalism*, págs. 340-355. Ahí argumentó que solo deberíamos limitar la libertad de expresión política cuando planteara una amenaza real e inminente a la supervivencia de la propia democracia liberal, y no hubiera ninguna otra forma razonable de proteger las instituciones democráticas; un umbral que, en su opinión, no se había cruzado nunca en la historia de Estados Unidos, ni siquiera durante la Guerra Civil. Rawls nunca comentó directamente las leyes «contra el discurso del odio», y aunque parce probable que hubiera adoptado una postura similar, hay cierto desacuerdo. Por ejemplo, Freeman argumenta que el discurso del odio podría no merecer el mismo nivel de protección, ya que, a diferencia del discurso político, es difícil sostener que es realmente necesario para desarrollar nuestras capacidades morales; Samuel Freeman, *Rawls*, Abingdon, Routledge, 2007, pág. 72. Este argumento parece aplicarse con mayor fuerza al acoso directo y a la llamada «incitación a la bronca» (insultos cara a cara que podrían llevar a la violencia), pero no está claro si se aplica a la prohibición casi total de

ciertos puntos del discurso, lo cual es común bajo las leyes contra el discurso de odio.

21. Garton Ash sugiere que deberíamos guiarnos por una «versión modernizada del test de Brandenburg», véase *Free Speech: Ten Principles for a Connected World*, New Haven, Yale University Press, 2017, págs. 132-138.

22. El término «discurso peligroso» proviene de la académica y defensora de la libertad de expresión Susan Benesch, quien lo define como «cualquier forma de expresión (por ejemplo, discurso, texto o imágenes) que puede aumentar el riesgo de que su público tolere o participe en actos de violencia contra miembros de otro grupo». Ella argumenta que este es un término más útil y preciso que «discurso de odio», y ha desarrollado un marco sofisticado para identificar el «discurso peligroso» teniendo en cuenta el mensaje, el orador, el público, el contexto y el medio. Véase Susan Benesch, *Dangerous Speech: A Practical Guide*, The Dangerous Speech Project, 2021. Desde la perspectiva de la teoría de Rawls, el Estado claramente tiene un interés legítimo en combatir el «discurso peligroso», pero, como veremos, prohibirlo debería ser, normalmente, el último recurso.

23. El debate clásico sobre la libertad de expresión se preocupa de si el Estado puede restringir directamente ciertas formas de discurso y cuándo puede hacerlo. Pero los debates contemporáneos están cada vez más preocupados por situaciones en las que el comportamiento de individuos u organizaciones privadas podría representar una amenaza para la libertad de expresión. La pregunta aquí no es si el Estado puede intervenir para prohibir el discurso, sino si debería intervenir para protegerlo en ciertas situaciones. Así pues, por ejemplo, ¿deberían las empresas poder despedir a sus empleados por expresar sus opiniones religiosas o políticas en el trabajo, o incluso fuera de él? ¿Deberían las universidades poder restringir la libertad de expresión en el campus? ¿Deberían las empresas de redes sociales poder prohibir puntos de vista que consideren ofensivos, antidemocráticos o peligrosos? Cada una de estas preguntas plantea problemas específicos, pero, al menos en principio, hay una razón legítima para la intervención estatal para proteger la libertad de expresión en todas ellas. Las empresas de redes sociales y otras empresas no están más allá de la ley simplemente porque son organizaciones «privadas», y podemos regular sus actividades si esto es esencial para proteger nuestro interés fundamental en vivir en una sociedad donde podamos ejercer libremente nuestras capacidades morales.

24. En Dinamarca, las leyes contra el discurso del odio prohíben el discurso «que amenaza, insulta o degrada a un grupo de personas», mientras que en España la ley prohíbe todo discurso que constituya una «incitación» a la discriminación, el odio o la violencia contra grupos humanos. En Inglaterra, Escocia y Gales, la ley prohíbe el discurso que busca o puede «provocar» el odio racial, Y en los Países Bajos, la ley se aplica a cualquier declaración que alguien «sabe o razonablemente sospecha que es ofensiva para un grupo de personas por motivos de su raza, religión, creencias personales, u orientación hetero u homosexual». Véase Garton Ash, *Free Speech*, pág. 215.
25. «Sex-Based Hostility Should Be Hate Speech, Recommends Report», *BBC News*, 7 de diciembre de 2021.
26. Véase Corey Brettschneider, *When the State Speaks, What Should It Say? How Democracies Can Protect Expression and Promote Equality*, Princeton, Princeton University Press, 2012, y, para un resumen, su «When the State Speaks, What Should It Say? The Dilemmas of Freedom of Expression and Democratic Persuasion», *Perspectives on Politics* 8:4, 2010, págs. 1005-1019. Aunque Brettschneider no desarrolla explícitamente sus ideas como una aplicación o extensión de la teoría de Rawls, son muy coherentes con ella.
27. El Estado debería limitarse a promover los valores liberales y democráticos fundamentales en lugar de fomentar una concepción detallada de la justicia (¡el Estado obviamente no debería intentar adoctrinar a los niños para que respalden ciegamente la teoría de la justicia de Rawls!). En su mayor parte, debería reservar sus críticas para aquellos que buscan cambiar la ley de manera tal que niegue la igualdad básica de todos los ciudadanos. Así, por ejemplo, debería criticar enérgicamente a los grupos religiosos que piden leyes que prohíban la homosexualidad, pero debería abstenerse de censurar a las organizaciones que respetan los derechos civiles y políticos iguales de gais y lesbianas pero que aun así sostienen que ser gay es un pecado a los ojos de Dios. Para un examen más detallado de estos y otros temas relacionados, véase Brettschneider, *When the State Speaks, What Should It Say?*, págs. 71-108.
28. Como señala Brettschneider, algunos liberales argumentan que el compromiso liberal con la libertad de expresión se basa en un profundo compromiso con la neutralidad. Según esta visión «neutralista», la razón por la que el Estado no debería prohibir el discurso del odio y antidemocrático es porque debería ser neutral no solo en las cuestiones morales y religiosas, sino también en las políticas. Por lo tanto, también sería incorrecto que el Estado

criticara tales opiniones de odio y antidemocráticas, o promoviera valores políticos de libertad e igualdad a través del sistema educativo. Pero Rawls no comparte la posición neutralista, y Brettschneider desarrolla un argumento poderoso sobre por qué deberíamos rechazarla. Véase Brettschneider, *When the State Speaks, What Should It Say?*, págs. 71-82.

29. Véase Garton Ash, *Free Speech*, pág. 220.
30. Susan Benesch, «Should Dangerous Speech Be censored or Banned?», Dangerous Speech Project, visitado el 9 de agosto de 2022, <https://dangerous speech.org/faq/>.
31. Para algunos ejemplos, véase Garton Ash, *Free Speech*, págs. 225-229.
32. En un nivel conceptual, los límites de la razón pública están definidos en términos de las ideas que podemos esperar que sean razonablemente aceptadas por otros ciudadanos razonables. Las implicaciones prácticas no son del todo sencillas. Para Rawls, como vimos en el capítulo 2, estos límites están definidos por la familia de concepciones políticas razonables de justicia, que darían especial prioridad a un conjunto de libertades básicas y a la garantía de que todos puedan satisfacer sus necesidades básicas. También satisfarían los tres criterios que hacen que cualquier conjunto de principios sea «político»: es decir, tendrían un alcance limitado, solo se ocuparían de cómo organizamos la estructura básica de la sociedad; serían independientes de cualquier doctrina moral integral única; y se derivarían de ideas propias de nuestra cultura política pública.
33. Para un resumen de estos problemas y un argumento urgente para cambiar el foco hacia los retos mayúsculos que afrontan las personas transgénero, véase Shon Faye, *The Transgender Issue: An Argument for Justice*, Londres, Allen Lane, 2021.
34. En el Reino Unido, por ejemplo, el Gobierno anunció en 2022 una prohibición generalizada de alojar a mujeres transgénero con genitales masculinos en prisiones exclusivamente para mujeres (a menos que sea aprobado por un ministro), alegando la preocupación ante el riesgo de agresiones sexuales. Y esto a pesar de un fallo del Tribunal Supremo de 2021 que declaraba: «No hay un argumento estadístico digno de confianza según el cual las mujeres transgénero presas representen un riesgo desproporcionado para las mujeres no transgénero presas», y a que las leyes existentes ya permiten evaluaciones de riesgo caso por caso (lo que significa que a una mujer transgénero se le podría negar el acceso a una prisión exclusivamente para mujeres si se con-

sidera un riesgo, por ejemplo, porque tiene una condena previa por violación). Véase Amber Pierce, «Transgender Prisoners May Be Excluded from Women's Prisons», *The Justice Gap*, 16 de septiembre de 2022.

35. John Rawls, *Justice as Fairness: A Restatement*, Cambridge, MA, Harvard University Press, 2001, págs. 145-148.
36. «Hungary: Freedom in the World 2019 Country Report», *Freedom House*, 2019, <https://freedomhouse.org/country/hungary/freedom/world/2019>.
37. David Cole, «Keeping Up Appearances», *New York Review of Books*, 15 de agosto de 2019. La distinción entre aplicaciones verticales y horizontales del principio de libertades básicas de Rawls procede de Frank Michelman, más que de Rawls. Véase Frank Michelman, «Rawls on Constitutionalism and Constitutional Law», en Freeman (comp.), *The Cambridge Companion to Rawls*, págs. 415-420.
38. Estas críticas fueron parte de la motivación para que el Reino Unido abandonara la Unión Europea, a pesar de que la Convención Europea de Derechos Humanos está regulada por el Consejo de Europa y el Tribunal Europeo de Derechos Humanos de Estrasburgo (del cual el Reino Unido continúa siendo miembro), y no por la UE.
39. Este titular se refiere a un fallo del Tribunal Supremo de 2016 que dictaminó que el Gobierno no podía salir de la UE sin el permiso explícito del Parlamento. En otro caso adicional, el Tribunal Supremo falló en 2019 que el primer ministro Boris Johnson había suspendido ilegalmente (o «prorrogado») el Parlamento en un intento de impulsar su acuerdo preferido para el Brexit.
40. Para un examen de los planes propuestos para reemplazar la Ley de Derechos Humanos con una «Carta de Derechos Británica», véase «Explainer: Liberty's Guide to the Government's Plan to "overhaul" the Human Rights Act», *Liberty*, 7 de marzo de 2022, <https://www.libertyhumanrights.org.uk/issue/explainer-libertys-guide-to-the-governments-plan-to-overhaul-the-human-rights-act-2/>. Para una breve visión general de los cambios en la revisión judicial (ordinaria) introducidos en abril de 2022 a través de la Ley de Revisión Judicial y Tribunales, véase «Judicial Review Reform», *The Law Society*, 28 de abril de 2022, <https://www.lawsociety.org.uk/topics/human-rights/judicial-review-reform>.
41. Según el grupo de presión Freedom House, Orbán ha utilizado su amplia mayoría parlamentaria no solo para socavar los tribunales, sino también para

«imponer restricciones o ejercer control sobre la oposición, los medios de comunicación, los grupos religiosos, el mundo académico, las ONG», lo que equivale a un «ataque sostenido a las instituciones democráticas del país». Véase «Hungary: Freedom in the World 2019 Country Report».

42. Rawls distingue entre restricciones constitucionales al principio de la mayoría, que circunscriben el alcance de las libertades políticas al poner ciertos temas fuera de los límites, y medidas que socavarían la igualdad de nuestras libertades políticas (como conceder a algunas personas más votos que a otras), lo cual va en contra del espíritu del principio de libertades básicas de una manera fundamental. Véase Rawls, *A Theory of Justice*, edición revisada, Cambridge, MA, Harvard University Press, 1999, págs. 200-201. Para un análisis del papel de la regla de la mayoría en la teoría de Rawls, véase Amy Gutmann, «Rawls on the Relationship between Liberalism and Democracy», en Freeman (comp.), *The Cambridge Companion to Rawls*, págs. 187-192.
43. Quiero dar las gracias a Stuart White por subrayar este importante punto.
44. También está la cuestión de si los tribunales o el poder legislativo deberían tener el poder para resolver enfrentamientos «horizontales» entre diferentes libertades básicas; por ejemplo, cómo equilibrar las demandas de la libertad religiosa y los derechos de las personas homosexuales. La opinión de Rawls parece ser que deberíamos dejar un margen bastante amplio (aunque no ilimitado) de discrecionalidad a los organismos legislativos ordinarios en estas situaciones, en lugar de depender demasiado de los tribunales. Véase Michelman, «Rawls on Constitutionalism and Constitutional Law», págs. 415-420.
45. Rawls, *A Theory of Justice*, pág. 174.
46. Para una perspectiva crítica del papel de las constituciones, véase Ian Shapiro, *Politics against Domination*, Cambridge, MA, Harvard University Press, 2016, págs. 40-45, 173-178. Para una defensa del model constitucional, véase Tom Ginsburg y Aziz Z. Huq, *How to Save a Constitutional Democracy*, Chicago, University of Chicago Press, 2018.
47. En estos otros países, la «constitución» consiste en un número más reducido de textos relevantes. James Melton y otros, *To Codify or Not to Codify? Lessons from Consolidating the United Kingdom's Constitutional Statutes*, Londres, University College London Constitution Unit, 2015, pág. 4.
48. No fue un incidente aislado. Como sostiene Maddy Thimont Jack y otros

en *A Framework for Reviewing the UK Constitution*, Londres Institute for Government, 2022, los políticos del Reino Unido han manifestado una creciente voluntad por desafiar las normas y convenciones constitucionales. El argumento a favor de la codificación se ha fortalecido aún más por una serie de importantes cambios constitucionales en los últimos años y décadas, que incluyen la creación de Gobiernos descentralizados en Escocia, Gales e Irlanda del Norte a finales de la década de los noventa, la introducción de la Ley de Derechos Humanos en 1998 y el Brexit en 2020.

49. Incluso con una constitución codificada siempre habrá margen para la interpretación, y el éxito de cualquier democracia constitucional dependerá de que los políticos, jueces y burócratas respeten normas y convenciones no escritas. En este sentido, las reglas escritas y las normas no escritas son complementarias más que sustitutivas. Para un análisis de la importancia de las normas no escritas para las democracias y cómo están cada vez más amenazadas en Estados Unidos, véase Steven Levitsky y Daniel Ziblatt, *How Democracies Die: What History Reveals about Our Future*, Londres, Viking, 2018.

50. Rawls parece haber apoyado la idea de que algunas partes de una constitución deberían estar más allá de la revisión, argumentando que el Tribunal Supremo de Estados Unidos estaría en lo correcto al rechazar una enmienda constitucional diseñada para socavar las protecciones básicas para la libertad de expresión consagradas en la Primera Enmienda. Para obtener más información, consúltese Rawls, *Political Liberalism*, págs. 234-237. Para un debate sobre las cláusulas de arraigo, véase Ginsburg y Huq, *How to Save a Constitutional Democracy*, págs. 173-175. La llamada «cláusula de eternidad» de Alemania aísla el Artículo 1 (que se refiere a la dignidad humana y los derechos básicos) y el Artículo 20 (que establece la naturaleza democrática y federal del Estado alemán y el respeto por el Estado de derecho) de la Ley Fundamental alemana. Véase Ulrich Preuss, «The Implications of "Eternity Clauses": The German Experience», *Israel Law Review* 44:3, 2011, págs. 429-448.

51. Véase «The Constitution», la Casa Blanca, visitado el 28 de octubre de 2022, <https://www.whitehouse.gov/about-the-white-house/our-government/the-constitution/>.

52. Ginsburg y Huq, *How to Save a Constitutional Democracy*, págs. 173-175; Comisión Independiente sobre Referendos, *Report of the Independent Commission on Referendums*, Londres University College London Constitution Unit, 2018, pág. 29.

53. Ginsburg y Huq, *How to Save a Constitutional Democracy*, pág. 218. Los nombramientos judiciales a nivel estatal también están muy politizados, y suelen depender de alguna combinación de elecciones populares y/o nombramiento por parte de gobernadores estatales. Para una visión general de los procedimientos de selección judicial a nivel estatal, véase «Judicial Selection: Significant Figures», Centro Brennan para la Justicia, 4 de octubre de 2021, <https://www.brennancenter.org/our-work/research-reports/judicial-selection-significant-figures>.
54. Durante muchos años, el sistema estadounidense funcionó bastante bien. Era bastante común que los jueces del Tribunal Supremo fueran aprobados por unanimidad por el Senado y los votos rara vez se dividían simplemente en función de líneas partidistas; entre 1790 y 2010, de 397 decisiones «importantes» del tribunal con al menos dos jueces en desacuerdo, solo en dos casos la división fue partidista. Pero a medida que la política estadounidense se ha polarizado y el sistema legislativo se ha estancado, tanto los nombramientos como los patrones de votación de los jueces del Tribunal Supremo se han vuelto intensamente políticos. Véase Cole, «Keeping Up Appearances».
55. Ginsburg y Huq, *How to Save a Constitutional Democracy*, pág. 190.
56. Una propuesta, desarrollada por los profesores de Derecho Roger Cramton y Paul Carrington, permitiría a cada nuevo congreso nombrar a un juez para el Tribunal Supremo, y solo los nueve jueces más recientes decidirían activamente los casos. Para un análisis, veáse Larry Kramer, «Statement of Larry Kramer to the Presidential Commission on the Supreme Court of the United States», 14 de julio de 2021, <https://www.whitehouse.gov/wp-content/uploads/2021/07/Kramer-Testimony.pdf>. En los últimos años también ha habido un creciente apoyo entre los demócratas para aumentar el número total de jueces con el fin de abordar el desequilibrio conservador creado por la negativa del Partido Republicano a confirmar a Merrick Garland, nombrado por el presidente Obama en 2016. Independientemente de los méritos del «control del Tribunal» como respuesta a los abusos de poder republicanos, esto claramente no es una solución a la politización del Tribunal Supremo; de hecho, es todo lo contrario.
57. Véanse Daniel Epps y Ganesh Sitaraman, «How to Save the Supreme Court», *Vox*, 6 de septiembre de 2018, y Matt Ford, «A Better Way to Fix the Supreme Court», *New Republic*, 4 de junio de 2019.

58. Richard Wike y otros, *Globally, Broad Support for Representative and Direct Democracy*, Washington, DC, Pew Research Center, 2017, pág. 28.
59. Richard Wike y Shannon Schumacher, *Democratic Rights Popular Globally but Commitment to Them Not Always Strong, Washington*, DC, Pew Research Center, 2020, págs. 13, 15.
60. Mounk, *The People vs. Democracy*, pág. 5. Los jóvenes también tienen más probabilidades de apoyar a un Gobierno tecnocrático; véase Wike, *Globally, Broad Support for Representative and Direct Democracy*, pág. 25. También es más probable que piensen que quienes están en desacuerdo con ellos políticamente son «malas personas» y que tengan menos disposición a creer que individuos decentes y bien informados podrían alcanzar puntos de vista políticos diferentes; véase R. S. Foa y otros, *Youth and Satisfaction with Democracy*, Cambridge, Centre for the Future of Democracy, 2020, págs. 23-24.
61. John Rawls, *Justice as Fairness: A Restatement*, Cambridge, MA, Harvard University Press, 2001, págs. 195-198.
62. Derek Heater, «The History of Citizenship Education in England», *Curriculum Journal* 12:1, 2001, págs. 103-123. James Madison, uno de los padres fundadores, argumentó que «un pueblo que pretende ser su propio gobernante debe armarse con el poder que el conocimiento otorga», mientras que George Washington declaró que «la educación de nuestra juventud en la ciencia del gobierno» debería ser un «objetivo primordial» del sistema educativo de Estados Unidos. Véase Mounk, *The People vs. Democracy*, pág. 245.
63. Rawls, *Justice as Fairness*, pág. 157. Para un examen detallado de la visión de Rawls sobre la educación cívica, véase M. Victoria Costa, *Rawls, Citizenship, and Education*, Abingdon, Routledge, 2010.
64. Este foco excesivo en los aspectos profesionales de la educación también ha llevado a muchos países a descuidar su papel social y cultural más amplio en el fomento de relaciones saludables, el estímulo de la creatividad y la capacitación de las personas para participar y beneficiarse del arte, la música y la cultura.
65. Danielle Allen, *Education and Equality*, Chicago University of Chicago Press, 2016, págs. 7-8.
66. Véase Scott Warren, «At Long Last, Civics Education Is Making a Comeback. But What Exactly Is It, and How Do We Do It Right?», *The 74*, 6 de marzo de 2020. Hay cierta evidencia de que esto ha empeorado con el tiempo: mientras que a mediados del siglo XX los estudiantes estadounidenses re-

cibían tres cursos de educación cívica, esto ha quedado reducido a un único curso al semestre para aproximadamente el 85% de los estudiantes. Véase Danielle Allen, «Here's One More Question Parents Should Think about during Back-to-School Season», *Washington Post*, 5 de septiembre 2019.

67. Comité Selecto de la Cámara de los Lores sobre Ciudadanía y Compromiso Cívico, «The Ties That Bind: Citizenship and Civic Engagement in the 21st Century», *HL Paper* 118, abril 2018, pág. 30. Véase también James Weinberg y Matthew Flinders, «Improving Citizenship Education», en Henry Tam (comp.), *Whose Government Is It? The Renewal of State-Citizen Cooperation*, Bristal, Bristol University Press, 2019, págs. 177-194.
68. Comisión Europea, Agencia Ejecutiva de Educación y Cultura Europea, *Citizenship Education at School in Europe*, 2017, Luxemburgo, Publications Office of the European Union, 2018, pág. 10.
69. Este debate sobre los objetivos de la educación cívica se inspira en Danielle Allen, *Education and Equality*, págs. 38-43.
70. Allen, *Education and Equality*, págs. 43-49.
71. Esta es la esencia de la «hipótesis del contacto intergrupal», propuesta por primera vez por Gordon Allport en la década de los cincuenta. Según Allport, hay cuatro condiciones generales que deben cumplirse para que la exposición a otros grupos tenga los efectos deseados. Los miembros de cada grupo deben (1) tener un estatus relativamente igual en el contexto donde tiene lugar el contacto; (2) trabajar juntos en busca de objetivos comunes; (3) y tener incentivos para cooperar; y, por último, (4) las figuras de autoridad deben fomentar una mejor comprensión intergrupal. Véase Yascha Mounk, *The Great Experiment: How to Make Diverse Democracies Work*, Londres, Bloomsbury, 2022, págs. 87-92. Estas condiciones son especialmente propensas a cumplirse en un entorno escolar bien diseñado.
72. Simon Burgess y Lucinda Platt, «Integrating the Next Generation: How School Composition Affects Inter-Ethnic Attitudes», *LSE British Politics and Policy Blog*, 22 de mayo de 2018, <https://blogs.lse.ac.uk/politicsandpolicy/integrating-the-next-generation-school-composition/>.
73. Mounk, *The Great Experiment*, págs. 31-50.
74. Keith Banting y Will Kymlicka, «Introduction: The Political Sources of Solidarity in Diverse Societies», en Keith Banting y Will Kymlicka (comps.), *The Strains of Commitment: The Political Sources of Solidarity in Diverse Societies*, Oxford, Oxford University Press, 2017, págs. 1-10.

75. No existe un acuerdo definitivo sobre la distinción entre patriotismo y nacionalismo. Utilizaré el término «patriotismo» aquí para sugerir un tipo específicamente político de identidad asociado con vivir en un país particular bajo un Estado único y unificado, en contraste con el «nacionalismo», que podemos pensar como basado en identidades culturales, étnicas o religiosas.
76. El patriotismo liberal dibujado aquí se inspira y se asemeja al «patriotismo constitucional» desarrollado por pensadores como Jan-Werner Müller y Jürgen Habermas. Para un examen detallado y una defensa de esta idea, véase Jan-Werner Müller, *Constitutional Patriotism*, Princeton, Princeton University Press, 2007.
77. Laura Silver y otros, *Views about National Identity Becoming More Inclusive in U.S., Western Europe*, Washington, DC, Pew Research Center, 2021, pág. 6.
78. Rawls, *Justice as Fairness*, pág. 199 n. 20.
79. La Alemania de posguerra es otro ejemplo clásico, y la idea de «patriotismo constitucional» se desarrolló fundamentalmente en este contexto. Véase Müller, *Constitutional Patriotism*, págs. 15-45.
80. Danielle Allen, «The Flawed Genius of the Constitution», *The Atlantic*, 10 de septiembre de 2020.
81. Carlos Vargas-Silva y Cinzia Rienzo, «Migrants in the UK: An Overview», The Migration Observatory, 2 de agosto de 2022, <https://migration observatory.ox.ac.uk/resources/briefings/migrants-in-the-uk-an-overview/>; «Refugee Crisis in Europe», UNHCR, <https://www.unrefugees.org/emergencies/refugee-crisis-in-europe/>.
82. Una descripción completa de lo que debemos a las personas de otros países es una tarea vital para la filosofía política, pero, como discutimos en el capítulo 1, está más allá del alcance de los principios de Rawls y, por lo tanto, de este libro. Si bien Rawls abordó cuestiones sobre la justicia global en *The Law of Peoples*, Cambridge, MA, Harvard University Press, 1999, dijo muy poco sobre las implicaciones para la política de inmigración, excepto para señalar que cada país (o «pueblo») «tiene al menos un derecho cualificado para limitar la inmigración» (pág. 39). La posición de Rawls es rechazada incluso por algunos que son ampliamente afines a sus ideas sobre la «justicia doméstica», como Thomas Pogge y Charles Beitz; y Joseph Carens ha utilizado argumentos rawlsianos para abogar por las «fronteras abiertas». Véase Joseph H. Carens, «Aliens and Citizens: The Case for Open Borders», *Re-*

view of Politics 49:2, 1987, págs. 251-273. Para un examen de los recientes debates sobre inmigracion dentro de una amplia perspectiva filosófica liberal, véase Shelley Wilcox, «The Open Borders Debate on Immigration», *Philosophy Compass* 4:5, 2009, págs. 813-821.

83. Rawls, *The Law of Peoples*, págs. 38-39.
84. Martin Ruhs y Carlos Vargas-Silva, «The Labour Market Effects of Immigration», University of Oxford Migration Observatory Briefing, diciembre de 2020. Los ingresos más bajos se refieren a aquellos en el décimo percentil de ganancias, mientras que los ingresos más altos se refieren a aquellos en el percentil nonagésimo. Para un análisis de la evidencia en una variedad de países, véase Giovanni Peri, «Do Immigrant Workers Depress the Wages of Native Workers?», *IZA World of Labor*, mayo 2014, <http://dx.doi.org/10.15185/izawol.42>.
85. Para un examen del impacto de la migración en las finanzas públicas, véase OCDE, *International Migration Outlook*, 2021, País, OECD Publishing, 2021, págs. 111-139.

5. Democracia

1. «Number of Democracies and Non-Democracies, World», *Our World in Data*, visitado el 29 de octubre de 2022, <https://ourworldindata.org/explorers/democracy?facet=none&country=~OWID_WRL&Dataset=Boix-Miller-Rosato&Metric=Democracy&Sub-metric=Number+of+democracies>, basado en datos de Carles Boix y otros, «A Complete Data Set of Political Regimes, 1800-2007», *Comparative Political Studies* 46:12, 2013, págs. 1523-1554. Para un examen del crecimiento sin precedentes de la democracia y la reciente preocupación por su retroceso, véanse Martin Loughlin, «The Contemporary Crisis of Constitutional Democracy», *Oxford Journal of Legal Studies* 39:2, 2019, pág. 436, y Larry Diamond, «Facing up to the Democratic Recession», *Journal of Democracy* 26:1, 2015, págs. 141-155.
2. Jan-Werner Müller, *Democracy Rules*, Londres, Penguin, 2021, pág. 179.
3. En su estudio, las «democracias desarrolladas» son aquellas que se encuentran en Europa, Norteamérica, el noreste de Asia y Australasia. R. S. Foa y otros, *Global Satisfaction with Democracy 2020*, Cambridge, Centre for the Future of Democracy, 2020.

4. Richard Wike y Shannon Schumacher, *Democratic Rights Popular Globally but Commitment to Them Not Always Strong*, Washington, DC, Pew Research Center, 2020, págs. 18-19.
5. OCDE, *How's Life? 2020: Measuring Well-Being*, París, OECD Publishing, 2020, pág. 186. La Organización para la Cooperación y el Desarrollo Económico (OCDE) es una institución intergubernamental cuyos miembros son 38 países en su mayoría ricos que están comprometidos con el gobierno democrático y una economía de mercado, entre ellos la mayoría de los países europeos, Estados Unidos, Canadá, Japón, Corea, Australia y Nueva Zelanda. Es una fuente fantástica de datos fidedignos y comparables internacionalmente que usaré con frecuencia en el resto de este libro.
6. Richard Wike y Janell Fetterolf, «Global Public Opinion in an Era of Democratic Anxiety», Pew Research Center, 7 de diciembre de 2021, <https://www.pewresearch.org/global/2021/12/07/global-publicopinion-in-an-era-of-democratic-anxiety/>.
7. Instituto Internacional para la Democracia y la Asistencia Electoral, *The Global State of Democracy, 2021: Building Resilience in a Pandemic Era*, Estocolmo, International IDEA, 202, págs. 15-16.
8. Freedom House, *Freedom in the World, 2021: Democracy under Siege*, Washington, DC, Freedom House, 2021, pág. 2. Según el Instituto Internacional para la Democracia y la Asistencia Electoral, «los Gobiernos elegidos democráticamente, entre ellos las democracias consolidadas, están adoptando progresivamente tácticas autoritarias»; véase International IDEA, *The Global State of Democracy*, 2021, pág. 1. La misma imagen global es evidente en todos los estudios internacionales, entre ellos el de la Economist Intelligence Unit, *Democracy Index 2021: The China Challenge*, Londres, Economist Intelligence Unit, 2022, y el del Instituto V-Dem, *Democracy Report, 2022: Autocratization Changing Nature?*, Gotemburgo, V-Dem Institute, 2021. Para un análisis más amplio, véase Diamond, «Facing up to the Democratic Recession».
9. Muchos otros filósofos políticos y teóricos democráticos han definido la democracia en términos de igualdad política, entre ellos Robert Dahl, que posiblemente sea el teórico de la democracia más conocido del siglo XX; véase Robert A. Dahl, *On Democracy* (publicado originalmente en 1998), segunda edición, New Haven, Yale University Press, 2015, págs. 35-43. Para una perspectiva reciente en una línea similar, véase Müller, *Democracy*

Rules, págs. 42-47. Por supuesto, hay otras formas de definir y justificar la democracia. Para un análisis, veáse Tom Christiano y Sameer Bajaj, «Democracy», en Edward N. Zalta (comp.), *The Stanford Encyclopedia of Philosophy*, edición otoño de 202, <https://plato.stanford.edu/archives/fall2021/entries/democracy/>.

10. Para una brillante exposición de la idea rawlsiana de igualdad política, véanse Joshua Cohen, «Money, Politics, Political Equality», en Alex Byrne y otros (comps.), *Fact and Value: Essays on Ethics and Metaphysics for Judith Jarvis Thomson*, Cambridge, MA, MIT Press, 2001, págs. 47-80, y T. M. Scanlon, *Why Does Inequality Matter?*, Oxford, Oxford University Press, 2018, págs. 74-94. Cohen destaca tres aspectos distintos de la igualdad política rawlsiana: que tiene que ver con la oportunidad para influir en lugar de la influencia real; que tiene que ver con la igualdad de oportunidades para influir en lugar de garantizar una oportunidad mínima de influir; y que tiene que ver con oportunidades para influir políticamente, entendido como influir en la toma de decisiones legislativas, lo cual es más amplio que la mera influencia electoral, pero más limitado que la «influencia pública», que se preocupa por influir en las opiniones de las personas en la esfera pública informal.
11. «El valor justo de las libertades políticas asegura que los ciudadanos con habilidades y motivaciones similares tengan aproximadamente la misma oportunidad de influir en la política del Gobierno y alcanzar posiciones de autoridad independientemente de su clase económica y social»; John Rawls, *Justice as Fairness: A Restatement*, Cambridge, MA, Harvard University Press, 2001, pág. 46. Luego señaló que «el valor de las libertades políticas para todos los ciudadanos, independientemente de su posición económica o social, debe ser suficientemente equitativo en el sentido de que todos tienen una oportunidad justa de ocupar un cargo público e influir en el resultado de las elecciones, y similares»; *ibidem*, pág. 149.
12. Vale la pena destacar algunas de las características distintivas de esta forma de pensar sobre la democracia. En primer lugar, el argumento a favor de la democracia se basa en el valor intrínseco de la igualdad política y en la forma en que el proceso democrático refleja la igualdad fundamental de los ciudadanos: todos deberían tener una oportunidad igual de dar forma a las leyes que rigen sus vidas, y nadie es tan superior como para simplemente tener el poder de decirles a otras personas cómo vivir. Evidentemente, también po-

dríamos valorar la democracia por razones instrumentales sobre la base de que tiende a producir resultados positivos como proteger las libertades básicas o promover la paz y la prosperidad. Pero la forma de pensar rawlsiana, que destaca el valor intrínseco del proceso democrático, ayuda a inmunizar a la democracia contra aquellos que argumentan que deberíamos adoptar una forma diferente de gobierno, como una versión idealizada del autoritarismo tecnocrático de China, simplemente porque sería mejor para la prosperidad. Véase Müller, *Democracy Rules*, pág. 43. También podemos distinguir el enfoque de Rawls de la idea de que la democracia está justificada porque concede igual consideración a las opiniones o intereses de todos. La democracia no puede ser solo esto: después de todo, una tecnocracia no elegida podría, en principio, otorgar igual consideración a las opiniones o intereses de todos utilizando encuestas de opinión o desarrollando políticas basadas en una teoría particular sobre cuáles son los intereses reales de las personas. Pero nadie pensaría que esta es una forma democrática de gobernar, y deberíamos rechazar estas alternativas porque no proporcionan igualdad de oportunidades para participar, que, como hemos visto, son valiosas por sí mismas.

13. Este análisis está influido por el esquema de Dahl en cinco partes, en *On Democracy*, pág. 37. Dahl estableció cinco criterios básicos que cualquier asociación democrática, de cualquier tamaño, tendría que cumplir: igualdad de voto, participación efectiva, comprensión ilustrada, control de la agenda e inclusión de adultos. Para simplificar, he considerado la inclusión de adultos como un hecho en todo momento, y podemos pensar en el «control de la agenda» como parte de la «participación efectiva».
14. Müller establece un argumento similar sobre la «naturaleza dual» de la democracia que implica tanto votaciones periódicas como un proceso de deliberación más amplio; véase Müller, *Democracy* Rules, pág. 94.
15. Por supuesto, la distinción entre comprensión y participación es en cierto modo artificial: el proceso para descubrir lo que pensamos está íntimamente relacionado con la expresión y defensa de nuestras posiciones. Pero es útil para pensar en las instituciones de la democracia en un sentido amplio más allá de las urnas.
16. Müller, *Democracy Rules*, págs. 90-91. Los partidos y los medios de comunicación claramente no son las únicas instituciones que importan en una democracia. Por ejemplo, hay muchas formas de participar en la política más

allá de los partidos, que incluyen asociaciones empresariales, sindicatos y otros grupos de presión. Pero, como argumenta Müller, aunque todas ellas importan, al menos podemos imaginar una democracia sin ellas, lo cual no sucede con los partidos y los medios de comunicació; véase *ibidem*, pág. 205 n. 1.

17. Para un debate sobre las dificultades para medir la igualdad política, véase Larry M. Bartels, «Political Inequality in Afluent Democracies: The Social Welfare Deficit», *Center for the Study of Democratic Institutions Working Paper 5-2017*, marzo de 2017.

18. A primera vista, podría parecer que las diferencias en el comportamiento de voto simplemente reflejan un fracaso entre los miembros de estos grupos para aprovechar las oportunidades que están disponibles para todos. Pero incluso si todos tienen un derecho igual al voto, esto no significa que tengan la misma oportunidad de ejercerlo; por ejemplo, a menudo hay menos colegios electorales en áreas más pobres, y suele ser más difícil para los trabajadores mal remunerados tomarse tiempo libre en el trabajo para votar. Más importante aún, el hecho de que las personas más pobres sean menos propensas a votar es en sí mismo el resultado de oportunidades desiguales para influir; como veremos, la influencia de los donantes ricos lleva a los políticos a descuidar los intereses y preocupaciones de los votantes desfavorecidos.

19. Martin Gilens y Benjamin I. Page, «Testing Theories of American Politics: Elites, Interest Groups, and Average Citizens», *Perspectives on Politics* 12:3, 2014, págs. 564-581. Véase también Benjamin I. Page y Martin Gilens, *Democracy in America?: What Has Gone Wrong and What We Can Do about It*, Chicago, University of Chicago Press, 2017. Esta base de datos fue primero compilada por Gilens en un estudio que comparó la influencia de ciudadanos ricos, de ingresos medios y pobres, definidos como aquellos en el percentil nonagésimo, quincuagésimo y décimo de la distribución de ingresos, respectivamente. Al igual que en su estudio conjunto, Gilens descubrió que las preferencias de los estadounidenses ricos tienen una influencia mucho más fuerte sobre los resultados de las políticas que las de los ciudadanos más pobres. Véase Martin Gilens, *Afluence and Influence: Economic Inequality and Political Power in America*, Princeton, Princeton University Press, 2012.

20. Estos resultados no significan que los ciudadanos promedio nunca obtengan las políticas que desean. Los votantes ricos y promedio a menudo desean las mismas cosas, por lo que existe una relación bastante estrecha entre

las preferencias de los ciudadanos promedio y la política pública en general. Lo que Gilens y Page muestran es que, cuando los votantes ricos y promedio quieren cosas diferentes, generalmente son los ricos los que consiguen lo que quieren. En otras palabras, los votantes ricos tienen más influencia en la dirección de la política pública. Como argumentan Gilens y Page, si los deseos de los ciudadanos comunes se cumplen simplemente porque coinciden significativamente con los de los ricos, esto es simplemente «democracia por coincidencia». Véase Gilens y Page, «Testing Theories of American Politics», pág. 573.

21. Para un examen de esta literatura, véase Robert S. Erikson, «Income Inequality and Policy Responsiveness», Annual *Review of Political Science* 18, 2015, págs. 11-29. Erikson considera que «los estadounidenses más ricos disfrutan al menos de 2,5 veces la influencia política de los estadounidenses más pobres. Considerando todos los recursos de los votantes en diferentes estratos económicos, la proporción podría ser aún mayor»; *ibidem*, pág. 23.
22. Page y Gilens, *Democracy in America?*, págs. 53-89.
23. Bartels adopta un enfoque ligeramente diferente al de Page y Gilens, examinando datos sobre la relación entre la opinión pública y el gasto agregado en pensiones, salud, educación y prestaciones de desempleo en treinta democracias prósperas durante las últimas tres décadas. Véase Larry Bartels, «Political Inequality in Afluent Democracies: The Social Welfare Deficit». Otros estudios, que replican más de cerca la metodología de Gilens y Page, producen hallazgos similares; véanse Wouter Schakel, «Unequal Policy Responsiveness in the Netherlands», *Socio-Economic Review* 19:1, 2021, págs. 37-57, y Lea Elsässer y otros, «Government of the People, by the Elite, for the Rich: Unequal Responsiveness in an Unlikely Case», *Max Planck Institute for the Study of Societies MPIfG Discussion Paper* 18/5, 2018. El hecho de que encontremos problemas similares a los de Estados Unidos en países europeos con límites mucho más estrictos en las donaciones políticas sugiere que lograr una igualdad política significativa implicará no solo reformar la financiación de campañas, sino también reconsiderar la naturaleza del sistema de votación, el papel del sistema educativo, la financiación y regulación de los grupos de presión y los medios de comunicación, y sin duda mucho más.
24. Parte de esta desconfianza refleja la historia de las elecciones, que fueron introducidas por primera vez como una forma de mantener el control de la

élite, ya que el derecho al voto normalmente estaba restringido a los propietarios ricos. Pero, aunque las elecciones pueden haber sido introducidas inicialmente como una forma de evitar una verdadera democracia, posteriormente fueron adoptadas por demócratas comprometidos como una herramienta revolucionaria para lograr la democracia a gran escala. Para un breve análisis, véase Dahl, *On Democracy*, págs. 103-105.

25. Incluso en un sistema ideal, las elecciones seguirían siendo una herramienta relativamente rudimentaria para transmitir las opiniones de la población y para responsabilizar a los representantes. Esta es la razón por la que, como veremos, el mejor sistema político probablemente combine las elecciones con formas de participación directa.
26. Aunque los griegos acuñaron el término «democracia», mujeres, extranjeros y esclavos estaban excluidos, y la mayoría de la población en la actualidad consideraría que el sufragio universal es un aspecto esencial de cualquier sistema político democrático.
27. Para algunos de sus defensores, el argumento a favor de la democracia directa se basa en la idea de que la participación activa en la política es buena en sí misma, y deberíamos diseñar nuestras instituciones políticas para fomentarla en mayor medida. Esta forma de pensar, a la que Rawls se refirió como «humanismo cívico», tiene raíces que se suelen remontar a Aristóteles, que argumentó famosamente que «el hombre es por naturaleza un animal político», y que solo podemos realizar nuestra verdadera naturaleza a través del compromiso activo en la política. Para Rawls, por el contrario, la participación política es en última instancia un medio para un fin: los ciudadanos comprometidos ayudan a impulsar la legitimidad y estabilidad de una sociedad democrática, y pueden evitar que el poder caiga en manos de una élite distante y altiva. Si bien algunos individuos obtendrán sentido y autorrealización de la política, para la mayoría de las personas sus otros compromisos —familia, religión, trabajo, etc.— probablemente son más importantes. Desde esta perspectiva, la participación popular a la que debemos aspirar depende en última instancia de hasta qué punto esto promueve la igualdad política y el buen gobierno.
28. Mogens Herman Hansen, «Democracy, Athenian», en Simon Hornblower y Antony Spawforth (comps.), *The Oxford Classical Dictionary*, Oxford, Oxford University Press, 2012. Gracias a Kit Shepherd por dirigirme hacia esta fuente.

29. La selección aleatoria llegó a desempeñar un papel particularmente importante en la democracia ateniense en el siglo IV a. C., en parte como respuesta a la desastrosa guerra del Peloponeso (431-404 a. C.) y al deseo de establecer una especie de freno de seguridad a las decisiones tomadas por la asamblea. Durante este periodo, se utilizaron lotes al azar para seleccionar miembros de tres organismos clave: el Consejo de los Quinientos, que establecía la agenda para la asamblea y decidía qué propuestas podían debatirse; los *nomothetai*, que debían aprobar todas las leyes elaboradas en la asamblea; y un tribunal especial (la *graphé paranomon*), encargado de supervisar los debates de la asamblea y que tenía la facultad de enjuiciar a quienes fueran responsables de propuestas ilegales o poco prudentes. Véase James Fishkin, *Democracy When the People Are Thinking: Revitalizing Our Politics through Public Deliberation*, Oxford, Oxford University Press, 2018, págs. 51-54.
30. Véanse, por ejemplo, David van Reybrouck, *Against Elections: The Case for Democracy*, Londres, Bodley Head, 2016 (trad. cast.: *Contra las elecciones, cómo salvar la democracia*, Barcelona, Taurus, 2017), y Brett Hennig, *The End of Politicians: Time for a Real Democracy*, Londres, Unbound, 2017. Para un análisis más filosófico, véase Alexander A. Guerrero, «Against Elections: The Lottocratic Alternative», *Philosophy & Public Affairs* 42:2, 2014, págs. 135-178.
31. El análisis sobre la selección aleatoria se inspira en Müller, *Democracy Rules*, págs. 47-89. Aunque parte del atractivo de la selección aleatoria radica en que puede superar algunas de las dificultades para responsabilizar a los representantes elegidos, también presenta sus propios problemas de responsabilidad. Si reemplazáramos a los representantes elegidos con aquellos seleccionados al azar, aún ejercerían un gran poder y no habría un mecanismo para responsabilizarlos a través de elecciones.
32. Este debate se inspira en gran medida en Müller, *Democracy Rules*, págs. 78-89.
33. Instituto Internacional para la Democracia y la Asistencia Electoral, «Electoral System for National Legislature», International IDEA Electoral System Design Database, visitado el 4 de noviembre de 2022, <https://www.idea.int/data-tools/question-view/130355>. La afirmación sobre las democracias consolidadas utiliza datos de 1997/8 y procede de «The Global Distribution of Electoral Systems», ACE Encyclopaedia Version 1.0, visitado el 10 de agosto de 2022, <https://aceproject.org/main/english/es/esh.htm>.

Las «democracias consolidadas» se definen como Estados con una población de más de 250.000 habitantes que han celebrado elecciones libres continuas durante más de veinte años. De las treinta y seis democracias consolidadas, veintiuna (59%) tienen representación proporcional. Sin embargo, el sistema mayoritario uninominal representa el 71% de la población, ya que este grupo incluye tanto a Estados Unidos como a la India.

34. Aunque creo que el equilibrio de los argumentos favorece en gran medida a la representación proporcional, hay cierto argumento que avala que el sistema mayoritario uninominal es compatible con la igualdad política. Véanse, por ejemplo, Charles R. Beitz, *Political Equality: An Essay in Democratic Theory*, Princeton, Princeton University Press, 1990, págs. 123-140, y James Lindley Wilson, *Democratic Equality*, Princeton, Princeton University Press, 2019, págs. 193-215.
35. Aunque el sistema mayoritario uninominal a menudo crea dificultades evidentes para los partidos más pequeños, también puede provocar brechas significativas entre la proporción de votos y escaños para los partidos más grandes: en las elecciones generales del Reino Unido de 2019, las más recientes en el momento de escribir esto, el Partido Conservador obtuvo el 45% de los votos, pero se aseguró el 58% de los escaños. Véase Patrick Dunleavy, «First-Past-the-Post: Normal (Disproportionate) Service Has Resumed», *LSE British Politics and Policy Blog*, 19 de diciembre de 2019, <https://blogs.lse.ac.uk/politicsandpolicy/rst-past-the-post-ge2019/>.
36. En Europa, los partidos populistas autoritarios han asegurado alrededor del 11% de los votos, y, por lo tanto, aproximadamente el 11% de los escaños legislativos desde la década de los ochenta. Véase Lee Drutman, *Breaking the Two-Party Doom Loop: The Case for Multiparty Democracy in America*, Oxford, Oxford University Press, 2020, págs. 228-231
37. Este argumento a favor de la representación proporcional como más probable para fomentar una democracia multipartidista se basa en el trabajo de Drutman, «Breaking the Two-Party Doom Loop».
38. «One Person, One Vote: But Are All Votes Equal?», *Voter Power Index*, visitado el 10 de agosto de 2022, <http://www.voterpower.org.uk/>. Para un debate sobre la metodología subyacente, véase Nick Marks y Stephen Whitehead, *The Voter Power Index: The Effects of the Alternative Vote on the Distribution of Electoral Power in the UK*, Londres, New Economics Foundation, 2011.

39. Carl Cullinane, «Voter Power to the People?», *LSE British Politics and Policy Blog*, 3 de mayo de 2015, <https://blogs.lse.ac.uk/politicsandpolicy/voter-power-to-the-people/>.
40. El control político sobre los límites de los distritos, o «manipulación», representa aproximadamente un tercio del aumento en el número de distritos parlamentarios seguros en Estados Unidos desde la década de los ochenta.
41. Existen otros sistemas híbridos que logran un alto grado de proporcionalidad de manera ligeramente diferente. El más prometedor es el modelo de voto transferible, que actualmente se utiliza en las elecciones legislativas nacionales en Irlanda y Malta, y en las elecciones al senado en Australia. En este sistema, los ciudadanos votan en circunscripciones con múltiples candidatos, a quienes clasifican según sus preferencias. Al igual que el sistema estándar de representación proporcional, este modelo tiene el efecto de asignar escaños en proporción cercana a los votos emitidos, pero con la ventaja añadida de que los ciudadanos votan por candidatos específicos. Véase Drutman, *Breaking the Two-Party Doom Loop*, págs. 177-183.
42. OCDE, *Society at a Glance, 2019: OECD Social Indicators*, París, OECD Publishing, 2019, pág. 129.
43. OCDE, «Civic Engagement», Índice de una Vida Mejor de la OCDE, visitado el 10 de agosto de 2022, <https://www.oecdbetterlifeindex.org/topics/civicengagement/>.
44. Bernard Grofman, «Perspectives on the Comparative Study of Electoral Systems», *Annual Review of Political Science* 19, 2016, pág. 533.
45. Véanse Page y Gilens, Democracy in America?, págs. 203-209, y Toby S. James y Paul Bernal, *Is It Time for Automatic Voter Registration in the UK?*, York, Joseph Rowntree Reform Trust, 2020.
46. Page y Gilens, *Democracy in America?*, 62; y Toby S. James y Alistair Clark, «Electoral Integrity, Voter Fraud and Voter ID in Polling Stations: Lessons from English Local Elections», *Policy Studies* 41: 2-3, 2020, pág. 190.
47. Page y Gilens, *Democracy in America?*, 61; Eric Guntermann y otros, «Are Inequalities in Representation Lower under Compulsory Voting?», *Policy Studies* 41: 2-3, 2020, págs. 151-171.
48. Cualquier sistema de votación con voto obligatorio debería incluir la opción de rechazar a los candidatos y votar para «reabrir las nominaciones». Para un argumento más detallado a favor del voto obligatorio, junto con argumentos similares a los discutidos aquí, véase Emilee Booth Chapman,

«The Distinctive Value of Elections and the Case for Compulsory Voting», *American Journal of Political Science* 63:1, 2019, págs. 101-112.

49. Para un examen de las donaciones y los límites de gasto, véase OCDE, *Financing Democracy: Funding of Political Parties and Election Campaigns and the Risk of Policy Capture*, París, OECD Publishing, 2016, págs. 46-59.
50. Julia Cagé, *The Price of Democracy: How Money Shapes Politics and What to Do about It*, Cambridge, MA, Harvard University Press, 2020, pág. 7.
51. OCDE, *Financing Democracy*, pág. 46.
52. El coste total de las elecciones de 2020 se declara en términos nominales (2020) (es decir, no ajustado por la inflación) y procede de «Total Cost of Election (1990-2022)», Open Secrets, visitado el 2 de noviembre de 2022, <https://www.opensecrets.org/elections-overview/cost-of-election>. El coste de las carreras exitosas al Senado y al Congreso procede de Michael J. Malbin y Brendan Glavin, «CFI: Independent Spending in 2020 Equaled the Candidates», en «Close Races, and Parties Dominated the IEs», FollowTheMoney.org, 22 de diciembre de 2020, <https://www.followthemoney.org/research/institute-reports/cfi-independent-spending-in-2020-equaled-the-candidates-in-close-races-and-parties-dominated-the-ies>.
53. Page y Gilens, *Democracy in America?*, pág. 7.
54. El siguiente informe se centra especialmente en los donantes estadounidenses: Sean McElwee y otros, *Whose Voice, Whose Choice? The Distorting Influence of the Political Donor Class in Our Big-Money Elections*, Nueva York, Demos, 2016. Una encuesta a multimillonarios estadounidenses llega a conclusiones similares. Véase Page y Gilens, *Democracy in America?*, pág. 117.
55. Para el Reino Unido, véanse Peter Geoghegan y otros, «Cabinet Office Urged to Investigate Fresh Tory "Cash for Honours" Scanda», openDemocracy, 3 de diciembre de 2019, <https://www.opendemocracy.net/en/dark-money-investigations/cabinet-office-urged-to-investigate-fresh-tory-cash-for-honours-scandal/>, y Simon Radford y otros, «"Lordy Me!" Can Donations Buy You a British Peerage? A Study in the Link between Party Political Funding and Peerage Nominations, 2005-2014», *British Politics* 15:2, 2020, págs. 135-159. Para Estados Unidos, véase Robbie Gramer, «Senior U.S. Lawmaker Wants to Scale Back Pay-for-Post Ambassadorships», *Foreign Policy*, 26 de octubre de 2020.
56. Yascha Mounk, *Democracy vs. the People: Why Our Freedom Is in Danger and How to Save It*, Cambridge, MA, Harvard University Press, 2018, pág. 88.

57. Para un examen de la evidencia, véase Yasmin Dawood, «Campaign Finance and American Democracy», *Annual Review of Political Science* 18, 2015, págs. 340-342.
58. John Rawls, *Political Liberalism*, edición ampliada, Nueva York, Columbia University Press, 2005, págs. 356-363. Como señaló Rawls, hay un «espacio limitado» en el foro político público: como individuos, solo podemos absorber tanta información, y solo hay tantas páginas en los periódicos nacionales o espacios en la televisión dominante. Las restricciones a las donaciones políticas son necesarias para asegurarse de que los ricos no puedan dominar este espacio finito y así garantizar el valor justo de nuestros derechos a la libertad de expresión política (*ibidem*, pág. 328).
59. OCDE, *Financing Democracy*, pág. 38.
60. Cagé, *The Price of Democracy*, págs. 135-161.
61. OCDE, *Financing Democracy*, pág. 40.
62. Varios países han adoptado un modelo alternativo —y en algunos aspectos más receptivo— en el que el Estado ofrece deducciones fiscales sobre las donaciones políticas, pero, dado que los ricos pagan mucho más en impuestos, este tipo de esquemas benefician desproporcionadamente a los partidos respaldados por los ricos. Véase Cagé, *The Price of Democracy*, pág. 74.
63. ¿Cuán generosos deberían ser los vales de democracia? No hay una única respuesta «correcta» a esta pregunta. Julia Cagé propone aproximadamente siete euros por persona, lo que aproximadamente replicaría los niveles existentes de financiación pública en varios países europeos. Bruce Ackerman e Ian Ayres argumentan a favor de cincuenta dólares por persona; véase Bruce Ackerman y Ian Ayres, «"Democracy Dollars" Can Give Every Voter a Real Voice in American Politics», *Washington Post*, 5 de noviembre de 2015.
64. Ackerman y Ayres, «"Democracy Dollars"».
65. Para una propuesta detallada, véase Cagé, *The Price of Democracy*, págs. 253-275. Cagé aborda un conjunto de importantes cuestiones prácticas, entre ellas cómo decidir qué partidos son elegibles para la financiación.
66. Alan Griffith y Thomas Noonen, «The Effects of Public Campaign Funding: Evidence from Seattle's Democracy Voucher Program», *Journal of Public Economics* 211, 2022, artículo 104676.
67. Mounk, *Democracy vs the People*, pág. 86. Un panorama similar surge de estudios que examinan el *lobby* a las instituciones de la UE en Bruselas. Hasta 2017, las corporaciones y sus grupos de presión tenían aproximadamente un

60 % más de lobistas con pases de acceso al Parlamento Europeo que aquellos que trabajaban para grupos de la sociedad civil y sindicatos; y un estudio de 2014 que examinó detalladamente el *lobby* relacionado con el sector de las finanzas descubrió que las empresas financieras gastaron treinta veces más que las ONG y los sindicatos juntos. Véase David Lundy, *Lobby Planet Brussels: The Corporate Europe Observatory Guide to the Murky World of Corporate EU Lobbying*, Bruselas, Corporate Europe Observatory, 2017, pág. 10.

68. OCDE, *Lobbying in the 21st Century: Transparency, Integrity and Access*, París, OECD Publishing, 2021, pág. 20.

69. Aunque muchos países han dado pasos para mejorar la transparencia, queda mucho por hacer. En 2020, diez años después de lanzar una gran iniciativa para mejorar la transparencia y la integridad de los *lobbies*, la OCDE descubrió que la mayoría de los países no han logrado introducir sistemas sólidos y que «los riesgos de influencia indebida y monopolio son elevados». Véase OCDE, *Lobbying in the 21st Century*, pág. 3.

70. Lee Drutman, «Three Fixes For Our Lobbyist Problem», *The American Prospect*, 5 de junio de 2008.

71. Podríamos igualar pequeñas contribuciones individuales utilizando fondos públicos, o incluso extender el esquema de vales de democracia para abarcar grupos de defensa. Drutman ha propuesto crear una «Oficina Pública de *Lobbies*» para promover puntos de vista no representados. Véase Lee Drutman, *The Business of America Is Lobbying: How Corporations Became Politicized and Politics Became More Corporate*, Oxford Oxford University Press, 2015, págs. 229-230.

72. Este marco es similar al propuesto por Timothy Garton Ash, que argumenta que los medios de comunicación deberían ser diversos, dignos de confianza y no estar sometidos a censura. Véase Timothy Garton Ash, *Free Speech: Ten Principles for a Connected World*, New Haven, Yale University Press, 2017, pág. 183.

73. La mayor parte de esto se explicaba por una disminución masiva del 57 % en el número de personas empleadas en las salas de redacción de medios impresos, solo parcialmente compensada por un aumento del empleo en los medios de noticias en línea. Mason Walker, «U.S. Newsroom Employment Has Fallen 26% since 2008», Pew Research Center, 13 de julio de 2021, <https://www.pewresearch.org/fact-tank/2021/07/13/u-s-newsroom-employment-has-fallen-26-since-2008/>.

74. Para el Reino Unido, véase Stigler Committee on Digital Platforms, Final Report, Chicago, Stigler Center for the Study of the Economy and the State, 2019, pág. 148; para Estados Unidos, véase Müller, *Democracy Rules*, pág. 125.
75. Müller, *Democracy Rules*, pág. 125.
76. Un estudio en Brasil descubrió que el 98% de los partidarios de Bolsonaro había recibido piezas de información falsa, y un 90% había creído en ellas. Müller, *Democracy Rules*, pág. 122.
77. Un estudio del Pew Research Center en trece democracias avanzadas descubrió que la discrepancia sobre hechos básicos es más común en algunos países que en otros. En Francia, hasta un 61% de la población pensaba que había desacuerdos fundamentales no solo sobre políticas, sino también sobre hechos básicos, seguido por Estados Unidos, con un 59%. En el otro extremo del espectro, la cifra era de solo un 18% en Nueva Zelanda. Véase Laura Silver y otros, *Diversity and Division in Advanced Economies*, Washington, DC, Pew Research Center, 2021.
78. Ben Kamisar, «Two-Thirds of Republicans Don't Believe Biden Was Elected Legitimately», *NBC News*, 25 de octubre de 2022.
79. Véase, por ejemplo, Sahil Loomba y otros, «Measuring the Impact of COVID-19 Vaccine Misinformation on Vaccination Intent in the UKand USA», *Nature Human Behaviour* 5:3, 2021, págs. 337-348.
80. Según un estudio, el periodo transcurrido desde el año 2000 ha sido testigo de «un cambio dramático y cuantificable hacia un lenguaje subjetivo, abstracto, directivo y argumentativo con contenido basado más en la expresión de opiniones que en la provisión de hechos» en las noticias por cable en Estados Unidos, y una tendencia similar es evidente, aunque en mucho menor medida, en los periódicos y la televisión convencional. Jennifer Kavanagh y otros, «Facts versus Opinions: How the Style and Language of News Presentation Is Changing in the Digital Age», RAND Corporation, 2019, <https: www.rand.org/pubs/research_briefs/RB10059.html>.
81. Para un análisis detallado de los impulsores de la concentración mediática, véase Eli M. Noam «Introduction», en Eli M. Noam (comp.), *Who Owns the World's Media?: Media Concentration and Ownership around the World*, Oxford, Oxford University Press, 2016, págs. 3-15.
82. Para un examen de dónde se informa la población en el Reino Unido, véase «How Brits Get Their News», YouGov, visitado el 3 de noviembre

de 2022, <https://yougov.co.uk/topics/politics/trackers/how-brits-get-their-news>; para Estados Unidos, véase Naomi Forman-Katz y Katerina Eva Matsa, «News Platform Fact Sheet», Pew Research Center, 20 de septiembre de 2022, <https://www.pewresearch.org/journalism/fact-sheet/news-platform-fact-sheet/>.

83. Media Reform Coalition, *Who Owns the UK Media?*, Londres, Media Reform Coalition, 2019, pág. 2.

84. Ed Jones, «Five Reasons Why We Don't Have a Free and Independent Press in the UK and What We Can Do about It», openDemocracy, 18 de abril de 2019, <https://www.opendemocracy.net/en/opendemocracyuk/five-reasons-why-we-don-t-have-free-and-independent-press-in-uk-and-what-we-can-do-about/>.

85. Stigler Committee on Digital Platforms, *Final Report*, págs. 26-27.

86. La mayoría de los países europeos, entre ellos el Reino Unido, proporcionan subsidios indirectos a través de exenciones de IVA. Muchos países europeos también proporcionan subsidios directos a los periódicos, planteados de diversas formas. En Noruega, por ejemplo, el enfoque está en el pluralismo, con financiación pública para el segundo periódico más grande en cada mercado local, así como para un periódico nacional que ofrece puntos de vista disidentes y controvertidos. En Francia, hay subsidios que cubren los costes de entrega, así como para fomentar el pluralismo y la modernización. Véase Stigler Committee on Digital Platforms, *Final Report*, pág. 34.

87. Comité Digital y de Comunicaciones de la Cámara de los Lores, «Breaking News? The Future of UK Journalism», *HL Paper* 176, noviembre 2020, pág. 22. Una opción para reforzar el control democrático sería inspirarse en el modelo de la selección aleatoria, esto eso, utilizar un jurado de ciudadanos para ayudar a dirimir disputas sobre la imparcialidad. Como veremos más adelante en este mismo capítulo, la selección aleatoria es especialmente útil en los casos en los que los legisladores afrontan un conflicto de intereses, como sin duda sucede con la regulación de los medios de comunicación.

88. Para un análisis detallado de este tipo de modelo, véase Comité Stigler sobre Plataformas Digitales, *Final Report*, págs. 34-42.

89. Dado el peligro de que tales estándares se utilicen con fines políticos, no deberían ser muy estrictos y requerirían una supervisión independiente.

90. Timothy Garton Ash lo llama «parcialidad transparente»; véase *Free Speech*, págs. 204-205.

91. Lara Fielden, *Regulating for Trust in Journalism: Standards Regulation in the Age of Blended Media*, Oxford, Reuters Institute for the Study of Journalism, 2011, págs. 117-124. Aunque Fielden recomienda diversos incentivos para animar a las empresas a adoptar estos estándares superiores, no analiza los vales de los medios de comunicación en sí mismos.
92. Julia Cagé, *Saving the Media: Capitalism, Crowdfunding, and Democracy*, Cambridge, MA, Harvard University Press, 2016.
93. Dahl describe la autoridad discrecional de los representantes elegidos y el proceso asociado de negociación entre las élites políticas como el «lado oscuro» de la democracia representativa. Véase *On Democracy*, págs. 113-114.
94. Erik Olin Wright, *Envisioning Real Utopias*, Londres, Verso, 2010, págs. 155-160 (trad. cast.: *Construyendo utopías reales*, Madrid, Akal, 2014).
95. Véase *Participatory Budgeting World Atlas*, visitado el 11 de agosto de 2022, <https://www.pbatlas.net/world.html>. Evidentemente, estas cifras ocultan enormes variaciones en el volumen de la financiación y en la naturaleza de la implicación ciudadana, y algunos de estos esquemas tienen una naturaleza puramente consultiva.
96. Hollie Russon Gilman, «Engaging Citizens: Participatory Budgeting and the Inclusive Governance Movement within the United States», Ash Center Occasional Papers series, enero de 2016, pág. 4.
97. Wright, *Envisioning Real Utopias*, pág. 158.
98. *Ibidem*, pág. 111. Aunque en un principio las mujeres estaban infrarrepresentadas, ahora son un poco más del 50% de los participantes. Véase Carole Pateman, «Participatory Democracy Revisited», *Perspectives on Politics* 10:1, 2012, págs. 11-12.
99. Wright, *Envisioning Real Utopias*, pág. 111.
100. Por esta razón, la selección aleatoria a veces recibe el nombre de «encuestas deliberativas de opinión».
101. Para una visión general de los experimentos recientes, véase van Reybrouck, *Against Elections*, págs. 115-131 (trad. cast.: *Contra las elecciones: cómo salvar una* democracia, Barcelona, Taurus, 2017).
102. Dimitri Courant, «Citizens' Assemblies for Referendums and Constitutional Reforms: Is There an "Irish Model" for Deliberative Democracy?», Frontiers in Political Science 2, 2021, artículo 591983.
103. Aunque el debate sobre el aborto en Estados Unidos a menudo se presenta

como una elección binaria entre estar «a favor de la vida» o «a favor de la elección», solo el 8% cree que el aborto debería ser ilegal en todos los casos, mientras que el 19% dice que debería ser legal en todos los casos. La gran mayoría de las personas cree que el aborto debería ser legal en al menos algunos casos y reconocen la necesidad de equilibrar una variedad de consideraciones. Véase Pew Research Center, *America's Abortion Quandary*, Washington, DC, Pew Research Center, 2022.

104. Los últimos treinta años han sido testigos de la explosión de la experimentación práctica en el diseño de pequeños foros deliberativos (que a menudo han sido llamados «minipúblicos»), de los que concretamente fue pionero el politólogo James Fishkin. Para un resumen, véase Fishkin, *Democracy When the People Are Thinking*.
105. Véase *ibidem*, págs. 69-128, para conocer diversos ejemplos.
106. Los paneles de Revisión de Iniciativas Ciudadanas de Oregón han considerado temas que van desde la imposición de impuestos a las empresas hasta el uso de la marihuana para fines médicos. Por supuesto, las personas no siempre están de acuerdo con las opiniones de los paneles, pero la evidencia sugiere que sus informes han ayudado a los votantes a comprender mejor los problemas y, en muchos casos, a cambiar de opinión. Véase John Gastil y otros, «Assessing the Electoral Impact of the 2010 Oregon Citizens' Initiative Review», *American Politics Research* 46:3, 2018, págs. 534-563.
107. Para ver propuestas detalladas que abordan muchas de estas cuestiones, véanse John Gastil y Erik Olin Wright, «Legislature by Lot: Envisioning Sortition within a Bicameral System», *Politics & Society* 46:3, 2018, págs. 303-330, y Arash Abizadeh, «Representation, Bicameralism, Political Equality, and Sortition: Reconstituting the Second Chamber as a Randomly Selected Assembly», *Perspectives on Politics* 19:3, 2021, págs. 791-806.
108. Podemos considerar las propuestas en este capítulo como un aislamiento del sistema político respecto a las desigualdades sociales y económicas más amplias. Esto es fundamental, pero como lo expresó Rawls, también debemos «dispersar la propiedad del patrimonio y el capital, y así [...] evitar que una pequeña parte de la sociedad controle la economía, e indirectamente, también la vida política» (*Justice as Fairness*, pág. 139).

6. Igualdad de oportunidades

1. Esta idea se suele atribuir al libro de Fredric Jameson, *The Seeds of Time*, Nueva York, Columbia University Press, 1994 (trad. cast.: *Las semillas del tiempo*, Madrid, Trotta, 2000). Véase Francesco Boldizzoni, *Foretelling the End of Capitalism: Intellectual Misadventures since Karl Marx*, Cambridge, MA, Harvard University Press, 2020, pág. 149 (trad. cast.: *Imaginando el final del capitalismo: desventuras intelectuales desde Karl Marx*, Madrid, Akal, 2023).
2. Esto ha sido impulsado en gran medida por el economista Thomas Piketty, que ha hecho más que ningún otro pensador contemporáneo por despertar la conciencia popular sobre estos temas. Véase Thomas Piketty, *Capital in the Twenty-First Century*, Cambridge, MA, Harvard University Press, 2014, y *Capital and Ideology*, Cambridge, MA, Harvard University Press, 2020.
3. Para un debate sobre el papel de la genética a la hora de explicar la movilidad de ingresos intergeneracional, véase Samuel Bowles y Herbert Gintis, «The Inheritance of Inequality», Journal of Economic Perspectives 16:3, 2002, págs. 10-16.
4. Algunos economistas han intentado medir la igualdad de oportunidades directamente, al tratar de aislar los factores que determinan los ingresos de las personas y que están fuera de su control, como la raza, el género y el ingreso parental. En la práctica, estas medidas están estrechamente correlacionadas con la movilidad de ingresos, lo que refuerza la idea intuitiva de que la baja movilidad a menudo se debe a una falta genuina de oportunidades. Véase Miles Corak, «Income Inequality, Equality of Opportunity, and Intergenerational Mobility», *Journal of Economic Perspectives* 27:3, 2013, págs. 84-85.
5. OCDE, *A Broken Social Elevator? How to Promote Social Mobility*, París, OECD Publishing, 2018, pág. 195. La correlación entre los ingresos (o salarios) de los padres y los hijos se conoce como la «elasticidad intergeneracional de los ingresos (salarios)», y es una forma de medir la «movilidad intergeneracional».
6. Corak, «Income Inequality, Equality of Opportunity, and Intergenerational Mobility», pág. 87. Véase también Jo Blanden, «Cross-Country Rankings in Intergenerational Mobility: A Comparison of Approaches from Economics and Sociology», *Journal of Economic Surveys* 27, 2013, págs. 38-73.
7. Véase OCDE, *A Broken Social Elevator?*, págs. 69-79.

8. Para el Reino Unido, véase Lee Elliot Major y Stephen Machin, *Social Mobility and Its Enemies*, Londres, Pelican, 2018, pág. 7. Para Estados Unidos, véase Richard V. Reeves, *Dream Hoarders: How the American Upper Middle Class Is Leaving Everyone Else in the Dust, Why That Is a Problem, and What to Do about It*, Washington, DC, Brookings Institution Press, 2018, pág. 61.
9. Corak, «Income Inequality, Equality of Opportunity, and Intergenerational Mobility», pág. 82.
10. Según Daniel Markovits, el gasto adicional en educación por parte del 1 % más rico en Estados Unidos en comparación con un hogar típico de ingresos medios, desde preescolar hasta la universidad, equivalía a una herencia de aproximadamente diez millones de dólares. En otras palabras, si los padres ricos hubieran invertido este dinero en un fondo fiduciario en lugar de gastarlo en educación, a su muerte el fondo habría tenido un valor de alrededor de diez millones de dólares. Véase Daniel Markovits, *The Meritocracy Trap*, Allen Lane, 2019, pág. 146.
11. Heather Boushey, *Unbound: How Inequality Constricts Our Economy and What We Can Do about It*, Cambridge, MA, Harvard University Press, 2019, pág. 46.
12. Satisfacer las necesidades básicas y reducir la desigualdad a un nivel que sea coherente con el principio de diferencia asegurará que los niños en los hogares más pobres tengan el mejor comienzo posible en la vida, y al hacerlo, nos ayudará a lograr una igualdad equitativa de oportunidades. Al mismo tiempo, poner en práctica la igualdad equitativa de oportunidades tenderá a aumentar el crecimiento económico y a reducir la desigualdad, y, por lo tanto, contribuirá a los objetivos del principio de diferencia. De esta manera, las dos partes del segundo principio de Rawls trabajan juntas no conceptualmente, sino de una manera muy práctica.
13. Las estadísticas del Reino Unido se basan en el porcentaje de jóvenes que han completado una licenciatura a la edad de veintitrés años, tal como aparece en Major y Machin, *Social Mobility and Its Enemies*, pág. 99. En Francia, esta cifra se corresponde con el porcentaje de personas entre los dieciocho y los veinticuatro años que están o han estado en la educación superior, tal como se refleja en Cécile Bonneau y Sébastien Grobon, «Unequal Access to Higher Education Based on Parental Income: Evidence from France», *World Inequality Lab Working Paper* 2022/01, enero de 2022, pág 15. El dato de Estados Unidos se basa en el porcentaje de personas que han finalizado la

universidad a los veinticinco años, a partir del análisis de Kathleen M. Ziol-Guest y Kenneth T. H. Lee, «Parent Income-Based Gaps in Schooling: Cross-Cohort Trends in the NLSYs and the PSID», *AERA Open* 2:2, 2016, págs. 1-10. Otros estudios han descubierto una fuerte relación entre la educación parental y el rendimiento educativo de los niños. Véase, por ejemplo, OCDE, *Education at a Glance*, 2020, OECD Indicators, París, OECD Publishing, 2020, págs. 249-260.

14. Para un examen reciente de esta literatura, véase S. Cattan y otros, *Early Childhood and Inequalities*, Londres IFS Deaton Review of Inequalities, 2022. Véase también Bruce Bradbury y otros, «Inequality in Early Childhood Outcomes», en John Ermisch y otros (comps.), *From Parents to Children: The Intergenerational Transmission of Advantage*, Nueva York, Russell Sage Foundation, 2012, págs. 87-119.
15. Bradbury y otros, «Inequality in Early Childhood Outcomes». Las cifras citadas se han calculado combinando la brecha estimada en los resultados de vocabulario entre niños ricos y pobres a la edad de cinco años (0,95 desviaciones estándar para el Reino Unido y 1,09 desviaciones estándar para Estados Unidos: véase Figura 4.2) con el incremento promedio estimado mensual en la puntuación de las pruebas (0,05 desviaciones estándar tanto para el Reino Unido como para Estados Unidos; véase tabla 4.4).
16. Cattan y otros, «Early Childhood and Inequalities», pág. 50.
17. *Ibidem*, págs. 7-17.
18. *Ibidem*, pág. 18. Para un análisis de los beneficios de las visitas al hogar, véase Reeves, *Dream Hoarders*, págs. 128-131.
19. Boushey, Unbound, págs. 37-39. Para un análisis del programa Perry, véase James Heckman y Ganesh Karapakula, «Intergenerational Benefits of High-Quality Early Childhood Education for Underprivileged Children: Evidence from the iconic Perry Preschool Project», VoxEU.org, 23 de agosto de 2019, <https://voxeu.org/article/intergenerationalbenefits-high-quality-early-childhood-education-underprivileged-children>.
20. Boushey, *Unbound*, págs. 37-39, y Elizabeth Cascio, «The Promises and Pitfalls of Universal Early Education», IZA World of Labor, enero de 2015, <https://doi.org/10.15185/izawol116>. La educación temprana financiada también puede ayudar a aumentar los ingresos familiares al funcionar como cuidado de niños. Pero, como señala Cascio, cuando la provisión se centra en proporcionar guarderías, esto tiende a no tener los mismos bene-

ficios para el desarrollo de los niños que cuando se centra en la educación temprana.

21. Tarjei Havnes y Magne Mogstad, «Is Universal Child Care Leveling the Playing Field?», *Journal of Public Economics* 127, 2015, págs. 100-114. Para un estudio que documenta los beneficios de las guarderías universales en Alemania, véase Christina Felfe y Rafael Lalive, «The Levelling Effects of Good Quality Early Childcare», VoxEU.org, 20 de mayo de 2018, <https://voxeu.org/article/levelling-effects-good-quality-early-childcare>; y para un debate sobre cómo esto ha beneficiado especialmente a los niños con desventajas, véase Thomas Cornelissen y otros, «Universal Childcare, Family Background, and School Readiness», VoxEU.org, 7 de junio, 2018, <https://voxeu.org/article/universal-childcare-family-background-andschool-readiness>.
22. Según la OCDE, «en los países del G20, el gasto por niño tiende a aumentar progresivamente desde el nivel preescolar hasta la educación superior. Por ejemplo, en Estados Unidos, el gasto público por niño (o estudiante) es de 6.803 dólares en educación preescolar, 11.281 dólares en educación primaria, 12.573 dólares en educación secundaria y 14.630 dólares en educación superior». OCDE, *Early Childhood Education: Equity, Quality and Transitions: Report for the G20 Education Working Group*, París, OECD Publishing, 2020, pág. 20.
23. Sin sorpresas, la conexión entre el ingreso y la matriculación en la educación temprana tiende a ser más fuerte en países como el Reino Unido, Países Bajos e Irlanda, donde los servicios para los niños más pequeños son administrados de forma privada y los subsidios públicos son relativamente limitados. Véase OCDE, *Who Uses Childcare? Background Brief on Inequalities in the Use of Formal Early Childhood Education and Care (ECEC) among Very Young Children*, París, OECD Publishing, 2016, pág. 5. Gran parte de la brecha en la matriculación entre hogares de ingresos altos y bajos se explica por el hecho de que las madres en hogares de bajos ingresos tienen menos probabilidades de trabajar. Pero esto es en parte resultado del alto coste de la educación temprana, y reducir estos costes probablemente conducirá tanto a una mayor participación laboral materna como a un aumento de las matriculaciones en la educación temprana.
24. Para un examen de los diferentes sistemas educativos a una edad temprana, véase OCDE, *Education at a Glance*, 2020, págs. 161-180.
25. OCDE, *Who Uses Childcare?*, pág 7.

26. Para un panorama de los beneficios netos de los primeros años de educación en el contexto estadounidense, véase Katherine Magnuson y Greg J. Duncan, «Can Early Childhood Interventions Decrease Inequality of Economic Opportunity?», Russell Sage Foundation Journal of the Social Sciences 2:2, 2016, págs. 123-141. Los autores concluyen que «los beneficios de incluso un programa de educación temprana moderadamente efectivo probablemente serán suficientes para compensar los costes de la expansión del programa».
27. OCDE, OECD Family Database, «Chart PF3.1.A: Public Spending on Early Childhood Education and Care» (datos para 2017), <https://www.oecd.org/els/soc/PF3_1_Public_spending_on_childcare_and_early_education.pdf>.
28. Para ser claros, el argumento aquí es contra las escuelas de pago y no contra las gestionadas de forma privada. En principio, las escuelas podrían ser gestionadas de forma privada pero financiadas públicamente y disponibles para todos en igualdad de condiciones. Si las escuelas deben ser gestionadas por el Estado, por fundaciones benéficas o incluso por organizaciones privadas con ánimo de lucro, depende de qué tipo de sistema escolar es más probable que ofrezca buenos resultados para los estudiantes, en lugar de algún principio profundo.
29. Independent Schools Council, *ISC Census and Annual Report*, 2022, Londres, Independent Schools Council, 2022, pág. 17; para las tarifas de Eton de 2020-2021, véase «Eton College», *Tatler*, 16 de octubre de 2020; Office for National Statistics, «Average Household Income, UK: Financial Year Ending 2021», *ONS Statistical Bulletin*, marzo de 2022, pág. 2.
30. Francis Green, *Private Schools and Inequality*, Londres, IFS Deaton Review of Inequalities, 2022, pág. 8.
31. Social Mobility Commission, *State of the Nation, 2018-19: Social Mobility in Great Britain*, Londres, Her Majesty's Stationery Office, 30 de abril de 2019, pág. 54
32. Major y Machin, *Social Mobility and Its Enemies*, págs. 129-150.
33. La cuestión aquí es si las escuelas de pago deberían existir. Para un debate brillante sobre si es ético enviar a los hijos a escuelas de pago en una sociedad donde estas existen, véase Adam Swift, *How Not to Be a Hypocrite: School Choice for the Morally Perplexed Parent*, Londres Routledge, 2003.
34. «Private education Is Not Prohibited in Finland», AACRAO Edge, 11 de

marzo de 2022, <https://www.aacrao.org/edge/emergent-news/detail/private-education-is-not-prohibited-in-Finland>. Las reformas escolares finlandesas también establecieron un cambio desde un sistema de dos niveles de escuelas secundarias y «básicas» a un sistema educativo integral único.

35. «Finland: Slow and Steady Reform for Consistently High Results», en OCDE, *Lessons from PISA for the United States*, París, OECD Publishing, 2011, pág. 118. Para un análisis del sistema educativo finlandés, véase Pasi Sahlberg, «A Model Lesson Finland Shows Us What Equal Opportunity Looks Like», *American Educator* 36:1, 2012, págs. 20-27 y 40.
36. Los países en los que los estudiantes están más integrados en términos de su estatus socioeconómico tienden a tener un mejor rendimiento medio, y abolir las escuelas privadas mejoraría significativamente la integración en este sentido. Véase OCDE, *Public and Private Schools: How Management and Funding Relate to Their Socio-Economic Profile*, París, OECD Publishing, 2012, pág. 27.
37. El debate se inspira aquí en Harry Brighouse y Adam Swift, *Family Values: The Ethics of Parent-Child Relationships*, Princeton, Princeton University Press, 2014. Aunque no sea explícitamente un desarrollo de la teoría de Rawls, su enfoque es muy coherente con él. En particular, la libertad para desarrollar relaciones padres-hijos saludables y amorosas está protegida por el principio de las libertades básicas porque criar hijos es una parte muy importante de la vida de muchas personas, y porque es necesario para la supervivencia de la sociedad de una generación a la siguiente. Si bien algunos padres podrían querer enviar a sus hijos a escuelas con una educación, cultura o incluso un ambiente religioso particular, podemos lograr esto dentro de un sistema financiado públicamente.
38. Boushey, *Unbound*, págs 48-9; Reeves, *Dream Hoarders*, pág. 131. Los estudios de reformas de financiación escolar han confirmado que las diferencias en cuanto a la financiación tienen un impacto real en los resultados. Un estudio descubrió que un aumento del 10% en el gasto anual por alumno a lo largo de doce años de escuela pública llevó a un promedio de 0,3 años más de educación, así como a salarios un 7,3% más altos y a una reducción de tres puntos porcentuales en la pobreza adulta, y estos efectos fueron especialmente pronunciados entre niños de familias de bajos ingresos. Véase Boushey, *Unbound*, pág. 49.
39. Major y Machin, *Social Mobility and Its Enemies*, págs. 89-90.
40. Para un examen de la financiación escolar en Inglaterra, véase Luke Sibieta,

«School Spending in England: Trends over Time and Future Outlook», Institute for Fiscal Studies Briefing Note BN334, septiembre de 2021.

41. Según la OCDE, «una fórmula de financiación ponderada parece ser la mejor opción para financiar escuelas desde una perspectiva de equidad». Véase OCDE, *Equity and Quality in Education: Supporting Disadvantaged Students and Schools*, París, OECD Publishing, 2012, pág. 90.
42. Véase Mark Dynarski y Kirsten Kainz, «Why Federal Spending on Disadvantaged Students (Title I) Doesn't Work», *Evidence Speaks* 1:7, 2015, págs. 1-5. Por supuesto, este coste depende, para empezar, de la dimensión de esas brechas, lo que a su vez depende de desigualdades sociales más amplias. Si reducimos la desigualdad de ingresos en sí misma, entonces no necesitaremos gastar tanto en cerrar las brechas a través del sistema educativo.
43. Jack Britton y otros, *2020 Annual Report on Education Spending in England*, Londres, Institute for Fiscal Studies, 2020, págs. 64-76.
44. Este análisis se inspira en OCDE, *Equity and Quality in Education*. Para un examen sobre la evidencia respecto a las escuelas secundarias en el Reino Unido, véase Luke Sibieta, «Can Grammar Schools Improve Social Mobility?», Institute for Fiscal Studies, 12 de septiembre de 2016, <https://ifs.org.uk/publications/8469>.
45. Véase Major y Machin, *Social Mobility and Its Enemies*, págs. 204-205.
46. Raj Chetty y otros, «Measuring the Impacts of Teachers II: Teacher Value-Added and Student Outcomes in Adulthood», *American Economic Review* 104:9, 2014, pág. 2672. Los autores consideran que el «valor presente» de este aumento de los ingresos de toda una vida es de 14.500 dólares.
47. OCDE, *A Broken Social Elevator?*, págs. 300-301.
48. OCDE, *Education at a Glance*, 2020, pág. 88.
49. Véase, por ejemplo, Andrew E. Clark y otros, «Beyond Income Inequality: Non-Monetary Rewards to Work», *CentrePiece* 26:2, 202, págs. 26-28, que establece que tener una licenciatura se asocia a una satisfacción general con el trabajo y unos mejores «servicios» no monetarios en el trabajo.
50. Major y Machin, *Social Mobility and its Enemies*, pág. 99.
51. Raj Chetty y otros, «Income Segregation and Intergenerational Mobility across Colleges in the United States», *Quarterly Journal of Economics* 135:3, 2020; la «Ivy League Plus» se define como las ocho universidades de la Ivy League más Duke, MIT, Stanford y la Universidad de Chicago. Para las tarifas de la Ivy League en 2022-2023, véase Christy Rakoczy, «How Much

Does an Ivy League Education Cost?», *The Balance*, 27 de septiembre de 2022, <https://www.thebalancemoney.com/can-you-afford-an-ivy-league-education-for-your-child-795012>.

52. En 2021, el 47% de los individuos entre veinticinco y treinta y cuatro años han obtenido una cualificación superior en toda la OCDE. Este dato incluye algunas cualificaciones vocacionales y profesionales avanzadas. Véase «Population with Tertiary Education», *OCDE*, visitado el 22 de 2022, <https://doi.org/10.1787/0b8f90e9-en>.
53. Bonneau y Grobon, «Unequal Access to Higher Education», pág. 20; Chetty y otros, «Income Segregation and Intergenerational Mobility». En el Reino Unido, en cambio, las brechas en el rendimiento previo parecen explicar la mayoría, si no todas, de las diferencias en cuanto al acceso universitario entre el 20% más rico y el 20% más pobre de los estudiantes de escuelas públicas (es decir, los estudiantes con un rendimiento similar a los dieciséis o dieciocho años tienen la misma probabilidad de ir a la universidad independientemente de los ingresos de los padres). Sin embargo, persiste una pequeña brecha en el acceso a las universidades «de más alto estatus», y esta brecha sería casi seguramente mayor si incluyéramos a los estudiantes de escuelas privadas. Véase Claire Crawford y otros, «Raising GCSE Attainment Crucial to Get More Young People from Disadvantaged Backgrounds into University, but Work to Promote Social Mobility Cannot End When They Arrive on Campus», Institute for Fiscal Studies, 5 de diciembre de 2016, <https://ifs.org.uk/articles/raising-gcse-attainment-crucial-get-more-young-people-disadvantaged-backgrounds-university>.
54. Un estudio sobre estudiantes estadounidenses de alto rendimiento procedentes de familias con ingresos bajos descubrió que la mayoría no presentaron su solicitud a universidades selectas, aunque probablemente habrían sido admitidos dado su historial académico y habrían sido candidatos a recibir un significativo apoyo financiero. Véase Boushey, *Unbound*, pág. 52.
55. OCDE, *Education at a Glance*, 2020, págs. 316-326.
56. Melanie Hansen, «Student Loan Default Rate», Education Data Initiative, 19 de diciembre de 2021, <https://educationdata.org/student-loan-default-rate>.
57. Bruce Chapman y Lorraine Dearden, «Income Contingent Loans in Higher Education Financing», *IZA World of Labor*, octubre de 2022, <https://doi.org/10.15185/izawol.227>.

58. Una forma de préstamo basado en ingresos, conocido como «reembolso basado en ingresos», ya existe en Estados Unidos, pero los criterios son severamente restringidos y la cobertura es baja. Véase Nicholas Barr y otros, «The US College Loans System: Lessons from Australia and England», *Economics of Education Review* 71, 2019, págs. 32-48. Para los detalles del presidente Biden, véase «Fact Sheet: President Biden Announces Student Loan Relief for Borrowers Who Need It Most», Casa Blanca, 22 de agosto de 2022, <https://www.whitehouse.gov/briefing-room/statements-releases/2022/08/24/fact-sheet-president-biden-announces-student-loan-relief-for-borrowers-who-need-it-most/>.
59. Estos datos tienen en cuenta las reformas del sistema de préstamos a estudiantes de 2022, que, entre otras cosas, aumentaron el periodo de devolución de los préstamos de treinta a cuarenta años y bajaron el umbral de pago. Véase Ben Waltmann, «Student Loans Reform Is a Leap into the Unknown», Institute for Fiscal Studies Briefing Note BN341, abril de 2022.
60. OCDE, *Education at a Glance*, 2020, pág. 317.
61. Richard Murphy y otros, «The End of Free College in England: Implications for Enrolments, Equity, and Quality», *Economics of Education Review* 71, 2019, págs. 7-22.
62. La última estimación de la OCDE descubrió que la financiación pública representaba alrededor del 25 % del gasto total en educación superior en el Reino Unido, pero esto fue antes de las reformas introducidas en 2022, que redujeron significativamente el nivel general de subsidio estatal, haciendo que el Reino Unido sea aún más atípico. Waltmann, «Student Loans Reform Is a Leap into the Unknown», pág. 5.
63. En Australia, las tasas de reembolso aumentan desde el 1 % para aquellos con ingresos por encima de 48.361 dólares australianos (aproximadamente 27.000 libras) hasta el 10 % por encima de 141.848 dólares australianos (aproximadamente 80.000 libras). Véase «Study and Training Loan Repayment Thresholds and Rates», Australian Tax Office, visitado el 10 de noviembre de 2022, <https://www.ato.gov.au/Rates/HELP,-TSL-and-SFSS-repayment-thresholds-and-rates/>. Estas tasas se aplican al ingreso total, en lugar de al ingreso por encima del umbral relevante (como en el caso del Reino Unido). Esto crea grandes saltos en la responsabilidad fiscal, lo que anima a las personas a cambiar su comportamiento para evitar superar el umbral.

64. «Enlightenment Liberalism Is Losing Ground in the Debate about How to Deal with Racism», *The Economist*, 9 de julio de 2020. Para ejemplos procedentes de Hume, Kant y Mill, véase Jonathan Wolff, «Race and Justice», blog post, 9 de marzo de 2018, <https://jonathanwolff.wordpress.com/reading-lists/race-and-justice-2018/>.
65. El crítico más destacado de Rawls en esta cuestión es Charles Mills. Véase Mills, «A Critique of Tommie Shelby», *Critical Philosophy of Race* 1:1, 2013, págs. 1-27. Para un debate y una respuesta a este tipo de críticas, véanse Tommie Shelby, «Race and Social Justice: Rawlsian Considerations», Fordham Law Review 72:5, 2004, págs. 1697-1714, y Tommie Shelby, «A Reply to Charles Mills», *Critical Philosophy of Race* 1:2, 2013, págs. 145-62.
66. En contraste con algunos de sus predecesores liberales, Rawls fue explícito en este punto. Véase John Rawls, *A Theory of Justice,* edición revisada, Cambridge, MA, Harvard University Press, 1999, págs. 442-443. De hecho, argumentó que la creencia de que la discriminación racial es injusta es una de nuestras convicciones morales (o «juicios considerados») más firmes, y cualquier teoría de la justicia razonable debe tenerla en cuenta. Como señala Shelby, esto se refleja en la construcción del experimento mental de la posición original: dado que las partes ignoran sus características personales, nadie puede argumentar que nuestros derechos deberían depender del color de nuestra piel; por lo tanto, los principios explícitamente racistas están descartados desde el principio. Véase Shelby, «Race and Social Justice: Rawlsian Considerations», págs. 1698-1699.
67. Lynne Peeples, «What the Data Say about Police Brutality and Racial Bias and Which Reforms Might Work», *Nature*, 19 de junio de 2020.
68. Como hemos visto, la igualdad equitativa de oportunidades no requiere resultados estrictamente iguales entre diferentes grupos. En una sociedad con una igualdad equitativa de oportunidades, las desigualdades reflejarían diferencias en la habilidad natural y las elecciones que las personas hacen. Dado que no existe una base genética para las diferencias en la habilidad natural, las desigualdades entre grupos raciales o étnicos persistirán solo si sus miembros toman sistemáticamente diferentes decisiones, por ejemplo, por razones culturales o religiosas.
69. Moritz Kuhn y otros, «Income and Wealth Inequality in America, 1949-2016», *Journal of Political Economy* 128:9, 2020, pág. 3469-519. Las desigualdades raciales persistentes también existen para otros grupos en Estados

Unidos, como los nativos americanos y los hispanos; aunque otros, como los asiático-americanos, tienden a tener mejores resultados que la mayoría blanca, al menos en algunos campos.

70. Brigid Francis-Devine, «Which Ethnic Groups Are Most Affected by Income Inequality?», House of Commons Library, 10 de agosto de 2020, <https://commonslibrary.parliament.uk/income-inequality-by-ethnic-group/>. Las brechas raciales en el patrimonio también son significativas en el Reino Unido: los hogares negros tienen una media de entre el 10% y el 20% del patrimonio de los hogares blancos británicos, mientras que los hogares pakistaníes tienen aproximadamente el 50% del patrimonio de los hogares blancos británicos. Khan, *The Colour of: How Racial Inequalities Obstruct a Fair and Resilient Economy*, Londres, Runnymede Trust, 2020, págs. 12-13.
71. Lawrence D. Bobo y otros, «The Real Record on Racial Attitudes», en V. Marsden (comp.), *Social Trends in American Life: Findings from the General Social Survey since 1972*, Princeton, Princeton University Press, 2012, págs. 38-83.
72. Marianne Bertrand y Sendhil Mullainathan, «Are Emily and Greg More Employable Than Lakisha and Jamal? A Field Experiment on Labor Market Discrimination», *American Economic Review* 94:4, 2004, págs. 991-1013. Un resumen de estudios similares en Estados Unidos demostró una preferencia por los candidatos blancos sobre las minorías raciales, con una variación entre un 50 y un 500%. Véase Devah Pager, «The Use of Field Experiments for Studies of Employment Discrimination: Contributions, Critiques, and Directions for the Future», *Annals of the American Academy of Political and Social Sciences* 609, 2007, pág. 114. Es preocupante constatar que no parece haber una mejora con el tiempo, al menos desde los años noventa. Lincoln Quillian y otros, «Meta-Analysis of Field Experiments Shows No Change in Racial Discrimination in Hiring over Time», *Proceedings of the National Academy of Sciences of the United States of America* 114:41, 2017, págs. 10870-10875.
73. Para el ejemplo del Reino Unido, véase Martin Wood y otros, «A Test for Racial Discrimination in Recruitment Practice in British Cities», Department for Work and Pensions Research Report n. 607, 2009.
74. «Segregation Still Blights the Lives of African-Americans», *The Economist*, 9 de julio de 2020.
75. Marie-Anne Valfort, «Do Anti Discrimination Policies Work?», IZA World of Labor, mayo de 2018, <https://doi.org/10.15185/izawol.450>.

76. Este tipo de intervenciones requieren un diseño y evaluación cuidadosos. Un estudio reciente de las políticas de «Ban the Box» en Nueva York y Nueva Jersey descubrió que, al impedir que los empleadores preguntaran a los solicitantes si tenían antecedentes penales, aumentó la brecha racial entre quienes eran llamados para una entrevista, porque los empleadores asumían que los solicitantes negros tenían más probabilidades de tener una condena. Véase Abhijit V. Banerjee y Esther Duo, *Good Economics for Hard Times: Better Answers to Our Biggest Problems*, Londres, Penguin, 2019, págs. 112-113.
77. Rawls no abordó esta cuestión, y hay desacuerdo respecto a las circunstancias en las que su teoría ofrece una justificación de la discriminación positiva. Según Thomas Nagel, en privado Rawls apoyaba la acción afirmativa; véase Thomas Nagel, «John Rawls and Afirmative Action», *Journal of Blacks in Higher Education* 39, 2003, págs. 82-84. Y Samuel Freeman señaló que en sus conferencias Rawls señalaba que la acción afirmativa «podría ser un correctivo adecuado para remediar los efectos actuales de la discriminación pasada»; véase Samuel Freeman, *Rawls*, Abingdon, Routledge, 2007, págs. 90-91. Otros han usado la teoría de Rawls contra la acción afirmativa. Véase, por ejemplo, Robert S. Taylor, «Rawlsian Affirmative Action», *Ethics* 119:3, 2009, págs. 476-506. Para una respuesta a Taylor y en defensa de la acción afirmativa en los términos rawlsianos, véase D. C. Matthew, «A Reply to Robert Taylor», *Critical Philosophy of Race* 3:2, 2015, págs. 324-343.
78. La justificación más familiar para la discriminación positiva es que promueve la «diversidad», lo cual beneficia a todos. Esta ha sido la principal justificación legal para su aplicación en universidades estadounidenses: una población estudiantil más diversa llevará a mejores resultados educativos y sociales en general. Una justificación similar a menudo se da para las políticas destinadas a aumentar la representación de minorías étnicas (o mujeres) en los consejos de administración de las empresas. Pero desde la perspectiva del principio de Rawls, el argumento principal a favor de la discriminación positiva es que puede ayudar a promover la igualdad de oportunidades, que es importante por sí misma, en lugar de beneficiar al crecimiento económico. Véase Nagel, «John Rawls for Afirmative Action». De hecho, la precedencia de la igualdad equitativa de oportunidades sobre el principio de diferencia parecería prohibir la discriminación positiva cuando la intención es únicamente promover el crecimiento económico.

79. Para un debate sobre este tipo de cuestiones, véase Yascha Mounk, *The Great Experiment: How to Make Diverse Democracies Work*, Londres, Bloomsbury, 2022, págs. 260-268.
80. Areeba Haider, *The Basic Facts About Children in Poverty*, Washington, DC, Center for American Progress, 2021, pág. 5. No es solo que los niños negros tengan más probabilidades de crecer en una familia pobre; la segregación residencial significa que tienen muchas más probabilidades de crecer en vecindarios de bajos ingresos: en Estados Unidos, los niños negros tienen seis veces y media más de probabilidades que los blancos de vivir en áreas donde el nivel de pobreza es superior al 30 %. Véase «Segregation Still Blights the Lives of African-Americans», *The Economist*, 9 de julio de 2020.
81. Khan, *The Colour of Money*, pág. 18.
82. Como argumenta Shelby, necesitamos descubrir qué aspecto tiene una sociedad idealmente justa para identificar las injusticias pasadas que puedan requerir reparación. Tommie Shelby, «A Reply to Charles Mills», pág. 154.
83. Para un argumento poderoso a favor de las reparaciones en Estados Unidos, así como un repaso de la historia que las justifica, véase William A. Darity Jr. y A. Kirsten Mullen, *From Here to Equality: Reparations for Black Americans in the Twenty-First Century*, Chapel Hill, University of North Carolina Press, 2020.
84. Otros filósofos han elaborado respuestas a estas preguntas dentro de la tradición liberal (aunque no estrictamente rawlsiana). Shelby subraya el trabajo de Bernard Boxhill y Howard McGary. Véase, por ejemplo, Bernard R. Boxill, «The Morality of Reparation», *Social Theory and Practice* 2:1, 1972, págs. 113-123; Howard McGary, Race and Social Justice, Malden, MA, Blackwell, 1999; y Howard McGary, «Achieving Democratic Equality: Forgiveness, Reconciliation, and Reparations», *Journal of Ethics* 7:1, 2003, págs. 93-113.
85. William Darity Jr, «Why Reparations Are Needed to Close the Racial Wealth Gap», *The New York Times*, 24 de septiembre de 2021.
86. Aquí se parafrasea de cerca a Shelby, «A Reply to Charles Mills», pág. 158.
87. En este capítulo nos centraremos en las desigualdades económicas, pero las disparidades de género también afectan a la vida pública: en las democracias ricas del mundo, las mujeres ocupan menos del 30 % de los escaños en los parlamentos. Abordar esto adecuadamente entra en el ámbito del primer principio de Rawls, con su compromiso con la «igualdad política». Véase

OCDE, *The Pursuit of Gender Equality: An Uphill Battle*, París, OECD Publishing, 2017, pág. 35.

88. La tasa media de empleo de las mujeres en la OCDE es de un 63%, frente al 74% de los hombres. OCDE, *The Pursuit of Gender Equality*, pág. 156.
89. *Ibidem*, pág. 177.
90. OCDE, *Is the Last Mile the Longest? Economic Gains from Gender Equality in Nordic Countries*, París, OECD Publishing, 2018.
91. Sin embargo, las chicas aún obtienen peores resultados en aritmética que los chicos. Véase OCDE, *The Pursuit of Gender Equality*, págs. 100-117.
92. OCDE, *The Pursuit of Gender Equality*, págs. 105-109.
93. *Ibidem*, pág. 109.
94. Claudia Goldin y Cecilia Rouse, «Orchestrating Impartiality: The Impact of Blind Auditions on Female Musicians», *American Economic Review* 90:4, 2000, págs. 715-741.
95. Véase, por ejemplo, M. José González y otros, «The Role of Gender Stereotypes in Hiring: A Field Experiment», *European Sociological Review* 35:2, 2019, págs. 187-204. Los hombres también son discriminados en ocupaciones dominadas por las mujeres
96. La prevalencia documentada del acoso sexual a menudo varía enormemente de una encuesta a otra. Algunas encuestas son «subjetivas», en el sentido de que preguntan directamente a las mujeres si han experimentado acoso sexual en el trabajo; mientras que otras son «objetivas», en el sentido de que preguntan a las mujeres si han experimentado comportamientos que los investigadores consideran acoso sexual. Los estudios objetivos tienden a encontrar tasas mucho más altas de acoso. En el estudio citado, la incidencia declarada de acoso sexual en Estados Unidos fue más del doble cuando se basó en una encuesta objetiva o de comportamiento (58%) en comparación con una encuesta subjetiva o de consulta directa (24%). Véase R. Ilies y otros, «Reported Incidence Rates of Work-Related Sexual Harassment in the United States: Using Meta-Analysis to Explain Reported Rate Disparities», *Personnel Psychology* 56:3, 2003, págs. 607-631. Para un análisis general, véase Joni Hersch, «Sexual Harassment in the Workplace», IZA World of Labor, octubre de 2015, <https://doi.org/10.15185/izawol.188>.
97. Una ley de 2017, que exigía a las grandes empresas del Reino Unido publicar las diferencias de salario entre hombres y mujeres, produjo una bajada en la disparidad salarial entre hombres y mujeres en una quinta parte de esas

empresas. Veáse Jack Blundell, «In Brief... UK Gender Pay Gap Reporting: A Crude but Effective Policy», LSE Centre for Economic Performance, 6 de octubre de 2021, <https://cep.lse.ac.uk/_new/publications/abstract.asp?index=8550>. Resultados similares de brecha salarial de género se han observado en Dinamarca: Morten Bennedsen y otros, «Do Firms Respond to Gender Pay Gap Transparency?», *National Bureau of Economic Research Working Paper* 25435, enero de 2019.

98. «Gender (In)equality», OCDE, visitado el 11 de agosto de 2022, <https://www.oecd.org/general/genderinequality.htm>; OCDE, The Pursuit of Gender Equality, págs. 189-193.

99. En la OCDE, la brecha de género en los salarios por hora entre hombres y mujeres con al menos un hijo es del 21 %, casi el doble que para hombres y mujeres sin hijos. Véase OCDE, *The Pursuit of Gender Equality*, pág. 160. Aunque el cuidado de los niños siempre ha sido un factor importante para explicar la brecha salarial de género, ha cobrado más importancia en las últimas décadas. Un estudio reciente en Dinamarca descubrió que el porcentaje de la brecha que podría explicarse por tener hijos aumentó del 40 % en 1980 al 80 % en 2013. Véase Henrik Kleven y otros, «Children and Gender Inequality: Evidence from Denmark», *American Economic Journal: Applied Economics* 11:4, 2019, págs. 181-209.

100. Monica Costa Dias y otros, «The Gender Wage Gap», Institute for Fiscal Studies Briefing Note BN186, agosto de 2016, pág. 14.

101. Rawls argumentó que la división del trabajo por género debería ser «totalmente voluntaria y no debería derivar de la injusticia ni conducir a ella»; John Rawls, *The Law of Peoples*, Cambridge, MA, Harvard University Press, 1999, pág. 161. En otras palabras, no debería resultar de oportunidades desiguales, ni debería llevar a que las mujeres dependan de los hombres o estén infrarrepresentadas en la política. Aunque Rawls habló relativamente poco sobre género en *Teoría de la justicia*, desarrolló sus ideas más adelante en su obra posterior —aunque no con el nivel de detalle que el tema merece o como muchos habían esperado—, en gran parte en respuesta a una serie de críticas importantes de filósofas feministas, especialmente Susan Okin, *Justice, Gender, and the Family*, Nueva York, Basic Books, 1989. Para un análisis de los debates entre Rawls y sus críticas e interlocutores feministas, véase Martha C. Nussbaum, «Rawls and Feminism», en Samuel Freeman (comp.), *The Cambridge Companion to Rawls*, Cambridge, Cambridge University Press, 2003, págs. 488-520.

102. OCDE, *The Pursuit of Gender Equality*, pág. 201.
103. También hay un sólido argumento a favor de que sea el Estado, en lugar de las empresas individuales, quien asuma el coste de los permisos parentales y otras políticas para apoyar a los cuidadores. Si son los empleadores quienes los asumen, entonces, dado que es más probable que las mujeres utilicen estos beneficios que los hombres, las empresas tendrán un incentivo para discriminar a las mujeres con el fin de evitar los potenciales costes adicionales.
104. OCDE, *The Pursuit of Gender Equality*, pág. 200.
105. Alison Andrew y otros, *Women and Men at Work*, Londres, Institute for Fiscal Studies, 2021, págs. 21-24.
106. «Parental-Leave Policies», en *Gender Equality Index, 2019: Work-Life Balance*, Vilnius, European Institute for Gender Equality, 2019.
107. OCDE, *The Pursuit of Gender Equality*, pág. 203.
108. Este argumento se inspira en Lori Watson y Christie Hartley, *Equal Citizenship and Public Reason: A Feminist Political Liberalism*, Oxford, Oxford University Press, 2018, págs. 189-211.
109. Rawls, *The Law of Peoples*, pág. 157.
110. El fracaso de Rawls a la hora de abordar la cuestión de los cuidados ha sido acertadamente destacado por críticas y comentaristas feministas. Véase Nussbaum, «Rawls and Feminism», págs. 511-514.
111. La economista Claudia Goldin ha destacado la penalización por trabajo a tiempo parcial como uno de los obstáculos más serios para la igualdad de género. Esta penalización significa que, en parejas donde ambos trabajan, hay fuertes incentivos financieros para que uno de los miembros (generalmente un hombre) se especialice en un trabajo a tiempo completo, mientras que el otro (generalmente una mujer) se concentra en el trabajo de cuidado en lugar de trabajar a tiempo parcial. Si podemos animar a los empleadores a reorganizar el trabajo de manera que se reduzca la penalización por trabajo a tiempo parcial, esto facilitaría mucho que las familias dividan el trabajo remunerado y no remunerado de manera más equitativa. Por supuesto, esto es más fácil decirlo que hacerlo, pero es posible: Goldin estudia el sector farmacéutico, que ha pasado de ser un sector donde los trabajadores a tiempo parcial sufrían una penalización salarial significativa, a ser uno en el que la remuneración por hora es casi igual para aquellos que trabajan a tiempo parcial y a tiempo completo. Véase Claudia Goldin, «A Grand Gender

Convergence: Its Last Chapter», *American Economic Review* 104:4, 2014, págs. 1091-1119.

7. Prosperidad compartida

1. *World Inequality Database*, visitado el 16 de enero de 2022, <https://wid.world/>. Todas las cifras son para la renta nacional neta en 2019 (el último año con datos para todos los países relevantes).
2. Thomas Piketty, *Capital in the Twenty-First Century*, Cambridge, MA, Harvard University Press, 2014, págs. 304-335. Como señala Piketty, el aumento de la desigualdad, medida en el porcentaje de ingresos que van a parar al 10% superior y al 1%, ha sido mucho más pronunciado en los países anglosajones (el Reino Unido, Estados Unidos, Canadá y Australia) en comparación con Europa y Japón.
3. Como vimos en el capítulo 1, en Europa occidental y América del Norte, el 1% superior se quedó con el 28% del crecimiento total en ingresos brutos entre 1980 y 2016, más del triple que el total de la mitad inferior. Véase Facundo Alvaredo y otros, *World Inequality Report,* 2018, París, World Inequality Lab, 2018, pág. 48.
4. Esta característica crucial del principio de diferencia no siempre ha sido reconocida suficientemente. De hecho, a menudo ha sido interpretada únicamente en términos de desigualdades en ingresos (véase el capítulo 1, n. 61). Esto, a su vez, ayuda a explicar por qué la teoría de Rawls ha sido tan a menudo malinterpretada como poco más que una defensa de la redistribución; si nuestro objetivo es simplemente maximizar los ingresos de los más desfavorecidos, podemos lograrlo gravando a los ricos y redistribuyendo a los pobres. En la medida en que las ideas de Rawls han sido tomadas en serio por los economistas, así es como han sido interpretadas normalmente: dentro de la economía (o al menos dentro de la rama de la economía conocida como «teoría de la imposición óptima»), lo «rawlsiano» se ha convertido en una abreviatura de cómo maximizar los ingresos fiscales, ya que esto maximizará los recursos disponibles para redistribuirlos entre los más desfavorecidos. Esta es una forma muy pobre —y engañosa— de interpretar el principio de diferencia.
5. Ha habido mucho debate en torno a por qué Rawls rechazó el «capitalismo

del estado del bienestar» y en qué sentido difería este de su régimen preferido, al que llamó «democracia de propiedad». Véanse Samuel Freeman, «Property-Owning Democracy and the Difference Principle», *Analyse & Kritik* 35:1, 2013, págs. 9-36, y Martin O'Neill, «Free (and Fair) Markets without Capitalism: Political Values, Principles of Justice, and Property-Owning Democracy», en Martin O'Neill y Thad Williamson (comps.), *Property-Owning Democracy: Rawls and Beyond*, Chichester, Blackwell, 2012, págs. 75-100.

6. Como ha señalado Martin O'Neill, Rawls parece fomentar esta forma de pensar, ya que enmarcó su análisis sobre las instituciones económicas como una serie de elecciones entre una lista de «regímenes» económicos discretos («capitalismo *laissez-faire*», «capitalismo del estado del bienestar», «democracia de propiedad», «socialismo liberal» y «socialismo estatal»), argumentando que solo la «democracia de propiedad» y el «socialismo liberal» eran compatibles con sus principios. Martin O'Neill, «Social Justice and Economic Systems: On Rawls, Democratic Socialism, and Alternatives to Capitalism», *Philosophical Topics* 48:2, 2020, págs. 159-202. Sin embargo, el planteamiento de Rawls se entiende mejor como un dispositivo heurístico para destacar ciertas distinciones importantes entre diferentes sistemas. Él dejó claro que nos enfrentamos a un conjunto más complejo y matizado de opciones en la práctica, y que estos «regímenes» pueden combinarse de diferentes maneras. Véase, por ejemplo, John Rawls, *A Theory of Justice*, edición revisada, Cambridge, MA, Harvard University Press, 1999, pág. 242.
7. Los análisis más detallados de Rawls sobre esas cuestiones se encuentran en Rawls, *A Theory of Justice*, págs. 228-250, y John Rawls, *Justice as Fairness: A Restatement*, Cambridge, MA, Harvard University Press, 2001, págs. 135-140, 157-180.
8. Las estimaciones sugieren que serían necesarias 1,6 Tierras para mantener el actual consumo de recursos naturales por parte de la humanidad, un problema que solo empeorará a medida que la población mundial siga creciendo. Partha Dasgupta, *The Economics of Biodiversity: The Dasgupta Review*, Londres, HM Treasury, 2021, págs. 30-31. Véase también Anthony D. Barnosky y otros, «Has the Earth's Sixth Mass Extinction Already Arrived?», *Nature*, 3 de marzo de 2011.
9. Programa de las Naciones Unidas para el Medio Ambiente, *Emissions Gap Report, 2022: The Closing Window – Climate Crisis Calls for Rapid Transfor-*

mation of Societies, Nairobi, Programa de las Naciones Unidas para el Medio Ambiente, 2022. Según este informe, las políticas actuales probablemente producirán un aumento de 2,8 °C a final de siglo. Incluir otras políticas en las que los países se han comprometido, si bien aún no han aplicado, lo reduciría a 2,4-2,6 °C. Para el examen más autorizado de la ciencia climática, véanse los tres informes del sexto ciclo de evaluación del Panel Intergubernamental sobre Cambio Climático, publicados en 2021 y 2022, que se centran en la ciencia física, los impactos y la adaptación, y la mitigación, respectivamente;<https://www.ipcc.ch/report/sixth-assessment-report-cycle/>.

10. Según el Banco Mundial, si seguimos el camino actual, más de doscientos millones de personas serán probablemente desplazadas en sus propios países debido a la escasez de agua, las malas cosechas y la subida del nivel del mar en 2050; Viviane Clement y otros, *Groundswell, Part II: Acting on Internal Climate Migration*, Washington, DC, World Bank, 2021, págs. 80-83. Otros estudios indican que el número podría superar los mil millones. Véase Gaia, «The Century of Climate Migration: Why We Need to Plan for the Great Upheaval», *Guardian*, 18 de agosto de 2022.

11. Panel Intergubernamental sobre Cambio Climático, *Climate Change, 2022: Mitigation of Climate Change. Summary for Policymakers*, IPCC, 2022, págs. 21-27. Las emisiones «netas cero» se definen como una situación en la que las emisiones humanas de gases de efecto invernadero se equilibran eliminándolos de la atmósfera, de modo que el impacto general es cercano a cero.

12. Esta es la conclusión del Programa de las Naciones Unidas para el Medio Ambiente, *Emissions Gap Report*, 2022.

13. Dado que los dos principios de Rawls son principios específicos de justicia «doméstica» y no «global», no pueden ayudarnos a determinar cómo compartir los costes de la mitigación y adaptación climática entre países. Sin embargo, otros pensadores han intentado ampliar y aplicar las ideas de Rawls al contexto global del cambio climático. Véanse, por ejemplo, Robert Huseby, «John Rawls and Climate Justice: An Amendment to the Law of Peoples», *Environmental Ethics* 35:2, 2013, págs. 227-243; Sarah Kenehan, «In Defense of the Duty to Assist: A Response to Critics on the Viability of a Rawlsian Approach to Climate Change», *Critical Review of International Social and Political Philosophy* 18:3, 2015, págs. 308-327; y John Töns, *John Rawls and Environmental Justice: Implementing a Sustainable and Socially Just Future*, Abingdon, Routledge, 2022.

14. En principio, podríamos ser capaces de desvincular la producción económica y el crecimiento de las emisiones de carbono y el consumo insostenible de recursos naturales mediante el desarrollo de energía renovable y una economía más circular. Sin embargo, hasta ahora el resultado no es especialmente prometedor. Por supuesto, incluso si el PIB disminuye en los países ricos, esto no necesariamente significa que la vida vaya a empeorar. Por encima de cierto nivel, más ingresos y consumo material parecen tener poco impacto en el bienestar, y no debemos subestimar la capacidad de nuestra cultura y nuestras sociedades para adaptarse a nuevas circunstancias. Para una perspectiva general de este debate, véase Xhulia Likaj, Michael Jacobs y Thomas Fricke, «Growth, Degrowth or Post-Growth? Towards a Synthetic Understanding of the Growth Debate», Forum for a New Economy Basic Paper 02-2022, mayo de 2022.
15. El siguiente debate se basa en gran medida en la propuesta de una «Ley de Economía Sostenible» presentada por la Comisión sobre Justicia Económica del think tank del Instituto de Investigación de Políticas Públicas (IPPR, por sus siglas en inglés). Véase IPPR, *Prosperity and Justice: A Plan for the New Economy–The Final Report of the IPPR Commission on Economic Justice*, Cambridge, Polity Press, 2018, págs. 217-227. Quiero dar las gracias a Michael Jacobs —que dirigió los trabajos de la Comisión y fue uno de los principales arquitectos de la Ley de Cambio Climático— por sus comentarios sobre esta sección y por subrayar el potencial transformador de esta idea.
16. Según el análisis científico independiente realizado por Climate Action Tracker, las actuales políticas del Reino Unido son «casi suficientes» para cumplir el objetivo global del Acuerdo de París de 2015 de «mantener el calentamiento global por debajo de los 2 °C y esforzarse por limitar el calentamiento a 1,5 °C», mientras que las de la Unión Europea se consideran «insuficientes»; véase <https://climateactiontracker.org/countries/>, visitado el 12 de agosto de 2022. Para un análisis de cómo el Reino Unido ha hecho un progreso más rápido en la reducción de emisiones que en áreas fuera de las competencias de la Ley de Cambio Climático, véase IPPR, *Prosperity and Justice*, pág. 223.
17. *Ibidem*, págs. 222-227. La elección de límites en estas áreas debería basarse en la ciencia y la opinión de expertos, siguiendo el ejemplo del Comité de Cambio Climático, pero en última instancia debe ser tomada por los ciudadanos a través del proceso democrático.

18. En 2019, más de tres mil quinientos economistas estadounidenses, entre ellos veintiocho premios Nobel, firmaron una «Declaración de Economistas sobre Dividendos del Carbono» en apoyo de un impuesto al carbono: «Economists' Statement», Climate Leadership Council, 16 de enero de 2019, <https://www.econstatement.org/>. Bajo un régimen de «límites máximos y comercio», el Gobierno establecería un límite para la cantidad total de emisiones de gases de efecto invernadero, y luego vendería permisos a empresas de energía y otros sectores que les permitirían emitir una cierta cantidad. En principio, el efecto podría ser muy similar al de un impuesto al carbono, ya que permitir que las empresas intercambien permisos establecería un precio de mercado para las emisiones. Sin embargo, un régimen de límites máximos y comercio tiene la ventaja de definir un límite claro para las emisiones totales, mientras que las emisiones totales con un impuesto al carbono permanecerían inciertas. Para obtener una visión general de los programas de fijación de precios del carbono en todo el mundo, véase Banco Mundial, *State and Trends of Carbon Pricing*, 2022, Washington, DC, World Bank, 2022.
19. «Launch of IMF Staff Climate Note: A Proposal for an International Carbon Price Floor Among Large Emitters», Fondo Monetario Internacional, 18 de junio de 2021, <https://www.imf.org/en/News/Articles/2021/06/18/sp06182-launch-of-imf-staff-climate-note>. Según la OCDE, el precio actual del carbono es solo el 19% de lo que tendría que ser. Véase OCDE, *Effective Carbon Rates, 2021: Pricing Carbon Emissions through Taxes and Emissions Trading*, París, OECD Publishing, 2021, pág. 4.
20. En Norteamérica, el 10% más rico emite como media siete veces más carbono por persona que el 50% inferior. Véase Lucas Chancel y otros, *World Inequality Report*, 2022, París, World Inequality Lab, 2021, pág. 121.
21. Martin Sandbu, *The Economics of Belonging: A Radical Plan to Win Back the Left Behind and Achieve Prosperity for All*, Princeton, Princeton University Press, 2020, págs. 183-187. Un impuesto al carbono que reflejara el verdadero coste de las emisiones probablemente necesitaría ser significativamente superior a cincuenta dólares por tonelada.
22. Amartya Sen, *Development as Freedom*, Oxford, Oxford University Press, 2001, pág. 6 (trad. cast.: *Desarrollo y libertad*, Barcelona, Planeta, 2000).
23. En principio, una economía planificada en la que el Estado utiliza incentivos financieros para animar a la población a realizar diferentes trabajos tam-

bién es coherente con esta libertad básica. De hecho, la mayoría de las economías planificadas, como la Unión Soviética, han permitido una amplia libertad de elección ocupacional. Véase Giacomo Corneo, *Is Capitalism Obsolete? A Journey through Alternative Economic Systems*, Cambridge, MA, Harvard University Press, 2017, pág. 119.

24. Algunos bienes y servicios, como la sanidad y la educación, deben ser distribuidos (o «racionados») por el Estado, al menos en parte, ya que esto es fundamental para lograr la igualdad de oportunidades.
25. C. I. Jones, «The Facts of Economic Growth», en John B. Taylor y Harald Uhlig (comps.), *Handbook of Macroeconomics*, vol. 2A, Ámsterdam, Elsevier, 2016, pág. 11; Deirdre Nansen McCloskey, «The Great Enrichment: A Humanistic and Social Scientific Account», *Scandinavian Economic History Review* 64:1, 2016, págs. 6-18. Este aumento de los ingresos fue paralelo a una sustantiva mejora de la esperanza de vida mundial al nacer, que pasó de una media de veintiséis años en 1820 a setenta y dos en 2020. Véase Thomas Piketty, *A Brief History of Equality*, Cambridge, MA, Harvard University Press, 2022, pág. 17.
26. Para un debate detallado sobre cómo funcionaría la planificación, y los argumentos a favor y en contra, véase Corneo, *Is Capitalism Obsolete?*, págs. 99-127.
27. Como señala Corneo, dado que el modelo convencional de planificación implica que el Estado recopila directamente información sobre las capacidades de producción y las demandas de los consumidores, en principio podría utilizar lo que se conoce como «planificación iterativa» para determinar un conjunto de precios que, de hecho, simularían un mercado perfectamente competitivo. Una propuesta en esta línea fue desarrollada en la década de los sesenta por dos economistas galardonados con el Premio Nobel, Kenneth Arrow y Leonid Hurwicz; pero, como argumenta Corneo, no es seguro que pudiera ponerse en práctica, y nadie lo ha intentado nunca. Véase Corneo, *Is Capitalism Obsolete?*, 107-17.
28. Esta es la esencia de la célebre crítica de Friedrich Hayek a la planificación, que, pese a sus controvertidas ideas sobre desigualdad y justicia social, es ampliamente aceptada por economistas de izquierdas y de derechas. Véase F. A. Hayek, «The Use of Knowledge in Society», *American Economic Review* 35:4, 1945, págs. 519-530.
29. Los estudios sobre la Unión Soviética descubrieron que las empresas inten-

taban rutinariamente manipular el sistema exagerando sus necesidades y subestimando su capacidad de producción; así, la escasez crónica de piezas y mano de obra dieron lugar a una combinación de acaparamiento en algunos lugares y capacidad no utilizada en otros. Aunque el crecimiento agregado en la Unión Soviética fue similar al de las principales economías de mercado en las décadas de los cincuenta y sesenta, esto se debió en gran parte a un cambio excepcional de la agricultura a la producción industrial y a un proceso de innovación con tecnologías más avanzadas utilizadas en otros lugares. En la década de los ochenta, la Unión Soviética estaba visiblemente rezagada, incapaz de mantener el ritmo vertiginoso de la innovación tecnológica. Las experiencias de la India y China a finales del siglo XX respaldan aún más las ventajas de una economía de mercado: en ambos países, el abandono de la planificación y la inclinación a los mercados desataron una ola sin precedentes de crecimiento económico. Véanse Corneo, *Is Capitalism Obsolete?*, págs. 118-127; John Roemer, A Future for Socialism, Londres, Verso, 1994, págs. 37-45; y Abhijit V. Banerjee y Esther Duo, *Good Economics for Hard Times: Better Answers to Our Biggest Problems*, Londres, Penguin, 2019, págs. 57-60.

30. La ventaja clave del socialismo de mercado, al menos en principio, es que proporciona una forma de aprovechar la eficacia de los mercados sin la desigualdad que resulta de la desigual distribución de los beneficios. Para un análisis de los diferentes modelos del socialismo de mercado, véase Corneo, *Is Capitalism Obsolete?*, págs. 152-197.
31. En economía, se ha prestado mucha atención a los «teoremas fundamentales de la economía del bienestar», que «demuestran» que, bajo ciertas condiciones estrictas, los mercados manifiestan «eficiencia de Pareto», lo que significa que conducen a una situación en la que nadie puede mejorar sin que otro empeore. Pero como las condiciones relevantes rara vez se cumplen en el mundo real (tal vez nunca), estos teoremas también sirven para elucidar las diversas formas en que los mercados de la vida real no son perfectamente eficientes y cómo el Estado podría intervenir o dar forma a los mercados para fomentar la eficiencia.
32. Para un análisis del problema de la creciente concentración de los mercados en Estados Unidos y un poderoso argumento para fomentar la competencia, véase Thomas Philippon, *The Great Reversal: How America Gave Up on Free Markets*, Cambridge, MA, Harvard University Press, 2019.

33. Como vimos en el capítulo 5, los «bienes públicos» se suelen definir como bienes cuya disponibilidad no disminuye a través del uso y de los que es difícil excluir a la gente. En términos técnicos son «no rivales» y «no excluibles».
34. Para un examen de la literatura sobre la externalización del sector público y las circunstancias bajo las que probablemente arrojarán beneficios, véase Panu Poutvaara y Henrik Jordahl, «Public-Sector Outsourcing», IZAWorld of Labor, noviembre de 2020, <https://doi.org/10.15185/izawol.65>. Para un análisis de los éxitos y fracasos en el contexto del Reino Unido, véase Tom Sasse y otros, *Government Outsourcing: What Has Worked and What Needs Reform?*, Londres, Institute for Government, 2019.
35. También podemos definir la pobreza en términos «absolutos» como tener menos que un nivel fijo de ingresos (ajustado para tener en cuenta cambios en los precios). El principio de necesidades básicas de Rawls, sin embargo, se corresponde más con la idea de pobreza relativa que con la absoluta, ya que el objetivo es asegurar que todos puedan ejercer sus libertades fundamentales y participar en la sociedad con dignidad y autoestima, y es evidente que esto depende del patrimonio general de la sociedad. No hay una fórmula sencilla para determinar exactamente cuántos ingresos serían suficientes, y la respuesta a esta pregunta es un tema sometido al debate democrático. Aunque el umbral del 60% es algo arbitrario, tiene la gran ventaja de que hay disponibles datos internacionalmente comparables. Ive Marx y otros, «The Welfare State and Antipoverty Policy in Rich Countries», en Anthony B. Atkinson y François Bourguignon (comps.), Handbook of Income Distribution, vol. 2B, Ámsterdam, Elsevier, 2015, pág. 2078; Timothy Smeeding, «Poor People in Rich Nations: The United States in Comparative Perspective», *Journal of Economic Perspectives* 20:1, 2006, pág. 79.
36. En su mayor parte, el objetivo de la seguridad social es ayudar a las personas a nivelar sus ingresos con el tiempo, en lugar de abordar la pobreza crónica o redistribuir de los ricos a los pobres; y dado que los beneficios de la seguridad social están vinculados a contribuciones pasadas en lugar de a las necesidades actuales, los que más ganan tienden a recibir una mayor cantidad.
37. Smeeding, «Poor People in Rich Nations», pág. 79.
38. Mike Brewer y otros, *Social Insecurity: Assessing Trends in Social Security to Prepare for the Decade of Change Ahead*, Londres, Resolution Foundation, 2022, pág. 21. Aunque hay una ayuda extra para vivienda y el cuidado de

los hijos, unos 2,4 millones de personas experimentaron la miseria en el Reino Unido durante 2019, lo que quiere decir que tuvieron que apañárselas sin alimentos básicos, vivienda, calefacción o ropa. Véase Suzanne Fitzpatrick y otros, *Destitution in the UK, 2020*, York, Joseph Rowntree Foundation, 2020, pág. 2. Si definimos la pobreza preguntando a la gente cuánto dinero creen que realmente necesitan los diferentes hogares para mantener un nivel de vida mínimamente aceptable en término sociales, la tasa de pobreza del Reino Unido aumenta aproximadamente a tres de cada diez casos, lo que equivale a 20 millones de personas. Véase Matt Padley y Juliet Stone, *Households below a Minimum Income Standard: 2008/09-2018/19*, York, Joseph Rowntree Foundation, 2021, pág. 1.

39. OCDE, *Society at a Glance, 2019: OECD Social Indicators*, París, OECD Publishing, 2019, pág. 103.

40. Estos datos son de 2017, y la pobreza se define como tener un ingreso por debajo del 60% del ingreso medio equivalente del hogar (en otras palabras, ajustado según el tamaño y la composición del hogar, según los parámetros de la OCDE). Para datos de la Unión Europea, véase «At-Risk-of-Poverty Rate by Poverty Threshold, Age and Sex-EU-SILC and ECHP Surveys», *Eurostat*, visitado el 31 de mayo de 2022, <https://ec.europa.eu/eurostat/data browser/product/view/ILC_LI02?lang=en>; para el Reino Unido y Estados Unidos, véase Robert Joyce y James P. Ziliak, «Relative Poverty in Great Britain and the United States, 1979-2017», *Fiscal Studies* 40:4, 2019, pág. 494.

41. Jonathan Cribb y otros, *Living Standards, Poverty and Inequality in the UK: 2022*, Londres, Institute for Fiscal Studies, 2022, pág. 34.

42. Para una excelente panorámica sobre la renta básica universal y un persuasivo argumento a su favor, véase Philippe van Parijs y Yannick Vanderborght, *Basic Income: A Radical Proposal for a Free Society and a Sane Economy*, Cambridge, MA, Harvard University Press, 2017. Para un análisis detallado del argumento a favor de una renta básica universal dentro del marco rawlsiano, véanse Simon Birnbaum, «Radical Liberalism, Rawls and the Welfare State: Justifying the Politics of Basic Income», *Critical Review of International Social and Political Philosophy* 13:4, 2010, págs. 495-516, y Simon Birnbaum, *Basic Income Reconsidered: Social Justice, Liberalism, and the Demands of Equality*, Nueva York, Palgrave, 2012.

43. También tendría sentido dar a los padres un pago adicional por hijo, aunque

a una tasa más baja que para los adultos. Para un análisis detallado de las características clave de una renta básica, véase Van Parijs y Vanderborght, *Basic Income*, págs. 4-23. Ellos subrayan que, además de ser universal e incondicional, una renta básica debe pagarse en efectivo (en lugar de en especie) y de forma individual. También destacan que lo «básico» en la renta básica «pretende transmitir la idea de un suelo sobre el que se puede estar debido a su misma incondicionalidad», en lugar de que será suficiente para cubrir las «necesidades básicas» de todos (*ibidem*, 10).

44. Es posible que, si existiera una aceptación más amplia de las ayudas económicas como un derecho de todo ciudadano, los receptores de las prestaciones serían tratados con más respeto. Pero tenemos que ser realistas respecto a las posibilidades de que el debate político aproveche estas distinciones de una forma que pueda perjudicar seriamente el estatus y la dignidad de los ciudadanos desfavorecidos.
45. Véase el concepto de «revelación vergonzosa» de Jonathan Wolff en su «Fairness, Respect, and the Egalitarian Ethos», *Philosophy & Public Affairs* 27:2, 1998, págs. 97-122.
46. Deborah Padfield, «Through the Eyes of a Benefits Adviser: A Plea for a Basic Income», openDemocracy, 5 de octubre de 2011, <https://www.opendemocracy.net/en/shine-a-light/through-eyes-of-benefits-adviser-plea-for-basic-income/>.
47. Tania Raffass, «Demanding Activation», Journal of Social Policy 46:2, 2017, págs. 349-365.
48. Padfield, «Through the Eyes of a Benefits Adviser».
49. Guy Standing, *Basic Income: And How We Can Make It Happen*, Londres Pelican, 2017, págs. 76-78.
50. Van Parijs y Vanderborght, *Basic Income*, pág. 20.
51. El aumento del poder de negociación individual de los trabajadores con salarios bajos se reforzaría a nivel colectivo con la renta básica universal como una especie de «reserva de huelga permanente». Véase Erik Olin Wright, *Envisioning Real Utopias*, Londres, Verso, 2010, pág. 155 (trad. cast.: *Construyendo utopías reales*, Madrid, Akal, 2014).
52. Véase, por ejemplo, Daniel Susskind, *A World without Work: Technology, Automation and How We Should Respond*, Londres, Allen Lane, 2020.
53. Rawls, *A Theory of Justice*, pág. 301, y *Justice as Fairness*, pág. 179. Los comentarios de Rawls sobre la renta básica universal no son concluyentes. En

Teoría de la justicia apoyó un impuesto negativo a la renta (pág. 243), un primo cercano de la renta básica universal en el que se garantiza un ingreso mínimo para todos, al margen de que se esté trabajando o buscando empleo. Pero en *La justicia como equidad* parece rechazar esta idea, argumentando que quienes deciden vivir una vida de puro ocio «de algún modo deben mantenerse a sí mismos» (pág. 179). Para un análisis de los comentarios de Rawls sobre estas cuestiones, véase Birnbaum, «Radical Liberalism, Rawls and the Welfare State».

54. Como Stuart White ha argumentado en el contexto de los debates sobre la renta básica universal, una objeción puede ser válida sin ser decisiva. En la siguiente argumentación, me he centrado en lo que considero la respuesta más sólida a la preocupación de que algunas personas se beneficiarán sin contribuir (también conocida como la «objeción de la explotación», en el sentido de que aquellos que eligen no trabajar están explotando a quienes sí lo hacen), pero en modo alguno es la única respuesta. Para un análisis más detallado de las diversas formas en que podemos contrarrestar esta crítica a la renta básica universal, véase Stuart White, «Reconsidering the Exploitation Objection to Basic Income», *Basic Income Studies* 1:2, 2006, pág. 485.
55. Rawls, *A Theory of Justice*, pág. 247.
56. La idea de una contribución justa es, en sí misma, un tanto ambigua. Para un análisis y una propuesta atractiva sobre cómo podríamos definirla, véase Stuart White, *The Civic Minimum: On the Rights and Obligations of Economic Citizenship*, Oxford, Oxford University Press, 2003, págs. 97-126.
57. Rutger Bregman, «The Bizarre Tale of President Nixon and His Basic Income Bill», *The Correspondent*, 17 de mayo de 2016.
58. Para un examen de los resultados de estas pruebas, véanse Karl Widerquist, «A Failure to Communicate: What (if Anything) Can We Learn from the Negative Income Tax Experiments?», *The Journal of Socio-Economics* 34:1, 2005, págs. 49-81, y Ioana Marinescu, «No Strings Attached: The Behavioral Effects of U.S. Unconditional Cash Transfer Programs», *National Bureau of Economic Research Working Paper 24377,* febrero de 2018.
59. Marinescu, «No Strings Attached», pág. 3; Rebecca Hasdell, *What We Know about Universal Basic Income: A Cross-Synthesis of Reviews*, Stanford, CA, Basic Income Lab, 2020.
60. Anthony B. Atkinson, *Inequality: What Can Be Done?*, Cambridge, MA, Harvard University Press, 2015, págs. 218-223.

61. Van Parijs y Vanderborght sugieren el 25 % del PIB como una regla general para una renta básica universal de moderada a generosa: *Basic Income*, pág. 11. En Estados Unidos, una renta básica universal centrada en el umbral oficial de pobreza (unos 12.000 dólares por adulto y 6.000 dólares por niño) costaría casi 3.500.000 millones (3,5 billones de dólares), o alrededor del 19 % del PIB. Véase Karl Widerquist, «The Cost of Basic Income: Back-of-the Envelope Calculations», *Basic Income Studies 12*:2, 2017. Una renta básica universal orientada al 60 % de los ingresos medios (en torno a 7.700 libras anuales para los adultos en pareja y 3.800 por niño) tendría un coste aproximado de 438.000 millones al año, o el 22 % del PIB. Véase Karl Widerquist y Georg Arndt, «The Cost of Basic Income in the United Kingdom: A Microsimulation Analysis», 2020, <https://works.bepress.com/widerquist/119/>.
62. En el Reino Unido, el gasto total en todas las prestaciones, incluidas las pensiones, asciende a alrededor de 200.000 millones de libras, aproximadamente la mitad del coste de una renta universal básica en el umbral de pobreza. Si excluimos las prestaciones de vivienda y otras destinadas a satisfacer necesidades especiales, la cifra cae a alrededor de 130.000 millones de libras. Véase Widerquist y Arndt, «The Cost of Basic Income in the United Kingdom», pág. 13. En Estados Unidos, el coste de las transferencias existentes, excluyendo aquellas relacionadas con la salud, la educación y los asuntos indígenas, es de alrededor de 1,1 billones de dólares, lo que equivale aproximadamente al 30 % del coste bruto de una renta básica universal en el umbral de pobreza. Véase Widerquist, «The Cost of Basic Income: Back-of-the-Envelope Calculations», pág. 9.
63. Una forma diferente de pensar en el coste de una renta básica universal es centrarse en el dinero adicional total que los contribuyentes netos terminarían pagando a los beneficiarios netos. Esto representa el aumento general de la redistribución que se produciría al introducir una renta básica universal. Aunque los detalles varían de un esquema a otro, una propuesta para el Reino Unido cifró el aumento total de la redistribución al introducir una renta básica universal en el umbral de pobreza en 67.000 millones de libras, o el 3,4 % del PIB, apenas una sexta parte del coste bruto estimado a grandes rasgos. Véase Widerquist y Arndt, «The Cost of Basic Income in the United Kingdom», págs. 1-2.
64. En el Reino Unido, el Gobierno podría introducir un pago en efectivo

semanal de 48 libras por adulto aboliendo simplemente la asignación personal para el impuesto sobre la renta (la cantidad que puede ganar antes de empezar a pagar impuestos), lo cual beneficia principalmente al 35% superior de los hogares. Véase Alfie Stirling y Sarah Arnold, *Nothing Personal: Replacing the Personal Tax Allowance with a Weekly National Allowance*, Londres, New Economics Foundation, 2019. Un estudio de la OCDE descubrió que, en Finlandia y Francia, una renta básica universal establecida en el nivel actualmente garantizado por las prestaciones en función de los recursos se podría aplicar sin aumentar los impuestos, mientras que en Italia un ingreso básico al nivel actual de ingreso mínimo podría introducirse con un ahorro neto de unos 41.000 millones de euros. En su mayor parte, la renta básica universal en estos países podría financiarse eliminando la seguridad social existente o los beneficios «contributivos». En el Reino Unido, por el contrario, donde los beneficios contributivos desempeñan un papel exiguo, una renta básica universal similar tendría un coste neto de unos 44.000 millones de libras, equivalente a un aumento del 25% en los ingresos por impuestos sobre la renta. Véase OCDE, «Basic Income as a Policy Option: Can It Add Up?», OECD Directorate for Employment, Labour and Social Affairs Policy Brief, mayo de 2017.

65. Esto es similar a lo que se conoce como una «garantía de ingreso mínimo» o «ingreso básico garantizado». Para un debate y comparación de estas opciones, véase Mark Bryan, «What Is a Minimum Income Guarantee? And How Does It Relate to UBI?», UBI Lab Network, 23 de julio de 2021, <https://www.ubilabnetwork.org/blog/what-is-a-minimum-income-guarantee-and-how-does-it-relate-to-ubi>.

66. Van Parijs y Vanderborght, Basic Income, págs. 32-43; Philip L. Harvey, «The Relative Cost of a Universal Basic Income and a Negative Income Tax», *Basic Income Studies* 1:2, 2006.

67. Rawls, *Justice as Fairness*, pág. 140. La intención, explicó Rawls, «no es simplemente ayudar a aquellos que salen perdiendo debido a un accidente o una desgracia (aunque eso debe hacerse), sino más bien poner a todos los ciudadanos en posición de gestionar sus propios asuntos en un grado adecuado de igualdad social y económica». Rawls, *Justice as Fairness*, págs. 139-140.

68. Entre los destacados defensores se encuentran Ed Miliband, exlíder del Partido Laborista del Reino Unido, y Elizabeth Warren, senadora demócrata y

aspirante a la presidencia de Estados Unidos. Para un brillante análisis sobre cómo entender esta idea, véase Martin O'Neill, «Power, Predistribution, and Social Justice», *Philosophy* 95:1, 2020, págs. 63-91. El término «predistribución» fue acuñado en un artículo de 2011 escrito por el politólogo estadounidense Jacob Hacker, «The Institutional Foundations of Middle-Class Democracy», *Policy Network* 6, 2011, págs. 33-37.

69. Esto es especialmente cierto para el periodo que se extiende entre mediados de los ochenta y mediados de los noventa, que fue testigo del mayor aumento de la desigualdad en la mayoría de los países. Véase OCDE, *Divided We Stand: Why Inequality Keeps Rising*, París, OECD Publishing, 2011, págs. 262-280.

70. Según un artículo reciente, el hecho de que los ingresos de mercado sean más desiguales en Estados Unidos que en Europa explica su mayor nivel general de desigualdad, y no el relativamente reducido estado del bienestar de Estados Unidos; Thomas Blanchet y otros, «Why Is Europe More Equal than the United States?», *American Economic Journal: Applied Economics* 14:4, 2022, págs. 480-518. Véase también Antoine Bozio y otros, «Pre-Distribution versus Redistribution», VoxEU.org, 18 de noviembre, 2020, <https://voxeu.org/article/pre-distribution-versus-redistribution>.

71. Renta nacional bruta en 2021, *World Inequality Database*, visitado el 13 de agosto de 2022, <https://wid.world/>. Estas diferencias en cuanto a ingresos brutos corresponden a diferencias en las participaciones de ingresos brutos: solo el 14% de los ingresos brutos va a la mitad inferior de los ingresos en Estados Unidos, en comparación con el 21% en Dinamarca; mientras que el 10% superior recibe el 45% de los ingresos brutos en Estados Unidos, en comparación con el 34% en Dinamarca. Hay que tener en cuenta que estas participaciones de ingresos brutos difieren de las participaciones del ingreso nacional total que se mencionaron al principio de este capítulo (véase pág. 221), que incorporan el impacto redistributivo de impuestos y prestaciones. La media de ingresos disponibles para el 50% inferior son poco menos de 30.000 dólares en Estados Unidos, en comparación con los casi 40.000 dólares en Dinamarca.

72. Cierto número de economistas han señalado las ventajas de la «predistribución» de la eficiencia económica; J. E. Meade, *Efficiency, Equality and the Ownership of Property*, Cambridge, MA, Harvard University Press, 1965 (trad. cast.: *Eficacia, justicia y propiedad*, Tecnos, 1972), y, más recientemente,

Branko Milanovic, *Capitalism, Alone: The Future of the System That Rules the World*, Cambridge, MA, Harvard University Press, 2019, págs. 42-45, que también llama la atención sobre las dificultades asociadas a un mayor aumento de la redistribución.

73. Rawls argumentó que una democracia de la propiedad evitaría la aparición de una «clase desalentada y deprimida, muchos de cuyos miembros son crónicamente dependientes del estado del bienestar», y afirmó que, si esa clase existiera, sería exigua y «el resultado de condiciones sociales que no sabemos cómo cambiar, o que tal vez ni siquiera somos capaces de identificar o entender». Rawls, *Justice as Fairness*, págs. 139-140.

74. Según un estudio reciente, el apoyo a este tipo de políticas es más fuerte entre los estadounidenses con un menor nivel educativo. Ilyana Kuziemko y otros, «"Compensate the Losers?" Economy-Policy Preferences and Partisan Realignment in the US», *Working Paper*, marzo de 2022.

75. Hay un límite evidente al grado en el que podemos cambiar la distribución de las destrezas, ya que esto depende, al menos parcialmente, de una habilidad innata o natural: algunas personas nacen con un don para las matemáticas o para la música, y hay poco que podamos (o que en realidad queramos) hacer para cambiarlo. Sin embargo, lo que importa en lo que respecta a cuánto pueden ganar las personas son sus «habilidades realizadas», que dependen en gran medida de las oportunidades disponibles a través del sistema educativo.

76. Al pensar en el diseño del sistema educativo, no podemos basarnos únicamente en el principio de igualdad equitativa de oportunidades. Como hemos visto, la igualdad de oportunidades se ocupa de garantizar que las oportunidades educativas existentes en la sociedad se distribuyan en función del mérito académico y no de la clase, la raza o el género. Pero esto no nos indica qué oportunidades educativas debería haber en primer lugar. Así, por ejemplo, ¿debería ir todo el mundo a la universidad o solo aquellos con un mayor talento académico? En teoría, la igualdad de oportunidades es coherente con una sociedad en la que, aunque hay pocas plazas en la universidad, todo el mundo tiene las mismas opciones de acceder a una de ellas. Si para empezar queremos descubrir qué oportunidades educativas deben estar disponibles, debemos buscar en otro lado. El principio de libertades básicas justifica un mínimo nivel educativo para todos: todo el mundo necesita un cierto nivel de educación para ejercer sus libertades básicas y participar en la

vida política y social. Más allá de este mínimo, el principio de diferencia sugiere que debemos organizar nuestro sistema educativo de modo que beneficie a los más desfavorecidos.

77. Alison Wolf, *Heading for the Precipice: Can Further and Higher Education Funding Policies Be Sustained?*, Londres, The Policy Institute at King's College London, 2015, pág. 15.
78. Para una perspectiva escéptica, véase Wolf, «Heading for the Precipice».
79. También debemos garantizar que quienes carecen de las destrezas básicas necesarias para participar en la vida social y política puedan obtenerlas gratis y en cualquier momento. Para un análisis sobre las brechas y la importancia de las habilidades básicas, véase OCDE, *Universal Basic Skills: What Countries Stand to Gain*, París, OECD Publishing, 2015.
80. Luke Sibieta y otros, «Big Changes Ahead for Adult Education Funding? De nitely Maybe», Institute for Fiscal Studies Briefing Note BN325, abril de 2021.
81. Para un examen exhaustivo de las mejores prácticas, basadas en doce detallados estudios por países, véase OCDE, *Skills beyond School: Synthesis Report*, París, OECD Publishing, 2014.
82. Los empleadores tienden a invertir poco en formación porque los empleados pueden llevar sus habilidades a una empresa diferente. Isabel Sawhill, *The Forgotten Americans: An Economic Agenda for a Divided Nation*, New Haven, Yale University Press, 2018, págs. 154-159.
83. En los modelos académicos de una economía perfectamente competitiva, los sueldos están desterminados exclusivamente por la productividad de los trabajadores. Sin embargo, los mercados rara vez son perfectamente competitivos, y la relación entre productividad y salarios no es tan estrecha como los modelos económicos simplistas podrían sugerir. Para un trabajo determinado, hay un salario por debajo del cual los trabajadores no realizarán la tarea y por encima del cual las empresas no contratarán. En qué lugar de este rango se sitúan realmente los salarios depende del poder de negociación. Véase Atkinson, *Inequality*, págs. 89-92.
84. Arindrajit Dube, *Impacts of Minimum Wages: Review of the International Evidence*, Londres, HMTreasury, 2019, pág. 4. Incluso en distritos con bajos sueldos en los que el salario mínimo equivale al 82% de la renta media, parece haber poco impacto en el empleo.
85. OCDE, «Earnings: Minimum Wages Relative to Median Wages», *OECD*

Employment and Labour Market Statistics, visitado el 28 de diciembre de 2021, <https://doi.org/101787/data-00313-en>.

86. John S. Ahlquist, «Labor Unions, Political Representation, and Economic Inequality», *Annual Review of Political Science* 20, 2017, págs. 409-432.
87. OCDE, *Negotiating Our Way Up: Collective Bargaining in a Changing World of Work*, París, OECD Publishing, 2019, págs. 105-135.
88. *Ibidem*, pág. 16.
89. En Nueva Zelanda, el conocido como sistema «Acuerdo de Pago Justo» ofrece a los sindicatos el poder de iniciar negociaciones salariales en la industria con los empleadores si logran el apoyo de mil trabajadores o del 10% de la fuerza laboral de un sector determinado. Véase Daniel Tomlinson, *More than We Bargain For: Learning from New Debates on How Institutions Can Improve Worker Pay and Security in Anglo–Saxon Economies*, Londres, Resolution Foundation, 201, págs. 12-14.
90. En otras palabras, las empresas que atraviesan dificultades económicas pueden negociar tasas más bajas si sus empleados están dispuestos a aceptarlas, y a la inversa, los trabajadores pueden solicitar salarios más altos en empresas con grandes beneficios.
91. OCDE, *Negotiating Our Way Up*, pág. 17. Australia plantea un modelo muy parecido en el que, en lugar de negociar entre asociaciones de empleados, los estándares salariales de la industria se deciden a través de un organismo independiente conocido como Fair Work Comission, que consulta a expertos y a representantes de los trabajadores y los empleadores, pero que en última instancia toma sus propias decisiones. Véase Tomlinson, *More than We Bargain For*, págs. 11-12.
92. Para un poderoso argumento a favor de este modelo en el contexto estadounidense, véase David Madland, *The Future of Worker Voice and Power*, Washington, DC, American Progress, 2016.
93. Rainer Winkelmann, «Unemployment and Happiness», IZA World of Labor, octubre de 2014, <https://doi.org/10.15185/izawol.94>; Ronnie Schöb, «Labor Market Policies, Unemployment, and Identity», IZA World of Labor, noviembre 2021, <https://doi.org/10.15185/izawol.270>.
94. John Rawls, *Political Liberalism*, edición ampliada, Nueva York, Columbia University Press, 2005, pág. lvii.
95. Durante gran parte del periodo posterior a la guerra, el «pleno empleo» fue el objetivo principal de la política macroeconómica, pero en las últimas

décadas ha pasado a un segundo plano frente al control de la inflación. Sin duda, hay un equilibrio que alcanzar aquí, pero la evidencia sugiere que los trabajadores de bajos ingresos han sido los mayores beneficiarios de las políticas de pleno empleo, y parece probable que, si tomáramos el principio de diferencia como nuestra guía, pondríamos el acento en una búsqueda más agresiva del pleno empleo, incluso a costa de una mayor inflación. Gene Sperling, *Economic Dignity*, Nueva York, Penguin Press, 2020, pág. 267.

96. David T. Ellwood y Elisabeth D. Welty, «Public Service Employment and Mandatory Work: A Policy Whose Time Has Come and Gone and Come Again?», en David Card y Rebecca M. Blank (comps.), *Finding Jobs: Work and Welfare Reform*, Nueva York, Russell Sage, 2000, págs. 299-372. Véase también Atkinson, *Inequality*, págs. 140-147.

97. Al igual que con la garantía de empleo, la evidencia sobre la efectividad de los programas de transición laboral es variada, pero los más exitosos tienden a combinar apoyo financiero con un periodo adecuado de tiempo para la recualificación y la búsqueda de empleo (todo lo cual sería mucho más fácil con una renta básica universal en su lugar). Véase Banerjee y Duflo, *Good Economics for Hard Times*, pág. 314 (trad. cast.: *Buena economía para tiempos difíciles: en busca de mejores soluciones a nuestros mayores problemas*, Barcelona, Taurus, 2020).

98. Participación en el patrimonio personal neta en 2021, *World Inequality Database*, visitado el 16 de noviembre de 2022, <https://wid.world/>.

99. La proporción de ingresos que van hacia el capital se ha incrementado en el mundo desarrollado en las últimas décadas; según la OCDE, la «participación de los ingresos del capital» aumentó en veintiséis de treinta países avanzados para los cuales se disponía de datos durante el periodo de 1990 a 2009, con un incremento medio de aproximadamente entre el 34% y el 38%. Dado que los ingresos del capital son mucho más desiguales que los ingresos del trabajo, esto ha contribuido a la creciente desigualdad durante el mismo periodo. Véase OCDE, *The Labour Share in G20 Economies*, París, OECD Publishing, 2015.

100. Atkinson, *Inequality*, págs. 158-169. La gente puede acumular riqueza solo si tienen ingresos y pueden ahorrarlos o invertir, y la razón por la que los patrimonios son tan desiguales es porque la mayoría de las personas no ganan lo suficiente para hacerlo. Las políticas que hemos analizado para aumentar los salarios probablemente tendrían un efecto dominó sobre los ahorros y, por lo tanto, en el patrimonio.

101. Van Parijs y Vanderborght, *Basic Income*, pág. 70.
102. Bruce Ackerman y Anne Alstott, *The Stakeholder Society*, New Haven, Yale University Press, 1999.
103. Thomas Piketty, *Capital and Ideology*, Cambridge, MA, Harvard University Press, 2020, págs. 975-981. Piketty se refiere a esto como la «dotación de capital universal».
104. Por supuesto, podemos combinar un programa de herencia mínima con una renta básica universal o una versión de esta. De hecho, Piketty ha argumentado que deberíamos combinar su esquema de herencia mínima con una garantía de ingresos básicos mediante la cual alguien sin otros recursos recibiría un pago equivalente al 60 % del ingreso neto medio, y esta cantidad se reduciría a medida que aumentaran otros ingresos. Véase Piketty, *Capital and Ideology*, págs. 1000-1004.
105. J. E. Meade, *Liberty, Equality and Efficiency: Apologia pro Agathotopia Mea*, Londres, Palgrave Macmillan, 1993, pág. 156.
106. Los fondos soberanos de inversión existentes generalmente se han establecido con el objetivo de preservar el valor de los activos naturales para las generaciones futuras, y no tanto para lograr una distribución más equitativa del patrimonio, y esta diferencia en los objetivos subyacentes se refleja en la forma en que han sido financiados y en cómo se invierten sus beneficios. La mayoría de ellos han sido financiados mediante la venta de activos naturales, especialmente ingresos petroleros; y los ingresos que producen generalmente se utilizan para financiar gastos generales del Gobierno, aunque en ciertos casos los ingresos están destinados a objetivos sociales específicos, como las obligaciones de pensiones de los empleados públicos en Noruega.
107. «Market Value», Norges Bank, visitado el 16 de noviembre de 2022, <https://www.nbim.no/en/ the-fund/Market-Value/>.
108. Este es el valor medio de los pagos entre 1982 y 2015, ajustados a la inflación y expresados según el valor del dólar en 2016; C. Roberts y M. Lawrence, Our Common Wealth: A Citizens' Wealth Fund for the UK, Londres, Institute for Public Policy Research, 2018, pág. 14.
109. Karl Widerquist, «The Alaska Model: A Citizen's Income in Practice», openDemocracy, 24 de abril de 2013, <https://www.opendemocracy.net/en/opendemocracyuk/alaska-model-citizens-income-in-practice/>.
110. También podríamos establecer un fondo independiente encargado explícitamente de comprar, o incluso crear, empresas donde el Estado posea la

mayoría de las acciones y, por lo tanto, ejerza el control último. Estas seguirían siendo administradas con ánimo de lucro, que luego se distribuiría como parte del dividendo anual para los ciudadanos. Aunque el Estado poseería el 51 % o más de las acciones, el resto sería propiedad de inversores privados, lo que a su vez proporcionaría un mecanismo independiente para responsabilizar de la gestión, ya que el precio de las acciones negociadas reflejaría la evaluación de los inversores sobre la rentabilidad y las perspectivas a largo plazo de la empresa. De esta manera, en lugar de decidir de antemano si las empresas deben ser gestionadas de forma privada o pública, podríamos decidir esto en función de su rendimiento real. Para una propuesta detallada, véase Corneo, *Is Capitalism Obsolete?*, pág. 278.

111. Para un análisis detallado de cómo este tipo de fondos podrían diseñarse y gestionarse, véase Angela Cummine, *Citizens' Wealth: Why (and How) Sovereign Funds Should Be Managed by the People for the People*, New Haven, Yale University Press, 2016.

112. Piketty estima que necesitaríamos aproximadamente el 40 % del PIB para sufragar las actividades generales del Gobierno, incluidos servicios públicos como educación y atención médica, el 5 % para pagar un ingreso mínimo garantizado establecido en el 60 % del ingreso neto medio, así como impuestos sobre el patrimonio del orden del 5 % del PIB para pagar una herencia mínima universal. Si adoptáramos una renta básica universal completa, el nivel total de impuestos podría ser aún más alto. Aunque se trata de estimaciones muy aproximadas, dan una idea del orden de magnitud del que estamos hablando. Véase Piketty, *Capital and Ideology*, pág. 982.

113. OCDE, «Global Revenue Statistics Database», *OECD.Stat*, datos para 2019, visitado el 17 de mayo de 2021, <https://stats.oecd.org/Index.aspx?DataSetCode=RS_GBL>.

114. Los siete países son Austria, Bélgica, Dinamarca, Finlandia, Francia, Italia y Suecia. OCDE, «Global Revenue Statistics Database», datos de 2019, visitado el 17 de mayo de 2021.

115. Piketty, *Capital in the Twenty-First Century*, pág. 475. A pesar de la retórica a favor de la reducción de impuestos en los ochenta, no ha habido un descenso generalizado en la recaudación fiscal; y, en realidad, en el conjunto de la OCDE, los impuestos han ido subiendo gradualmente. Para ver las tendencias a largo plazo (anterior a los noventa), véase OCDE, *Revenue Statis-*

tics, 2021: Initial Impact of COVID-19 on OECD Tax Revenues, París, OECD Publishing, 2021, pág. 2.

116. Michael Keen y Joel Slemrod, *Rebellion, Rascals, and Revenue: Tax Follies and Wisdom through the Ages*, Princeton, Princeton University Press, 2021, pág. 249.

117. Peter H. Lindert, *Making Social Spending Work*, Cambridge, Cambridge University Press, 2021. Este libro confirma los mismos hallazgos generales que el estudio original de Lindert, *Growing Public: Social Spending and Economic Growth since the Eighteenth Century*, Cambridge, Cambridge University Press, 2004, pero aplicados a un rango aún más amplio de países y durante un periodo de tiempo más largo. Mientras que Lindert se centra en la relación entre el gasto social y el PIB, Jon Bakija ha demostrado que los mismos resultados se mantienen para la relación entre el nivel impositivo general y el crecimiento económico, llegando a la conclusión de que «al analizar datos [de economías avanzadas] de las últimas cinco o diez décadas, no hay evidencia convincente de que los países que eligen un gobierno más grande hayan sufrido una pérdida significativa de PIB per cápita como resultado». Jon Bakija, «Would a Bigger Government Hurt the Economy?», en Jon Bakija y otros, *How Big Should Our Government Be?*, Berkeley, University of California Press, 2016, pág. 68. Otros estudios se han centrado en la relación entre redistribución y crecimiento económico. Por ejemplo, un artículo de 2018 realizado por economistas del Fondo Monetario Internacional concluyó que, en niveles moderados como los que hay en Estados Unidos, la redistribución parece aumentar el crecimiento económico; y en países como el Reino Unido, Alemania, Francia y Países Bajos, donde la redistribución es mayor, «hay poca evidencia de un efecto adverso general en el crecimiento». Andrew Berg y otros, «Redistribution, Inequality, and Growth: New Evidence», *Journal of Economic Growth* 23:3, 2018, pág. 276.

118. Para una detallada descripción de este enigma y potenciales explicaciones, véase Lindert, *Making Social Spending Work*, págs. 153-207.

119. Costas Meghir y David Phillips, «Labour Supply and Taxes», en Stuart Adam y otros (comps.), *Dimensions of Tax Design: The Mirrlees Review*, Oxford, Oxford University Press, 2010, pág. 252. Véase también un breve análisis en Keen y Slemrod, *Rebellion, Rascals, and Revenue*, pág. 220.

120. *Ibidem*, pág. 252.

121. También hay otras formas menos obvias en las que impuestos más altos y

una menor desigualdad pueden fomentar la prosperidad económica. Un número cada vez mayor de economistas piensa que los niveles crecientes de desigualdad y los ingresos estancados para los hogares pobres y de ingresos medios en Estados Unidos están frenando la inversión y, por lo tanto, el crecimiento, porque las empresas son reacias a desarrollar nuevos productos a menos que estén seguras de que hay personas capaces de comprarlos. La desigualdad también puede socavar la prosperidad al llevar a recesiones más frecuentes y severas. En particular, los altos niveles de desigualdad a menudo están asociados con un aumento del endeudamiento y la deuda, y a su vez los altos niveles de deuda tienden a hacer que los países sean más vulnerables a las recesiones económicas. Para un amplio y detallado debate sobre estas ideas, véase Heather Boushey, *Unbound: How Inequality Constricts Our Economy and What We Can Do about It*, Cambridge, MA, Harvard University Press, 2019, págs. 139-190.

122. Lindert, Making Social Spending Work, 188-207. Véanse también Shekhar Aiyar y Christian Ebeke, «The Threat of Inequality of Opportunity», IMF Blog, 7 de noviembre de 2019, <https://blogs.imf.org/2019/11/07/the-threat-of-inequality-of-opportunity/>; y OCDE, *In It Together: Why Less Inequality Benefits All*, París, OECD Publishing, 2015, pág. 44, que sostiene que «la incapacidad de individuos de entornos socioeconómicos pobres para acceder a la educación superior y desarrollar [sic] su capital humano está en el corazón del mecanismo de transmisión mediante el cual la desigualdad de ingresos reduce el crecimiento económico».

123. Como señala Jon Bakija, «algunos estudios econométricos [...] han descubierto una asociación entre impuestos más altos y un crecimiento económico más lento al observar marcos temporales más cortos y controlar otras posibles y suficientes influencias en el crecimiento económico». Estos estudios a menudo presentan dificultades metodológicas, pero «incluso si los tomamos al pie de la letra, llegan a la conclusión de que, en los países industrializados que optaron por aumentar más los impuestos con el tiempo, cualquier efecto económico negativo de los impuestos más altos parece haber sido compensado por efectos económicos positivos que son el resultado de inversiones gubernamentales productivas (por ejemplo, educación, infraestructuras) financiadas con esos impuestos y por las políticas públicas más económicamente eficientes que estos países (no casualmente) tendieron a elegir». Bakija, «Would a Bigger Government Hurt the Economy?», pág. 68.

124. Fondo Monetario Internacional, *Fiscal Monitor: Tackling Inequality*, Washington, DC, International Monetary Fund, 2017, pág. 11.
125. Boushey, *Unbound*, pág. 18.
126. Bakija, «Would a Bigger Government Hurt the Economy?», págs. 121-133, y Banerjee y Duflo, *Good Economics for Hard Times*, págs. 243-248.
127. Paul Krugman, «UK Suffers a Full–Scale Policy Zombie Apocalypse», *Irish Times*, 26 de septiembre de 2022.
128. Peter Diamond y Emmanuel Saez, «The Case for a Progressive Tax: From Basic Research to Policy Recommendations», *Journal of Economic Perspectives* 25:4, 2011, pág. 173.
129. Emmanuel Saez, Joel Slemrod y Seth H. Giertz, «The Elasticity of Taxable Income with Respect to Marginal Tax Rates: A Critical Review», *Journal of Economic Literature* 50:1, 2012, pág. 35.
130. Emmanuel Saez y Gabriel Zucman, *The Triumph of Injustice: How the Rich Dodge Taxes and How to Make Them Pay*, Nueva York Norton, 2019, págs. 134-143 (trad. cast.: *El triunfo de la injusticia: cómo los ricos evaden impuestos y cómo hacer que paguen*, Barcelona, Taurus, 2021). Hay que considerar que esta tasa impositiva tiene en cuenta todos los impuestos gravados sobre las personas de altos ingresos, incluidos los impuestos a las corporaciones y al consumo. La tasa impositiva marginal se aplica al ingreso por encima de un umbral determinado, mientras que la tasa impositiva media es la proporción del ingreso total que se paga en impuestos.
131. Saez y Zucman, The Triumph of Injustice, pág. 136. Los datos sobre la disminución de auditorías para el 1% superior proceden de «IRS Statement-Updated IRS Audit Numbers», *IRS Statements and Announcements*, 26 de mayo de 2022, <https://www.irs.gov/pub/irs-utl/statement-for-updated-audit-rates-ty-19.pdf>.
132. Saez y Zucman, *The Triumph of Injustice*, págs. 135-138.
133. *Ibidem*.
134. Fondo Monetario Internacional, *Fiscal Monitor: Tackling Inequality*, pág. 10.
135. Stuart Adam y Helen Miller, *Taxing Work and Investment across Legal Forms: Pathways to Well-Designed Taxes*, Londres, Institute for Fiscal Studies, 2021, pág. 33.
136. En 2012, Buffet afirmó pagar el 17,4% de sus ingresos en impuestos, frente al 35,8% de su secretaria, debido a que gran parte de sus ingresos estaban en forma de ganancias de capital con bajos impuestos. Seniboye Tienabeso,

«Warren Buffett and His Secretary on Their Tax Rates», *ABC News*, 25 de enero de 2012.

137. Si los impuestos más bajos sobre el capital fueran tan buenos para la inversión, esperaríamos ver tasas más bajas de ahorro e inversión en países con altos impuestos sobre el capital, y viceversa. Pero ese no es el caso. Tomando como ejemplo a Estados Unidos, Saez y Zucman no encuentran «ninguna correlación observable entre la tributación del capital y la acumulación de capital» (Saez y Zucman, *The Triumph of Injustice*, pág. 103). De hecho, durante los últimos cien años, la tasa de ahorro privado —un determinante clave de los niveles generales de ahorro y, por lo tanto, de inversión— ha fluctuado alrededor del 10% de los ingresos nacionales a pesar de los cambios considerables en las tasas impositivas sobre el capital con el tiempo. Esto no quiere decir que los impuestos sobre los ingresos del capital no afecten a la inversión en absoluto, sino que estos efectos parecen ser pequeños. Véase *ibidem*, págs. 97-106.
138. Véanse, por ejemplo, Saez y Zucman, *The Triumph of Injustice*, págs. 138-139; Adam y Miller, *Taxing Work and Investment across Legal Forms*; Ruud de Mooij y otros, «Tax Policy for Inclusive Growth after the Pandemic», *IMF COVID-19 Special Notes*, diciembre de 2020, págs. 4-5.
139. Para un debate sobre estas opciones, véase Saez y Zucman, *The Triumph of Injustice*, págs. 110-127.
140. Esteban Ortiz-Ospina y Max Roser, «Taxation», *Our World in Data*, 2016, <https://ourworldindata.org/taxation>.
141. Lindert argumenta que los impuestos al consumo, como el IVA, desempañan un papel fundamental a la hora de explicar el «enigma de la comida gratis». Véase Lindert, *Making Social Spending Work*, págs. 178-183.
142. «Inheritance, Estate and Gift Taxes Could Play a Stronger Role in Addressing Inequality and Improving Public Finances», OCDE, 11 de mayo de 2021, <https://www.oecd.org/tax/tax-policy/inheritance-estate-and-gift-taxes-could-play-a-stronger-role-in-addressing-inequality-and-improving-public-finances.htm>.
143. La principal preocupación es que el impuesto de sucesiones reduzca los ahorros, pero la mayoría de los estudios detectan efectos mínimos. Véase OCDE, *Inheritance* Taxation in OECD Countries, París, OECD Publishing, 2021, págs. 53-55.
144. *Ibidem*, págs. 76-77. En el Reino Unido, la tasa máxima al impuesto de

sucesiones ha caído desde el 75% en los años setenta al 40%. Adam Corlett, *Passing On: Options for Reforming Inheritance Taxation*, Londres, Resolution Foundation, 2018, pág. 13. En Estados Unidos, una disminución similar en las tasas del impuesto de sucesiones ha ido acompañada de un aumento masivo del umbral a partir del cual las personas empiezan a pagar, que bajo el presidente Trump alcanzó casi los doce millones de dólares para individuos solteros y más de veintitrés millones de dólares para parejas casadas, lo que significa que menos del 0,1% paga algún impuesto de sucesiones. Florian Scheuer y Joel Slemrod, «Taxing Our Wealth», *Journal of Economic Perspectives* 35:1, 2021, págs. 215-216.

145. Piketty, *Capital and Ideology*, pág. 982.
146. Atkinson, *Inequality*, pág. 194; Piketty, *Capital and Ideology*, pág. 988. Esta política tiene el beneficio añadido de proporcionar un incentivo para repartir la herencia de un individuo entre más personas, lo que contribuiría a reducir las desigualdades de patrimonio.
147. Dan Moskowitz, «The 10 Richest People in the World», *Investopedia*, 1 de noviembre de 2022, <https://www.investopedia.com/articles/investing/012715/5-richest-people-world.asp>.
148. Un impuesto anual sobre el patrimonio del 2% sobre el patrimonio que genera un ingreso anual del 4% sería equivalente a un impuesto del 50% sobre el ingreso del capital (es decir, el impuesto del 2% representa el 50% del rendimiento total del 4%). Supongamos, por ejemplo, que una fortuna de 100 millones de dólares genera un rendimiento del 4%, es decir, 4 millones de dólares, y este ingreso se grava a una tasa del 75% bajo un impuesto progresivo sobre la renta, lo que deja solo 1 millón de dólares. En este caso, un impuesto anual sobre el patrimonio de solo el 1% sobre el patrimonio, es decir, 1 millón adicional, eliminaría cualquier ganancia de ingresos.
149. «Ultra-Millionaire Tax», Warren Democrats, visitado el 30 de julio de 2022, <https://elizabethwarren.com/plans/ultra-millionaire-tax>.
150. Saez y Zucman proponen un tipo impositivo marginal del 10% para las fortunas superiores a mil millones de dólares; *The Triumph of Injustice*, pág. 175. Piketty va incluso más allá al proponer tipos impositivos marginales tan altos como el 60% para los superricos, con un patrimonio mil veces superior a la media, o incluso del 90% para los que son 10.000 veces más ricos que la media; *Capital and Ideology*, pág. 982.

151. En teoría, los impuestos al patrimonio deberían tener aún menos impacto que los impuestos a la renta en la oferta laboral, porque solo influyen indirectamente en el rendimiento del trabajo; la evidencia lo avala en gran medida. Sin embargo, el impacto en cuanto a la asunción de riesgos por parte de los emprendedores es incierto. Véanse Arun Advani y Hannah Tarrant, «Behavioural Responses to a Wealth Tax», *Wealth Tax Commission Evidence Paper* 5, octubre de 2020, págs. 22-23; y Scheuer y Slemrod, «Taxing Our Wealth», págs. 219-20.
152. Emmanuel Saez y Gabriel Zucman, «How Would a Progressive Wealth Tax Work? Evidence from the Economics Literature», febrero de 2019, <http://gabriel-zucman.eu/files/saez-zucman-wealthtaxobjections.pdf>. Los autores también sostienen que los empresarios ricos a menudo usan su riqueza para restringir la competencia y proteger su posición, acciones que pueden impedir que los competidores innovadores tengan una oportunidad justa.
153. Advani y Tarrant, «Behavioural Responses to a Wealth Tax», págs. 21-22.
154. La mayoría de las respuestas a los impuestos sobre el patrimonio parecen manifestarse a través de diversas formas de evasión y elusión fiscal, desde la infradeclaración hasta la evasión *offshore* y la división de la riqueza dentro de las familias para reducir las obligaciones fiscales. Véanse Advani y Tarrant, «Behavioural Responses to a Wealth Tax», págs. 13-21, y Scheuer y Slemrod, «Taxing Our Wealth», págs. 217-223. Evidentemente, es posible que, si bloqueamos las oportunidades para evadir, podríamos ver una mayor reducción del ahorro o de la oferta laboral.
155. Emmanuel Saez y Gabriel Zucman, «Wealth Taxation: Lessons from History and Recent Developments», *AEA Papers and Proceedings* 112, 2022, págs. 58-62.
156. Scheuer y Slemrod. «Taxing Our Wealth», pág. 220; Advani y Tarrant, «Behavioural Responses to a Wealth Tax», págs. 23-25.
157. Bajo el sistema vigente, el impuesto de salida se calcula como las ganancias del capital que deberías si hubieras vendido todos tus activos al marcharte. Elizabeth Warren ha propuesto un impuesto de salida del 40% sobre el patrimonio neto superior a los 50 millones de dólares. Véase Scheuer y Slemrod, «Taxing Our Wealth», pág. 220.

8. Democracia laboral

1. Se suele afirmar que los directores tienen la obligación legal de maximizar los beneficios o de perseguir los intereses de los accionistas excluyendo todo lo demás. Estrictamente hablando, esto no es del todo cierto: incluso en países como el Reino Unido y Estados Unidos, que han adoptado el modelo de primacía del accionista en su forma más pura, a los directores se les permite considerar los intereses de otras «partes interesadas», incluidos los empleados. En el Reino Unido, por ejemplo, aunque la responsabilidad principal de los directores es promover los intereses de los accionistas, se les exige hacerlo teniendo en cuenta los intereses de los empleados, proveedores, comunidades y el medio ambiente. Sin embargo, entrevistas con directores muestran que la mayoría percibe su función como la de promover los intereses de los accionistas, que suele interpretarse como maximización del precio de las acciones a corto plazo de la empresa. Véase David Collison y otros, «Shareholder Primacy in UKCorporate Law: An Exploration of the Rationale and Evidence», Association of Certified Chartered Accountants Research Report no. 125, septiembre de 2011, págs. 5-6.
2. Elizabeth Anderson, *Private Government: How Employers Rule Our Lives (and Why We Don't Talk about It),* Princeton, Princeton University Press, 2017, pág. 71.
3. David Isaacs, «Perks of Working for Google: A Playground for Grownups», *Candor,* 4 de abril de 2022, <https://candor.co/articles/tech-careers/perks-of-working-for-google-a-playground-for-grownups>.
4. Eurofound and International Labour Organization, Working Conditions in a Global Perspective, Luxemburgo, *Publications Office of the European Union,* 2019, pág. 41.
5. Para el Reino Unido, véase Mathew Lawrence y Clare McNeil, *Fair Shares: Shifting the Balance of Power in the Workplace to Boost Productivity and Pay*, Londres, Institute for Public Policy Research, 2014, pág. 11; para Estados Unidos, véase Kochan y otros, «Worker Voice in America», pág. 16.
6. Eurofound, *Sixth European Working Conditions Survey: Overview Report*, Luxemburgo, Publications Office of the European Union, 2017, págs. 82-83. En el Reino Unido, solo el 27% de los trabajadores en el cuarto inferior de ingresos tiene la sensación de tener voz en las decisiones que afectan a su trabajo, frente a casi el 58% de los que se sitúan en el cuarto superior de

ingresos. Krishan Shah y Daniel Tomlinson, *Work Experiences*, Londres, Resolution Foundation, 2021, pág. 6.

7. Francis Green, «Health Effects of Job Insecurity», IZA World of Labor, diciembre de 2015, <https://doi.org/10.15185/izawol.212>; Pierre Bérastégui, «Exposure to Psychosocial Risk Factors in the Gig Economy Systematic Review», European Trade Union Institute Research Paper 2021.01, enero de 2021.
8. Zephyr Teachout, «The Boss Will See You Now», *New York Review of Books*, 18 de agosto de 2022. Para un informe de primera mano del trabajo mal remunerado en el Reino Unido, que incluye quejas de trabajadores de Amazon obligados a orinar en botellas, véase James Bloodworth, *Hired: Six Months Undercover in Low-Wage Britain*, Londres, Atlantic Books, 2018. Hay que tener en cuenta que Amazon ha negado esta noticia; véase James Vincent, «Amazon Denies Stories of Workers Peeing in Bottles, Receives a Flood of Evidence in Return», *The Verge*, 25 de marzo de 2021, <https://www.theverge.com/2021/3/25/22350337/amazon-peeingin-bottles-workers-exploitation-twitter-response-evidence>.
9. Para el Reino Unido, véase Lawrence y McNeil, *Fair Shares*, pág. 11; para Estados Unidos, véase Nicole Maestas y otros, «How Americans Perceive the Workplace: Results from the American Working Conditions Survey», RAND Research Brief RB-9972, agosto de 2017, págs. 30-32.
10. Aunque estas preguntas han estado en gran medida ausentes de la política «liberal» en las últimas décadas, esto no siempre ha sido así. Como ha demostrado Stuart White, en el periodo aproximado de 1945 a 1990, el Partido Liberal del Reino Unido buscó formas de repartir el poder económico y el control como una alternativa a las tendencias centralizadoras del compromiso del Partido Laborista con la propiedad pública y del compromiso del Partido Conservador con el capitalismo de accionistas. Uno de los principales defensores de estas ideas fue el economista James Meade, cuyo trabajo tuvo una influencia primordial en Rawls. Véase Stuart White, «"Revolutionary Liberalism"? The Philosophy and Politics of Ownership in the Post-War Liberal Party», *British Politics* 4:2 , 2009, págs. 164-187.
11. Véanse, por ejemplo, Michael J. Sandel, *The Tyranny of Merit: What's Become of the Common Good?*, Londres, Penguin, 2020 (trad. cast.: *La tiranía del mérito: ¿qué ha sido del bien común?*, Barcelona, Debate, 2020); Gene Sperling, Economic Dignity, Nueva York, Penguin Press, 2020; Angus Deaton y

Anne Case, *Deaths of Despair and the Future of Capitalism*, Princeton, Princeton University Press, 2020.

12. También podemos apelar al principio de las libertades básicas de Rawls para argumentar a favor de la democracia en el lugar de trabajo sobre la base de que ayudará a fomentar las capacidades morales de los ciudadanos y promover una mayor participación democrática. Véase Martin O'Neill, «Three Rawlsian Routes towards Economic Democracy», *Revue de Philosophie Économique* 9:1, 2008, págs. 29-55. Para un análisis de diferentes argumentos a favor y en contra procedentes de diversas perspectivas filosóficas, véase Roberto Frega y otros, «Workplace Democracy: The Recent Debate», *Philosophy Compass* 14:4, 2019, e12574.

13. Laura Silver y otros, *What Makes Life Meaningful? Views From 17 Advanced Economies*, Washington, DC, Pew Research Center, 2021, pág. 7.

14. Richard Layard, *Can We Be Happier? Evidence and Ethics*, Londres, Pelican, 2020, pág. 44. Otras investigaciones han descubierto que el interés, la variedad y la autonomía son algunos de los aspectos más importantes de la calidad del trabajo. Véanse Andrew Clark, «What Makes a Good Job? Job Quality and Job Satisfaction», IZA World of Labor, diciembre de 2015, <https://doi.org/10.15185/izawol.215>, y Jo Ritzen, «Happiness as a Guide to Labor Market Policy», IZA World of Labor, enero de 2019, <https://doi.org/10.15185/izawol.149>.

15. El grado de satisfacción de las personas con su trabajo hoy en día depende de cómo se mida. En una encuesta realizada en 2017, el 34% de los estadounidenses dijo que su trabajo les aportaba un gran significado y satisfacción, y el 36% dijo que les aportaba algo de significado y satisfacción, mientras que el 30% encontraba poco o ningún significado en absoluto. Por otro lado, una encuesta global realizada por Gallup descubrió que solo el 20% de los empleados estaban verdaderamente comprometidos con sus trabajos, en el sentido de estar activamente implicados en sus empleos y centros laborales. Véase Sperling, *Dignity*, págs. 225-228.

16. Eurofound, *Sixth European Working Conditions Survey*, pág. 81. Un estudio reciente realizado por economistas de la London School of Economics descubrió que las personas que reciben un salario más alto obtienen un mayor bienestar de su trabajo en general, y que, una vez que tenemos en cuenta estas recompensas no monetarias, la desigualdad es significativamente mayor de lo que parece ser si solo nos fijamos en las ganancias. Andrew E. Clark y

otros, «Beyond Income Inequality: Non–Monetary Rewards to Work», *CentrePiece* 26:2, 2021, págs. 26-28.

17. Samuel Arnold, «The Difference Principle at Work», *Journal of Political Philosophy* 20:1, 2012, pág. 116.
18. La distinción procede de la tipología desarrollada por el economista Albert Hirshman en su libro *Exit, Voice, and Loyalty: Responses to Decline in Firms, Organizations, and States*, Cambridge, MA, Harvard University Press, 1970.
19. John Rawls, *A Theory of Justice*, Cambridge, MA, Harvard University Press, 1999, pág. 464.
20. John Rawls, *Justice as Fairness: A Restatement*, Cambridge, MA, Harvard University Press, 2001, págs. 178-179.
21. Los derechos laborales son buenos si se procede a su aplicación, que debe ser responsabilidad de las agencias públicas; mientras que los trabajadores individuales deberían recibir apoyo con los costes legales de llevar a los empleadores a los tribunales. La importancia de un apoyo legal adecuado queda subrayada por la experiencia reciente del Reino Unido, donde la introducción de tarifas para los tribunales laborales en 2017 fue seguida por una disminución del 70% de los casos, lo que llevó al Tribunal Supremo a dictaminar que estas tarifas representaban un obstáculo ilegítimo a la justicia. Véase Abi Adams y Jeremias Prassl, «Vexatious Claims: Challenging the Case for Employment Tribunal Fees», *Modern Law Review* 80:3, 2017, págs. 412-442.
22. Anderson, *Private Government*, págs. 38-40.
23. Trades Union Congress, *I'll Be Watching You: A Report on Workplace Monitoring*, Londres, Trades Union Congress, 2018.
24. También está la cuestión de hasta qué punto los empleadores individuales deberían tener que cubrir los costes de estos derechos. Como vimos en el capítulo 6, el Estado generalmente debería pagar el permiso parental para prevenir la discriminación contra los futuros progenitores (especialmente las madres), pero parece razonable que los empleadores cubran el coste de las vacaciones pagadas como parte de su nómina. Para un análisis reflexivo sobre estos temas, véase Cynthia Estlund, «What Should We Do after Work: Automation and Employment», *Yale Law Journal* 128:2, 2018, págs. 301-324.
25. Ritzen, «Happiness as a Guide to Labor Market Policy». Véase también Clark, «What Makes a Good Job?».
26. Green, «Health Effects of Job Insecurity».

27. Como vimos en el capítulo 1, el derecho a «poseer» propiedad personal —o más específicamente, a tener derechos de control amplios y en su mayor parte exclusivos sobre ella— es una libertad básica, porque tener este control es esencial para vivir una vida libre e independiente. Lo que cuenta como «propiedad personal» en el sentido relevante depende de lo que consideremos necesario para desarrollar y ejercer las «capacidades morales» que también analizamos detalladamente en el capítulo 1.
28. Este es un verdadero argumento para combinar los derechos al salario y al control en las mismas manos. Podrían ser las de los accionistas, pero, como veremos, también las de los trabajadores asociados en cooperativas.
29. Para una detallada historia de la codeterminación en Alemania, véase John T. Addison, *The Economics of Codetermination: Lessons from the German Experience*, Nueva York, Palgrave Macmillan, 2009, págs. 5-26.
30. Piketty, *Capital and Ideology*, págs. 495-505.
31. Un número creciente de países, principalmente de Europa, permiten o requieren que las empresas adopten una estructura de dos niveles en su junta directiva, que combina un consejo de supervisión responsable de las decisiones estratégicas a largo plazo con un consejo de dirección responsable de las decisiones operativas. Para los fines de este análisis, «consejo» se refiere a los consejos de supervisión, ya que este es el lugar donde generalmente deben estar los representantes de los trabajadores, como sucede en Alemania.
32. En la mayoría de las empresas en Alemania con más de dos mil trabajadores, el presidente es elegido por los accionistas y tiene un voto decisivo adicional en caso de empate. Pero en los sectores del carbón, hierro y acero, el voto decisivo está en manos de un presidente externo neutral aprobado tanto por los trabajadores como por los propietarios. Para los detalles del sistema alemán, véase Lionel Fulton, «Codetermination in Germany: A Beginner's Guide», Institute for Codetermination and Corporate Governance, Hans-Böckler-Stiftung, Mitbestimmungspraxis nº 32, julio de 2020.
33. Otros tres países (Eslovenia, Eslovaquia y República Checa) permiten, si bien no exigen, a sus empresas reservar la mitad de los puestos de sus consejos de administración a representantes de los trabajadores. Véase Aline Conchon, «Board-Level Employee Representation Rights in Europe», *European Trade Union Institute Research Paper* 121, noviembre de 2011, págs. 12-13.

34. Para una visión general, véase *ibidem*. Estos derechos generalmente se aplican a todas las empresas que superan el umbral de tamaño relevante, aunque en algunos países se aplican solo a empresas que cotizan en bolsa (cuyas acciones se negocian libremente en una bolsa de valores pública).
35. La siguiente descripción del modelo del comité de empresa alemán se inspira en Addison, *The Economics of Codetermination*, págs. 14-23.
36. Para una reciente visión general exhaustiva de la literatura sobre la cogestión, que incluye la representación en los consejos de administración y los comités de empresa, véase Simon Jäger y otros, «What Does Codetermination Do?», *ILR Review* 75:4, 2022, págs. 857-890. Véanse también Werner Nienhüser, «Works Councils», en Adrian Wilkinson y otros (comps.), *Handbook of Research on Employee Voice*, Cheltenham, Edward Elgar Publishing, 2014, págs. 247-263; Olaf Hübler, «Do Works Councils Raise or Lower Firm Productivity?», IZA World of Labor, marzo de 2015, <https://doi.org/10.15185/izawol.137>; y Conchon, «Board-Level Employee Representation Rights in Europe».
37. El estudio en Finlandia es de Jarkko Harju y otros, «Voice at Work», *National Bureau of Economic Research Working Paper* 28522, noviembre de 2021; mientras que el estudio alemán es de Simon Jäger y otros, «Labor in the Boardroom», *Quarterly Journal of Economics* 136:2, 2021, págs. 669-725.
38. El efecto limitado en los salarios refleja en parte el hecho de que, en la mayoría de los países con cogestión, los comités de empresa no tienen permitido participar directamente en la negociación salarial, que tiende a ser competencia de los sindicatos y se organiza a nivel sectorial en lugar de a nivel de empresa. Véase Jäger y otros, «What Does Codetermination Do?», pág. 865.
39. En un influyente artículo, los economistas Michael Jensen y William Meckling argumentaron que otorgar más poder a los trabajadores conduciría a un proceso por el cual «comenzarían a "devorarla" [a la empresa]», y que esto dificultaría a las empresas aumentar las nuevas inversiones, provocando «una reducción significativa en el stock de capital del país, un aumento del desempleo, una reducción de los ingresos laborales y una reducción general en la producción y el bienestar». Véase Michael C. Jensen y William H. Meckling, «Rights and Production Functions: An Application to Labor–Managed Firms and Codetermination», *The Journal of Business* 52:4, 1979, pág. 504.

40. Una revisión exhaustiva realizada por economistas del MIT y Berkeley en 2021 llegó a la conclusión de que la cogestión «es una institución ampliamente benigna desde la perspectiva del rendimiento de la empresa», con efectos «en su mayoría nulos o pequeños y positivos» en una variedad de medidas; Jäger y otros, «What Does Codetermination Do?», págs. 869, 884.
41. Jäger y otros, «Labor in the Boardroom».
42. Jäger y otros, «What Does Codetermination Do?», págs. 868-869.
43. Addison, *The Economics of Codetermination*, págs. 27-40.
44. En 2019, por ejemplo, el «Business Roundtable», un grupo compuesto por los directores generales de las empresas más grandes y poderosas de Estados Unidos, rechazó oficialmente su compromiso con el modelo de accionistas a favor del llamado «modelo de partes interesadas», en el que se alentaba a las empresas a considerar los intereses no solo de los trabajadores, sino también de los clientes, proveedores y comunidades locales; véase Business Roundtable, «Statement on the Purpose of a Corporation», Business Roundtable, 19 de agosto de 2019, <https://opportunity.businessroundtable.org/ourcommitment/>. Para una poderosa crítica académica del modelo de accionistas y una propuesta sobre cómo podemos hacer que las empresas se centren en «propósitos» en lugar de en beneficios, véase Colin Mayer, *Prosperity: Better Business Makes the Greater Good*, Oxford University Press, 2018. Aunque hay un interés creciente por el «capitalismo de partes interesadas» y por las empresas «impulsadas por el propósito», la mayoría de las propuestas prácticas se centran en cambiar el mandato legal de los directores. Esto supondría un paso en la dirección correcta, pero si realmente queremos que los directores actúen en beneficio de otros grupos de interés, necesitamos darles a estos últimos un mecanismo significativo para responsabilizar a los primeros. Al menos para los trabajadores, esto se logra mejor otorgándoles el derecho de elegir a los directores.
45. Marcus Lu, «Long-Term Investing: What Are the Reasons behind Its Decline?», Foro Económico Mundial, 17 de diciembre de 2021, <https://www.weforum.org/agenda/2021/12/long-term-investing-decline/>. En principio, los accionistas tienen un incentivo para adoptar una perspectiva a largo plazo incluso si poseen acciones solo por un corto periodo de tiempo, porque los beneficios futuros de las inversiones deberían reflejarse en precios de acciones más altos hoy en día. Sin embargo, a menudo no es así en la práctica. Para obtener una visión general de los desafíos del cortoplacismo

de los inversores en el contexto del Reino Unido, véase John Kay, *The Kay Review of UK Equity Markets and Long-Term Decision Making*, Londres, Her Majesty's Stationery Office, 2012.

46. Piketty pide un modelo similar, con la mitad de los asientos en los consejos de administración reservados para los trabajadores en todas las empresas privadas, tanto grandes como pequeñas. Véase Piketty, *Capital and Ideology*, pág. 973.
47. Con una participación igualitaria de escaños en el consejo, la pregunta de quién tiene el voto decisivo en caso de punto muerto adquiere una importancia crucial. Si queremos una verdadera cogestión, el presidente debería ser independiente o acordado conjuntamente por los representantes de los empleados y los accionistas, como en las mayores empresas alemanas de las industrias del carbón, hierro y acero (véase nota 32, más arriba).
48. Tal como están las cosas, incluso en los países europeos con cierto grado de cogestión, la autoridad de los trabajadores está, en realidad, bastante limitada. Las encuestas a los representantes de los empleados y a los administradores han descubierto solo un grado moderado de influencia en las condiciones laborales, una influencia más limitada sobre la estabilidad o los salarios y prácticamente ninguna en cuestiones relacionadas con la estrategia empresarial. Jäger y otros, «What Does Codetermination Do?», págs. 874-877. Véase también Michael Gold y Jeremy Waddington, «Introduction: Board-Level Employee Representation in Europe: State of Play», *European Journal of Industrial Relations* 25:3, 2019, págs. 205-218.
49. Piketty, *Capital and Ideology*, pág. 510.
50. Isabelle Ferreras, *Firms as Political Entities: Saving Democracy through Economic Bicameralism*, Cambridge, Cambridge University Press, 2017.
51. Para un análisis de la cogestión en el seno de las instituciones y la cultura de las relaciones industriales, véase Jäger y otros, «What Does Codetermination Do?», págs. 877-879.
52. La diferencia entre los países anglosajones y la Europa continental nunca ha sido tan marcada. De hecho, un informe encargado por el primer ministro laborista en 1977 recomendaba entregar a los trabajadores la mitad de los asientos en los consejos de administración de las grandes empresas del Reino Unido. Véase Piketty, *Capital and Ideology*, págs. 508-509.
53. Los estudios existentes sobre empresas con las formas más desarrolladas de cogestión son tranquilizadores, pero están inevitablemente limitados a gran-

des empresas alemanas y, en el caso de plena paridad en los consejos de administración (en los que el presidente es neutral), a los sectores del carbón, el hierro y el acero. Véanse Kerstin Lopatta y otros, «Parity Codetermination at the Board Level and Labor Investment Efficiency: Evidence on German Listed Firms», *Journal of Business Economics and Management* 90:1, 2020, págs. 57-108, y Kerstin Lopatta y otros, «When Labor Representatives Join Supervisory Boards: Empirical Evidence of the Relationship between the Change to Parity Codetermination and Working Capital and Operating Cash Flows», *Journal of Business Economics and Management* 88:1, 2018, págs. 1-39.

54. Los empleados suelen tener cuentas individuales de acciones y pueden cobrar sus acciones cuando dejan su empresa o se jubilan. Es crucial destacar que la ley requiere que todos los empleados estén incluidos en el ESOP, y el valor de las cuentas individuales de acciones generalmente se basa en los salarios o en la antigüedad. Para una visión general de la experiencia estadounidense con la propiedad de acciones por parte de los empleados, véase Joseph Blasi, «Broad-Based Employee Stock Ownership and Proift Sharing: History, Evidence, and Policy Implications», *Journal of Participation and Employee Ownership* 1:1, 2018, págs. 38-60; y, para un tratamiento en formato libro, véase Joseph R. Blasi y otros, *The Citizen's Share: Reducing Inequality in the 21st Century*, New Haven, Yale University Press, 2014.

55. Douglas Kruse, «Does Employee Ownership Improve Performance?», IZA World of Labor, mayo de 2022, <https://doi.org/10.15185/izawol.311>. Para los últimos datos europeos, véase Eurofound, *Sixth European Working Conditions Survey*, pág. 99.

56. Cyprien Batut y Chakir Rachiq, «Employee Financial Participation Schemes in France and Europe», Ministry of Economy and Finance, Trésor-Economics nº 281, junio de 2021, págs. 2-3. En el conjunto de Europa, en torno al 13% de los empleados participan en alguna forma de régimen de participación de beneficios; Eurofound, *Sixth European Working Conditions Survey*, pág. 99.

57. Douglas Kruse, «Does Employee Ownership Improve Performance?». Aunque puede aumentar el ingreso total, especialmente el de los sueldos más bajos, el impacto general sobre la desigualdad probablemente sea modesto. Véase Jared Bernstein, *Employee Ownership, ESOPs, Wealth, and Wages*, Washington, DC, Employee-Owned S Corporations of America, 2016.

58. Kruse, «Does Employee Ownership Improve Performance?». Los efectos positivos de este tipo de regímenes suelen ser «generalmente del orden del 2 al 5%», mientras que «una participación significativa en los beneficios generalmente tiene efectos más grandes en la producción que la propiedad de acciones por parte de los empleados»; Joseph R. Blasi y otros, «Evidence: What the US Research Shows about Worker Ownership», en Jonathan Michie y otros (comps.), *The Oxford Handbook of Mutual, Co-Operative, and Co-Owned Business*, Oxford, Oxford University Press, 2017, pág. 212. Hristos Doucouliagos y otros, «Is Profit Sharing Productive? A Meta-Regression Analysis», *British Journal of Industrial Relations* 58:2, 2020, págs. 364-395.
59. Blasi, «Broad-Based Employee Stock Ownership and Profit Sharing», págs. 45-47.
60. *Ibidem*, pág. 46.
61. Véase Gregory K. Dow, *Governing the Firm: Workers' Control in Theory and Practice*, Cambridge, Cambridge University Press, 2003, pág. 80.
62. El hecho de que la mayoría de las empresas estén controladas por inversores en lugar de por trabajadores es una de las características más destacadas de la mayoría de las economías de mercado y, sin embargo, no hay una explicación definitiva en economía respecto a por qué debería ser así. De hecho, esta pregunta ha sido en gran medida ignorada por los economistas convencionales. Véase Dow, *Governing the Firm*, 1-2.
63. En sentido estricto, las cooperativas de trabajadores son simplemente un tipo de «empresa gestionada por la fuerza del trabajo». La característica definitoria de una empresa gestionada por el trabajo es que los derechos de control se asignan en función de quién proporciona el trabajo, en contraposición a una «empresa gestionada por el capital», donde el control se asigna en función de quién aporta el capital (como sucede con las empresas convencionales, que son propiedad y están controladas por accionistas). Una cooperativa se define habitualmente como una empresa en la que cada trabajador tiene una participación igual en el control; en otras palabras, «un trabajador, un voto». Pero, teóricamente, una empresa gestionada por el trabajo podría asignar los derechos de control en proporción al valor de la contribución laboral de alguien, medido por su salario. Es importante tener en cuenta que la idea de una empresa gestionada por el trabajo es independiente de la idea de propiedad de los empleados; en principio, todos los

propietarios de una empresa podrían ser empleados, pero si el control se asigna en proporción a la cantidad de capital que cada uno ha invertido en la empresa, esto se consideraría una empresa gestionada por el capital en lugar de una empresa gestionada por el trabajo. Para un análisis sobre este tema, véase Dow, *Governing the Firm*, págs. 101-107.

64. Georgeanne M. Artz y Younjun Kim, «Business Ownership by Workers: Are Worker Cooperatives a Viable Option?», *Iowa State University Working Paper* n.º 11020, noviembre de 2011, pág. 2.
65. Esto convierte a Suma en la cooperativa de trabajadores con igualdad salarial más grande de Europa. Véase «Our Co-op», *Suma*, visitado el 10 de noviembre de 2022, <https://www.suma.coop/about/our-co-op/>.
66. La mayoría de la investigación sobre cooperativas de trabajadores se ha centrado en medidas de rendimiento empresarial, y sorprendentemente se ha prestado muy poca atención a las implicaciones para los trabajadores. Cuando los investigadores han examinado este último aspecto, se han centrado en los salarios, la estabilidad laboral y la rotación de personal, en lugar de en la calidad del trabajo o el bienestar. Para un resumen de la evidencia disponible, véanse Gregory K. Dow, *The Labor-Managed Firm: Theoretical Foundations*, Cambridge, Cambridge University Press, 2018, págs, 85-101; Virginie Pérotin, *What Do We Really Know about Workers' Co-Operatives?*, Mánchester, Co-operatives UK, 2018, pág. 19; y Artz y Kim, «Business Ownership by Workers», págs. 21-22. Sin embargo, existe mucha más investigación que examina formas de propiedad parcial de los empleados, como los ESOP en Estados Unidos, cuyos hallazgos clave se resumen en Blasi y otros, «Evidence: What the US Research Shows about Worker Ownership». En ausencia de estudios centrados específicamente en cooperativas de trabajadores, parece razonable extrapolar los hallazgos de esta literatura y aplicarlos a las cooperativas.
67. Para un análisis detallado de la evidencia, véanse Dow, *The Labor-Managed Firm*, págs. 85-115, y Pérotin, *What Do We Really Know about Workers' Co-Operatives?*
68. «About Us», Mondragon, visitado el 2 de agosto de 2022, <https://www.mondragon-corporation.com/en/about-us/>.
69. En su momento álgido, en los ochenta, Lega representaba el 12,5 % del PIB de su región, y era el cuarto exportador de Italia. Labour Party, *Alternative Models of Ownership*, Londres, Labour Party, 2017, pág. 16.

70. Rawls formuló la misma pregunta sobre la predicción de John Stuart Mill según la cual las cooperativas de trabajadores llegarían a dominar las empresas convencionales, pero no aventuró una respuesta; Rawls, *Justice as Fairness*, pág. 178.
71. Labour Party, *Alternative Models of Ownership*, pág. 12.
72. Democracy at Work Institute, «Press Kit, 2015», diciembre de 2014, <https://institute.coop/sites/default/files/PressKit_1.pdf>.
73. Dow, *The Labor-Managed Firm*, pág. 88; Pérotin, What Do We Really Know about Workers' Co-Operatives?, pág. 5.
74. Dow, *The Labor-Managed Firm*, pág. 102.
75. El siguiente análisis se inspira en gran medida en Dow, *Governing the Firm*, págs. 165-256.
76. Dow argumenta que los retos distintivos que afrontan las cooperativas en comparación con las empresas convencionales se remontan en última instancia al hecho de que el trabajo es inalienable, mientras que el capital no lo es. Véase Dow, *Governing the Firm*, págs. 234-259.
77. El siguiente análisis se basa en propuestas desarrolladas en Dow, *The Labor-Managed Firm*, págs. 372-388, y Dow, *Governing the Firm*, págs. 60-90.
78. Pérotin, *What Do We Really Know about Workers' Co-Operatives?*, pág. 18.
79. Dow, *Governing the Firm*, pág. 65.
80. *Ibidem.*
81. Para una idea similar, véase la propuesta de una «Agencia de Desarrollo Cooperativo» en Mathew Lawrence y otros, *Co-Operatives: Unleashed Doubling the Size of the UK's Co-Operative Sector*, Londres, New Economics Foundation, 2018, págs. 37-39.
82. Ciertos sucesos podrían también desencadenar automáticamente un referéndum entre los empleados sobre si iniciar una compra, incluyendo una adquisición propuesta por otra empresa, la cotización en la bolsa de valores o el cierre de una planta relevante.
83. Para obtener una propuesta más detallada sobre cómo podrían funcionar las compras de empresas por parte de los empleados, incluido el proceso de financiación, véase Dow, *Governing the Firm*, págs. 260-290.
84. Esto también es esencial para que los emprendedores puedan asegurar la inversión de «capital» vendiendo acciones. También necesitaríamos proteger los intereses de los accionistas durante la transición; por ejemplo, podrían continuar teniendo el 50% de los derechos de voto totales o un

veto sobre ciertas decisiones incluso cuando la fracción de acciones propiedad de los trabajadores aumentara más allá de este punto; de lo contrario, podrían razonablemente preocuparse de que los trabajadores dejaran de tomarse en serio sus intereses. Véase Dow, *Governing the Firm*, págs. 273-276.

Conclusión

1. Oscar Wilde, «The Soul of Man under Socialism», *Fortnightly Review*, 49:290, 1891, págs. 303-304 (trad. cast.: *El alma del hombre bajo el socialismo*, Barcelona, Tusquets, 1981).
2. Esto parafrasea la afirmación de Rousseau en la apertura de su libro *El contrato social*, donde afirma estar «tomando a los hombres tal como son y a las leyes tal como podrían ser». Véase John Rawls, *The Law of Peoples*, Cambridge, MA, Harvard University Press, 1999, págs. 11-13.
3. Gramsci escribió esta famosa frase en 1930, en prisión, después de haber sido arrestado por el régimen fascista italiano. *Selections from the Prison Notebooks of Antonio Gramsci*, Londres, Lawrence & Wishart, 1971, pág. 276.
4. Es importante no subestimar la amenaza actual para la democracia liberal. Pero, como vimos en los capítulos 4 y 5, a pesar de todos los debates sobre las «guerras culturales», en la mayoría de los países las actitudes hacia preguntas sobre religión, raza, género y sexualidad son más «liberales» que nunca, y la mayoría de las personas todavía quieren vivir en una democracia. Esto no es algo dado: si continuamos a la deriva, más personas comenzarán a cuestionar o incluso a abandonar estos valores, y bien podríamos llegar a un punto de no retorno. Pero si actuamos ahora, al menos podemos encontrar esperanza en el hecho de que valores como la justicia, la libertad y la igualdad, que son la base de la teoría de Rawls, tienen raíces profundas en nuestra cultura pública.
5. Aquí se parafrasea de cerca a Sebastian Jobelius y Konstantin Voessing, «Social Democracy, Party of Values», *Renewal* 28:3, 2020, pág. 55.
6. Jan-Werner Müller, *Democracy Rules*, Londres, Penguin, 2021, pág. 98.
7. Jobelius y Voessing, «Social Democracy, Party of Values», págs. 55-56.

Epílogo

1. En el conjunto de Europa occidental, el porcentaje de voto de los partidos «socialdemócratas» cayó desde poco más del 30 % a mediados de los noventa a en torno al 18 % en 2020. Véase Tarik Abou-Chadi y otros, *Left behind by the Working Class? Social Democracy's Electoral Crisis and the Rise of the Radical Right*, Berlín, Friedrich-Ebert-Stiftung, 2021, págs. 4-5. Véase también Giacomo Benedetto y otros, «The Rise and Fall of Social Democracy, 1918-2017», *American Political Science Review* 114:3, 2020, págs. 928-39. Aunque las elecciones de 2019 fueron las peores para el Partido Laborista desde 1935 en términos de escaños, su porcentaje de voto (32,2 %) siguió siendo más alto que el de las elecciones generales de 2010 (29 %) y 2015 (30,4 %). «Share of Votes in General Elections in the United Kingdom from 1918 to 2019, by Political Party», *Statista* 13 de diciembre de 2019, visitado el 27 de octubre de 2023, <https://www.statista.com/statistics/717004/general-elections-vote-share-by-party-uk/>.
2. Amory Gethin y otros, «Brahmin Left Versus Merchant Right: Changing Political Cleavages in 21 Western Democracies, 1948-2020», *Quarterly Journal of Economics* 137:1, 2021, págs. 1-48.
3. Diego Garzia y otros, «Partisan Dealignment and the Personalisation of Politics in West European Parliamentary Democracies, 1961-2018», *West European Politics* 45:2, 2022, págs. 317-18; «Most Volatile British Electorate in Modern Times», British Election Study, 8 de octubre de 2019, <https://www.britishelectionstudy.com/bes-resources/press-release-most-volatile-british-electorate-in-modern-times/>.
4. Claire Ainsley, *The New Working Class: How to Win Hearts, Minds and Votes*, Bristol, Policy Press, 2018, págs. 31-49.
5. Abou-Chadi y otros, *Left behind by the Working Class?*, págs. 22-5; Johannes Karreth y otros, «Catchall or Catch and Release? The Electoral Consequences of Social Democratic Parties' March to the Middle in Western Europe», *Comparative Political Studies*, 46:7, 2013, págs. 791-822.
6. Richard Wike y otros, *Citizens in Advanced Economies Want Significant Changes to Their Political Systems*, Washington, DC, Pew Research Center, 2021, pág. 3.
7. Otros pensadores progresistas también han argumentado a favor de un enfoque pragmático y basado en la experiencia, entre ellos Roberto Mangabeira Unger, *What Should the Left Propose?*, Londres, Verso, 2005; Axel

Honneth, *The Idea of Socialism: Towards a Policy of Renewal*, trad. Joseph Ganahl, Cambridge, Polity Press, 2017 (trad. cast.: *La idea del socialismo: una tentativa de actualización*, Madrid, Katz Editores, 2017); y Erik Olin Wright, *Envisioning Real Utopias*, Londres, Verso, 2010 (trad. cast.: *Construyendo utopías reales*, Madrid, Akal, 2014).

8. Mark Engler y Paul Engler, «André Gorz's Non-Reformist Reforms Show How We Can Transform the World Today», *Jacobin*, 22 de julio de 2021.
9. R. S. Foa y otros, *Youth and Satisfaction with Democracy*, Cambridge, Center for the Future of Democracy, 2020, págs. 23-4
10. Bobby Duffy y otros, «The "Fault Lines" in the UK's Culture Wars», Londres, The Policy Institute en el Kings College de Londres, 2021, págs. 8-9.
11. John Rawls, *Justice as Fairness: A Restatement*, ed. Erin Kelly, Cambridge, MA, Harvard University Press, 2001, pág. 30.
12. La etiqueta «tribalismo» ha sido propuesta por Susan Neiman, *Left Is Not Woke*, Cambridge, Polity Press, 2023, pág. 20 (trad. cast.: *Izquierda no es woke*, Barcelona, Debate, 2024).
13. Kenan Malik, *Not So Black and White: A History of Race from White Supremacy to Identity Politics*, Londres, C. Hurst & Co., 2023.
14. Neiman, *Left Is Not Woke*, págs. 11-56; y Malik, *Not So Black and White*, especialmente págs. 235-93.
15. Para un análisis detallado de la Revolución haitiana, véase Malik, *Not So Black and White*, págs. 141-70. Para la transcripción del discurso «I have a dream», de King, véase «Read Martin Luther King Jr.'s "I Have a Dream" Speech in Its Entirety», *NPR*, 18 de enero de 2010, <https://www.npr.org/2010/01/18/122701268/i-have-a-dream-speech-in-ints-entirety>.
16. Malik, *Not So Black and White*, pág. 260.
17. Neiman, *Left is Not Woke*, págs. 92-126; Malik, *Not So Black and White*, especialmente las págs. 243-6.
18. OCDE, *Does Inequality Matter? How People Perceive Economic Disparitities and Social Mobility*, París, OCDE, 2021, pág. 14.
19. Bandau lo describe como la «hipótesis de la contaminación neoliberal», en Frank Bandau, «The Electoral Crisis of Social Democracy», *Political Studies Review* 20:3, 2022, págs. 493-503. Para más datos sobre la bajada de la participación de los votantes de ingresos más bajos, véase Thomas Piketty, *Capital and Ideology*, trad. Arthur Goldhammer, Cambridge, MA, Harvard University Press, 2020, pág. 741.

20. Sheri Berman y Maria Snegovaya, «Populism and the Decline of Social Democracy», *Journal of Democracy* 30:3, 2019, págs. 5-19.
21. Según Tarik Abou-Chadi y Markus Wagner, una estrategia económica «orientada a la inversión» y centrada en aumentar la participación económica y la productividad es más probable que atraiga a una coalición que aúne a diversas clases que una estrategia «orientada al consumo» y centrada en la redistribución, siempre que los sindicatos no se opongan. Véase Tarik Abou-Chadiy y Markus Wagner, «The Electoral Appeal of Party Strategies in Postindustrial Societies: When Can the Mainstream Left Succeed?», *Journal of Politics* 81:4, 2019, págs. 1405-19.
22. Para una descripción y una crítica de estos argumentos, véase Abou-Chadi y otros, *Left behind by the Working Class?*
23. *Ibidem*, págs. 19-21.
24. Un estudio reciente en diez naciones europeas descubrió que los trabajadores de las industrias manufactureras y de servicios tenían significativamente más probabilidades de creer que la cultura de su país se ha enriquecido en lugar de verse empobrecida por la inmigración, y que más del 70 % creía que gais y lesbianas deben ser libres de vivir según su deseo. Véase Abou-Chadi y otros, *Left behind by the Working Class?*, págs. 23-24. En cuanto al género, tomando el Reino Unido como ejemplo, aunque aquellos con menores ingresos y un nivel educativo más bajo son más propensos a defender roles de género tradicionales, incluso en este grupo estas opiniones están en minoría. Véase «Gender: New Consensus or Continuing Battleground?», en D. Phillipps y otros, *British Social Attitudes* 35, Londres, National Centre for Social Research, 2018, pág. 8. Sobre la raza, véase Nancy Keller y otros, *Racial Prejudice in Britain Today*, Londres, NatCen Social Research and Runnymede Trust, 2017.
25. Abou-Chadi y otros, *Left behind by the Working Class?*, págs. 22-5; Tarik Abou-Chadi y Markus Wagner, «Electoral Fortunes of Social Democratic Parties: Do Second Dimension Position Matter?», *Journal of European Public Policy* 27:2, 2020, págs. 246-72.
26. Véanse, por ejemplo, Sunder Katwala, *Culture Clash: Bridgind Our Divides*, Londres, Labour Together/British Future, 2023; Luke Tryl y otros, *Dousing the Flames: How Leaders Can Better Navigate Cultural Change in 2020s Britain*, Londres, More in Common, 2021; Stephen Hawkins y otros, *Hidden Tribes: A Study of America's Polarized landscape*, Nueva York, More in Common, 2018.

ÍNDICE ONOMÁSTICO Y DE MATERIAS